SIGM. FREUD

GESAMMELTE WERKE

CHRONOLOGISCH GEORDNET

SIEBENTER BAND

WERKE AUS DEN
JAHREN 1906-1909

FISCHER TASCHENBUCH VERLAG

Unter Mitwirkung von Marie Bonaparte,
Prinzessin Georg von Griechenland
herausgegeben von
Anna Freud
E. Bibring   W. Hoffer   E. Kris   O. Isakower

Veröffentlicht im Fischer Taschenbuch Verlag GmbH
Frankfurt am Main 1999, November 1999

© 1941 Imago Publishing Co., Ltd., London
Alle Rechte, insbesondere die der Übersetzung, vorbehalten
durch S. Fischer Verlag, Frankfurt am Main
Druck und Bindung: Clausen & Bosse, Leck
Printed in Germany
ISBN 3-596-50300-0 (Kassette)

TATBESTANDSDIAGNOSTIK
UND PSYCHOANALYSE

TATBESTANDSDIAGNOSTIK UND PSYCHOANALYSE

Meine Herren! Die wachsende Einsicht in die Unzuverlässigkeit der Zeugenaussage, welche doch gegenwärtig die Grundlage so vieler Verurteilungen in Streitfällen bildet, hat bei Ihnen allen, künftigen Richtern und Verteidigern, das Interesse für ein neues Untersuchungsverfahren gesteigert, welches den Angeklagten selbst nötigen soll, seine Schuld oder Unschuld durch objektive Zeichen zu erweisen. Dieses Verfahren besteht in einem psychologischen Experimente und ist auf psychologische Arbeiten begründet; es hängt innig mit gewissen Anschauungen zusammen, die in der medizinischen Psychologie erst kürzlich zur Geltung gekommen sind. Ich weiß, daß Sie damit beschäftigt sind, die Handhabung und Tragweite dieser neuen Methode zunächst in Versuchen, die man „Phantomübungen" nennen könnte, zu prüfen, und bin bereitwillig der Aufforderung Ihres Vorsitzenden, Prof. Löffler, gefolgt, Ihnen die Beziehungen dieses Verfahrens zur Psychologie ausführlicher auseinanderzusetzen.

Ihnen allen ist das Gesellschafts- und Kinderspiel bekannt, in dem der eine dem anderen ein beliebiges Wort zuruft, zu welchem dieser ein zweites Wort fügen soll, das mit dem ersten ein zusammengesetztes Wort ergibt. Zum Beispiel Dampf-Schiff; also Dampfschiff. Nichts anderes als eine Modifikation dieses Kinderspieles ist der von der Wundtschen Schule in die Psychologie eingeführte Assoziationsversuch, der bloß auf eine Bedingtheit jenes Spieles verzichtet hat. Er besteht also darin, daß man einer Person ein Wort zuruft, — das Reizwort, — worauf sie möglichst rasch mit einem zweiten Wort antwortet, das ihr dazu einfällt, der sogenannten „Reaktion", ohne daß sie in der Wahl dieser Reaktion durch irgend etwas beengt worden wäre. Die Zeit, die zur Reaktion verbraucht wird, und das Verhältnis von Reizwort und Reaktion, das sehr mannigfaltig sein kann, sind die Gegenstände der Beobachtung. Man kann nun nicht behaupten, daß bei diesen Versuchen zunächst viel herausgekommen ist. Begreiflich, denn sie waren ohne sichere Fragestellung gemacht, und es fehlte an einer Idee, die auf die Ergebnisse anzuwenden wäre. Sinnvoll und fruchtbar wurden sie erst, als Bleuler in Zürich und seine Schüler, insbesondere Jung, sich mit solchen „Assoziationsexperimenten" zu beschäftigen begannen. Wert erhielten ihre Versuche aber durch die Voraussetzung, daß die Reaktion auf das Reizwort nichts Zufälliges sein könne, sondern durch einen beim Reagierenden vorhandenen Vorstellungsinhalt determiniert sein müsse.

Man hat sich gewöhnt, einen solchen Vorstellungsinhalt, der imstande ist, die Reaktion auf das Reizwort zu beeinflussen, einen „Komplex" zu heißen. Die Beeinflussung geht entweder so vor sich, indem das Reizwort den Komplex direkt streift, oder indem es letzterem gelingt, sich durch Mittelglieder mit dem Reizwort in Verbindung zu setzen. Diese Determinierung der Reaktion ist eine sehr merkwürdige Tatsache; Sie können die Verwunderung darüber in der Literatur des Gegenstandes unverhohlen ausgedrückt finden. Aber an ihrer Richtigkeit ist nicht zu zweifeln, denn Sie können in der Regel den beeinflussenden Komplex nachweisen und die sonst unverständlichen Reaktionen aus ihm verstehen, wenn Sie die reagierende Person selbst nach den Gründen ihrer Reaktion befragen. Beispiele wie die auf Seite 6 und 8 bis 9 der Jungschen Abhandlung[1] sind sehr geeignet, uns am Zufalle und an der angeblichen Willkür im seelischen Geschehen zweifeln zu machen.

Nun werfen Sie mit mir einen Blick auf die Vorgeschichte des Bleuler-Jungschen Gedankens von der Determinierung der Reaktion durch den Komplex bei der examinierten Person. Im Jahre 1901 habe ich in einer Abhandlung[2] dargetan, daß eine ganze Reihe von Aktionen, die man für unmotiviert hielt, vielmehr strenge determiniert sind und um soviel die psychische Willkür einschränken geholfen. Ich habe die kleinen Fehlleistungen des Vergessens, Versprechens, Verschreibens, Verlegens zum Gegenstande genommen und gezeigt, daß, wenn ein Mensch sich verspricht, nicht der Zufall, auch nicht allein Artikulationsschwierigkeiten und Lautähnlichkeiten dafür verantwortlich zu machen sind, sondern daß jedesmal ein störender Vorstellungsinhalt — Komplex — nachweisbar ist, welcher die intendierte Rede in seinem Sinne, anscheinend zum Fehler, abändert. Ich habe ferner die kleinen, anscheinend absichtslosen und zufälligen Handlungen der Menschen, ihr Tändeln, Spielen usw. in Betracht gezogen und sie als „Symptomhandlungen" entlarvt, die mit einem verborgenen Sinn in Beziehung stehen und diesem einen unauffälligen Ausdruck verschaffen sollen. Es hat sich mir ferner ergeben, daß man sich nicht einmal einen Vornamen willkürlich einfallen lassen kann, der sich nicht als durch einen mächtigen Vorstellungskomplex bestimmt erwiese; ja, daß Zahlen, die man anscheinend willkürlich wählt, sich auf einen solchen verborgenen Komplex zurückführen lassen. Ein Kollege, Dr. Alfred Adler, hat einige Jahre später diese

---

[1] Jung: Die psychologische Diagnose des Tatbestandes, 1906. (Juristisch-psychiatrische Grenzfragen, IV, 2.)
[2] Zur Psychopathologie des Alltagslebens. Monatsschrift für Psychiatrie und Neurologie, Bd. X. [1904 als Buch erschienen, 10. Aufl. 1924; Gesammelte Werke, Bd. IV.]

befremdendste meiner Aufstellungen durch einige schöne Beispiele belegen können.¹ Hat man sich nun an solche Auffassung der Bedingtheit im psychischen Leben gewöhnt, so ergibt sich als eine berechtigte Ableitung aus den Resultaten der Psychopathologie des Alltagslebens, daß auch die Einfälle der Person beim Assoziationsexperimente nicht willkürlich, sondern durch einen in ihr wirksamen Vorstellungsinhalt bedingt sein mögen.

Nun, meine Herren, kehren wir zum Assoziationsexperimente zurück! In den bisher betrachteten Fällen war es die examinierte Person, die uns über die Herkunft der Reaktionen aufklärte, und diese Bedingung macht den Versuch eigentlich für die Rechtspflege uninteressant. Wie aber, wenn wir die Versuchsanordnungen abändern, etwa wie man eine Gleichung mit mehreren Größen nach der einen oder der anderen auflösen, das a oder das b in ihr zum gesuchten x machen kann? Bisher war uns Prüfern der Komplex unbekannt, wir prüften mit beliebig gewählten Reizworten, und die Versuchsperson denunzierte uns den Komplex, der durch die Reizworte zur Äußerung gebracht worden war. Machen wir es nun anders, nehmen wir einen uns bekannten Komplex her, reagieren auf ihn mit absichtlich gewählten Reizworten, wälzen das x auf die Seite der reagierenden Person, ist es dann möglich, aus dem Ausfalle der Reaktionen zu entscheiden, ob die examinierte Person den gewählten Komplex gleichfalls in sich trägt? Sie sehen ein, diese Versuchsanordnung entspricht genau dem Falle des Untersuchungsrichters, der erfahren möchte, ob ein gewisser ihm bekannter Tatbestand auch dem Angeklagten als Täter bekannt ist. Es scheint, daß Wertheimer und Klein, zwei Schüler des Strafrechtslehrers Hans Groß in Prag, zuerst diese für Sie bedeutsame Abänderung der Versuchsanordnung vorgenommen haben.²

---

1) Adler: Drei Psychoanalysen von Zahleneinfällen und obsedierenden Zahlen. Psychiatrisch-neurologische Wochenschrift von Bresler, 1905, Nr. 28.
2) Nach Jung, l. c.

Sie wissen bereits aus Ihren eigenen Versuchen, daß sich bei solcher Fragestellung an den Reaktionen viererlei Anhaltspunkte zur Entscheidung der Frage ergeben, ob die examinierte Person den Komplex besitzt, auf den Sie mit Reizworten reagieren. Ich will Ihnen dieselben der Reihe nach aufzählen: *1)* Der ungewöhnliche Inhalt der Reaktion, der ja Aufklärung fordert. *2)* Die Verlängerung der Reaktionszeit, indem es sich herausstellt, daß Reizworte, welche den Komplex getroffen haben, erst nach deutlicher Verspätung (oft das Mehrfache der sonstigen Reaktionszeit) mit der Reaktion beantwortet werden. *3)* Der Irrtum bei der Reproduktion. Sie wissen, welche merkwürdige Tatsache damit gemeint ist. Wenn man eine kurze Zeit nach dem Abschlusse des Versuches mit einer längeren Reihe von Reizwörtern dieselben dem Examinierten nochmals vorlegt, so wiederholt er die nämlichen Reaktionen wie beim ersten Male. Nur bei denjenigen Reizworten, welche den Komplex direkt getroffen haben, ersetzt er die frühere Reaktion leicht durch eine andere. *4)* Die Tatsache der Perseveration (vielleicht sagten wir besser: Nachwirkung). Es kommt nämlich häufig vor, daß die Wirkung der Erweckung des Komplexes durch ein ihn betreffendes („kritisches") Reizwort, also z. B. die Verlängerung der Reaktionszeit, anhält und noch die Reaktionen auf die nächsten nicht kritischen Worte verändert. Wo nun alle oder mehrere dieser Anzeichen zusammentreffen, da hat sich der uns bekannte Komplex als beim Angerufenen störend vorhanden erwiesen. Sie verstehen diese Störung in der Weise, daß der beim Angerufenen vorhandene Komplex mit Affekt besetzt und befähigt ist, der Aufgabe des Reagierens Aufmerksamkeit zu entziehen, finden also in dieser Störung einen „psychischen Selbstverrat".

Ich weiß, daß Sie gegenwärtig mit den Chancen und Schwierigkeiten dieses Verfahrens, welches den Beschuldigten zum objektiven Selbstverrat bringen soll, beschäftigt sind, und lenke Ihre Aufmerksamkeit darum auf die Mitteilung, daß ein ganz analoges

Aufdeckungsverfahren für verborgenes oder verheimlichtes Seelisches seit länger als einem Dezennium auf einem anderen Gebiete in Übung ist. Es soll meine Aufgabe sein, Ihnen die Ähnlichkeit und die Verschiedenheit der Verhältnisse hier und dort vorzuführen.

Dies Gebiet ist ein von dem Ihrigen wohl recht verschiedenes. Ich meine nämlich die Therapie gewisser „Nervenkrankheiten", der sogenannten Psychoneurosen, für welche Sie Hysterie und Zwangsvorstellen als Muster nehmen können. Das Verfahren heißt dort Psychoanalyse und ist von mir aus dem zuerst von J. Breuer[1] in Wien geübten „kathartischen" Heilverfahren entwickelt worden. Um Ihrer Verwunderung zu begegnen, muß ich eine Analogie zwischen dem Verbrecher und dem Hysteriker durchführen. Bei beiden handelt es sich um ein Geheimnis, um etwas Verborgenes. Aber, um nicht paradox zu werden, muß ich auch gleich den Unterschied hervorheben. Beim Verbrecher handelt es sich um ein Geheimnis, das er weiß und vor Ihnen verbirgt, beim Hysteriker um ein Geheimnis, das auch er selbst nicht weiß, das sich vor ihm selbst verbirgt. Wie ist das möglich? Nun, wir wissen durch mühevolle Erforschungen, daß alle diese Erkrankungen darauf beruhen, daß solche Personen es zustande gebracht haben, gewisse stark affektbesetzte Vorstellungen und Erinnerungen und die auf sie gebauten Wünsche so zu verdrängen, daß sie in ihrem Denken keine Rolle spielen, in ihrem Bewußtsein nicht auftreten und somit ihnen selbst geheim bleiben. Aus diesem verdrängten psychischen Material, aus diesen „Komplexen", rühren aber die somatischen und psychischen Symptome her, welche ganz nach Art eines bösen Gewissens die Kranken quälen. Der Unterschied zwischen dem Verbrecher und dem Hysteriker ist also in diesem einen Punkte fundamental.

---

[1] J. Breuer und Sigm. Freud: Studien über Hysterie. 1895. [Gesammelte Werke, Bd. I.]

Die Aufgabe des Therapeuten ist aber die nämliche wie die des Untersuchungsrichters; wir sollen das verborgene Psychische aufdecken und haben zu diesem Zwecke eine Reihe von Detektivkünsten erfunden, von denen uns also jetzt die Herren Juristen einige nachahmen werden.

Es wird Sie für Ihre Arbeit interessieren zu hören, in welcher Weise wir Ärzte bei der Psychoanalyse vorgehen. Nachdem der Kranke ein erstes Mal seine Geschichte erzählt hat, fordern wir ihn auf, sich ganz seinen Einfällen zu überlassen und ohne jeden kritischen Rückhalt vorzubringen, was ihm in den Sinn kommt. Wir gehen also von der Voraussetzung aus, die er gar nicht teilt, daß diese Einfälle nicht willkürliche, sondern durch die Beziehung zu seinem Geheimnisse, seinem „Komplex", bestimmt sein werden, sozusagen als Abkömmlinge dieses Komplexes aufgefaßt werden können. Sie sehen, es ist die nämliche Voraussetzung, mit deren Hilfe Sie die Assoziationsexperimente deutbar gefunden haben. Der Kranke aber, dem man die Befolgung der Regel aufträgt, alle seine Einfälle mitzuteilen, scheint nicht imstande zu sein, dies zu tun. Er hält doch bald diesen, bald jenen Einfall zurück und bedient sich dabei verschiedener Motivierungen, entweder: das sei ganz unwichtig, oder: es gehört nicht dazu, oder: es sei überhaupt ganz sinnlos. Wir verlangen dann, daß er den Einfall trotz dieser Einwendungen mitteile und verfolge; denn gerade die sich geltend machende Kritik ist uns ein Beweis für die Zugehörigkeit des Einfalles zum „Komplex", den wir aufzudecken suchen. In solchem Verhalten der Kranken erblicken wir eine Äußerung des in ihm vorhandenen „Widerstandes", der uns während der ganzen Dauer der Behandlung nicht verläßt. Ich will nur kurz andeuten, daß der Begriff des Widerstandes für unser Verständnis der Krankheitsgenese wie des Heilungsmechanismus die größte Bedeutung gewonnen hat.

Eine derartige Kritik der Einfälle beobachten Sie nun bei Ihren Versuchen nicht direkt; dafür sind wir bei der Psychoanalyse in der Lage, alle Ihnen auffälligen Zeichen eines Komplexes zu beobachten. Wenn der Kranke es nicht mehr wagt, die ihm gegebene Regel zu verletzen, so merken wir doch, daß er zeitweilig in der Reproduktion der Einfälle stockt, zögert, Pausen macht. Jede solche Zögerung ist uns eine Äußerung des Widerstandes und dient uns als Zeichen der Zugehörigkeit zum „Komplex". Ja, sie ist uns das wichtigste Anzeichen solcher Bedeutung, ganz wie Ihnen die analoge Verlängerung der Reaktionszeit. Wir sind gewöhnt, die Zögerung in diesem Sinne zu deuten, auch wenn der Inhalt des zurückgehaltenen Einfalles gar keinen Anstoß zu bieten scheint, wenn der Kranke versichert, er könne sich gar nicht denken, warum er zögern sollte, ihn mitzuteilen. Die Pausen, die in der Psychoanalyse vorkommen, sind in der Regel vielmals größer als die Verspätungen, die Sie bei den Reaktionsversuchen notieren.

Auch das andere Ihrer Komplexanzeichen, die inhaltliche Veränderung der Reaktion, spielt seine Rolle in der Technik der Psychoanalyse. Wir pflegen selbst leise Abweichungen von der gebräuchlichen Ausdrucksweise bei unserem Kranken ganz allgemein als Anzeichen für einen verborgenen Sinn anzusehen und setzen uns selbst mit solchen Deutungen gerne für eine Weile seinem Spotte aus. Wir lauern bei ihm geradezu auf Reden, die ins Zweideutige schillern, und bei denen der verborgene Sinn durch den harmlosen Ausdruck hindurchschimmert. Nicht nur der Kranke, auch Kollegen, die der psychoanalytischen Technik und ihrer besonderen Verhältnisse unkundig sind, versagen uns da ihren Glauben und werfen uns Witzelei und Wortklauberei vor, aber wir behalten fast immer Recht. Es ist schließlich nicht schwer zu verstehen, daß ein sorgfältig gehütetes Geheimnis sich nur durch feine, höchstens durch zweideutige Andeutungen verrät. Der Kranke gewöhnt sich schließlich daran, uns in sogenannter „indirekter Darstellung" all das zu geben, was wir zur Aufdeckung des Komplexes benötigen.

Auf einem beschränkteren Gebiet verwerten wir in der Technik
der Psychoanalyse das dritte Ihrer Komplexanzeichen, den Irrtum,
d. h. die Abänderung bei der Reproduktion. Eine Aufgabe, die
uns häufig gestellt wird, ist die Deutung von Träumen, das ist
die Übersetzung des erinnerten Trauminhaltes in dessen verborgenen
Sinn. Es kommt dabei vor, daß wir unschlüssig sind, an welcher
Stelle wir die Aufgabe anfassen sollen, und in diesem Falle können
wir uns einer empirisch gefundenen Regel bedienen, welche uns
rät, die Traumerzählung wiederholen zu lassen. Der Träumer
verändert dabei gewöhnlich seine Ausdrucksweise an manchen
Stellen, während er sich an anderen getreulich wiederholt. Wir
aber klammern uns an die Stellen, in denen die Reproduktion
durch Abänderung, oft auch durch Auslassung, fehlerhaft ist,
weil uns diese Untreue die Zugehörigkeit zum Komplex ver-
bürgt und den besten Zugang zum geheimen Sinn des Traumes
verspricht.[1]

Sie sollen nun nicht den Eindruck empfangen, als hätte die
von mir verfolgte Übereinstimmung ein Ende gefunden, wenn
ich Ihnen gestehe, daß ein der „Perseveration" ähnliches Phänomen
in der Psychoanalyse nicht zum Vorschein kommt. Dieser scheinbare Unterschied rührt nur von den besonderen Bedingungen
Ihrer Experimente her. Sie lassen ja der Komplexwirkung eigentlich keine Zeit sich zu entwickeln; kaum daß sie begonnen hat,
rufen Sie die Aufmerksamkeit des Examinierten durch ein neues,
wahrscheinlich harmloses Reizwort wieder ab und dann können
Sie beobachten, daß die Versuchsperson manchmal trotz Ihrer
Störungen bei der Beschäftigung mit dem Komplex verharrt. Wir
aber vermeiden solche Störungen in der Psychoanalyse, wir erhalten
den Kranken bei seiner Beschäftigung mit dem Komplex, und
weil bei uns sozusagen alles Perseveration ist, können wir dies
Phänomen nicht als vereinzeltes Vorkommnis beobachten.

---

1) Vgl. meine „Traumdeutung", 1900. [Gesammelte Werke, Bd. II und III.]

Wir dürfen die Behauptung aufstellen, daß es uns durch Techniken wie die mitgeteilten prinzipiell gelingt, dem Kranken das Verdrängte, sein Geheimnis, bewußt zu machen und dadurch die psychologische Bedingtheit seiner Leidenssymptome aufzuheben. Ehe Sie nun aus diesem Erfolge Schlüsse auf die Chancen Ihrer Arbeiten ziehen, wollen wir die Unterschiede in der psychologischen Situation hier und dort beleuchten.

Den Hauptunterschied haben wir schon genannt: Beim Neurotiker Geheimnis vor seinem eigenen Bewußtsein, beim Verbrecher nur vor Ihnen; beim ersteren ein echtes Nichtwissen, obwohl nicht in jedem Sinne, beim letzteren nur Simulation des Nichtwissens. Damit ist ein anderer, praktisch wichtiger Unterschied verknüpft. In der Psychoanalyse hilft der Kranke mit seiner bewußten Bemühung gegen seinen Widerstand, denn er hat ja einen Nutzen von dem Examen zu erwarten, die Heilung; der Verbrecher hingegen arbeitet nicht mit Ihnen, er würde gegen sein ganzes Ich arbeiten. Wie zur Ausgleichung kommt es bei Ihrer Untersuchung nur darauf an, daß Sie eine objektive Überzeugung gewinnen, während bei der Therapie gefordert wird, daß der Kranke selbst sich die gleiche Überzeugung schaffe. Es bleibt aber abzuwarten, welche Erschwerungen oder Abänderungen an Ihrem Verfahren Ihnen der Wegfall der Mitarbeiterschaft des Untersuchten bereiten wird. Es ist dies auch ein Fall, den Sie sich in Ihren Seminarversuchen niemals herstellen können, denn Ihr Kollege, der sich in die Rolle des Beschuldigten fügt, bleibt doch Ihr Mitarbeiter und hilft Ihnen trotz seines bewußten Vorsatzes, sich nicht zu verraten.

Wenn Sie auf die Vergleichung der beiden Situationen näher eingehen, so ergibt sich Ihnen überhaupt, daß in der Psychoanalyse ein einfacherer, ein Spezialfall der Aufgabe, Verborgenes im Seelenleben aufzudecken, vorliegt, in Ihrer Arbeit dagegen ein umfassenderer. Daß es sich bei den Psychoneurotikern ganz regelmäßig um einen verdrängten sexuellen Komplex (im weitesten

Sinne genommen) handelt, das kommt als Unterschied für Sie
nicht in Betracht. Wohl aber etwas anderes. Die Aufgabe der
Psychoanalyse lautet ganz uniform für alle Fälle, es seien Komplexe
aufzudecken, die infolge von Unlustgefühlen verdrängt sind und
beim Versuch der Einführung ins Bewußtsein Anzeichen des
Widerstandes von sich geben. Dieser Widerstand ist gleichsam
lokalisiert, er entsteht an dem Grenzübergang zwischen Unbewußtem und Bewußtem. In Ihren Fällen handelt es sich um
einen Widerstand, der ganz aus dem Bewußtsein herrührt. Sie
werden diese Ungleichheit nicht ohneweiters vernachlässigen können
und erst durch Versuche festzustellen haben, ob sich der bewußte
Widerstand durch ganz dieselben Anzeichen verrät wie der unbewußte. Ferner meine ich, daß Sie noch nicht sicher sein können,
ob Sie Ihre objektiven Komplexanzeichen so wie wir Psychotherapeuten als „Widerstand" deuten dürfen. Wenn auch nicht
sehr häufig bei Verbrechern, so doch bei Ihren Versuchspersonen
mag sich der Fall ereignen, daß der Komplex, an den Sie streifen,
ein mit Lust betonter ist, und es fragt sich, ob dieser dieselben
Reaktionen geben wird wie ein mit Unlust betonter.

Ich möchte auch hervorheben, daß Ihr Versuch möglicherweise
einer Einmengung unterliegen kann, die in der Psychoanalyse
wie selbstverständlich entfällt. Sie können nämlich bei Ihrer Untersuchung vom Neurotiker irregeführt werden, der so reagiert, als
ob er schuldig wäre, obwohl er unschuldig ist, weil ein in ihm
bereitliegendes und lauerndes Schuldbewußtsein sich der Beschuldi-
gung des besonderen Falles bemächtigt. Halten Sie diesen Fall
nicht für eine müßige Erfindung; denken Sie an die Kinderstube,
in der man ihn häufig genug beobachten kann. Es kommt vor,
daß ein Kind, dem man eine Untat vorwirft, die Schuld mit
Entschiedenheit leugnet, dabei aber weint wie ein überführter
Sünder. Sie werden vielleicht meinen, daß das Kind lügt, während
es seine Unschuld versichert, aber der Fall kann anders liegen.
Das Kind hat die eine Untat, die Sie ihm zur Last legen, wirklich

nicht verübt, aber dafür eine andere, ähnliche, von der Sie nichts
wissen und deren Sie es nicht beschuldigen. Es leugnet also mit
Recht seine Schuld — an dem einen, — und dabei verrät sich
doch sein Schuldbewußtsein — wegen des anderen. Der erwachsene
Neurotiker verhält sich in diesem — wie in vielen anderen
Punkten — ganz so wie ein Kind; es gibt viele solcher Menschen, und es ist noch fraglich, ob es Ihrer Technik gelingen
wird, solche Selbstbeschuldiger von den wirklich Schuldigen zu
unterscheiden. Endlich noch eines: Sie wissen, daß Sie nach
Ihrer Strafprozeßordnung den Angeklagten durch kein Verfahren
überrumpeln dürfen. Er wird also wissen, daß es sich beim
Experiment darum handelt, sich nicht zu verraten, und es entsteht die weitere Frage, ob man auf dieselben Reaktionen zu
rechnen hat, wenn die Aufmerksamkeit dem Komplex zugewendet
ist wie bei abgewendeter, und wie weit der Vorsatz zu verbergen bei verschiedenen Personen in die Reaktionsweise hinein-
reichen kann.

Gerade weil die Ihren Untersuchungen unterliegenden Situationen so mannigfaltig sind, ist die Psychologie an dem Ausfall
derselben lebhaft interessiert, und man möchte Sie bitten, an der
praktischen Verwertbarkeit derselben ja nicht zu rasch zu ver-
zweifeln. Gestatten Sie mir, der ich der praktischen Rechtspflege
so ferne stehe, noch einen anderen Vorschlag! So unentbehrlich
Experimente im Seminar zur Vorbereitung und Fragestellung sein
mögen, so werden Sie doch die gleiche psychologische Situation
wie bei der Untersuchung Beschuldigter im Straffalle hier nie
herstellen können. Es bleiben Phantomübungen, auf welche sich
die praktische Verwendung im Strafprozeß niemals begründen
läßt. Wenn wir auf letztere nicht verzichten wollen, so bietet sich
folgender Ausweg. Es möge Ihnen verstattet, ja zur Pflicht gemacht
werden, solche Untersuchungen durch eine Reihe von Jahren an
allen realen Fällen von Strafbeschuldigung vorzunehmen, ohne
daß den Ergebnissen derselben ein Einfluß auf die Ent-

scheidung der richtenden Instanz zugestanden würde. Am besten, wenn die letztere überhaupt nicht zur Kenntnis Ihrer aus der Untersuchung gezogenen Schlußfolgerung über die Schuld des Angeklagten kommt. Nach jahrelanger Sammlung und vergleichender Bearbeitung der so gewonnenen Erfahrungen müßten wohl alle Zweifel an der Brauchbarkeit dieses psychologischen Untersuchungsverfahrens gelöst sein. Ich weiß freilich, daß die Verwirklichung dieses Vorschlages nicht allein von Ihnen und Ihrem geschatzten Lehrer abhängt.

ZUR SEXUELLEN
AUFKLÄRUNG DER KINDER

ZUR SEXUELLEN AUFKLÄRUNG DER KINDER
OFFENER BRIEF AN Dr. M. FÜRST

Geehrter Herr Kollege!

Wenn Sie von mir eine Äußerung über die „sexuelle Aufklärung der Kinder" verlangen, so nehme ich an, daß Sie keine regelrechte und förmliche Abhandlung mit Berücksichtigung der ganzen, über Gebühr angewachsenen Literatur erwarten, sondern das selbständige Urteil eines einzelnen Arztes hören wollen, dem seine Berufstätigkeit besondere Anregung geboten hat, sich mit den sexuellen Problemen zu beschäftigen. Ich weiß, daß Sie meine wissenschaftlichen Bemühungen mit Interesse verfolgt haben und mich nicht wie viele andere Kollegen darum ohne Prüfung abweisen, weil ich in der psychosexuellen Konstitution und in Schädlichkeiten des Sexuallebens die wichtigsten Ursachen der so häufigen neurotischen Erkrankungen erblicke; auch meine „Drei Abhandlungen zur Sexualtheorie", in denen ich die Zusammensetzung des Geschlechtstriebes und die Störungen in der Entwicklung des Geschlechtstriebes zur Sexualfunktion darlege, haben kürzlich eine freundliche Erwähnung in Ihrer Zeitschrift gefunden.

Ich soll Ihnen also die Fragen beantworten, ob man den Kindern überhaupt Aufklärungen über die Tatsachen des Geschlechtslebens geben darf, in welchem Alter dies geschehen

kann und in welcher Weise. Nehmen Sie nun gleich zu Anfang
mein Geständnis entgegen, daß ich eine Diskussion über den
zweiten und dritten Punkt ganz begreiflich finde, daß es aber
für meine Einsicht völlig unfaßbar ist, wie der erste dieser Frage-
punkte ein Gegenstand von Meinungsverschiedenheit werden
konnte. Was will man denn erreichen, wenn man den Kindern
— oder sagen wir der Jugend — solche Aufklärungen über das
menschliche Geschlechtsleben vorenthält? Fürchtet man, ihr
Interesse für diese Dinge vorzeitig zu wecken, ehe es sich in
ihnen selbst regt? Hofft man, durch solche Verhehlung den
Geschlechtstrieb überhaupt zurückzuhalten bis zur Zeit, da er
in die ihm von der bürgerlichen Gesellschaftsordnung allein
geöffneten Bahnen einlenken kann? Meint man, daß die Kinder
für die Tatsachen und Rätsel des Geschlechtslebens kein Interesse oder kein Verständnis zeigten, wenn sie nicht von fremder
Seite darauf hingewiesen würden? Hält man es für möglich,
daß ihnen die Kenntnis, welche man ihnen versagt, nicht auf
anderen Wegen zugeführt wird? Oder verfolgt man wirklich
und ernsthaft die Absicht, daß sie späterhin alles Geschlechtliche
als etwas Niedriges und Verabscheuenswertes beurteilen mögen,
von dem ihre Eltern und Erzieher sie so lange als möglich fern-
halten wollten?

Ich weiß wirklich nicht, in welcher dieser Absichten ich
das Motiv für das tatsächlich geübte Verstecken des Sexuellen
vor den Kindern erblicken soll; ich weiß nur, daß sie alle gleich
töricht sind, und daß es mir schwer fällt, sie durch ernsthafte
Widerlegungen auszuzeichnen. Ich erinnere mich aber, daß ich
in den Familienbriefen des großen Denkers und Menschenfreundes
Multatuli einige Zeilen gefunden habe, die als Antwort mehr
als bloß genügen können.[1]

„Im allgemeinen werden einzelne Dinge nach meinem Gefühl
zu sehr umschleiert. Man tut recht, die Phantasie der Kinder

---

1) Multatuli-Briefe, herausgegeben von W. Spohr, 1906, Bd. I, S. 26.

reinzuhalten, aber diese Reinheit wird nicht bewahrt durch Unwissenheit. Ich glaube eher, daß das Verdecken von etwas den Knaben und das Mädchen um so mehr die Wahrheit argwöhnen läßt. Man spürt aus Neugierde Dingen nach, die uns, wenn sie uns ohne viel Umstände mitgeteilt würden, wenig oder kein Interesse einflößen würden. Wäre diese Unwissenheit noch zu bewahren, so könnte ich mich damit versöhnen, aber das ist nicht möglich; das Kind kommt in Berührung mit anderen Kindern, es bekommt Bücher in die Hände, die es zum Nachdenken bringen; gerade die Geheimtuerei, womit das dennoch Begriffene von den Eltern behandelt wird, erhöht das Verlangen, mehr zu wissen. Dieses Verlangen, nur zum Teil, nur heimlich befriedigt, erhitzt das Herz und verdirbt die Phantasie, das Kind sündigt bereits, und die Eltern meinen noch, daß es nicht weiß, was Sünde ist."

Ich weiß nicht, was man hierüber Besseres sagen könnte, aber vielleicht läßt sich einiges hinzufügen. Es ist gewiß nichts anderes als die gewohnte Prüderie und das eigene schlechte Gewissen in Sachen der Sexualität, was die Erwachsenen zur „Geheimtuerei" vor den Kindern veranlaßt; aber möglicherweise wirkt da auch ein Stück theoretischer Unwissenheit mit, dem man durch die Aufklärung der Erwachsenen entgegentreten kann. Man meint nämlich, daß den Kindern der Geschlechtstrieb fehle und sich erst zur Pubertätszeit mit der Reife der Geschlechtsorgane bei ihnen einstelle. Das ist ein grober, für die Kenntnis wie für die Praxis folgenschwerer Irrtum. Es ist so leicht, ihn durch die Beobachtung zu korrigieren, daß man sich verwundern muß, wie er überhaupt entstehen konnte. In Wahrheit bringt das Neugeborene Sexualität mit auf die Welt, gewisse Sexualempfindungen begleiten seine Entwicklung durch die Säuglings- und Kinderzeiten, und die wenigsten Kinder dürften sexuellen Betätigungen und Empfindungen vor ihrer Pubertät entgehen. Wer die ausführliche Darlegung dieser Behauptungen kennen lernen will, möge sie in meinen erwähnten „Drei Abhandlungen zur Sexualtheorie, Wien 1905" aufsuchen. Er wird dort erfahren, daß die eigentlichen Reproduktionsorgane nicht die einzigen Körperteile sind, welche sexuelle Lustempfindungen vermitteln, und daß die Natur es recht zwingend so eingerichtet hat, daß selbst Reizungen der Genitalien während der Kinderzeit unvermeidlich sind. Man bezeichnet diese Lebenszeit, in welcher durch die Erregung verschiedener Hautstellen (erogener Zonen), durch die Betätigung gewisser biologischer Triebe und als Miterregung bei vielen affektiven Zuständen ein gewisser Betrag von sicher sexueller Lust erzeugt wird, mit einem von Havelock Ellis eingeführten Ausdrucke als die Periode des Autoerotismus. Die Pubertät leistet nichts anderes, als daß sie unter allen lusterzeugenden Zonen und Quellen den Genitalien das Primat verschafft und dadurch die Erotik in den Dienst der Fortpflanzungsfunktion zwingt, ein Prozeß, der natürlich gewissen Hemmungen unterliegen kann und sich bei vielen Personen, den späteren Perversen und Neurotikern, nur in unvollkommener Weise vollzieht. Anderseits ist das Kind der meisten psychischen Leistungen des Liebeslebens (der Zärtlichkeit, der Hingebung, der Eifersucht) lange vor erreichter Pubertät fähig, und oft genug stellt sich auch der Durchbruch dieser seelischen Zustände zu den körperlichen Empfindungen der Sexualerregung her, so daß das Kind über die Zusammengehörigkeit der beiden nicht im Zweifel bleiben kann. Kurz gesagt, das Kind ist lange vor der Pubertät ein bis auf die Fortpflanzungsfähigkeit fertiges Liebeswesen, und man darf es aussprechen, daß man ihm mit jener „Geheimtuerei" nur die Fähigkeit zur intellektuellen Bewältigung solcher Leistungen vorenthält, für die es psychisch vorbereitet und somatisch eingestellt ist.

Das intellektuelle Interesse des Kindes für die Rätsel des Geschlechtslebens, seine sexuelle Wißbegierde äußert sich denn auch zu einer unvermutet frühen Lebenszeit. Es muß wohl so zugehen, daß die Eltern für dieses Interesse des Kindes wie mit Blindheit geschlagen sind oder sich sofort bemühen, es zu ersticken, falls sie es nicht übersehen können, wenn Beobachtungen wie die nun mitzuteilende nicht häufiger gemacht werden können. Ich kenne da einen prächtigen Jungen von jetzt vier Jahren, dessen verständige Eltern darauf verzichten, ein Stück der Entwicklung des Kindes gewaltsam zu unterdrücken. Der kleine Hans, der sicherlich keinem verführenden Einflusse von seiten einer Warteperson unterlegen ist, zeigt schon seit einiger Zeit das lebhafteste Interesse für jenes Stück seines Körpers, das er als „Wiwimacher" zu bezeichnen pflegt. Schon mit drei Jahren hat er die Mutter gefragt: „Mama, hast du auch einen Wiwimacher?" Worauf die Mama geantwortet: „Natürlich, was hast du denn gedacht?" Dieselbe Frage hat er zu wiederholten Malen an den Vater gerichtet. Im selben Alter zuerst in einen Stall geführt, hat er beim Melken einer Kuh zugeschaut und dann verwundert ausgerufen: „Schau, aus dem Wiwimacher kommt Milch." Mit dreidreiviertel Jahren ist er auf dem Wege, durch seine Beobachtungen selbständig richtige Kategorien zu entdecken. Er sieht, wie aus einer Lokomotive Wasser ausgelassen wird und sagt: „Schau, die Lokomotive macht Wiwi; wo hat sie denn den Wiwimacher?" Später setzt er nachdenklich hinzu: „Ein Hund und ein Pferd hat einen Wiwimacher; ein Tisch und ein Sessel nicht." Vor kurzem hat er zugesehen, wie man sein einwöchiges Schwesterchen badet, und dabei bemerkt: „Aber ihr Wiwimacher ist noch klein. Wenn sie wächst, wird er schon größer werden." (Dieselbe Stellung zum Problem der Geschlechtsunterschiede ist mir auch von anderen Knaben gleichen Alters berichtet worden.) Ich möchte ausdrücklich bestreiten, daß der kleine Hans ein sinnliches oder gar ein pathologisch veranlagtes Kind sei; ich meine nur, er ist nicht eingeschüchtert worden, wird nicht vom Schuldbewußtsein geplagt und gibt darum arglos von seinen Denkvorgängen Kunde.[1]

---

1) [*Zusatz 1924:*] Über die spätere neurotische Erkrankung und Herstellung dieses „kleinen Hans" siehe „Analyse der Phobie eines fünfjährigen Knaben" im VII. Band dieser Gesamtausgabe.

Das zweite große Problem, welches dem Denken der Kinder
— wohl erst in etwas späteren Jahren — Aufgaben stellt, ist
die Frage nach der Herkunft der Kinder, die zumeist an die
unerwünschte Erscheinung eines neuen kleinen Bruders oder
Schwesterchens anknüpft. Es ist dies die älteste und die brennendste
Frage der jungen Menschheit; wer Mythen und Überlieferungen
zu deuten versteht, kann sie aus dem Rätsel heraushören, welches
die thebaische Sphinx dem Ödipus aufgibt. Durch die in der
Kinderstube gebräuchlichen Antworten wird der ehrliche Forschertrieb des Kindes verletzt, meist auch dessen Vertrauen zu seinen
Eltern zum erstenmal erschüttert; von da an beginnt es zumeist
den Erwachsenen zu mißtrauen und seine intimsten Interessen
vor ihnen geheimzuhalten. Ein kleines Dokument mag zeigen,
wie quälend sich gerade diese Wißbegierde oft bei älteren Kindern
gestaltet, der Brief eines mutterlosen, elfeinhalbjährigen Mädchens,
welches über das Problem mit seiner jüngeren Schwester
spekuliert hat:

„Liebe Tante Mali!"

„Ich bitte Dich, sei so gut und schreibe mir, wie Du die Christel oder
den Paul bekommen hast. Du mußt es ja wissen, da Du verheiratet bist.
Wir haben uns nämlich gestern abend darüber gestritten und wünschen
die Wahrheit zu wissen. Wir haben ja sonst niemanden, den wir fragen
könnten. Wann kommt Ihr denn nach Salzburg? Weißt Du, liebe Tante
Mali, wir können halt nicht begreifen, wie der Storch die Kinder bringt.
Trudel hat geglaubt, der Storch bringt sie im Hemde. Dann möchten wir
auch wissen, ob er sie aus dem Teiche nimmt und warum man die
Kinder nie im Teich sieht. Ich bitte Dich, sag' mir auch, wieso man
vorher weiß, wann man sie bekommt. Schreibe mir darüber ausführlich
Antwort.

Mit tausend Grüßen und Küssen von uns allen

Deine neugierige Lilli."

Ich glaube nicht, daß dieser rührende Brief den beiden Schwestern
die geforderte Aufklärung brachte. Die Schreiberin ist später an

jener Neurose erkrankt, die sich von unbeantworteten unbewußten Fragen ableitet, an Zwangsgrübelsucht.¹

Ich glaube nicht, daß nur ein einziger Grund vorliegt, um Kindern die Aufklärung, nach der ihre Wißbegierde verlangt, zu verweigern. Freilich, wenn es die Absicht der Erzieher ist, die Fähigkeit der Kinder zum selbständigen Denken möglichst frühzeitig zugunsten der so hochgeschätzten „Bravheit" zu ersticken, so kann dies nicht besser als durch Irreführung auf sexuellem und durch Einschüchterung auf religiösem Gebiete versucht werden. Die stärkeren Naturen widerstehen allerdings diesen Beeinflussungen und werden zu Rebellen gegen die elterliche und später gegen jede andere Autorität. Erhalten die Kinder jene Aufklärungen nicht, um die sie sich an Ältere gewendet haben, so quälen sie sich im Geheimen mit dem Problem weiter und bringen Lösungsversuche zustande, in denen das geahnte Richtige auf die merkwürdigste Weise mit grotesk Unrichtigem vermengt ist, oder sie flüstern einander Mitteilungen zu, in welchen zufolge des Schuldbewußtseins der jugendlichen Forscher dem Sexualleben das Gepräge des Gräßlichen und Ekelhaften aufgedrückt wird. Diese kindlichen Sexualtheorien wären wohl einer Sammlung und Würdigung wert. Meist haben die Kinder von diesem Zeitpunkte an die einzig richtige Stellung zu den Fragen des Geschlechts verloren, und viele unter ihnen finden sie überhaupt nicht wieder.

Es scheint, daß die überwiegende Mehrheit männlicher und weiblicher Autoren, welche über die sexuelle Aufklärung der Jugend geschrieben haben, sich im bejahenden Sinn entscheiden. Aber aus dem Ungeschick der meisten Vorschläge, wann und wie dies zu geschehen hat, ist man versucht zu schließen, daß dies Zugeständnis den Betreffenden nicht leicht geworden ist. Ganz vereinzelt steht nach meiner Literaturkenntnis jener reizende Aufklärungsbrief da, den eine Frau Emma E c k s t e i n

---

1) Die Grübelsucht machte aber nach Jahren einer Dementia praecox Platz.

an ihren etwa zehnjährigen Sohn zu schreiben vorgibt.[1] Wie man es sonst macht, daß man den Kindern die längste Zeit jede Kenntnis des Sexuellen vorenthält, um ihnen dann einmal in schwülstig-feierlichen Worten eine auch nur halb aufrichtige Eröffnung zu schenken, die überdies meist zu spät kommt, das ist offenbar nicht ganz das Richtige. Die meisten Beantwortungen der Frage „wie sag's ich meinem Kinde?" machen mir wenigstens einen so kläglichen Eindruck, daß ich vorziehen würde, wenn die Eltern sich überhaupt nicht um die Aufklärung bekümmern würden. Es kommt vielmehr darauf an, daß die Kinder niemals auf die Idee geraten, man wolle ihnen aus den Tatsachen des Geschlechtslebens eher ein Geheimnis machen als aus anderem, was ihrem Verständnisse noch nicht zugänglich ist. Und um dies zu erzielen, ist es erforderlich, daß das Geschlechtliche von allem Anfange an gleich wie anderes Wissenswerte behandelt werde. Vor allem ist es Aufgabe der Schule, der Erwähnung des Geschlechtlichen nicht auszuweichen, die großen Tatsachen der Fortpflanzung beim Unterrichte über die Tierwelt in ihre Bedeutung einzusetzen und sogleich zu betonen, daß der Mensch alles Wesentliche seiner Organisation mit den höheren Tieren teilt. Wenn dann das Haus nicht auf Denkabschreckung hinarbeitet, wird es sich wohl öfter ereignen, was ich einmal in einer Kinderstube belauscht habe, daß ein Knabe seinem jüngeren Schwesterchen vorhält: „Aber wie kannst du denken, daß der Storch die kleinen Kinder bringt. Du weißt ja, daß der Mensch ein Säugetier ist, und glaubst du denn, daß der Storch den anderen Säugetieren die Jungen bringt?" Die Neugierde des Kindes wird dann nie einen hohen Grad erreichen, wenn sie auf jeder Stufe des Lernens die entsprechende Befriedigung findet. Die Aufklärung über die spezifisch menschlichen Verhältnisse des Geschlechtslebens und der Hinweis auf die soziale Bedeutung desselben hätte sich dann am Schlusse des Volksschulunterrichtes

---

[1] E. Eckstein, Die Sexualfrage in der Erziehung des Kindes. 1904.

(und vor Eintritt in die Mittelschule), also nicht nach dem Alter von zehn Jahren, anzuschließen. Endlich würde sich der Zeitpunkt der Konfirmation wie kein anderer dazu eignen, dem bereits über alles Körperliche aufgeklärten Kinde die sittlichen Verpflichtungen, welche an die Ausübung des Triebes geknüpft sind, darzulegen. Eine solche stufenweise fortschreitende und eigentlich zu keiner Zeit unterbrochene Aufklärung über das Geschlechtsleben, zu welcher die Schule die Initiative ergreift, erscheint mir als die einzige, welche der Entwicklung des Kindes Rechnung trägt und darum die vorhandene Gefahr glücklich vermeidet.

Ich halte es für den bedeutsamsten Fortschritt in der Kindererziehung, daß der französische Staat an Stelle des Katechismus ein Elementarbuch eingeführt hat, welches dem Kinde die ersten Kenntnisse seiner staatsbürgerlichen Stellung und der ihm dereinst zufallenden ethischen Pflichten vermittelt. Aber dieser Elementarunterricht ist in arger Weise unvollständig, wenn er nicht das Gebiet des Geschlechtslebens mit umschließt. Hier ist die Lücke, deren Ausfüllung Erzieher und Reformer in Angriff nehmen sollten! In Staaten, welche die Kindererziehung ganz oder teilweise in den Händen der Geistlichkeit belassen haben, darf man allerdings solche Forderung nicht erheben. Der Geistliche wird die Wesensgleichheit von Mensch und Tier nie zugeben, da er auf die unsterbliche Seele nicht verzichten kann, die er braucht, um die Moralforderung zu begründen. So bewährt es sich denn wieder einmal, wie unklug es ist, einem zerlumpten Rock einen einzigen seidenen Lappen aufzunähen, wie unmöglich es ist, eine vereinzelte Reform durchzuführen, ohne an den Grundlagen des Systems zu ändern!

DER WAHN UND DIE TRÄUME
IN W. JENSENS »GRADIVA«

I

In einem Kreise von Männern, denen es als ausgemacht gilt, daß die wesentlichsten Rätsel des Traumes durch die Bemühung des Verfassers[1] gelöst worden sind, erwachte eines Tages die Neugierde, sich um jene Träume zu kümmern, die überhaupt niemals geträumt worden, die von Dichtern geschaffen und erfundenen Personen im Zusammenhange einer Erzählung beigelegt werden. Der Vorschlag, diese Gattung von Träumen einer Untersuchung zu unterziehen, mochte müßig und befremdend erscheinen; von einer Seite her konnte man ihn als berechtigt hinstellen. Es wird ja keineswegs allgemein geglaubt, daß der Traum etwas Sinnvolles und Deutbares ist. Die Wissenschaft und die Mehrzahl der Gebildeten lächeln, wenn man ihnen die Aufgabe einer Traumdeutung stellt; nur das am Aberglauben hängende Volk, das hierin die Überzeugungen des Altertums fortsetzt, will von der Deutbarkeit der Träume nicht ablassen, und der Verfasser der Traumdeutung hat es gewagt, gegen den Einspruch der gestrengen Wissenschaft Partei für die Alten und für den Aberglauben zu nehmen. Er ist allerdings weit davon entfernt, im Traume eine Ankündigung der Zukunft anzuerkennen, nach deren Enthüllung der Mensch seit jeher mit allen unerlaubten Mitteln vergeblich strebt. Aber völlig konnte auch er nicht die

---

[1] Freud, Die Traumdeutung, 1900 [Ges Werke, Bd. II/III].

Beziehung des Traumes zur Zukunft verwerfen, denn nach Vollendung einer mühseligen Übersetzungsarbeit erwies sich ihm der Traum als ein **erfüllt** dargestellter **Wunsch** des Träumers, und wer könnte bestreiten, daß Wünsche sich vorwiegend der Zukunft zuzuwenden pflegen.

Ich sagte eben: der Traum sei ein erfüllter Wunsch. Wer sich nicht scheut, ein schwieriges Buch durchzuarbeiten, wer nicht fordert, daß ein verwickeltes Problem zur Schonung seiner Bemühung und auf Kosten von Treue und Wahrheit ihm als leicht und einfach vorgehalten werde, der mag in der erwähnten „Traumdeutung" den weitläufigen Beweis für diesen Satz aufsuchen und bis dahin die ihm sicherlich aufsteigenden Einwendungen gegen die Gleichstellung von Traum und Wunscherfüllung zur Seite drängen.

Aber wir haben weit vorgegriffen. Es handelt sich noch gar nicht darum, festzustellen, ob der Sinn eines Traumes in jedem Falle durch einen erfüllten Wunsch wiederzugeben sei, oder nicht auch ebenso häufig durch eine ängstliche Erwartung, einen Vorsatz, eine Überlegung usw. Vielmehr steht erst in Frage, ob der Traum überhaupt einen Sinn habe, ob man ihm den Wert eines seelischen Vorganges zugestehen solle. Die Wissenschaft antwortet mit Nein, sie erklärt das Träumen für einen bloß physiologischen Vorgang, hinter dem man also Sinn, Bedeutung, Absicht nicht zu suchen brauche. Körperliche Reize spielten während des Schlafes auf dem seelischen Instrument und brächten so bald diese, bald jene der alles seelischen Zusammenhalts beraubten Vorstellungen zum Bewußtsein. Die Träume wären nur Zuckungen, nicht aber Ausdrucksbewegungen des Seelenlebens vergleichbar.

In diesem Streite über die Würdigung des Traumes scheinen nun die Dichter auf derselben Seite zu stehen wie die Alten, wie das abergläubische Volk und wie der Verfasser der „Traumdeutung". Denn wenn sie die von ihrer Phantasie gestalteten Personen träumen lassen, so folgen sie der alltäglichen Erfahrung, daß das Denken und Fühlen der Menschen sich in den Schlaf hinein fortsetzt und suchen nichts anderes, als die Seelenzustände ihrer Helden durch deren Träume zu schildern. Wertvolle Bundesgenossen sind aber die Dichter und ihr Zeugnis ist hoch anzuschlagen, denn sie pflegen eine Menge von Dingen zwischen Himmel und Erde zu wissen, von denen sich unsere Schulweisheit noch nichts träumen läßt. In der Seelenkunde gar sind sie uns Alltagsmenschen weit voraus, weil sie da aus Quellen schöpfen, welche wir noch nicht für die Wissenschaft erschlossen haben. Wäre diese Parteinahme der Dichter für die sinnvolle Natur der Träume nur unzweideutiger! Eine schärfere Kritik könnte ja einwenden, der Dichter nehme weder für noch gegen die psychische Bedeutung des einzelnen Traumes Partei; er begnüge sich zu zeigen, wie die schlafende Seele unter den Erregungen aufzuckt, die als Ausläufer des Wachlebens in ihr kräftig verblieben sind.

Unser Interesse für die Art, wie sich die Dichter des Traumes bedienen, ist indes auch durch diese Ernüchterung nicht gedämpft. Wenn uns die Untersuchung auch nichts Neues über das Wesen der Träume lehren sollte, vielleicht gestattet sie uns von diesem Winkel aus einen kleinen Einblick in die Natur der dichterischen Produktion. Die wirklichen Träume gelten zwar bereits als zügellose und regelfreie Bildungen, und nun erst die freien Nachbildungen solcher Träume! Aber es gibt viel weniger Freiheit und Willkür im Seelenleben, als wir geneigt sind anzunehmen; vielleicht überhaupt keine. Was wir in der Welt draußen Zufälligkeit heißen, löst sich bekanntermaßen in Gesetze auf; auch was wir im Seelischen Willkür heißen, ruht auf — derzeit erst dunkel geahnten — Gesetzen. Sehen wir also zu!

Es gäbe zwei Wege für diese Untersuchung. Der eine wäre die Vertiefung in einen Spezialfall, in die Traumschöpfungen eines Dichters in einem seiner Werke. Der andere bestünde im Zusammentragen und Gegeneinanderhalten all der Beispiele, die sich in den Werken verschiedener Dichter von der Verwendung der

Träume finden lassen. Der zweite Weg scheint der bei weitem
trefflichere zu sein, vielleicht der einzig berechtigte, denn er befreit uns sofort von den Schädigungen, die mit der Aufnahme
des künstlichen Einheitsbegriffes „der Dichter" verbunden sind.
Diese Einheit zerfällt bei der Untersuchung in die so sehr ver-
schiedenwertigen Dichterindividuen, unter denen wir in einzelnen
die tiefsten Kenner des menschlichen Seelenlebens zu verehren
gewohnt sind. Dennoch aber werden diese Blätter von einer Untersuchung der ersten Art ausgefüllt sein. Es hatte sich in jenem
Kreise von Männern, unter denen die Anregung auftauchte, so
gefügt, daß jemand sich besann, in dem Dichtwerke, das zuletzt
sein Wohlgefallen erweckt, wären mehrere Träume enthalten gewesen, die ihn gleichsam mit vertrauten Zügen angeblickt hätten
und ihn einlüden, die Methode der „Traumdeutung" an ihnen
zu versuchen. Er gestand zu, Stoff und Örtlichkeit der kleinen
Dichtung wären wohl an der Entstehung seines Wohlgefallens
hauptsächlich beteiligt gewesen, denn die Geschichte spiele auf
dem Boden von Pompeji und handle von einem jungen Archäologen,
der das Interesse für das Leben gegen das an den Resten der
klassischen Vergangenheit hingegeben hätte und nun auf einem merkwürdigen, aber völlig korrekten Umwege ins Leben zurückgebracht
werde. Während der Behandlung dieses echt poetischen Stoffes rege
sich allerlei Verwandtes und dazu Stimmendes im Leser. Die Dichtung
aber sei die kleine Novelle „Gradiva" von Wilhelm Jensen,
vom Autor selbst als „pompejanisches Phantasiestück" bezeichnet.

Und nun müßte ich eigentlich alle meine Leser bitten, dieses
Heft aus der Hand zu legen und es für eine ganze Weile durch
die 1903 im Buchhandel erschienene „Gradiva" zu ersetzen, damit
ich mich im weiteren auf Bekanntes beziehen kann. Denjenigen
aber, welche die „Gradiva" bereits gelesen haben, will ich den
Inhalt der Erzählung durch einen kurzen Auszug ins Gedächtnis
zurückrufen, und rechne darauf, daß ihre Erinnerung allen dabei
abgestreiften Reiz aus eigenem wiederherstellen wird.

Ein junger Archäologe, Norbert Hanold, hat in einer Antikensammlung Roms ein Reliefbild entdeckt, das ihn so ausnehmend angezogen, daß er sehr erfreut gewesen ist, einen vortrefflichen Gipsabguß davon erhalten zu können, den er in seiner Studierstube in einer deutschen Universitätsstadt aufhängen und mit Interesse studieren kann. Das Bild stellt ein reifes junges Mädchen im Schreiten dar, welches sein reichfaltiges Gewand ein wenig aufgerafft hat, so daß die Füße in den Sandalen sichtbar werden. Der eine Fuß ruht ganz auf dem Boden, der andere hat sich zum Nachfolgen vom Boden abgehoben und berührt ihn nur mit den Zehenspitzen, während Sohle und Ferse sich fast senkrecht emporheben. Der hier dargestellte ungewöhnliche und besonders reizvolle Gang hatte wahrscheinlich die Aufmerksamkeit des Künstlers erregt und fesselt nach so viel Jahrhunderten nun den Blick unseres archäologischen Beschauers.

Dies Interesse des Helden der Erzählung für das geschilderte Reliefbild ist die psychologische Grundtatsache unserer Dichtung. Es ist nicht ohne weiteres erklärbar. „Doktor Norbert Hanold, Dozent der Archäologie, fand eigentlich für seine Wissenschaft an dem Relief nichts sonderlich Beachtenswertes." (Gradiva p. 3.) „Er wußte sich nicht klarzustellen, was daran seine Aufmerksamkeit erregt habe, nur daß er von etwas angezogen worden und diese Wirkung sich seitdem unverändert forterhalten habe." Aber seine Phantasie läßt nicht ab, sich mit dem Bilde zu beschäftigen. Er findet etwas „Heutiges" darin, als ob der Künstler den Anblick auf der Straße „nach dem Leben" festgehalten habe. Er verleiht dem im Schreiten dargestellten Mädchen einen Namen: „Gradiva", die „Vorschreitende"; er fabuliert, sie sei gewiß die Tochter eines vornehmen Hauses, vielleicht „eines patrizischen Aedilis, der sein Amt im Namen der Ceres ausübte", und befinde sich auf dem Wege zum Tempel der Göttin. Dann widerstrebt es ihm, ihre ruhige, stille Art in das Getriebe einer Großstadt einzufügen, vielmehr erschafft er sich die Überzeugung, daß sie nach

Pompeji zu versetzen sei und dort irgendwo auf den wieder ausgegrabenen eigentümlichen Trittsteinen schreite, die bei regnerischem Wetter einen trockenen Übergang von einer Seite der Straße zur anderen ermöglicht und doch auch Durchlaß für Wagenräder gestattet hatten. Ihr Gesichtsschnitt dünkt ihm **griechischer** Art, ihre hellenische Abstammung unzweifelhaft; seine ganze Altertumswissenschaft stellt sich allmählich in den Dienst dieser und anderer auf das Urbild des Reliefs bezüglichen Phantasien.

Dann aber drängt sich ihm ein angeblich wissenschaftliches Problem auf, das nach Erledigung verlangt. Es handelt sich für ihn um eine kritische Urteilsabgabe, „ob der Künstler den Vorgang des Ausschreitens bei der Gradiva dem Leben entsprechend wiedergegeben habe". Er selbst vermag ihn an sich nicht hervorzurufen; bei der Suche nach der „Wirklichkeit" dieser Gangart gelangt er nun dazu, „zur Aufhellung der Sache selbst Beobachtungen nach dem Leben anzustellen". (G. p. 9.) Das nötigt ihn allerdings zu einem ihm durchaus fremdartigen Tun. „Das weibliche Geschlecht war bisher für ihn nur ein Begriff aus Marmor oder Erzguß gewesen, und er hatte seinen zeitgenössischen Vertreterinnen desselben niemals die geringste Beachtung geschenkt." Pflege der Gesellschaft war ihm immer nur als unabweisbare Plage erschienen; junge Damen, mit denen er dort zusammentraf, sah und hörte er so wenig, daß er bei einer nächsten Begegnung grußlos an ihnen vorüberging, was ihn natürlich in kein günstiges Licht bei ihnen brachte. Nun aber nötigte ihn die wissenschaftliche Aufgabe, die er sich gestellt, bei trockener, besonders aber bei nasser Witterung eifrig nach den sichtbar werdenden Füßen der Frauen und Mädchen auf der Straße zu schauen, welche Tätigkeit ihm manchen unmutigen und manchen ermutigenden Blick der so Beobachteten eintrug; „doch kam ihm das eine so wenig zum Verständnis wie das andere." (G. p. 10.) Als Ergebnis dieser sorgfältigen Studien mußte er finden, daß die Gangart der Gradiva in der Wirklichkeit nicht nachzuweisen war, was ihn mit Bedauern und Verdruß erfüllte. Bald nachher hatte er einen schreckvoll beängstigenden Traum, der ihn in das alte Pompeji am Tage des Vesuvausbruches versetzte und zum Zeugen des Unterganges der Stadt machte. „Wie er so am Rande des Forums neben dem Jupitertempel stand, sah er plötzlich in geringer Entfernung die Gradiva vor sich; bis dahin hatte ihn kein Gedanke an ihr Hiersein angerührt, jetzt aber ging ihm auf einmal und als natürlich auf, da sie ja eine Pompejanerin sei, lebe sie in ihrer Vaterstadt und, **ohne daß er's geahnt habe, gleichzeitig mit ihm.**" (G. p. 12.) Angst um das ihr bevorstehende Schicksal entlockte ihm einen Warnruf, auf den die gleichmütig fortschreitende Erscheinung ihm ihr Gesicht zuwendete. Sie setzte aber dann unbekümmert ihren Weg bis zum Portikus des Tempels fort, setzte sich dort auf eine Treppenstufe und legte langsam den Kopf auf diese nieder, während ihr Gesicht sich immer blasser färbte, als ob es sich zu weißem Marmor umwandelte. Als er nacheilte, fand er sie mit ruhigem Ausdruck wie schlafend auf der breiten Stufe hingestreckt, bis dann der Aschenregen ihre Gestalt begrub.

Als er erwachte, glaubte er noch das verworrene Geschrei der nach Rettung suchenden Bewohner Pompejis und die dumpfdröhnende Brandung der erregten See im Ohre zu haben. Aber auch nachdem die wiederkehrende Besinnung diese Geräusche als die weckenden Lebensäußerungen der lärmenden Großstadt erkannt hatte, behielt er für eine lange Zeit den Glauben an die Wirklichkeit des Geträumten; als er sich endlich von der Vorstellung frei gemacht, daß er selbst vor bald zwei Jahrtausenden dem Untergang Pompejis beigewohnt, verblieb ihm doch wie eine wahrhafte Überzeugung, daß die Gradiva in Pompeji gelebt und dort im Jahre 79 mit verschüttet worden sei. Solche Fortsetzung fanden seine Phantasien über die Gradiva durch die Nachwirkung dieses Traumes, daß er sie jetzt erst wie eine Verlorene betrauerte.

Während er, von diesen Gedanken befangen, aus dem Fenster lehnte, zog ein Kanarienvogel seine Aufmerksamkeit auf sich, der an einem offenstehenden Fenster des Hauses gegenüber im Käfig sein Lied schmetterte. Plötzlich durchfuhr etwas wie ein Ruck den, wie es scheint, noch nicht völlig aus seinem Traum Erwachten. Er glaubte, auf der Straße eine Gestalt wie die seiner Gradiva gesehen und selbst den für sie charakteristischen Gang erkannt zu haben, eilte unbedenklich auf die Straße, um sie einzuholen, und erst das Lachen und Spotten der Leute über seine unschickliche Morgenkleidung trieb ihn rasch wieder in seine Wohnung zurück. In seinem Zimmer war es wieder der singende Kanarienvogel im Käfig, der ihn beschäftigte und ihn zum Vergleiche mit seiner eigenen Person anregte. Auch er sitze wie im Käfig, fand er, doch habe er es leichter, seinen Käfig zu verlassen. Wie in weiterer Nachwirkung des Traumes, vielleicht auch unter dem Einflusse der linden Frühlingsluft gestaltete sich in ihm der Entschluß einer Frühjahrsreise nach Italien, für welche ein wissenschaftlicher Vorwand bald gefunden wurde, wenn auch „der Antrieb zu dieser Reise ihm aus einer unbenennbaren Empfindung entsprungen war." (G. p. 24.)

Bei dieser merkwürdig locker motivierten Reise wollen wir einen Moment Halt machen und die Persönlichkeit wie das Treiben unseres Helden näher ins Auge fassen. Er erscheint uns noch unverständlich und töricht; wir ahnen nicht, auf welchem Wege seine besondere Torheit sich mit der Menschlichkeit verknüpfen wird, um unsere Teilnahme zu erzwingen. Es ist das Vorrecht des Dichters, uns in solcher Unsicherheit belassen zu dürfen; mit der Schönheit seiner Sprache, der Sinnigkeit seiner Einfälle lohnt er uns vorläufig das Vertrauen, das wir ihm schenken, und die Sympathie, die wir, noch unverdient, für seinen Helden bereithalten. Von diesem teilt er uns noch mit, daß er schon durch die Familientradition zum Altertumsforscher bestimmt, sich in seiner späteren Vereinsamung und Unabhängigkeit ganz in seine

Wissenschaft versenkt und ganz vom Leben und seinen Genüssen abgewendet hatte. Marmor und Bronze waren für sein Gefühl das einzig wirklich Lebendige, den Zweck und Wert des Menschenlebens zum Ausdruck Bringende. Doch hatte vielleicht in wohlmeinender Absicht die Natur ihm ein Korrektiv durchaus unwissenschaftlicher Art ins Blut gelegt, eine überaus lebhafte Phantasie, die sich nicht nur in Träumen, sondern auch oft im Wachen zur Geltung bringen konnte. Durch solche Absonderung der Phantasie vom Denkvermögen mußte er zum Dichter oder zum Neurotiker bestimmt sein, gehörte er jenen Menschen an, deren Reich nicht von dieser Welt ist. So konnte es sich ihm ereignen, daß er mit seinem Interesse an einem Reliefbild hängen blieb, welches ein eigentümlich schreitendes Mädchen darstellte, daß er dieses mit seinen Phantasien umspann, ihm Namen und Herkunft fabulierte, und die von ihm geschaffene Person in das vor mehr als 1800 Jahren verschüttete Pompeji versetzte, endlich nach einem merkwürdigen Angsttraum die Phantasie von der Existenz und dem Untergang des Gradiva genannten Mädchens zu einem Wahn erhob, der auf sein Handeln Einfluß gewann. Sonderbar und undurchsichtig würden uns diese Leistungen der Phantasie erscheinen, wenn wir ihnen bei einem wirklich Lebenden begegnen würden. Da unser Held Norbert Hanold ein Geschöpf des Dichters ist, möchten wir etwa an diesen die schüchterne Frage richten, ob seine Phantasie von anderen Mächten als von ihrer eigenen Willkür bestimmt worden ist.

Unseren Helden hatten wir verlassen, als er sich anscheinend durch das Singen eines Kanarienvogels zu einer Reise nach Italien bewegen ließ, deren Motiv ihm offenbar nicht klar war. Wir erfahren weiter, daß auch Ziel und Zweck dieser Reise ihm nicht feststand. Eine innere Unruhe und Unbefriedigung treibt ihn von Rom nach Neapel und von da weiter weg. Er gerät in den Schwarm der Hochzeitsreisenden und genötigt, sich mit den zärtlichen „August" und „Grete" zu beschäftigen, findet er sich ganz außer stande, das Tun und Treiben dieser Paare zu verstehen. Er kommt zu dem Ergebnis, unter allen Torheiten der Menschen „nehme jedenfalls das Heiraten, als die größte und unbegreiflichste, den obersten Rang ein, und ihre sinnlosen Hochzeitsreisen nach Italien setzten gewissermaßen dieser Narretei die Krone auf." (G. p. 27.) In Rom durch die Nähe eines zärtlichen Paares in seinem Schlaf gestört, flieht er alsbald nach Neapel, nur um dort andere „August und Grete" wiederzufinden. Da er aus deren Gesprächen zu entnehmen glaubt, daß die Mehrheit dieser Vogelpaare nicht im Sinne habe, zwischen dem Schutt von Pompeji zu nisten, sondern den Flug nach Capri zu richten, beschließt er, das zu tun, was sie nicht täten, und befindet sich „wider Erwarten und Absicht" wenige Tage nach seiner Abreise in Pompeji.

Ohne aber dort die Ruhe zu finden, die er gesucht. Die Rolle, welche bis dahin die Hochzeitspaare gespielt, die sein Gemüt beunruhigt und seine Sinne belästigt hatten, wird jetzt von den Stubenfliegen übernommen, in denen er die Verkörperung des absolut Bösen und Überflüssigen zu erblicken geneigt wird. Beiderlei Quälgeister verschwimmen ihm zu einer Einheit; manche Fliegenpaare erinnern ihn an Hochzeitsreisende, reden sich vermutlich in ihrer Sprache auch „mein einziger August" und „meine süße Grete" an. Er kann endlich nicht umhin zu erkennen, „daß seine Unbefriedigung nicht allein durch das um ihn herum Befindliche verursacht werde, sondern etwas ihren Ursprung auch aus ihm selbst schöpfe". (G. p. 42.) Er fühlt, „daß er mißmutig sei, weil ihm etwas fehle, ohne daß er sich aufhellen könne, was."

Am nächsten Morgen begibt er sich durch den „Ingresso" nach Pompeji und durchstreift nach Verabschiedung des Führers planlos die Stadt, merkwürdigerweise ohne sich dabei zu erinnern, daß er vor einiger Zeit im Traume bei der Verschüttung Pompejis zugegen gewesen. Als dann in der „heißen, heiligen" Mittagsstunde, die ja den Alten als Geisterstunde galt, die anderen Besucher sich geflüchtet haben, und die Trümmerhaufen verödet

und sonnenglanzübergossen vor ihm liegen, da regt sich in ihm
die Fähigkeit, sich in das versunkene Leben zurückzuversetzen,
aber nicht mit Hilfe der Wissenschaft. „Was diese lehrte, war
eine leblose archäologische Anschauung, und was ihr vom Mund
kam, eine tote, philologische Sprache. Die verhalfen zu keinem
Begreifen mit der Seele, dem Gemüt, dem Herzen, wie man's
nennen wollte, sondern wer danach Verlangen in sich trug, der
mußte als einzig Lebendiger allein in der heißen Mittagsstille
hier zwischen den Überresten der Vergangenheit stehen, um nicht
mit den körperlichen Augen zu sehen und nicht mit den leiblichen Ohren zu hören. Dann... wachten die Toten auf und
Pompeji fing an, wieder zu leben." (G. p. 55.)

Während er so die Vergangenheit mit seiner Phantasie belebt,
sieht er plötzlich die unverkennbare Gradiva seines Reliefs aus
einem Hause heraustreten und leichtbehend über die Lavatrittsteine zur anderen Seite der Straße schreiten, ganz so, wie er sie
im Traume jener Nacht gesehen, als sie sich wie zum Schlafen
auf die Stufen des Apollotempels hingelegt hatte. „Und mit dieser
Erinnerung zusammen kommt ihm noch etwas anderes zum erstenmal zum Bewußtsein: Er sei, ohne selbst von dem Antrieb in
seinem Innern zu wissen, deshalb nach Italien und ohne Aufenthalt von Rom und Neapel bis Pompeji weitergefahren, um danach
zu suchen, ob er hier Spuren von ihr auffinden könne. Und zwar
im wörtlichen Sinne, denn bei ihrer besonderen Gangart mußte
sie in der Asche einen von allen übrigen sich unterscheidenden
Abdruck der Zehen hinterlassen haben." (G. p. 58.)

Die Spannung, in welcher der Dichter uns bisher erhalten hat,
steigert sich hier an dieser Stelle für einen Augenblick zu peinlicher Verwirrung. Nicht nur, daß unser Held offenbar aus dem
Gleichgewicht geraten ist, auch wir finden uns angesichts der Erscheinung der Gradiva, die bisher ein Stein- und dann ein Phanta-
siebild war, nicht zurecht. Ist's eine Halluzination unseres vom
Wahn betörten Helden, ein „wirkliches" Gespenst oder eine leib-

haftige Person? Nicht daß wir an Gespenster zu glauben brauchten, um diese Reihe aufzustellen. Der Dichter, der seine Erzählung ein „Phantasiestück" benannte, hat ja noch keinen Anlaß gefunden, uns aufzuklären, ob er uns in unserer, als nüchtern verschrieenen, von den Gesetzen der Wissenschaft beherrschten Welt belassen oder in eine andere phantastische Welt führen will, in der Geistern und Gespenstern Wirklichkeit zugesprochen wird. Wie das Beispiel des Hamlet, des Macbeth, beweist, sind wir ohne Zögern bereit, ihm in eine solche zu folgen. Der Wahn des phantasievollen Archäologen wäre in diesem Falle an einem anderen Maßstabe zu messen. Ja, wenn wir bedenken, wie unwahrscheinlich die reale Existenz einer Person sein muß, die in ihrer Erscheinung jenes antike Steinbild getreulich wiederholt, so schrumpft unsere Reihe zu einer Alternative ein: Halluzination oder Mittagsgespenst. Ein kleiner Zug der Schilderung streicht dann bald die erstere Möglichkeit. Eine große Eidechse liegt bewegungslos im Sonnenlichte ausgestreckt, die aber vor dem herannahenden Fuß der Gradiva entflieht und sich über die Lavaplatten der Straßen davonringelt. Also keine Halluzination, etwas außerhalb der Sinne unseres Träumers. Aber sollte die Wirklichkeit einer Rediviva eine Eidechse stören können?

Vor dem Hause des Meleager verschwindet die Gradiva. Wir verwundern uns nicht, daß Norbert Hanold seinen Wahn dahin fortsetzt, daß Pompeji in der Mittagsgeisterstunde rings um ihn her wieder zu leben begonnen habe, und so sei auch die Gradiva wieder aufgelebt und in das Haus gegangen, das sie vor dem verhängnisvollen Augusttage des Jahres 79 bewohnt hatte. Scharfsinnige Vermutungen über die Persönlichkeit des Eigentümers, nach dem dies Haus benannt sein mochte, und über die Beziehung der Gradiva zu ihm schießen durch seinen Kopf und beweisen, daß sich seine Wissenschaft nun völlig in den Dienst seiner Phantasie begeben hat. Ins Innere dieses Hauses eingetreten, entdeckt er die Erscheinung plötzlich wieder auf niedrigen Stufen zwischen zweien der gelben Säulen sitzend. „Auf ihren Knien lag etwas Weißes ausgebreitet, das sein Blick klar zu unterscheiden nicht fähig war; ein Papyrusblatt schien's zu sein..." Unter den Voraussetzungen seiner letzten Kombination über ihre Herkunft spricht er sie griechisch an, mit Zagen die Entscheidung erwartend, ob ihr in ihrem Scheindasein wohl Sprachvermögen gegönnt sei. Da sie nicht antwortet, vertauscht er die Anrede mit einer lateinischen. Da klingt es von lächelnden Lippen: „Wenn Sie mit mir sprechen wollen, müssen Sie's auf Deutsch tun."

Welche Beschämung für uns, die Leser! So hat der Dichter auch unser gespottet und uns wie durch den Widerschein der Sonnenglut Pompejis in einen kleinen Wahn gelockt, damit wir den Armen, auf den die wirkliche Mittagssonne brennt, milder beurteilen müssen. Wir aber wissen jetzt, von kurzer Verwirrung geheilt, daß die Gradiva ein leibhaftiges deutsches Mädchen ist, was wir gerade als das Unwahrscheinlichste von uns weisen wollten. In ruhiger Überlegenheit dürfen wir nun zuwarten, bis wir erfahren, welche Beziehung zwischen dem Mädchen und ihrem Bild in Stein besteht, und wie unser junger Archäologe zu den Phantasien gelangt ist, die auf ihre reale Persönlichkeit hinweisen.

Nicht so rasch wie wir wird unser Held aus seinem Wahn gerissen, denn „wenn der Glaube selig machte", sagt der Dichter, „nahm er überall eine erhebliche Summe von Unbegreiflichkeiten in den Kauf" (G. p. 140), und überdies hat dieser Wahn wahrscheinlich Wurzeln in seinem Innern, von denen wir nichts wissen, und die bei uns nicht bestehen. Es bedarf wohl bei ihm einer eingreifenden Behandlung, um ihn zur Wirklichkeit zurückzuführen. Gegenwärtig kann er nicht anders, als den Wahn der eben gemachten wunderbaren Erfahrung anpassen. Die Gradiva, die bei der Verschüttung Pompejis mit untergegangen, kann nichts anderes sein als ein Mittagsgespenst, das für die kurze Geisterstunde ins Leben zurückkehrt. Aber warum entfährt ihm nach jener in deutscher Sprache gegebenen Antwort der Ausruf: „Ich wußte es, so klänge deine Stimme?" Nicht wir allein, auch das Mädchen selbst muß so fragen, und Hanold muß zugeben, daß er die Stimme noch nie gehört, aber sie zu hören erwartet, damals im Traum, als er sie anrief, während sie sich auf den Stufen des Tempels zum Schlafen hinlegte. Er bittet sie, es wieder zu tun wie damals, aber da erhebt sie sich, richtet ihm einen befremdenden Blick entgegen und verschwindet nach wenigen Schritten zwischen den Säulen des Hofes. Ein schöner Schmetterling hatte sie kurz vorher einigemal umflattert; in seiner Deutung war es ein Bote des Hades gewesen, der die Abgeschiedene an ihre Rückkehr mahnen sollte, da die Mittagsgeisterstunde abgelaufen. Den Ruf: „Kehrst du morgen in der Mittagsstunde wieder hieher?" kann Hanold der Verschwindenden noch nachsenden. Uns aber, die wir uns jetzt mehr nüchterner Deutungen getrauen, will es scheinen, als ob die junge Dame in der Aufforderung, die Hanold an sie gerichtet, etwas Ungehöriges erblickte und ihn darum beleidigt verließ, da sie doch von seinem Traum nichts wissen konnte. Sollte ihr Feingefühl nicht die erotische Natur des Verlangens herausgespürt haben, das sich für Hanold durch die Beziehung auf seinen Traum motivierte?

Nach dem Verschwinden der Gradiva mustert unser Held sämtliche bei der Tafel anwesenden Gäste des Hotel Diomède und darauf ebenso die des Hotel Suisse und kann sich dann sagen, daß in keiner der beiden ihm allein bekannten Unterkunftsstätten Pompejis eine Person zu finden sei, die mit der Gradiva die entfernteste Ähnlichkeit besitze. Selbstverständlich hätte er die Erwartung als widersinnig abgewiesen, daß er die Gradiva wirklich in einer der beiden Wirtschaften antreffen könne. Der auf dem heißen Boden des Vesuvs gekelterte Wein hilft dann den Taumel verstärken, in dem er den Tag verbracht.

Vom nächsten Tage stand nur fest, daß Hanold wieder um die Mittagsstunde im Hause des Meleager sein müsse, und diese Zeit erwartend, dringt er auf einem nicht vorschriftsmäßigen

Wege über die alte Stadtmauer in Pompeji ein. Ein mit weißen Glockenkelchen behängter Asphodelosschaft erscheint ihm als Blume der Unterwelt bedeutungsvoll genug, um ihn zu pflücken und mit sich zu tragen. Die gesamte Altertumswissenschaft aber dünkt ihm während seines Wartens das Zweckloseste und Gleichgültigste von der Welt, denn ein anderes Interesse hat sich seiner bemächtigt, das Problem: „von welcher Beschaffenheit die körperliche Erscheinung eines Wesens wie der Gradiva sei, das zugleich tot, und, wenn auch nur in der Mittagsgeisterstunde, lebendig war." (G. p. 80.) Auch bangt er davor, die Gesuchte heute nicht anzutreffen, weil ihr vielleicht die Wiederkehr erst nach langen Zeiten verstattet sein könne, und hält ihre Erscheinung, als er ihrer wieder zwischen den Säulen gewahr wird, für ein Gaukelspiel seiner Phantasie, welches ihm den schmerzlichen Ausruf entlockt: „Oh, daß du noch wärest und lebtest!" Allein diesmal war er offenbar zu kritisch gewesen, denn die Erscheinung verfügt über eine Stimme, die ihn fragt, ob er ihr die weiße Blume bringen wolle, und zieht den wiederum Fassungslosen in ein langes Gespräch. Uns Lesern, welchen die Gradiva bereits als lebende Persönlichkeit interessant geworden ist, teilt der Dichter mit, daß das Unmutige und Zurückweisende, das sich tags zuvor in ihrem Blick geäußert, einem Ausdruck von suchender Neugier und Wißbegierde gewichen war. Sie forscht ihn auch wirklich aus, verlangt die Aufklärung seiner Bemerkung vom vorigen Tag, wann er bei ihr gestanden, als sie sich zum Schlafen hingelegt, erfährt so vom Traum, in dem sie mit ihrer Vaterstadt untergegangen, dann vom Reliefbild und der Stellung des Fußes, die den Archäologen so angezogen. Nun läßt sie sich auch bereit finden, ihren Gang zu demonstrieren, wobei als einzige Abweichung vom Urbild der Gradiva der Ersatz der Sandalen durch sandfarbig helle Schuhe von feinem Leder festgestellt wird, den sie als Anpassung an die Gegenwart aufklärt. Offenbar geht sie auf seinen Wahn ein, dessen ganzen Umfang sie ihm entlockt, ohne je zu widersprechen. Ein einziges Mal scheint sie durch einen eigenen Affekt aus ihrer Rolle gerissen zu werden, als er, den Sinn auf ihr Reliefbild gerichtet, behauptet, daß er sie auf den ersten Blick erkannt habe. Da sie an dieser Stelle des Gesprächs noch nichts von dem Relief weiß, muß ihr ein Mißverständnis der Worte Hanolds nahe liegen, aber alsbald hat sie sich wieder gefaßt, und nur uns will es scheinen, als ob manche ihrer Reden doppelsinnig klingen, außer ihrer Bedeutung im Zusammenhang des Wahnes auch etwas Wirkliches und Gegenwärtiges meinen, so z. B. wenn sie bedauert, daß ihm damals die Feststellung der Gradivagangart auf der Straße nicht gelungen sei. „Wie schade, du hättest vielleicht die weite Reise hieher nicht zu machen gebraucht." (G. p. 89.) Sie erfährt auch, daß er ihr Reliefbild „Gradiva" benannt, und sagt ihm ihren wirklichen Namen Zoë. „Der Name steht dir schön an, aber er klingt mir als ein bitterer Hohn, denn Zoë heißt das Leben." — „Man muß sich in das Unabänderliche fügen," entgegnet sie, „und ich habe mich schon lange daran gewöhnt, tot zu sein." Mit dem Versprechen, morgen um die Mittagsstunde wieder an demselben Orte zu sein, nimmt sie von ihm Abschied, nachdem sie sich noch die Asphodelosstaude von ihm erbeten. „Solchen, die besser daran sind, gibt man im Frühling Rosen, doch für mich ist die Blume der Vergessenheit aus deiner Hand die richtige." (G. p. 90.) Wehmut schickt sich wohl für eine so lang Verstorbene, die nur auf kurze Stunden ins Leben zurückgekehrt ist.

Wir fangen nun an zu verstehen und eine Hoffnung zu fassen. Wenn die junge Dame, in deren Gestalt die Gradiva wieder aufgelebt ist, Hanolds Wahn so voll aufnimmt, so tut sie es wahrscheinlich, um ihn von ihm zu befreien. Es gibt keinen anderen Weg dazu; durch Widerspruch versperrte man sich die Möglichkeit. Auch die ernsthafte Behandlung eines wirklichen solchen Krankheitszustandes könnte nicht anders, als sich zunächst auf den Boden des Wahngebäudes stellen und dieses dann möglichst vollständig erforschen. Wenn Zoë die richtige Person dafür ist, werden wir wohl erfahren, wie man einen Wahn wie den unseres Helden heilt. Wir wollten auch gern wissen, wie ein solcher Wahn entsteht. Es träfe sich sonderbar und wäre doch nicht ohne Beispiel und Gegenstück, wenn Behandlung und Erforschung des Wahnes zusammenfielen und die Aufklärung der Entstehungsgeschichte desselben sich gerade während seiner Zersetzung ergäbe. Es ahnt uns freilich, daß unser Krankheitsfall dann in eine „gewöhnliche" Liebesgeschichte auslaufen könnte, aber man darf die Liebe als Heilpotenz gegen den Wahn nicht verachten, und war unseres Helden Eingenommensein von seinem Gradivabild nicht auch eine volle Verliebtheit, allerdings noch aufs Vergangene und Leblose gerichtet?

Nach dem Verschwinden der Gradiva schallt es nur noch einmal aus der Entfernung wie ein lachender Ruf eines über die Trümmerstadt hinfliegenden Vogels. Der Zurückgebliebene nimmt etwas Weißes auf, das die Gradiva zurückgelassen, kein Papyrusblatt, sondern ein Skizzenbuch mit Bleistiftzeichnungen verschiedener Motive aus Pompeji. Wir würden sagen, es sei ein Unterpfand ihrer Wiederkehr, daß sie das kleine Buch an dieser Stelle vergessen, denn wir behaupten, man vergißt nichts ohne geheimen Grund oder verborgenes Motiv.

Der Rest des Tages bringt unserem Hanold allerlei merkwürdige Entdeckungen und Feststellungen, die er zu einem Ganzen zusammenzufügen verabsäumt. In der Mauer des Portikus, wo die Gradiva verschwunden, nimmt er heute einen schmalen Spalt gewahr, der doch breit genug ist, um eine Person von ungewöhnlicher Schlankheit durchzulassen. Er erkennt, die Zoë-Gradiva brauche hier nicht in den Boden zu versinken, was auch so vernunftwidrig sei, daß er sich dieses nun abgelegten Glaubens schämt, sondern sie benütze diesen Weg, um sich in ihre Gruft zu begeben. Ein leichter Schatten scheint ihm am Ende der Gräberstraße vor der sogenannten Villa des Diomedes zu zergehen. Im

Taumel wie am Vortage und mit denselben Problemen beschäftigt, treibt er sich nun in der Umgebung Pompejis herum. Von welcher leiblichen Beschaffenheit wohl die Zoë-Gradiva sein möge, und ob man etwas verspüren würde, wenn man ihre Hand berührte. Ein eigentümlicher Drang trieb ihn zum Vorsatze, dieses Experiment zu unternehmen, und doch hielt ihn eine ebenso große Scheu auch in der Vorstellung davon zurück. An einem heißbesonnten Abhange traf er einen älteren Herrn, der nach seiner Ausrüstung ein Zoologe oder Botaniker sein mußte und mit einem Fange beschäftigt schien. Der wandte sich nach ihm um und sagte dann: „Interessieren Sie sich auch für die Faraglionensis? Das hätte ich kaum vermutet, aber mir ist es durchaus wahrscheinlich, daß sie sich nicht nur auf den Faraglionen bei Capri aufhält, sondern sich mit Ausdauer auch am Festland finden lassen muß. Das vom Kollegen Eimer angegebene Mittel ist wirklich gut; ich habe es schon mehrfach mit bestem Erfolge angewendet. Bitte, halten Sie sich ganz ruhig —." (G. p. 96.) Der Sprecher brach dann ab und hielt eine aus einem langen Grashalm hergestellte Schlinge vor eine Felsritze, aus der das bläulich schillernde Köpfchen einer Eidechse hervorsah. Hanold verließ den Lacertenjäger mit der kritischen Idee, es sei kaum glaublich, was für närrisch merkwürdige Vorhaben Leute zu der weiten Fahrt nach Pompeji veranlassen konnten, in welche Kritik er sich und seine Absicht, in der Asche Pompejis nach den Fußabdrücken der Gradiva zu forschen, natürlich nicht einschloß. Das Gesicht des Herrn kam ihm übrigens bekannt vor, als hätte er es flüchtig in einem der beiden Gasthöfe bemerkt, auch war dessen Anrede wie an einen Bekannten gerichtet gewesen. Auf seiner weiteren Wanderung brachte ihn ein Seitenweg zu einem bisher von ihm nicht entdeckten Haus, welches sich als drittes Wirtshaus, der „Albergo del Sole" herausstellte. Der unbeschäftigte Wirt benützte die Gelegenheit, sein Haus und die darin enthaltenen ausgegrabenen Schätze bestens zu empfehlen. Er behauptete, daß er auch zugegen gewesen sei, als man in der Gegend des Forums das junge Liebespaar aufgefunden, das sich bei der Erkenntnis des unabwendbaren Unterganges fest mit den Armen umschlungen und so den Tod erwartet habe. Davon hatte Hanold schon früher gehört und darüber als über eine Fabelerfindung irgend eines phantasiereichen Erzählers die Achsel gezuckt, aber heute erweckten die Reden des Wirtes bei ihm eine Gläubigkeit, die sich auch weiter erstreckte, als dieser eine mit grüner Patina überzogene Metallspange herbeiholte, die in seiner Gegenwart neben den Überresten des Mädchens aus der Asche gesammelt worden sei. Er erwarb diese Spange ohne weitere kritische Bedenken, und als er beim Verlassen des Albergo an einem offenstehenden Fenster einen mit weißen Blüten besetzten Asphodelosschaft herabnicken sah, durchdrang ihn der Anblick der Gräberblume wie eine Beglaubigung für die Echtheit seines neuen Besitztums.

Mit dieser Spange hatte aber ein neuer Wahn von ihm Besitz ergriffen oder vielmehr der alte ein Stückchen Fortsetzung getrieben, anscheinend kein gutes Vorzeichen für die eingeleitete Therapie. Unweit des Forums hatte man ein junges Liebespaar in solcher Umschlingung ausgegraben, und er hatte im Traume die Gradiva in eben dieser Gegend beim Apollotempel sich zum Schlafe niederlegen gesehen. Wäre es nicht möglich, daß sie in Wirklichkeit vom Forum noch weiter gegangen sei, um mit jemand zusammenzutreffen, mit dem sie dann gemeinsam gestorben? Ein quälendes Gefühl, das wir vielleicht der Eifersucht gleichstellen können, entsprang aus dieser Vermutung. Er beschwichtigte es durch den Hinweis auf die Unsicherheit der Kombination und brachte sich wieder so weit zurecht, daß er die Abendmahlzeit im Hotel Diomède einnehmen konnte. Zwei neueingetroffene Gäste, ein Er und eine Sie, die er nach einer gewissen Ähnlichkeit für Geschwister halten mußte — trotz ihrer verschiedenen Haarfärbung — zogen dort seine Aufmerksamkeit auf sich. Die beiden waren die ersten ihm auf seiner Reise Begegnenden, von denen er einen sympathischen Eindruck empfing. Eine rote Sorrentiner Rose, die das junge Mädchen trug, weckte irgend eine Erinnerung in ihm, er konnte sich nicht besinnen, welche. Endlich ging er zu Bett und träumte; es war merkwürdig unsinniges Zeug, aber offenbar aus den Erlebnissen des Tages zusammengebraut. „Irgendwo in der Sonne saß die Gradiva, machte aus einem Grashalm eine Schlinge, um eine Eidechse drin zu fangen, und sagte dazu: ‚Bitte, halte dich ganz ruhig — die Kollegin hat recht, das Mittel ist wirklich gut und sie hat es mit bestem Erfolge angewendet.'" Gegen diesen Traum wehrte er sich noch im Schlafe mit der Kritik, das sei ja vollständige Verrücktheit, und es gelang ihm, den Traum loszuwerden mit Hilfe eines unsichtbaren Vogels, der einen kurzen lachenden Ruf ausstieß und die Eidechse im Schnabel forttrug.

Trotz all dieses Spuks erwachte er eher geklärt und gefestigt. Ein Rosenstrauch, der Blumen von jener Art trug, wie er sie gestern an der Brust der jungen Dame bemerkt hatte, brachte ihm ins Gedächtnis zurück, daß in der Nacht jemand gesagt hatte, im Frühling gäbe man Rosen. Er pflückte unwillkürlich einige der Rosen ab, und an diese mußte sich etwas knüpfen, was eine lösende Wirkung in seinem Kopf ausübte. Seiner Menschenscheu entledigt, begab er sich auf dem gewöhnlichen Wege nach Pompeji, mit den Rosen, der Metallspange und dem Skizzenbuch beschwert und mit verschiedenen Problemen, welche die Gradiva betrafen, beschäftigt. Der alte Wahn war rissig geworden, er zweifelte bereits, ob sie sich nur in der Mittagsstunde, nicht auch zu anderen Zeiten in Pompeji aufhalten dürfe. Der Akzent hatte sich dafür auf das zuletzt angefügte Stück verschoben, und die an diesem hängende Eifersucht quälte ihn in allerlei Verkleidungen. Beinahe hätte er gewünscht, daß die Erscheinung nur seinen Augen sichtbar bleibe und sich der Wahrnehmung anderer entziehe; so dürfte er sie doch als sein ausschließliches Eigentum betrachten. Während seiner Streifungen im Erwarten der Mittagsstunde hatte er eine überraschende Begegnung. In der Casa del fauno traf er auf zwei Gestalten, die sich in einem Winkel unentdeckbar glauben mochten, denn sie hielten sich mit den Armen umschlungen und ihre Lippen zusammengeschlossen. Mit Verwunderung erkannte er in ihnen das sympathische Paar von gestern abend. Aber für zwei Geschwister bedünkten ihn ihr gegenwärtiges Verhalten, die Umarmung und der Kuß von zu langer Andauer; also war es doch ein Liebes- und vermutlich junges Hochzeitspaar, auch ein August und eine Grete. Merkwürdigerweise erregte dieser Anblick jetzt nichts anderes als Wohlgefallen in ihm, und scheu, als hätte er eine geheime Andachtsübung gestört, zog er sich ungesehen zurück. Ein Respekt, der ihm lange gefehlt hatte, war in ihm wiederhergestellt.

Vor dem Hause des Meleager angekommen, überfiel ihn die Angst, die Gradiva in Gesellschaft eines anderen anzutreffen, noch einmal so heftig, daß er für ihre Erscheinung keine andere Begrüßung fand als die Frage: Bist du allein? Mit Schwierigkeit läßt er sich von ihr zum Bewußtsein bringen, daß er die Rosen für sie gepflückt, beichtet ihr den letzten Wahn, daß sie das Mädchen gewesen, das man am Forum in Liebesumarmung gefunden, und dem die grüne Spange gehört hatte. Nicht ohne Spott fragt sie, ob er das Stück etwa in der Sonne gefunden. Diese — hier Sole genannt — bringe allerlei derart zustande. Zur Heilung des Schwindels im Kopfe, den er zugesteht, schlägt sie ihm vor, ihre kleine Mahlzeit mit ihr zu teilen, und bietet ihm die eine Hälfte eines in Seidenpapier eingewickelten Weißbrotes an, dessen andere sie selbst mit sichtlichem Appetit verzehrt. Dabei blitzen ihre tadellosen Zähne zwischen den Lippen auf und verursachen beim Durchbeißen der Rinde einen leicht krachenden Ton. Auf ihre Rede: „Mir ist's als hätten wir schon vor zweitausend Jahren einmal so zusammen unser Brot gegessen. Kannst du dich nicht darauf besinnen?" (G. p. 118) wußte er keine Antwort, aber die Stärkung seines Kopfes durch das Nähr-

mittel und all die Zeichen von Gegenwärtigkeit, die sie gab,
verfehlten ihre Wirkung auf ihn nicht. Die Vernunft erhob sich
in ihm und zog den ganzen Wahn, daß die Gradiva nur ein
Mittagsgespenst sei, in Zweifel; dagegen ließ sich freilich einwenden, daß sie soeben selbst gesagt, sie habe schon vor zweitausend Jahren die Mahlzeit mit ihm geteilt. In solchem Konflikt
bot sich ein Experiment als Mittel der Entscheidung, das er mit
Schlauheit und wiedergefundenem Mute ausführte. Ihre linke Hand
lag mit den schmalen Fingern ruhig auf ihren Knien, und eine
der Stubenfliegen, über deren Frechheit und Nutzlosigkeit er sich
früher so entrüstet hatte, ließ sich auf dieser Hand nieder. Plötzlich
fuhr Hanolds Hand in die Höh' und klatschte mit einem keineswegs gelinden Schlag auf die Fliege und die Hand der Gradiva
herunter.

Zweierlei Erfolg trug ihm dieser kühne Versuch ein, zunächst
die freudige Überzeugung, daß er eine unzweifelhaft wirkliche,
lebendige und warme Menschenhand berührt, dann aber einen
Verweis, vor dem er erschrocken von seinem Sitz auf der Stufe
aufflog. Denn von den Lippen der Gradiva tönte es, nachdem
sie sich von ihrer Verblüffung erholt hatte: „Du bist doch offenbar
verrückt, Norbert Hanold." Der Ruf beim eigenen Namen ist
bekanntlich das beste Mittel, einen Schläfer oder Nachtwandler
aufzuwecken. Welche Folgen die Nennung seines Namens, von
dem er niemand in Pompeji Mitteilung gemacht, durch die
Gradiva für Norbert Hanold mit sich gebracht hatte, ließ sich
leider nicht beobachten. Denn in diesem kritischen Augenblick
tauchte das sympathische Liebespaar aus der Casa del fauno auf,
und die junge Dame rief mit einem Ton fröhlicher Überraschung:
„Zoë! du auch hier? Und auch auf der Hochzeitsreise? Davon
hast du mir ja kein Wort geschrieben!" Vor diesem neuen Beweis der Lebenswirklichkeit der Gradiva ergriff Hanold die Flucht.

Die Zoë-Gradiva war durch den unvorhergesehenen Besuch,
der sie in einer, wie es scheint, wichtigen Arbeit störte, auch

nicht aufs angenehmste überrascht. Aber bald gefaßt, beantwortet sie die Frage mit einer geläufigen Antwortsrede, in der sie der Freundin, aber mehr noch uns, Auskünfte über die Situation gibt, und mittels welcher sie sich des jungen Paares zu entledigen weiß. Sie gratuliert, aber sie ist nicht auf der Hochzeitsreise. „Der junge Herr, der eben fortging, laboriert auch an einem merkwürdigen Hirngespinst, mir scheint, er glaubt, daß ihm eine Fliege im Kopfe summt; nun, irgend eine Kerbtierart hat wohl jeder drin. Pflichtmäßig verstehe ich mich etwas auf Entomologie und kann deshalb bei solchen Zuständen ein bißchen von Nutzen sein. Mein Vater und ich wohnen im Sole, er bekam auch einen plötzlichen Anfall und dazu den guten Einfall, mich mit hieher zu nehmen, wenn ich mich auf meine eigene Hand in Pompeji unterhalten und an ihn keinerlei Anforderungen stellen wollte. Ich sagte mir, irgend etwas Interessantes würde ich wohl schon allein hier ausgraben. Freilich, auf den Fund, den ich gemacht, — ich meine das Glück, dich zu treffen, Gisa, hatte ich mit keinem Gedanken gerechnet." (G. p. 124.) Aber nun muß sie eilig fort, ihrem Vater am Sonnentisch Gesellschaft leisten. Und so entfernt sie sich, nachdem sie sich uns als die Tochter des Zoologen und Eidechsenfängers vorgestellt und in allerlei doppelsinnigen Reden sich zur Absicht der Therapie und zu anderen geheimen Absichten bekannt hat. Die Richtung, die sie einschlug, war aber nicht die des Gasthofes zur Sonne, in dem ihr Vater sie erwartete, sondern auch ihr wollte scheinen, als ob in der Umgegend der Villa des Diomedes eine Schattengestalt ihren Tumulus aufsuche und unter einem der Gräberdenkmäler verschwinde, und darum richtete sie ihre Schritte mit dem jedesmal beinahe senkrecht aufgestellten Fuß nach der Gräberstraße. Dorthin hatte sich in seiner Beschämung und Verwirrung Hanold geflüchtet und wanderte im Portikus des Gartenraumes unablässig auf und ab, beschäftigt, den Rest seines Problems durch Denkanstrengung zu erledigen. Eines war ihm unanfechtbar klar geworden, daß er völlig ohne Sinn und Verstand gewesen zu glauben, daß er mit einer mehr oder weniger leiblich wieder lebendig gewordenen jungen Pompejanerin verkehrt habe, und diese deutliche Einsicht seiner Verrücktheit bildete unstreitig einen wesentlichen Fortschritt auf dem Rückweg zur gesunden Vernunft. Aber anderseits war diese Lebende, mit der auch andere wie mit einer ihnen gleichartigen Leibhaftigkeit verkehrten, die Gradiva, und sie wußte seinen Namen, und dieses Rätsel zu lösen, war seine kaum erwachte Vernunft nicht stark genug. Auch war er im Gefühl kaum ruhig genug, um sich solcher schwierigen Aufgabe gewachsen zu zeigen, denn am liebsten wäre er vor zweitausend Jahren in der Villa des Diomedes mitverschüttet worden, um nur sicher zu sein, der Zoë-Gradiva nicht wieder zu begegnen.

Eine heftige Sehnsucht, sie wiederzusehen, stritt indessen gegen den Rest von Neigung zur Flucht, der sich in ihm erhalten hatte.

Um eine der vier Ecken des Pfeilerganges biegend, prallte er plötzlich zurück. Auf einem abgebrochenen Mauerstücke saß da eines der Mädchen, die hier in der Villa des Diomedes ihren Tod gefunden hatten. Aber das war ein bald abgewiesener letzter Versuch, in das Reich des Wahnsinns zu flüchten; nein, die Gradiva war es, die offenbar gekommen war, ihm das letzte Stück ihrer Behandlung zu schenken. Sie deutete seine erste instinktive Bewegung ganz richtig als einen Versuch, den Raum zu verlassen, und bewies ihm, daß er nicht entrinnen könne, denn draußen hatte ein fürchterlicher Wassersturz zu rauschen begonnen. Die Unbarmherzige begann das Examen mit der Frage, was er mit der Fliege auf ihrer Hand gewollt. Er fand nicht den Mut sich eines bestimmten Pronomens zu bedienen, wohl aber den wertvolleren, die entscheidende Frage zu stellen:

„Ich war — wie jemand sagte — etwas verwirrt im Kopf und bitte um Verzeihung, daß ich die Hand derartig — wie ich so sinnlos sein konnte, ist mir nicht begreiflich — aber ich bin auch nicht imstande zu begreifen, wie ihre Besitzerin mir meine

— meine Unvernunft mit meinem Namen vorhalten konnte."
(G. p. 134.)
„So weit ist dein Begreifen also noch nicht vorgeschritten, Norbert Hanold. Wunder nehmen kann's mich allerdings nicht, da du mich lange daran gewöhnt hast. Um die Erfahrung wieder zu machen, hätte ich nicht nach Pompeji zu kommen gebraucht, und du hättest sie mir um gut hundert Meilen näher bestätigen können."

„Um hundert Meilen näher; deiner Wohnung schräg gegenüber, in dem Eckhaus; an meinem Fenster steht ein Käfig mit einem Kanarienvogel", eröffnet sie jetzt dem noch immer Verständnislosen.

Dies letzte Wort berührt den Hörer wie eine Erinnerung aus einer weiten Ferne. Das ist doch derselbe Vogel, dessen Gesang ihm den Entschluß zur Reise nach Italien eingegeben.

„In dem Hause wohnt mein Vater, der Professor der Zoologie R i c h a r d B e r t g a n g."

Als seine Nachbarin kannte sie also seine Person und seinen Namen. Uns droht es wie eine Enttäuschung durch eine seichte Lösung, die unserer Erwartungen nicht würdig ist.

Norbert Hanold zeigt noch keine wiedergewonnene Selbständigkeit des Denkens, wenn er wiederholt: „Dann sind Sie — sind Sie Fräulein Zoë B e r t g a n g ? Die sah aber doch ganz anders aus . . ."

Die Antwort des Fräuleins B e r t g a n g zeigt dann, daß doch noch andere Beziehungen als die der Nachbarschaft zwischen den beiden bestanden hatten. Sie weiß für das trauliche „du" einzutreten, das er dem Mittagsgespenst natürlich geboten, vor der Lebenden wieder zurückgezogen hatte, auf das sie aber alte Rechte geltend macht. „Wenn du die Anrede passender zwischen uns findest, kann ich sie ja auch anwenden, mir lag nur die andere natürlicher auf der Zunge. Ich weiß nicht mehr, ob ich früher, als wir täglich freundschaftlich miteinander herumliefen, gelegentlich uns zur Abwechslung auch knufften und pufften, anders ausgesehen habe. Aber wenn Sie in den letzten Jahren einmal mit einem Blick auf mich acht gegeben hätten, wäre Ihren Augen vielleicht aufgegangen, daß ich schon seit längerer Zeit so aussehe." Eine Kinderfreundschaft hatte also zwischen den beiden bestanden, vielleicht eine Kinderliebe, aus der das „Du" seine Berechtigung ableitete. Ist diese Lösung nicht vielleicht ebenso seicht wie die erst vermutete? Es trägt aber doch wesentlich zur Vertiefung bei, daß uns einfällt, dies Kinderverhältnis erkläre in unvermuteter Weise so manche Einzelheit von dem, was während ihres jetzigen Verkehrs zwischen den beiden vorgefallen. Jener Schlag auf die Hand der Zoë-Gradiva, den sich Norbert Hanold so vortrefflich mit dem Bedürfnis motiviert, durch eine experimentelle Entscheidung die Frage nach der Leiblichkeit der Erscheinung zu lösen, sieht er nicht anderseits einem Wiederaufleben des Impulses zum „Knuffen und Puffen" merkwürdig ähnlich, dessen Herrschaft in der Kindheit uns die Worte Zoës bezeugt haben? Und wenn die Gradiva an den Archäologen die Frage gerichtet, ob ihm nicht vorkomme, daß sie schon einmal vor zweitausend Jahren so die Mahlzeit miteinander geteilt hätten, wird diese unverständliche Frage nicht plötzlich sinnvoll, wenn wir anstatt jener geschichtlichen Vergangenheit die persönliche einsetzen, die Kinderzeit wiederum, deren Erinnerungen bei dem Mädchen lebhaft erhalten, bei dem jungen Manne aber vergessen zu sein scheinen? Dämmert uns nicht plötzlich die Einsicht, daß die Phantasien des jungen Archäologen über seine Gradiva ein Nachklang dieser vergessenen Kindheitserinnerungen sein könnten? Dann wären sie also keine willkürlichen Produktionen seiner Phantasie, sondern bestimmt, ohne daß er darum wüßte, durch das von ihm vergessene, aber noch wirksam in ihm vorhandene Material von Kindheitseindrücken. Wir müßten diese Abkunft der Phantasien im einzelnen nachweisen können, wenn auch nur durch Vermutungen. Wenn z. B. die Gradiva durchaus griechischer Abkunft sein muß, die Tochter eines angesehenen Mannes, vielleicht eines Priesters der Ceres, so stimmte das nicht übel zu einer Nachwirkung der Kenntnis ihres griechischen Namens Zoë und ihrer Zugehörigkeit zur Familie eines Professors der Zoologie. Sind aber die Phantasien Hanolds umgewandelte Erinnerungen, so dürfen wir erwarten, in den Mitteilungen der Zoë Bertgang den Hinweis auf die Quellen dieser Phantasien zu finden. Horchen wir auf; sie erzählte uns von einer intimen Freundschaft der Kinderjahre, wir werden nun erfahren, welche weitere Entwicklung diese Kinderbeziehung bei den beiden genommen hat.

„Damals, so bis um die Zeit, in der man uns, ich weiß nicht weshalb, Backfische tituliert, hatte ich mir eigentlich eine merkwürdige Anhänglichkeit an Sie angewöhnt und glaubte, ich könnte nie einen mir angenehmeren Freund auf der Welt finden. Mutter und Schwester oder Bruder hatte ich ja nicht, meinem Vater war eine Blindschleiche in Spiritus bedeutend interessanter als ich, und etwas muß man, wozu ich auch ein Mädchen rechne, wohl haben, womit man seine Gedanken und was sonst mit ihnen zusammenhängt, beschäftigen kann. Das waren also Sie damals; doch als die Altertumswissenschaft über Sie gekommen war, machte ich die Entdeckung, daß aus dir — entschuldigen Sie, aber Ihre schickliche Neuerung klingt mir doch zu abgeschmackt und paßt auch nicht zu dem, was ich ausdrücken will — ich wollte sagen, da stellte sich heraus, daß aus dir ein unausstehlicher Mensch geworden war, der, wenigstens für mich, keine Augen mehr im Kopf, keine Zunge mehr im Mund und keine Erinnerung mehr da hatte, wo sie mir an unsere Kinderfreundschaft sitzen geblieben war. Darum sah ich wohl anders aus als früher, denn wenn ich ab und zu in einer Gesellschaft mit dir zusammenkam, noch im letzten Winter einmal, sahst du mich nicht, und noch weniger bekam ich deine Stimme zu hören, worin übrigens keine Auszeichnung für mich lag, weil du's mit allen andern ebenso machtest. Ich war Luft für dich, und du warst, mit deinem blonden Haarschopf, an dem ich dich früher oft gezaust, so langweilig, vertrocknet und mundfaul wie ein ausgestopfter Kakadu und dabei so großartig wie ein — Archäopteryx heißt das ausgegrabene vorsintflutliche Vogelungetüm ja wohl. Nur daß dein Kopf eine ebenfalls so großartige Phantasie beherbergte, hier in Pompeji mich auch für etwas Ausgegrabenes und wieder lebendig Gewordenes anzusehen — das hatte ich nicht bei dir vermutet, und als du auf einmal ganz unerwartet vor mir standest, kostete es mich zuerst ziemliche Mühe, dahinter zu kommen, was für ein unglaubliches Hirngespinst deine Einbildung sich zurechtgearbeitet hatte. .Dann machte mir's Spaß und gefiel mir auch trotz seiner Tollhäusigkeit nicht so übel. Denn, wie gesagt, das hatte ich bei dir nicht vermutet."

So sagt sie uns also deutlich genug, was aus der Kinderfreundschaft mit den Jahren bei ihnen beiden geworden war. Bei ihr steigerte sich dieselbe zu einer herzlichen Verliebtheit, denn etwas muß man ja haben, woran man als Mädchen sein Herz hängt. Fräulein Zoë, die Verkörperung der Klugheit und Klarheit, macht uns auch ihr Seelenleben ganz durchsichtig. Wenn es schon allgemeine Regel für das normal geartete Mädchen ist, daß sie ihre Neigung zunächst dem Vater zuwende, so war sie ganz besonders dazu bereit, die keine andere Person als den Vater in ihrer Familie fand. Dieser Vater aber hatte für sie nichts übrig, die Objekte seiner Wissenschaft hatten all sein Interesse mit Beschlag belegt. So mußte sie nach einer anderen Person Umschau halten und hing sich mit besonderer Innigkeit an ihren Jugendgespielen. Als auch dieser keine Augen mehr für sie hatte, störte es ihre Liebe nicht, steigerte sie vielmehr, denn er war ihrem Vater gleichgeworden, wie dieser von der Wissenschaft absorbiert und durch sie vom Leben und von Zoë ferngehalten. So war es ihr gestattet, in der Untreue noch treu zu sein, im Geliebten den Vater wiederzufinden, mit dem gleichen Gefühl die beiden zu umfassen oder, wie wir sagen können, die beiden in ihrem Fühlen zu identifizieren. Woher nehmen wir die Berechtigung zu dieser kleinen psychologischen Analyse, die leicht als selbstherrlich erscheinen könnte? In einem einzigen, aber höchst charakteristischen Detail hat sie der Dichter uns gegeben. Wenn Zoë die für sie so betrübende Verwandlung ihres Jugendgespielen schildert, so beschimpft sie ihn durch einen Vergleich mit dem Archäopteryx, jenem Vogelungetüm, das der Archäologie der Zoologie angehört. So hat sie für die Identifizierung der beiden Personen einen einzigen konkreten Ausdruck gefunden; ihr Groll trifft den Geliebten wie den Vater mit demselben Worte. Der Archäopteryx ist sozusagen die Kompromiß- oder Mittelvorstellung, in welcher der Gedanke an die Torheit ihres Geliebten mit dem an die analoge ihres Vaters zusammenkommt.

Anders hatte es sich bei dem jungen Manne gewendet. Die Altertumswissenschaft kam über ihn und ließ ihm nur Interesse für Weiber aus Stein und Bronze übrig. Die Kinderfreundschaft ging unter, anstatt sich zu einer Leidenschaft zu verstärken, und die Erinnerungen an sie gerieten in so tiefe Vergessenheit, daß er seine Jugendgenossin nicht erkannte und nicht beachtete, wenn er sie in Gesellschaft traf. Zwar, wenn wir das weitere überblicken, dürfen wir in Zweifel ziehen, ob „Vergessenheit" die richtige psychologische Bezeichnung für das Schicksal dieser Erinnerungen bei unserem Archäologen ist. Es gibt eine Art von Vergessen, welche sich durch die Schwierigkeit auszeichnet, mit welcher die Erinnerung auch durch starke äußere Anrufungen erweckt wird, als ob ein innerer Widerstand sich gegen deren Wiederbelebung sträubte. Solches Vergessen hat den Namen „Verdrängung" in der Psychopathologie erhalten; der Fall, den unser Dichter uns vorgeführt, scheint ein solches Beispiel von Verdrängung zu sein. Nun wissen wir ganz allgemein nicht, ob das Vergessen eines Eindruckes mit dem Untergang von dessen Erinnerungsspur im Seelenleben verbunden ist; von der „Verdrängung" können wir aber mit Bestimmtheit behaupten, daß sie nicht mit dem Untergang, dem Auslöschen der Erinnerung zusammenfällt. Das Verdrängte kann zwar in der Regel sich nicht ohneweiters als Erinnerung durchsetzen, aber es bleibt leistungs- und wirkungsfähig, es läßt eines Tages unter dem Einfluß einer äußeren Einwirkung psychische Abfolgen entstehen, die man als Verwandlungsprodukte und Abkömmlinge der vergessenen Erinnerung auffassen kann, und die unverständlich bleiben, wenn man sie nicht so auffaßt. In den Phantasien Norbert Hanolds über die Gradiva glaubten wir bereits die Abkömmlinge seiner verdrängten Erinnerungen an seine Kinderfreundschaft mit der Zoë Bertgang zu erkennen. Mit besonderer Gesetzmäßigkeit darf man eine derartige Wiederkehr des Verdrängten erwarten, wenn an den verdrängten Eindrücken das erotische Fühlen eines Menschen haftet, wenn sein Liebesleben von der Verdrängung betroffen worden ist. Dann behält der alte lateinische Spruch recht, der vielleicht ursprünglich auf Austreibung durch äußere Einflüsse, nicht auf innere Konflikte gemünzt ist: *Naturam furca expellas, semper redibit.* Aber er sagt nicht alles, kündigt nur die Tatsache der Wiederkehr des Stückes verdrängter Natur an, und beschreibt nicht die höchst merkwürdige Art dieser Wiederkehr, die sich wie durch einen tückischen Verrat vollzieht. Gerade dasjenige, was zum Mittel der Verdrängung gewählt worden ist, — wie die *furca* des Spruches, — wird der Träger des Wiederkehrenden; in und hinter dem Verdrängenden macht sich endlich siegreich das Verdrängte geltend. Eine bekannte Radierung von **Félicien Rops** illustriert diese wenig beachtete und der Würdigung so sehr bedürftige Tatsache eindrucksvoller, als viele Erläuterungen es vermöchten, und zwar an dem vorbildlichen Falle der Verdrängung im Leben der Heiligen und Büßer. Ein asketischer Mönch hat sich — gewiß vor den Versuchungen der Welt — zum Bild des gekreuzigten Erlösers geflüchtet. Da sinkt dieses Kreuz schattenhaft nieder und strahlend erhebt sich an seiner Stelle, zu seinem Ersatze, das Bild eines üppigen nackten Weibes in der gleichen Situation der Kreuzigung. Andere Maler von geringerem psychologischen Scharfblick haben in solchen Darstellungen der Versuchung die Sünde frech und triumphierend an irgend eine Stelle neben dem Erlöser am Kreuze gewiesen. Rops allein hat sie den Platz des Erlösers selbst am Kreuze einnehmen lassen; er scheint gewußt zu haben, daß das Verdrängte bei seiner Wiederkehr aus dem Verdrängenden selbst hervortritt.

Es ist des Verweilens wert, sich in Krankheitsfällen zu überzeugen, wie feinfühlig im Zustande der Verdrängung das Seelenleben eines Menschen für die Annäherung des Verdrängten wird, und wie leise und geringfügige Ähnlichkeiten genügen, damit dasselbe hinter dem Verdrängenden und durch dieses zur Wirkung gelange. Ich hatte einmal Anlaß, mich ärztlich um einen jungen Mann, fast noch Knaben, zu kümmern, der nach der ersten unerwünschten Kenntnisnahme von den sexuellen Vorgängen die Flucht vor allen in ihm aufsteigenden Gelüsten ergriffen hatte und sich verschiedener Mittel der Verdrängung dazu bediente, seinen Lerneifer steigerte, die kindliche Anhänglichkeit an die Mutter übertrieb und im ganzen ein kindisches Wesen annahm. Ich will hier nicht ausführen, wie gerade im Verhältnis zur Mutter die verdrängte Sexualität wieder durchdrang, sondern den selteneren und fremdartigeren Fall beschreiben, wie ein anderes seiner Bollwerke bei einem kaum als zureichend zu erkennenden Anlasse zusammenbrach. Als Ablenkung vom Sexuellen genießt die Mathematik den größten Ruf; schon J. J. Rousseau hatte sich von einer Dame, die mit ihm unzufrieden war, raten lassen müssen: *Lascia le donne e studia le matematiche.* So warf sich auch unser Flüchtling mit besonderem Eifer auf die in der Schule gelehrte Mathematik und Geometrie, bis seine Fassungskraft eines Tages plötzlich vor einigen harmlosen Aufgaben erlahmte. Von zweien dieser Aufgaben ließ sich noch der Wortlaut feststellen: Zwei Körper stoßen aufeinander, der eine mit der Geschwindigkeit...

u. s. w. — Und: Einem Zylinder vom Durchmesser der Fläche m ist ein Kegel einzuschreiben u. s. w. Bei diesen für einen anderen gewiß nicht auffälligen Anspielungen an das sexuelle Geschehen fand er sich auch von der Mathematik verraten und ergriff auch vor ihr die Flucht.

Wenn Norbert Hanold eine aus dem Leben geholte Persönlichkeit wäre, die so die Liebe und die Erinnerung an seine Kinderfreundschaft durch die Archäologie vertrieben hätte, so wäre es nur gesetzmäßig und korrekt, daß gerade ein antikes Relief die vergessene Erinnerung an die mit kindlichen Gefühlen Geliebte in ihm erweckte; es wäre sein wohlverdientes Schicksal, daß er sich in das Steinbild der Gradiva verliebte, hinter welchem vermöge einer nicht aufgeklärten Ähnlichkeit die lebende und von ihm vernachlässigte Zoë zur Wirkung kommt.

Fräulein Zoë scheint selbst unsere Auffassung von dem Wahn des jungen Archäologen zu teilen, denn das Wohlgefallen, dem sie am Ende ihrer „rückhaltlosen, ausführlichen und lehrreichen Strafrede" Ausdruck gegeben, läßt sich kaum anders als durch die Bereitwilligkeit begründen, sein Interesse für die Gradiva von allem Anfang an auf ihre Person zu beziehen. Dieses war es eben, was sie ihm nicht zugetraut hatte, und was sie trotz aller Wahnverkleidung doch als solches erkannte. An ihm aber hatte nun die psychische Behandlung von ihrer Seite ihre wohltätige Wirkung vollbracht; er fühlte sich frei, da nun der Wahn durch dasjenige ersetzt war, wovon er doch nur eine entstellte und ungenügende Abbildung sein konnte. Er zögerte jetzt auch nicht, sich zu erinnern und sie als seine gute, fröhliche, klugsinnige Kameradin zu erkennen, die sich im Grunde gar nicht verändert habe. Aber etwas anderes fand er höchst sonderbar —

„Daß jemand erst sterben muß, um lebendig zu werden," meinte das Mädchen. „Aber für die Archäologen ist das wohl notwendig." (G. p. 141.) Sie hatte ihm offenbar den Umweg noch nicht verziehen, den er von der Kinderfreundschaft bis zu dem neu sich knüpfenden Verhältnis über die Altertumswissenschaft eingeschlagen hatte.

„Nein, ich meine dein Name... Weil B e r t g a n g mit G r a d i v a gleichbedeutend ist und ‚die im Schreiten Glänzende' bezeichnet." (G. p. 142.)

Darauf waren nun auch wir nicht vorbereitet. Unser Held beginnt sich aus seiner Demütigung zu erheben und eine aktive Rolle zu spielen. Er ist offenbar von seinem Wahn völlig geheilt, über ihn erhoben, und beweist dies, indem er die letzten Fäden des Wahngespinstes selbständig zerreißt. Genau so benehmen sich auch die Kranken, denen man den Zwang ihrer wahnhaften Gedanken durch Aufdeckung des dahinterstechenden Verdrängten gelockert hat. Haben sie begriffen, so bringen sie für die letzten und bedeutsamsten Rätsel ihres sonderbaren Zustandes selbst die Lösungen in plötzlich auftauchenden Einfällen. Wir hatten ja bereits vermutet, daß die griechische Abkunft der fabelhaften Gradiva eine dunkle Nachwirkung des griechischen Namens Zoë sei, aber an den Namen „Gradiva" selbst hatten wir uns nicht herangewagt, ihn hatten wir als freie Schöpfung der Phantasie Norbert Hanolds gelten lassen. Und siehe da, gerade dieser Name erweist sich nun als Abkomme, ja eigentlich als Übersetzung des verdrängten Familiennamens der angeblich vergessenen Kindergeliebten!

Die Herleitung und die Auflösung des Wahnes sind nun vollendet. Was noch beim Dichter folgt, darf wohl dem harmonischen Abschluß der Erzählung dienen. Es kann uns im Hinblick auf Zukünftiges nur wohltuend berühren, wenn die Rehabilitierung des Mannes, der früher eine so klägliche Rolle als Heilungsbedürftiger spielen mußte, weiterschreitet und es ihm nun gelingt, etwas von den Affekten, die er bisher erduldet, bei ihr zu erwecken. So trifft es sich, daß er sie eifersüchtig macht durch die Erwähnung der sympathischen jungen Dame, die vorhin ihr Beisammensein im Hause des Meleager gestört, und durch das Geständnis, daß diese die erste gewesen, die ihm vortrefflich gefallen hat. Wenn Zoë dann einen kühlen Abschied mit der Bemerkung nehmen will: jetzt sei ja alles wieder zur Vernunft gekommen, sie selbst nicht am wenigsten: er könne Gisa Hartleben, oder wie sie jetzt heiße, wieder aufsuchen, um ihr bei dem Zweck ihres Aufenthaltes in Pompeji wissenschaftlich behilflich zu sein; sie aber müsse jetzt in den Albergo del Sole, wo der Vater mit dem Mittagessen auf sie warte; vielleicht sähen sie sich beide noch einmal in einer Gesellschaft in Deutschland oder auf dem Monde: so mag er wieder die lästige Fliege zum Vorwand nehmen, um sich zuerst ihrer Wange und dann ihrer Lippen zu bemächtigen und die Aggression, die nun einmal Pflicht des Mannes im Liebesspiel ist, ins Werk zu setzen. Ein einziges Mal noch scheint ein Schatten auf ihr Glück zu fallen, als Zoë mahnt, jetzt müsse sie aber wirklich zu ihrem Vater, der sonst im Sole verhungert. „Dein Vater — was wird der —?" (G. p. 147.) Aber das kluge Mädchen weiß die Sorge rasch zu beschwichtigen: „Wahrscheinlich wird er nichts, ich bin kein unentbehrliches Stück in seiner zoologischen Sammlung; wär' ich das, hätte sich mein Herz vielleicht nicht so unklug an dich gehängt." Sollte der Vater aber ausnahmsweise anderer Meinung sein wollen als sie, so gäbe es ein sicheres Mittel. Hanold brauchte nur nach Capri hinüberzufahren, dort eine Lacerta faraglionensis zu fangen, wofür er die Technik an ihrem kleinen Finger einüben könne, das Tier dann hier freizulassen, vor den Augen des Zoologen wieder einzufangen und ihm die Wahl zu lassen zwischen der Faraglionensis auf dem Festlande und der Tochter. Ein Vorschlag, in dem der Spott, wie man leicht merkt, mit Bitterkeit vermengt ist, eine Mahnung gleichsam an den Bräutigam, sich nicht allzu getreu an das Vorbild zu halten, nach dem ihn die Geliebte ausgewählt hat. Norbert Hanold beruhigt uns auch hierüber, indem er die große Umwandlung, die mit ihm vorgefallen ist, in allerlei scheinbar kleinen Anzeichen zum Ausdruck bringt. Er spricht den Vorsatz aus, die

Hochzeitsreise mit seiner Zoë nach Italien und nach Pompeji zu machen, als hätte er sich niemals über die Hochzeitsreisenden August und Grete entrüstet. Es ist ihm ganz aus dem Gedächtnis geschwunden, was er gegen diese glücklichen Paare gefühlt, die sich so überflüssiger Weise mehr als hundert Meilen von ihrer deutschen Heimat entfernt haben. Gewiß hat der Dichter recht, wenn er solche Gedächtnisschwächung als das wertvollste Zeichen einer Sinnesänderung aufführt. Zoë erwidert auf den kundgegebenen Reisezielwunsch ihres „gewissermaßen gleichfalls aus der Verschüttung wieder ausgegrabenen Kindheitsfreundes" (G. p. 150), sie fühle sich zu solcher geographischen Entscheidung doch noch nicht völlig lebendig genug.

Die schöne Wirklichkeit hat nun den Wahn besiegt, doch harrt des letzteren, ehe die beiden Pompeji verlassen, noch eine Ehrung. An dem Herkulestor angekommen, wo am Anfang der Strada consolare alte Trittsteine die Straße überkreuzen, hält Norbert Hanold an und bittet das Mädchen voranzugehen. Sie versteht ihn, „und mit der Linken das Kleid ein wenig raffend, schreitet die Gradiva rediviva Zoë Bertgang von ihm mit traumhaft dreinblickenden Augen umfaßt, in ihrer ruhig-behenden Gangart durch den Sonnenglanz über die Trittsteine zur anderen Straßenseite hinüber." Mit dem Triumph der Erotik kommt jetzt zur Anerkennung, was auch am Wahne schön und wertvoll war.

Mit dem letzten Gleichnis von dem „aus der Verschüttung ausgegrabenen Kindheitsfreunde" hat uns aber der Dichter den Schlüssel zur Symbolik in die Hand gegeben, dessen sich der Wahn des Helden bei der Verkleidung der verdrängten Erinnerung bediente. Es gibt wirklich keine bessere Analogie für die Verdrängung, die etwas Seelisches zugleich unzugänglich macht und konserviert, als die Verschüttung, wie sie Pompeji zum Schicksal geworden ist, und aus der die Stadt durch die Arbeit des Spatens wieder erstehen konnte. Darum mußte der junge Archäologe das Urbild des

Reliefs, welches ihn an seine vergessene Jugendgeliebte mahnte, in der Phantasie nach Pompeji versetzen. Der Dichter aber hatte ein gutes Recht, bei der wertvollen Ähnlichkeit zu verweilen, die sein feiner Sinn zwischen einem Stück des seelischen Geschehens beim Einzelnen und einem vereinzelten historischen Vorgang in der Geschichte der Menschheit aufgespürt.

II

Es war doch eigentlich nur unsere Absicht, die zwei oder drei Träume, die sich in die Erzählung „Gradiva" eingestreut finden, mit Hilfe gewisser analytischer Methoden zu untersuchen; wie kam es denn, daß wir uns zur Zergliederung der ganzen Geschichte und zur Prüfung der seelischen Vorgänge bei den beiden Hauptpersonen fortreißen ließen? Nun, das war kein überflüssiges Stück Arbeit, sondern eine notwendige Vorarbeit. Auch wenn wir die wirklichen Träume einer realen Person verstehen wollen, müssen wir uns intensiv um den Charakter und die Schicksale dieser Person kümmern, nicht nur ihre Erlebnisse kurz vor dem Traume, sondern auch solche in entlegener Vergangenheit in Erfahrung bringen. Ich meine sogar, wir sind noch immer nicht frei, uns unserer eigentlichen Aufgabe zuzuwenden, müssen noch bei der Dichtung selbst verweilen und weitere Vorarbeiten erledigen.

Unsere Leser werden gewiß mit Befremden bemerkt haben, daß wir Norbert Hanold und Zoë Bertgang in allen ihren seelischen Äußerungen und Tätigkeiten bisher behandelt haben, als wären sie wirkliche Individuen und nicht Geschöpfe eines Dichters, als wäre der Sinn des Dichters ein absolut durchlässiges, nicht ein brechendes oder trübendes Medium. Und um so befremdender muß unser Vorgehen erscheinen, als der Dichter auf die Wirklichkeitsschilderung ausdrücklich verzichtet, indem er seine Erzählung ein „Phantasiestück" benennt. Wir finden aber alle seine Schilderungen der Wirklichkeit so getreulich nachgebildet, daß wir keinen Widerspruch äußern würden, wenn die „Gradiva" nicht ein Phantasiestück, sondern eine psychiatrische Studie hieße. Nur in zwei Punkten hat sich der Dichter der ihm zustehenden Freiheit bedient, um Voraussetzungen zu schaffen, die nicht im Boden der realen Gesetzmäßigkeit zu wurzeln scheinen. Das erstemal, indem er den jungen Archäologen ein unzweifelhaft antikes Reliefbildnis finden läßt, welches nicht nur in der Besonderheit der Fußstellung beim Schreiten, sondern in allen Details der Gesichtsbildung und Körperhaltung eine so viel später lebende Person nachahmt, so daß er die liebliche Erscheinung dieser Person für das lebend gewordene Steinbild halten kann. Das zweitemal, indem er ihn die Lebende gerade in Pompeji treffen läßt, wohin nur seine Phantasie die Verstorbene versetzte, während er sich eben durch die Reise nach Pompeji von der Lebenden, die er auf der Straße seines Wohnortes bemerkt hatte, entfernte. Allein diese zweite Verfügung des Dichters ist keine gewaltsame Abweichung von der Lebensmöglichkeit; sie nimmt eben nur den Zufall zu Hilfe, der unbestritten bei so vielen menschlichen Schicksalen mitspielt, und verleiht ihm überdies einen guten Sinn, da dieser Zufall das Verhängnis widerspiegelt, welches bestimmt hat, daß man gerade durch das Mittel der Flucht sich dem ausliefert, vor dem man flieht. Phantastischer und völlig der Willkür des Dichters entsprungen erscheint die erste Voraussetzung, welche alle weiteren Begebenheiten trägt, die so weitgehende Ähnlichkeit des Steinbildes mit dem lebenden Mädchen, wo die Nüchternheit die Übereinstimmung auf den einen Zug der Fußhaltung beim Schreiten einschränken möchte. Man wäre versucht, hier zur Anknüpfung an die Realität die eigene Phantasie spielen zu lassen. Der Name Bertgang könnte darauf deuten, daß sich die Frauen dieser Familie schon in alten Zeiten durch solche Eigentümlichkeit des schönen Ganges ausgezeichnet haben, und durch Geschlechtsabfolge hingen die germanischen B e r t g a n g mit jenen Griechen zusammen, von deren Stamm eine Frau den antiken Künstler veranlaßt hatte, die Eigentümlichkeit ihres Ganges im Steinbild festzuhalten. Da aber die einzelnen Variationen der menschlichen Gestaltung nicht unabhängig voneinander sind, und tatsächlich auch in unserer Mitte immer wieder die antiken Typen auftauchen, die wir in den Sammlungen antreffen, so wäre es nicht ganz unmöglich, daß eine moderne B e r t g a n g die Gestalt ihrer antiken Ahnfrau auch in allen anderen Zügen ihrer körperlichen Bildung wiederholte. Klüger als solche Spekulation dürfte wohl sein, sich bei dem Dichter selbst nach den Quellen zu erkundigen, aus denen ihm dieses Stück seiner Schöpfung erflossen ist; es ergäbe sich uns dann eine gute Aussicht, wiederum ein Stück vermeintlicher Willkür in Gesetzmäßigkeit aufzulösen. Da uns aber der Zugang zu den Quellen im Seelenleben des Dichters nicht frei steht, so lassen wir ihm das Recht ungeschmälert, eine durchaus lebenswahre Entwicklung auf eine unwahrscheinliche Voraussetzung aufzubauen, ein Recht, das z. B. auch S h a k e s p e a r e im „King Lear" in Anspruch genommen hat.

Sonst aber, das wollen wir wiederholen, hat uns der Dichter eine völlig korrekte psychiatrische Studie geliefert, an welcher wir unser Verständnis des Seelenlebens messen dürfen, eine Kranken- und Heilungsgeschichte, wie zur Einschärfung gewisser fundamentaler Lehren der ärztlichen Seelenkunde bestimmt. Sonderbar genug, daß der Dichter dies getan haben sollte! Wie nun, wenn er auf Befragen diese Absicht ganz und gar in Abrede stellte? Es ist so leicht anzugleichen und unterzulegen; sind es nicht vielmehr wir, die in die schöne poetische Erzählung einen Sinn hineingeheimnissen, der dem Dichter sehr ferne liegt? Möglich; wir wollen später noch darauf zurückkommen. Vorläufig aber haben wir versucht, uns vor solch tendenziöser Ausdeutung selbst zu bewahren, indem wir die Erzählung fast durchwegs aus den eigenen Worten des Dichters wiedergaben, Text wie Kommentar von ihm selbst besorgen ließen. Wer unsere Reproduktion mit dem Wortlaut der „Gradiva" vergleichen will, wird uns dies zugestehen müssen.

Vielleicht erweisen wir unserem Dichter auch einen schlechten Dienst im Urteil der allermeisten, wenn wir sein Werk für eine psychiatrische Studie erklären. Der Dichter soll der Berührung mit der Psychiatrie aus dem Wege gehen, hören wir sagen, und die Schilderung krankhafter Seelenzustände den Ärzten überlassen. In Wahrheit hat kein richtiger Dichter je dieses Gebot geachtet. Die Schilderung des menschlichen Seelenlebens ist ja seine eigentlichste Domäne; er war jederzeit der Vorläufer der Wissenschaft und so auch der wissenschaftlichen Psychologie. Die Grenze aber zwischen den normal und krankhaft benannten Seelenzuständen ist zum Teil eine konventionelle, zum anderen eine so fließende, daß wahrscheinlich jeder von uns sie im Laufe eines Tages mehrmals überschreitet. Anderseits täte die Psychiatrie unrecht, wenn sie sich dauernd auf das Studium jener schweren und düsteren Erkrankungen einschränken wollte, die durch grobe Beschädigungen des feinen Seelenapparats entstehen. Die leiseren und ausgleichsfähigen Abweichungen vom Gesunden, die wir heute nicht weiter als bis zu Störungen im psychischen Kräftespiel zurückverfolgen können, fallen nicht weniger unter ihr Interesse; ja erst mittels dieser kann sie die Gesundheit wie die Erscheinungen der schweren Krankheit verstehen. So kann der Dichter dem Psychiater, der Psychiater dem Dichter nicht ausweichen, und die poetische Behandlung eines psychiatrischen Themas darf ohne Einbuße an Schönheit korrekt ausfallen.

Korrekt ist nun wirklich diese dichterische Darstellung einer Krankheits- und Behandlungsgeschichte, die wir nach Abschluß der Erzählung und Sättigung der eigenen Spannung besser übersehen können und nun mit den technischen Ausdrücken unserer

Wissenschaft reproduzieren wollen, wobei uns die Nötigung zur Wiederholung von bereits Gesagtem nicht stören soll.

Der Zustand Norbert Hanolds wird vom Dichter oft genug ein „Wahn" genannt, und auch wir haben keinen Grund, diese Bezeichnung zu verwerfen. Zwei Hauptcharaktere können wir vom „Wahn" angeben, durch welche er zwar nicht erschöpfend beschrieben, aber doch von anderen Störungen kenntlich gesondert ist. Er gehört erstens zu jener Gruppe von Krankheitszuständen, denen eine unmittelbare Einwirkung aufs Körperliche nicht zukommt, sondern die sich nur durch seelische Anzeichen ausdrücken, und er ist zweitens durch die Tatsache gekennzeichnet, daß bei ihm „Phantasien" zur Oberherrschaft gelangt sind, d. h. Glauben gefunden und Einfluß auf das Handeln genommen haben. Erinnern wir uns der Reise nach Pompeji, um in der Asche nach den besonders gestalteten Fußabdrücken der Gradiva zu suchen, so haben wir in ihr ein prächtiges Beispiel einer Handlung unter der Herrschaft des Wahnes. Der Psychiater würde den Wahn Norbert Hanolds vielleicht der großen Gruppe Paranoia zurechnen und etwa als eine „fetischistische Erotomanie" bezeichnen, weil ihm die Verliebtheit in das Steinbild das Auffälligste wäre, und weil seiner alles vergröbernden Auffassung das Interesse des jungen Archäologen für die Füße und Fußstellungen weiblicher Personen als „Fetischismus" verdächtig erscheinen muß. Indes haben alle solche Benennungen und Einteilungen der verschiedenen Arten von Wahn nach ihrem Inhalt etwas Mißliches und Unfruchtbares an sich.[1]

Der gestrenge Psychiater würde ferner unseren Helden als Person, die fähig ist, auf Grund so sonderbarer Vorliebe einen Wahn zu entwickeln, sofort zum *dégénéré* stempeln und nach der Heredität forschen, die ihn unerbittlich in solches Schicksal getrieben hat. Hierin folgt ihm aber der Dichter nicht; mit gutem

---

[1] Der Fall N. H. müßte in Wirklichkeit als hysterischer, nicht als paranoischer Wahn bezeichnet werden. Die Kennzeichen der Paranoia werden hier vermißt.

Grunde. Er will uns ja den Helden näher bringen, uns die „Einfühlung" erleichtern; mit der Diagnose *dégénéré*, mag sie nun wissenschaftlich zu rechtfertigen sein oder nicht, ist uns der junge Archäologe sofort ferne gerückt; denn wir Leser sind ja die Normalmenschen und das Maß der Menschheit. Auch die hereditären und konstitutionellen Vorbedingungen des Zustandes kümmern den Dichter wenig; dafür vertieft er sich in die persönliche seelische Verfassung, die einem solchen Wahn den Ursprung geben kann.

Norbert Hanold verhält sich in einem wichtigen Punkte ganz anders als ein gewöhnliches Menschenkind. Er hat kein Interesse für das lebende Weib; die Wissenschaft, der er dient, hat ihm dieses Interesse genommen und es auf die Weiber von Stein oder Bronze verschoben. Man halte dies nicht für eine gleichgültige Eigentümlichkeit; sie ist vielmehr die Grundvoraussetzung der erzählten Begebenheit, denn eines Tages ereignet es sich, daß ein einzelnes solches Steinbild alles Interesse für sich beansprucht, das sonst nur dem lebenden Weib gebührt, und damit ist der Wahn gegeben. Vor unseren Augen entrollt sich dann, wie dieser Wahn durch eine glückliche Fügung geheilt, das Interesse vom Stein wieder auf eine Lebende zurückgeschoben wird. Durch welche Einwirkungen unser Held in den Zustand der Abwendung vom Weibe geraten ist, läßt uns der Dichter nicht verfolgen; er gibt uns nur an, solches Verhalten sei nicht durch seine Anlage erklärt, die vielmehr ein Stück phantastisches — wir dürfen ergänzen: erotisches — Bedürfnis mit einschließt. Auch ersehen wir von später her, daß er in seiner Kindheit nicht von anderen Kindern abwich; er hielt damals eine Kinderfreundschaft mit einem kleinen Mädchen, war unzertrennlich von ihr, teilte mit ihr seine kleinen Mahlzeiten, puffte sie auch und ließ sich von ihr zausen. In solcher Anhänglichkeit, solcher Vereinigung von Zärtlichkeit und Aggression äußert sich die unfertige Erotik des Kinderlebens, die ihre Wirkungen erst nachträglich, aber dann unwiderstehlich äußert, und die während der Kinderzeit selbst nur der Arzt und der Dichter als Erotik zu erkennen pflegen. Unser Dichter gibt uns deutlich zu verstehen, daß auch er es nicht anders meint, denn er läßt bei seinem Helden bei geeignetem Anlaß plötzlich ein lebhaftes Interesse für Gang und Fußhaltung der Frauen erwachen, das ihn bei der Wissenschaft wie bei den Frauen seines Wohnortes in den Verruf eines Fußfetischisten bringen muß, das sich uns aber notwendig aus der Erinnerung an diese Kindergespielin ableitet. Dieses Mädchen zeigte gewiß schon als Kind die Eigenheit des schönen Ganges mit fast senkrecht aufgestellter Fußspitze beim Schreiten, und durch die Darstellung eben dieses Ganges gewinnt später ein antikes Steinrelief für Norbert Hanold jene große Bedeutung. Fügen wir übrigens gleich hinzu, daß der Dichter sich bei der Ableitung der merkwürdigen Erscheinung des Fetischismus in voller Übereinstimmung mit der Wissenschaft befindet. Seit A. Binet versuchen wir wirklich, den Fetischismus auf erotische Kindheitseindrücke zurückzuführen.

Der Zustand der dauernden Abwendung vom Weibe ergibt die persönliche Eignung, wie wir zu sagen pflegen: die Disposition für die Bildung eines Wahnes. Die Entwicklung der Seelenstörung setzt mit dem Momente ein, da ein zufälliger Eindruck die vergessenen und wenigstens spurweise erotisch betonten Kindererlebnisse aufweckt. Aufweckt ist aber gewiß nicht die richtige Bezeichnung, wenn wir, was weiter erfolgt, in Betracht ziehen. Wir müssen die korrekte Darstellung des Dichters in kunstgerechter psychologischer Ausdrucksweise wiedergeben. Norbert Hanold erinnert sich nicht beim Anblick des Reliefs, daß er solche Fußstellung schon bei seiner Jugendfreundin gesehen hat; er erinnert sich überhaupt nicht, und doch rührt alle Wirkung des Reliefs von solcher Anknüpfung an den Eindruck in der Kindheit her. Der Kindheitseindruck wird also rege, wird aktiv gemacht, so daß er Wirkungen zu äußern beginnt, er kommt aber nicht zum Bewußtsein, er bleibt „u n b e w u ß t", wie wir mit einem in der Psychopathologie unvermeidlich gewordenen Terminus heute zu sagen pflegen. Dieses Unbewußte möchten wir allen Streitigkeiten der Philosophen und Naturphilosophen, die oft nur etymologische Bedeutung haben, entzogen sehen. Für psychische Vorgänge, die sich aktiv benehmen und dabei doch nicht zum Bewußtsein der betreffenden Person gelangen, haben wir vorläufig keinen besseren Namen, und nichts anderes meinen wir mit unserem „Unbewußtsein". Wenn manche Denker uns die Existenz eines solchen Unbewußten als widersinnig bestreiten wollen, so glauben wir, sie hätten sich niemals mit den entsprechenden seelischen Phänomenen beschäftigt, stünden im Banne der regelmäßigen Erfahrung, daß alles Seelische, was aktiv und intensiv wird, damit gleichzeitig auch bewußt wird, und hätten eben noch zu lernen, was unser Dichter sehr wohl weiß, daß es allerdings seelische Vorgänge gibt, die, trotzdem sie intensiv sind und energische Wirkungen äußern, dennoch dem Bewußtsein ferne bleiben.

Wir haben vorhin einmal ausgesprochen, die Erinnerungen an den Kinderverkehr mit Zoë befänden sich bei Norbert Hanold im Zustande der „Verdrängung"; nun haben wir sie „unbewußte" Erinnerungen geheißen. Da müssen wir wohl dem Verhältnis der beiden Kunstworte, die ja im Sinne zusammenzufallen scheinen, einige Aufmerksamkeit zuwenden. Es ist nicht schwer, darüber Aufklärung zu geben. „Unbewußt" ist der weitere Begriff, „verdrängt" der engere. Alles was verdrängt ist, ist unbewußt; aber nicht von allem Unbewußten können wir behaupten, daß es verdrängt sei. Hätte Hanold beim Anblick des Reliefs sich der Gangart seiner Zoë erinnert, so wäre eine früher unbewußte Erinnerung bei ihm gleichzeitig aktiv und und bewußt geworden und hätte so gezeigt, daß sie früher nicht verdrängt war. „Unbewußt" ist ein rein deskriptiver, in mancher Hinsicht unbestimmter, ein sozusagen statischer Terminus; „verdrängt" ist ein dynamischer Ausdruck, der auf das seelische Kräftespiel Rücksicht nimmt und besagt, es sei ein Bestreben vorhanden, alle psychischen Wirkungen, darunter auch die des Bewußtwerdens, zu äußern, aber auch eine Gegenkraft, ein Widerstand, der einen Teil dieser psychischen Wirkungen, darunter wieder das Bewußtwerden, zu verhindern vermöge. Kennzeichen des Verdrängten bleibt eben, daß es sich trotz seiner Intensität nicht zum Bewußtsein zu bringen vermag. In dem Falle Hanolds handelt es sich also von dem Auftauchen des Reliefs an um ein verdrängtes Unbewußtes, kurzweg um ein Verdrängtes.

Verdrängt sind bei Norbert Hanold die Erinnerungen an seinen Kinderverkehr mit dem schön schreitenden Mädchen, aber dies ist noch nicht die richtige Betrachtung der psychologischen Sachlage. Wir bleiben an der Oberfläche, so lange wir nur von Erinnerungen und Vorstellungen handeln. Das einzig Wertbare im Seelenleben sind vielmehr die Gefühle; alle Seelenkräfte sind nur durch ihre Eignung, Gefühle zu erwecken, bedeutsam. Vorstellungen werden nur verdrängt, weil sie an Gefühlsentbindungen geknüpft sind, die nicht zu stande kommen sollen; es wäre richtiger zu sagen, die Verdrängung betreffe die Gefühle, nur sind uns diese nicht anders als in ihrer Bindung an Vorstellungen faßbar. Verdrängt sind bei Norbert Hanold also die erotischen Gefühle, und da seine Erotik kein anderes Objekt kennt oder gekannt hat als in seiner Kindheit die Zoë Bertgang, so sind die Erinnerungen an diese vergessen. Das antike Reliefbild weckt die schlummernde Erotik in ihm auf und macht die Kindheitserinnerungen aktiv. Wegen eines in ihm bestehenden Widerstandes gegen die Erotik können diese Erinnerungen nur als unbewußte wirksam werden. Was sich nun weiter in ihm abspielt, ist ein Kampf zwischen der Macht der Erotik und den sie verdrängenden Kräften; was sich von diesem Kampfe äußert, ist ein Wahn.

Unser Dichter hat zu motivieren unterlassen, woher die Verdrängung des Liebeslebens bei seinem Helden rührt; die Beschäftigung mit der Wissenschaft ist ja nur das Mittel, dessen sich die Verdrängung bedient; der Arzt müßte hier tiefer gründen, vielleicht ohne in diesem Falle auf den Grund zu geraten. Wohl aber hat der Dichter, wie wir mit Bewunderung hervorgehoben haben, uns darzustellen nicht versäumt, wie die Erweckung der verdrängten Erotik gerade aus dem Kreise der zur Verdrängung dienenden Mittel erfolgt. Es ist mit Recht eine Antike, das Steinbild eines Weibes, durch welches unser Archäologe aus seiner Abwendung von der Liebe gerissen und gemahnt wird, dem Leben die Schuld abzutragen, mit der wir von unserer Geburt an belastet sind.

Die ersten Äußerungen des nun in Hanold durch das Reliefbild angeregten Prozesses sind Phantasien, welche mit der so dargestellten Person spielen. Als etwas „Heutiges" im besten Sinne erscheint ihm das Modell, als hätte der Künstler die auf der Straße Schreitende „nach dem Leben" festgehalten. Den Namen „Gradiva" verleiht er dem antiken Mädchen, den er nach dem Beiwort des zum Kampfe ausschreitenden Kriegsgottes, des Mars Gradivus, gebildet; mit immer mehr Bestimmungen stattet er ihre Persönlichkeit aus. Sie mag die Tochter eines angesehenen Mannes sein, vielleicht eines Patriziers, der mit dem Tempeldienst einer Gottheit in Verbindung stand, griechische Herkunft glaubt er ihren Zügen abzusehen, und endlich drängt es ihn, sie ferne vom Getriebe einer Großstadt in das stillere Pompeji zu versetzen, wo er sie über die Lavatrittsteine schreiten läßt, die den Übergang von einer Seite der Straße zur anderen ermöglichen. Willkürlich genug erscheinen diese Leistungen der Phantasie und doch wieder harmlos unverdächtig. Ja noch dann, als sich aus ihnen zum erstenmal ein Antrieb zum Handeln ergibt, als der Archäologe von dem Problem bedrückt, ob solche Fußstellung auch der Wirklichkeit entspreche, Beobachtungen nach dem Leben anzustellen beginnt, um den zeitgenössischen Frauen und Mädchen auf die Füße zu sehen, deckt sich dieses Tun durch ihm bewußte wissenschaftliche Motive, als wäre alles Interesse für das Steinbild der Gradiva aus dem Boden seiner fachlichen Beschäftigung· mit der Archäologie entsprossen. Die Frauen und Mädchen auf der Straße, die er zu Objekten seiner Untersuchung nimmt, müssen freilich eine andere, grob erotische Auffassung seines Treibens wählen, und wir müssen ihnen recht geben. Für uns leidet es keinen Zweifel, daß Hanold die Motive seiner Forschung so wenig kennt wie die Herkunft seiner Phantasien über die Gradiva. Diese letzteren sind, wie wir später erfahren, Anklänge an seine Erinnerungen an die Jugendgeliebte, Abkömmlinge dieser Erinnerungen, Umwandlungen und Entstellungen derselben, nachdem es ihnen nicht gelungen ist, sich in unveränderter Form zum Bewußtsein zu bringen. Das vorgeblich ästhetische Urteil, das Steinbild stelle etwas „Heutiges" dar, ersetzt das Wissen, daß solcher Gang einem ihm bekannten, in der Gegenwart über die Straße schreitenden Mädchen angehöre; hinter dem Eindruck „nach dem Leben" und der Phantasie ihres Griechentums verbirgt sich die Erinnerung an ihren Namen Zoë, der auf Griechisch Leben bedeutet; Gradiva ist, wie uns der am Ende vom Wahn Geheilte aufklärt, eine gute Übersetzung ihres Familiennamens Bertgang, welcher so viel bedeutet wie „im Schreiten glänzend oder prächtig"; die Bestimmungen über ihren Vater stammen von der Kenntnis, daß Zoë Bertgang die Tochter eines angesehenen Lehrers der Universität sei, die sich wohl als Tempeldienst in die Antike übersetzen läßt. Nach Pompeji endlich versetzt sie seine Phantasie, nicht, „weil ihre ruhige, stille Art es zu fordern schien", sondern weil sich in seiner Wissenschaft keine andere und keine bessere Analogie mit dem merkwürdigen Zustand finden läßt, in dem er durch eine dunkle Kundschaft seine Erinnerungen an seine Kinderfreundschaft verspürt. Hat er einmal, was ihm so nahe liegt, die eigene Kindheit mit der klassischen Vergangenheit zur Deckung gebracht, so ergibt die Verschüttung Pompejis, dies Verschwinden mit Erhaltung des Vergangenen, eine treffliche Ähnlichkeit mit der Verdrängung, von der er durch sozusagen „endopsychische" Wahrnehmung Kenntnis hat. Es arbeitet dabei in ihm dieselbe Symbolik, die zum Schlusse der Erzählung der Dichter das Mädchen bewußterweise gebrauchen läßt.

„Ich sagte mir, irgend etwas Interessantes würde ich wohl schon allein hier ausgraben. Freilich auf den Fund, den ich gemacht, ... hatte ich mit keinem Gedanken gerechnet." (G. p. 124.) — Zu Ende (G. p. 150) antwortet dann das Mädchen auf den Reisezielwunsch „ihres gewissermaßen gleichfalls aus der Verschüttung wieder ausgegrabenen Kindheitsfreundes".

So finden wir also schon bei den ersten Leistungen von Hanolds Wahnphantasien und Handlungen eine zweifache Determinierung, eine Ableitbarkeit aus zwei verschiedenen Quellen. Die eine Determinierung ist die, welche Hanold selbst erscheint, die andere die, welche sich uns bei der Nachprüfung seiner seelischen Vorgänge enthüllt. Die eine ist, auf die Person Hanolds bezogen, die ihm bewußte, die andere die ihm völlig unbewußte. Die eine stammt ganz aus dem Vorstellungskreis der archäologischen Wissenschaft, die andere aber rührt von den in ihm rege gewordenen verdrängten Kindheitserinnerungen und den an ihnen haftenden Gefühlstrieben her. Die eine ist wie oberflächlich und verdeckt die andere, die sich gleichsam hinter ihr verbirgt. Man könnte sagen, die wissenschaftliche Motivierung diene der unbewußten erotischen zum Vorwand, und die Wissenschaft habe sich ganz in den Dienst des Wahnes gestellt. Aber man darf auch nicht vergessen, daß die unbewußte Determinierung nichts anderes durchzusetzen vermag, als was gleichzeitig der bewußten wissenschaftlichen genügt. Die Symptome des Wahnes — Phantasien wie Handlungen — sind eben Ergebnisse eines Kompromisses zwischen den beiden seelischen Strömungen, und bei einem Kompromiß ist den Anforderungen eines jeden der beiden Teile Rechnung getragen worden; ein jeder Teil hat aber auch auf ein Stück dessen, was er durchsetzen wollte, verzichten müssen.

Wo ein Kompromiß zu stande gekommen, da gab es einen Kampf, hier den von uns angenommenen Konflikt zwischen der unterdrückten Erotik und den sie in der Verdrängung erhaltenden Mächten. Bei der Bildung eines Wahnes geht dieser Kampf eigentlich nie zu Ende. Ansturm und Widerstand erneuern sich nach jeder Kompromißbildung, die sozusagen niemals voll genügt. Dies weiß auch unser Dichter und darum läßt er ein Gefühl der Unbefriedigung, eine eigentümliche Unruhe dieses Stadium der Störung bei seinem Helden beherrschen, als Vorläufer und als Bürgschaft weiterer Entwicklungen.

Diese bedeutsamen Eigentümlichkeiten der zweifachen Determinierung für Phantasien und Entschlüsse, der Bildung von bewußten Vorwänden für Handlungen, zu deren Motivierung das Verdrängte den größeren Beitrag geliefert hat, werden uns im weiteren Fortschritt der Erzählung noch öfters, vielleicht noch deutlicher, entgegentreten. Und dies mit vollem Rechte, denn der Dichter hat hiemit den niemals fehlenden Hauptcharakter der krankhaften Seelenvorgänge erfaßt und zur Darstellung gebracht.

Die Entwicklung des Wahnes bei N o r b e r t H a n o l d schreitet mit einem Traume weiter, der, durch kein neues Ereignis veranlaßt, ganz aus seinem von einem Konflikt erfüllten Seelenleben zu rühren scheint. Doch halten wir ein, ehe wir daran gehen zu prüfen, ob der Dichter auch bei der Bildung seiner Träume unserer Erwartung eines tieferen Verständnisses entspricht. Fragen wir uns vorher, was die psychiatrische Wissenschaft zu seinen Voraussetzungen über die Entstehung eines Wahnes sagt, wie sie sich zur Rolle der Verdrängung und des Unbewußten, zum Konflikt und zur Kompromißbildung stellt. In Kurzem, ob die dichterische Darstellung der Genese eines Wahnes vor dem Richtspruch der Wissenschaft bestehen kann.

Und da müssen wir die vielleicht unerwartete Antwort geben, daß es sich in Wirklichkeit leider ganz umgekehrt verhält: die Wissenschaft besteht nicht vor der Leistung des Dichters. Zwischen den hereditär-konstitutionellen Vorbedingungen und den als fertig erscheinenden Schöpfungen des Wahnes läßt sie eine Lücke klaffen, die wir beim Dichter ausgefüllt finden. Sie ahnt noch nicht die Bedeutung der Verdrängung, erkennt nicht, daß sie zur Erklärung der Welt psychopathologischer Erscheinungen durchaus des Unbewußten bedarf, sie sucht den Grund des Wahnes nicht in einem psychischen Konflikt und erfaßt die Symptome desselben nicht als Kompromißbildung. So stünde denn der Dichter allein gegen die gesamte Wissenschaft? Nein, dies nicht, — wenn der Verfasser nämlich seine eigenen Arbeiten auch der Wissenschaft zurechnen darf. Denn er selbst vertritt seit einer Reihe von Jahren — und bis in die letzte Zeit ziemlich vereinsamt[1] — alle die Anschauungen, die er hier aus der „Gradiva" von W. J e n s e n herausgeholt und in den Fachausdrücken dargestellt hat. Er hat, am ausführlichsten für die als Hysterie und Zwangsvorstellen bekannten Zustände, als individuelle Bedingung der psychischen Störung die Unterdrückung eines Stückes des Trieblebens und die Verdrängung der Vorstellungen, durch die der unterdrückte Trieb vertreten ist, aufgezeigt, und die gleiche Auffassung bald darauf für manche Formen des Wahnes wiederholt.[2] Ob die für diese Verursachung in Betracht kommenden Triebe jedesmal Komponenten des Sexualtriebes sind oder auch andersartige sein können, das ist ein Problem, welches gerade für die Analyse der „Gradiva" gleichgültig bleiben darf, da es sich in dem vom Dichter gewählten Falle sicherlich um nichts als um die Unterdrückung des erotischen Empfindens handelt. Die Gesichtspunkte des psychischen Konflikts und der Symptombildung durch Kompromisse zwischen den beiden mitein-

---

[1] Siehe die wichtige Schrift von E. B l e u l e r, Affektivität, Suggestibilität, Paranoia und die Diagnostischen Assoziationsstudien von C. G. J u n g, beide aus Zürich, 1906.
— (Der Verfasser darf heute — 1912 — die obige Darstellung als unzeitgemäß widerrufen. Die von ihm angeregte „psychoanalytische Bewegung" hat seither eine große Ausbreitung gewonnen und ist noch immer im Ansteigen.)

[2] Vgl. des Verfassers „Samml. kleiner Schrift. z. Neurosenlehre 1893—1906" [Ges. Werke, Bd. I.]

ander ringenden Seelenströmungen hat der Verfasser an wirklich
beobachteten und ärztlich behandelten Krankheitsfällen in ganz
gleicher Weise zur Geltung gebracht, wie er es an den vom
Dichter erfundenen Norbert Hanold tun konnte.[1] Die Rückführung
der nervösen, speziell der hysterischen Krankheitsleistungen auf
die Macht unbewußter Gedanken hatte vor dem Verfasser schon
P. Janet, der Schüler des großen Charcot, und im Vereine
mit dem Verfasser Josef Breuer in Wien unternommen.[2]
Es war dem Verfasser, als er sich in den auf 1893 folgenden
Jahren in solche Forschungen über die Entstehung der Seelenstörungen vertiefte, wahrlich nicht eingefallen, Bekräftigung seiner
Ergebnisse bei Dichtern zu suchen, und darum war seine Überraschung nicht gering, als er an der 1903 veröffentlichten „Gradiva"
merkte, daß der Dichter seiner Schöpfung das nämliche zugrunde lege,
was er aus den Quellen ärztlicher Erfahrung als neu zu schöpfen vermeinte. Wie kam der Dichter nur zu dem gleichen Wissen wie der
Arzt, oder wenigstens zum Benehmen, als ob er das gleiche wisse? —

Der Wahn Norbert Hanolds, sagten wir, erfahre eine weitere
Entwicklung durch einen Traum, der sich ihm mitten in seinen
Bemühungen ereignet, eine Gangart wie die der Gradiva in den
Straßen seines Heimatsortes nachzuweisen. Den Inhalt dieses
Traumes können wir leicht in Kürze darstellen. Der Träumer
befindet sich in Pompeji an jenem Tage, welcher der unglücklichen Stadt den Untergang brachte, macht die Schrecknisse mit,
ohne selbst in Gefahr zu geraten, sieht dort plötzlich die Gradiva
schreiten und versteht mit einem Male als ganz natürlich, da sie
ja eine Pompejanerin sei, lebe sie in ihrer Vaterstadt und „ohne
daß er's geahnt habe, gleichzeitig mit ihm." Er wird von Angst
um sie ergriffen, ruft sie an, worauf sie ihm flüchtig ihr Gesicht
zuwendet. Doch geht sie, ohne auf ihn zu achten, weiter, legt
sich an den Stufen des Apollotempels nieder, und wird vom

---

1) Vgl. Bruchstück einer Hysterie-Analyse 1905. [Ges. Werke, Bd. V.]
2) Vgl. Breuer und Freud, Studien über Hysterie, 1895. [Ges Werke, Bd. I].

Aschenregen verschüttet, nachdem ihr Gesicht sich entfärbt, wie wenn es sich zu weißem Marmor umwandelte, bis es völlig einem Steinbild gleicht. Beim Erwachen deutet er noch den Lärm der Großstadt, der an sein Bett dringt, in das Hilfegeschrei der verzweifelten Bewohner Pompejis und in das Getöse des wild erregten Meeres um. Das Gefühl, daß das, was er geträumt, sich wirklich mit ihm zugetragen, will ihn noch längere Zeit nach dem Erwachen nicht verlassen, und die Überzeugung, daß die Gradiva in Pompeji gelebt und an jenem Unglückstage gestorben sei, bleibt als neuer Ansatz an seinen Wahn von diesem Traume übrig.

Weniger bequem wird es uns zu sagen, was der Dichter mit diesem Traum gewollt, und was ihn veranlaßt hat, die Entwicklung des Wahnes gerade an einen Traum zu knüpfen. Emsige Traumforscher haben zwar Beispiele genug gesammelt, wie Geistesstörung an Träume anknüpft und aus Träumen hervorgeht,[1] und auch in der Lebensgeschichte einzelner hervorragender Menschen sollen Impulse zu wichtigen Taten und Entschließungen durch Träume erzeugt worden sein. Aber unser Verständnis gewinnt gerade nicht viel durch diese Analogien; bleiben wir darum bei unserem Falle, bei dem vom Dichter fingierten Falle des Archäologen Norbert Hanold. An welchem Ende muß man einen solchen Traum wohl anfassen, um ihn in den Zusammenhang einzuflechten, wenn er nicht ein unnötiger Zierat der Darstellung bleiben soll?

Ich kann mir etwa denken, daß ein Leser an dieser Stelle ausruft: Der Traum ist ja leicht zu erklären. Ein einfacher Angsttraum, veranlaßt durch den Lärm der Großstadt, der von dem mit seiner Pompejanerin beschäftigten Archäologen auf den Untergang Pompejis umgedeutet wird! Bei der allgemein herrschenden Geringschätzung für die Leistungen des Traumes pflegt man nämlich den Anspruch auf die Traumerklärung dahin einzuschränken, daß man für ein Stück des geträumten Inhaltes einen äußeren

---

[1] Sante de Sanctis, Die Träume, 1901.

Reiz sucht, der sich etwa mit ihm deckt. Dieser äußere Anreiz zum Träumen wäre durch den Lärm gegeben, welcher den Schläfer weckt; das Interesse an diesem Traume wäre damit erledigt. Wenn wir nun einen Grund hätten anzunehmen, daß die Großstadt an diesem Morgen lärmender gewesen als sonst, wenn z. B. der Dichter nicht versäumt hätte uns mitzuteilen, daß Hanold diese Nacht gegen seine Gewohnheit bei geöffnetem Fenster geschlafen. Schade, daß der Dichter sich diese Mühe nicht gegeben hat! Und wenn ein Angsttraum nur etwas so Einfaches wäre! Nein, so einfach erledigt sich dies Interesse nicht.

Die Anknüpfung an einen äußeren Sinnesreiz ist nichts Wesentliches für die Traumbildung. Der Schläfer kann diesen Reiz aus der Außenwelt vernachlässigen, er kann sich durch ihn, ohne einen Traum zu bilden, wecken lassen, er kann ihn auch in seinen Traum verweben, wie es hier geschieht, wenn es ihm aus irgend welchen anderen Motiven so taugt, und es gibt reichlich Träume, für deren Inhalt sich eine solche Determinierung durch einen an die Sinne des Schlafenden gelangenden Reiz nicht erweisen läßt. Nein, versuchen wir's auf einem anderen Wege.

Vielleicht knüpfen wir an den Rückstand an, den der Traum im wachen Leben Hanolds zurückläßt. Es war bisher eine Phantasie von ihm gewesen, daß die Gradiva eine Pompejanerin gewesen sei. Jetzt wird ihm diese Annahme zur Gewißheit, und die zweite Gewißheit schließt sich daran, daß sie dort im Jahre 79 mit verschüttet worden sei.[1] Wehmütige Empfindungen begleiten diesen Fortschritt der Wahnbildung, wie ein Nachklang der Angst, die den Traum erfüllt hatte. Dieser neue Schmerz um die Gradiva will uns nicht recht begreiflich erscheinen; die Gradiva wäre doch heute auch seit vielen Jahrhunderten tot, selbst wenn sie im Jahre 79 ihr Leben vor dem Untergange gerettet hätte, oder sollte man in solcher Weise weder mit Norbert Hanold noch mit dem Dichter

---

1) Vgl. den Text der „Gradiva", p. 15.

selbst rechten dürfen? Auch hier scheint kein Weg zur Aufklärung zu führen. Immerhin wollen wir uns anmerken, daß dem Zuwachs, den der Wahn aus diesem Traum bezieht, eine stark schmerzliche Gefühlsbetonung anhaftet.

Sonst aber wird an unserer Ratlosigkeit nichts gebessert. Dieser Traum erläutert sich nicht von selbst; wir müssen uns entschließen, Anleihen bei der „Traumdeutung" des Verfassers zu machen und einige der dort gegebenen Regeln zur Auflösung der Träume hier anzuwenden.

Da lautet eine dieser Regeln, daß ein Traum regelmäßig mit den Tätigkeiten am Tage vor dem Traum zusammenhängt. Der Dichter scheint andeuten zu wollen, daß er diese Regel befolgt habe, indem er den Traum unmittelbar an die „pedestrischen Prüfungen" Hanolds anknüpft. Nun bedeuten letztere nichts anderes als ein Suchen nach der Gradiva, die er an ihrem charakteristischen Gange erkennen will. Der Traum sollte also einen Hinweis darauf, wo die Gradiva zu finden sei, enthalten. Er enthält ihn wirklich, indem er sie in Pompeji zeigt, aber das ist noch keine Neuigkeit für uns.

Eine andere Regel besagt: wenn nach einem Traum der Glaube an die Realität der Traumbilder ungewöhnlich lange anhält, so daß man sich nicht aus dem Traume losreißen kann, so ist dies nicht etwa eine Urteilstäuschung, hervorgerufen durch die Lebhaftigkeit der Traumbilder, sondern es ist ein psychischer Akt für sich, eine Versicherung, die sich auf den Trauminhalt bezieht, daß etwas darin wirklich so ist, wie man es geträumt hat, und man tut recht daran, dieser Versicherung Glauben zu schenken. Halten wir uns an diese beiden Regeln, so müssen wir schließen, der Traum gebe eine Auskunft über den Verbleib der gesuchten Gradiva, die sich mit der Wirklichkeit deckt. Wir kennen nun den Traum Hanolds; führt die Anwendung der beiden Regeln auf ihn zu irgend einem vernünftigen Sinne?

Merkwürdigerweise ja. Dieser Sinn ist nur auf eine besondere

Art verkleidet, so daß man ihn nicht gleich erkennt. Hanold erfährt im Traume, daß die Gesuchte in einer Stadt und gleichzeitig mit ihm lebe. Das ist ja von der Zoë Bertgang richtig, nur daß diese Stadt im Traum nicht die deutsche Universitätsstadt, sondern Pompeji, die Zeit nicht die Gegenwart, sondern das Jahr 79 unserer Zeitrechnung ist. Es ist wie eine Entstellung durch Verschiebung, nicht die Gradiva ist in die Gegenwart, sondern der Träumer ist in die Vergangenheit versetzt; aber das Wesentliche und Neue, daß er mit der Gesuchten Ort und Zeit teile, ist auch so gesagt. Woher wohl diese Verstellung und Verkleidung, die uns sowie den Träumer selbst über den eigentlichen Sinn und Inhalt des Traumes täuschen muß? Nun, wir haben bereits die Mittel in der Hand, um eine befriedigende Antwort auf diese Frage zu geben.

Erinnern wir uns an all das, was wir über die Natur und Abkunft der Phantasien, dieser Vorläufer des Wahnes, gehört haben. Daß sie Ersatz und Abkömmlinge von verdrängten Erinnerungen sind, denen ein Widerstand nicht gestattet, sich unverändert zum Bewußtsein zu bringen, die sich aber das Bewußtwerden dadurch erkaufen, daß sie durch Veränderungen und Entstellungen der Zensur des Widerstandes Rechnung tragen. Nachdem dieses Kompromiß vollzogen ist, sind jene Erinnerungen nun zu diesen Phantasien geworden, die von der bewußten Person leicht mißverstanden, d. h. im Sinne der herrschenden psychischen Strömung verstanden werden können. Nun stelle man sich vor, die Traumbilder seien die sozusagen physiologischen Wahnschöpfungen des Menschen, die Kompromißergebnisse jenes Kampfes zwischen Verdrängtem und Herrschendem, den es wahrscheinlich bei jedem, auch tagsüber völlig geistesgesunden Menschen gibt. Dann versteht man, daß man die Traumbilder als etwas Entstelltes zu betrachten hat, hinter dem etwas anderes, nicht Entstelltes, aber in gewissem Sinne Anstößiges zu suchen ist, wie die verdrängten Erinnerungen Hanolds hinter seinen Phantasien. Dem so erkannten Gegensatz wird man etwa Ausdruck schaffen, indem man das, was der Träumer beim

Erwachen erinnert, als **manifesten Trauminhalt** unterscheidet von dem, was die Grundlage des Traumes vor der Zensurentstellung ausmachte, den **latenten Traumgedanken**. Einen Traum deuten heißt dann so viel als den manifesten Trauminhalt in die latenten Traumgedanken übersetzen, die Entstellung rückgängig machen, welche sich letztere von der Widerstandszensur gefallen lassen mußten. Wenden wir diese Erwägungen auf den uns beschäftigenden Traum an, so finden wir, die latenten Traumgedanken können nur gelautet haben: Das Mädchen, das jenen schönen Gang hat, nach dem du suchst, lebt wirklich in dieser Stadt mit dir. Aber in dieser Form konnte der Gedanke nicht bewußt werden; es stand ihm ja im Wege, daß eine Phantasie als Ergebnis eines früheren Kompromisses festgestellt hatte, die Gradiva sei eine Pompejanerin, folglich blieb nichts übrig, wenn die wirkliche Tatsache des Lebens am gleichen Orte und zur gleichen Zeit gewahrt werden sollte, als die Entstellung vorzunehmen: du lebst ja in Pompeji zur Zeit der Gradiva, und dies ist dann die Idee, welche der manifeste Trauminhalt realisiert, als eine Gegenwart, die man durchlebt, darstellt.

Ein Traum ist nur selten die Darstellung, man könnte sagen: Inszenierung eines einzigen Gedankens, meist einer Reihe von solchen, eines Gedankengewebes. Aus dem Traume Hanolds läßt sich noch ein anderer Bestandteil des Inhaltes hervorheben, dessen Entstellung leicht zu beseitigen ist, so daß man die durch ihn vertretene latente Idee erfährt. Es ist dies ein Stück des Traumes, auf welches man auch noch die Versicherung der Wirklichkeit ausdehnen kann, mit welcher der Traum abschloß. Im Traum verwandelt sich nämlich die schreitende Gradiva in ein Steinbild. Das ist ja nichts anderes als eine sinnreiche und poetische Darstellung des wirklichen Herganges. Hanold hatte in der Tat sein Interesse von der Lebenden auf das Steinbild übertragen; die Geliebte hatte sich ihm in ein steinernes Relief verwandelt. Die latenten Traumgedanken, die unbewußt bleiben müssen, wollen dies Bild in die Lebende zurückverwandeln; sie sagen ihm etwa im Zusammenhalt mit dem vorigen: Du interessierst dich doch nur für das Relief der Gradiva, weil es dich an die gegenwärtige, hier lebende Zoë erinnert. Aber diese Einsicht würde, wenn sie bewußt werden könnte, das Ende des Wahnes bedeuten.

Obliegt uns etwa die Verpflichtung, jedes einzelne Stück des manifesten Trauminhaltes in solcher Weise durch unbewußte Gedanken zu ersetzen? Strenggenommen, ja; bei der Deutung eines wirklich geträumten Traumes würden wir uns dieser Pflicht nicht entziehen dürfen. Der Träumer müßte uns dann auch in ausgiebigster Weise Rede stehen. Es ist begreiflich, daß wir solche Forderung bei dem Geschöpf des Dichters nicht durchführen können; wir wollen aber doch nicht übersehen, daß wir den Hauptinhalt dieses Traumes noch nicht der Deutungs- oder Übersetzungsarbeit unterzogen haben.

Der Traum Hanolds ist ja ein Angsttraum. Sein Inhalt ist schreckhaft, Angst wird vom Träumer im Schlafe verspürt, und schmerzliche Empfindungen bleiben nach ihm übrig. Das ist nun gar nicht bequem für unseren Erklärungsversuch; wir sind wiederum zu großen Anleihen bei der Lehre von der Traumdeutung genötigt. Diese mahnt uns dann, doch ja nicht in den Irrtum zu verfallen, die Angst, die man in einem Traum empfindet, von dem Inhalt des Traumes abzuleiten, den Trauminhalt doch nicht so zu behandeln wie einen Vorstellungsinhalt des wachen Lebens. Sie macht uns darauf aufmerksam, wie oft wir die gräßlichsten Dinge träumen, ohne daß eine Spur von Angst dabei empfunden wird. Vielmehr sei der wahre Sachverhalt ein ganz anderer, der nicht leicht zu erraten, aber sicher zu beweisen ist. Die Angst des Angsttraumes entspreche einem sexuellen Affekt, einer libidinösen Empfindung, wie überhaupt jede nervöse Angst, und sei durch den Prozeß der Verdrängung aus der Libido hervorgegangen.[1] Bei

---

[1] Über die Berechtigung von der Neurasthenie einen bestimmten Komplex als „Angstneurose" abzutrennen, 1895 (Ges. Werke, Bd. I]. Vgl. Traumdeutung, 1. Aufl., p. 344 (8. Aufl., p. 598).

der Deutung des Traumes müsse man also die Angst durch sexuelle Erregtheit ersetzen. Die so entstandene Angst übe nun — nicht regelmäßig, aber häufig — einen auswählenden Einfluß auf den Trauminhalt aus und bringe Vorstellungselemente in den Traum, welche für die bewußte und mißverständliche Auffassung des Traumes zum Angstaffekt passend erscheinen. Dies sei, wie gesagt, keineswegs regelmäßig der Fall, denn es gebe genug Angstträume, in denen der Inhalt gar nicht schreckhaft ist, wo man sich also die verspürte Angst nicht bewußterweise erklären könne.

Ich weiß, daß diese Aufklärung der Angst im Traume sehr befremdlich klingt und nicht leicht Glauben findet; aber ich kann nur raten, sich mit ihr zu befreunden. Es wäre übrigens recht merkwürdig, wenn der Traum Norbert Hanolds sich mit dieser Auffassung der Angst vereinen und aus ihr erklären ließe. Wir würden dann sagen, beim Träumer rühre sich nächtlicherweise die Liebessehnsucht, mache einen kräftigen Vorstoß, um ihm die Erinnerung an die Geliebte bewußt zu machen und ihn so aus dem Wahne zu reißen, erfahre aber neuerliche Ablehnung und Verwandlung in Angst, die nun ihrerseits die schreckhaften Bilder aus der Schulerinnerung des Träumers in den Trauminhalt bringe. Auf diese Weise werde der eigentliche unbewußte Inhalt des Traumes, die verliebte Sehnsucht nach der einst gekannten Zoë, in den manifesten Inhalt vom Untergang Pompejis und vom Verlust der Gradiva umgestaltet.

Ich meine, das klingt so weit ganz plausibel. Man könnte aber mit Recht die Forderung aufstellen, wenn erotische Wünsche den unentstellten Inhalt dieses Traumes bilden, so müsse man auch im umgeformten Traum wenigstens einen kenntlichen Rest derselben irgendwo versteckt aufzeigen können. Nun, vielleicht gelingt selbst dies mit Hilfe eines Hinweises aus der später folgenden Erzählung. Beim ersten Zusammentreffen mit der vermeintlichen Gradiva gedenkt Hanold dieses Traumes und richtet an die Erscheinung die Bitte, sich wieder so hinzulegen, wie er es damals gesehen.[1] Daraufhin aber erhebt sich die junge Dame entrüstet und verläßt ihren sonderbaren Partner, aus dessen wahnbeherrschten Reden sie den unziemlichen erotischen Wunsch herausgehört hat. Ich glaube, wir dürfen uns die Deutung der Gradiva zu eigen machen; eine größere Bestimmtheit für die Darstellung des erotischen Wunsches wird man auch von einem realen Traume nicht immer fordern dürfen.

Somit hatte die Anwendung einiger Regeln der Traumdeutung auf den ersten Traum Hanolds den Erfolg gehabt, uns diesen Traum in seinen Hauptzügen verständlich zu machen und ihn in den Zusammenhang der Erzählung einzufügen. Er muß also wohl vom Dichter unter Beachtung dieser Regeln geschaffen worden sein? Man könnte nur noch eine Frage aufwerfen, warum der Dichter zur weiteren Entwicklung des Wahnes überhaupt einen Traum einführe. Nun, ich meine, das ist recht sinnreich komponiert und hält wiederum der Wirklichkeit die Treue. Wir haben schon gehört, daß in realen Krankheitsfällen eine Wahnbildung recht häufig an einen Traum anschließt, brauchen aber nach unseren Aufklärungen über das Wesen des Traumes kein neues Rätsel in diesem Sachverhalt zu finden. Traum und Wahn stammen aus derselben Quelle, vom Verdrängten her; der Traum ist der sozusagen physiologische Wahn des normalen Menschen. Ehe das Verdrängte stark genug geworden ist, um sich im Wachleben als Wahn durchzusetzen, kann es leicht seinen ersten Erfolg unter den günstigeren Umständen des Schlafzustandes in Gestalt eines nachhaltig wirkenden Traumes errungen haben. Während des Schlafes tritt nämlich, mit der Herabsetzung der seelischen Tätigkeit überhaupt, auch ein Nachlaß in der Stärke des Widerstandes ein, den die herrschenden psychischen Mächte dem Verdrängten

---

1) G. p. 70: Nein, gesprochen nicht. Aber ich rief dir zu, als du dich zum Schlafen hinlegtest, und stand dann bei dir — dein Gesicht war so ruhig-schön wie von Marmor. Darf ich dich bitten — leg' es noch einmal wieder so auf die Stufe zurück.

entgegensetzen. Dieser Nachlaß ist es, der die Traumbildung ermöglicht, und darum wird der Traum für uns der beste Zugang zur Kenntnis des unbewußten Seelischen. Nur daß für gewöhnlich mit der Herstellung der psychischen Besetzungen des Wachens der Traum wieder verfliegt, der vom Unbewußten gewonnene Boden wieder geräumt wird.

III

Im weiteren Verlaufe der Erzählung findet sich noch ein anderer Traum, der uns vielleicht noch mehr als der erste verlocken kann, seine Übersetzung und Einfügung in den Zusammenhang des seelischen Geschehens beim Helden zu versuchen. Aber wir ersparen wenig, wenn wir hier die Darstellung des Dichters verlassen, um direkt zu diesem zweiten Traum zu eilen, denn wer den Traum eines anderen deuten will, der kann nicht umhin, sich möglichst ausführlich um alles zu bekümmern, was der Träumer äußerlich und innerlich erlebt hat. Somit wäre es fast das beste, wenn wir beim Faden der Erzählung verblieben und diese fortlaufend mit unseren Glossen versähen.

Die Wahnneubildung vom Tode der Gradiva beim Untergang Pompejis im Jahre 79 ist nicht die einzige Nachwirkung des von uns analysierten ersten Traumes. Unmittelbar nachher entschließt sich Hanold zu einer Reise nach Italien, die ihn endlich nach Pompeji bringt. Vorher aber begibt sich noch etwas anderes mit ihm; aus dem Fenster lehnend, glaubt er auf der Straße eine Gestalt mit der Haltung und dem Gange seiner Gradiva zu bemerken, eilt ihr trotz seiner mangelhaften Bekleidung nach, erreicht sie aber nicht, sondern wird durch den Spott der Leute auf der Straße zurückgetrieben. Nachdem er wieder in sein Zimmer zurückgekehrt ist, ruft das Singen eines Kanarienvogels, dessen

Käfig an einem Fenster des Hauses gegenüber hängt, eine Stimmung in ihm hervor, als ob auch er aus der Gefangenschaft in die Freiheit wollte, und die Frühjahrsreise wird eben so schnell beschlossen wie ausgeführt.

Der Dichter hat diese Reise Hanolds in ganz besonders scharfes Licht gerückt und ihm selbst teilweise Klarheit über seine inneren Vorgänge gegönnt. Hanold hat sich selbstverständlich einen wissenschaftlichen Vorwand für seine Reisen angegeben, aber dieser hält nicht vor. Er weiß doch eigentlich, daß „ihm der Antrieb zur Reise aus einer unnennbaren Empfindung entsprungen war." Eine eigentümliche Unruhe heißt ihn mit allem, was er antrifft, unzufrieden sein und treibt ihn von Rom nach Neapel, von dort nach Pompeji, ohne daß er sich, auch nicht in dieser letzten Station, in seiner Stimmung zurechtfände. Er ärgert sich über die Torheit der Hochzeitsreisenden und ist empört über die Frechheit der Stubenfliegen, die Pompejis Gasthäuser bevölkern. Aber endlich täuscht er sich nicht darüber, „daß seine Unbefriedigung wohl nicht allein durch das um ihn herum Befindliche verursacht werde, sondern etwas ihren Ursprung auch aus ihm selbst schöpfe." Er hält sich für überreizt, fühlt „daß er mißmutig sei, weil ihm etwas fehle, ohne daß er sich aufhellen könne, was. Und diese Mißstimmung bringt er überallhin mit sich." In solcher Verfassung empört er sich sogar gegen seine Herrscherin, die Wissenschaft; wie er das erstemal in der Mittagssonnenglut durch Pompeji wandelt, „hatte seine ganze Wissenschaft ihn nicht allein verlassen, sondern ließ ihn auch ohne das geringste Begehren, sie wieder aufzufinden; er erinnerte sich ihrer nur wie aus einer weiten Ferne, und in seiner Empfindung war sie eine alte, eingetrocknete langweilige Tante gewesen, das ledernste und überflüssigste Geschöpf auf der Welt." (G. p. 55.)

In diesem unerquicklichen und verworrenen Gemütszustand, löst sich ihm dann das eine der Rätsel, welche an dieser Reise hängen, in dem Moment, da er zuerst die Gradiva durch Pompeji schreiten sieht. Es kommt ihm „zum erstenmal zum Bewußtwerden: Er sei, ohne selbst von dem Antrieb in seinem Innern zu wissen, deshalb nach Italien und ohne Aufenthalt von Rom und Neapel bis Pompeji weitergefahren, um danach zu suchen, ob er hier Spuren von ihr auffinden könne. Und zwar im wörtlichen Sinne, denn bei ihrer besonderen Gangart mußte sie in der Asche einen von allen übrigen sich unterscheidenden Abdruck der Zehen hinterlassen haben." (G. p. 58.)

Da der Dichter so viel Sorgfalt auf die Darstellung dieser Reise verwendet, muß es auch uns der Mühe wert sein, deren Verhältnis zum Wahne Hanolds und deren Stellung im Zusammenhang der Begebenheiten zu erläutern. Die Reise ist ein Unternehmen aus Motiven, welche die Person zunächst nicht erkennt und erst später sich eingesteht, Motiven, welche der Dichter direkt als „unbewußte" bezeichnet. Dies ist gewiß dem Leben abgelauscht; man braucht nicht im Wahn zu sein, um so zu handeln; vielmehr ist es ein alltägliches Vorkommnis, selbst bei Gesunden, daß sie sich über die Motive ihres Handelns täuschen und ihrer erst nachträglich bewußt werden, wenn nur ein Konflikt mehrerer Gefühlsströmungen ihnen die Bedingung für solche Verworrenheit herstellt. Die Reise Hanolds war also von Anfang an darauf angelegt, dem Wahne zu dienen, und sollte ihn nach Pompeji bringen, um die Nachforschung nach der Gradiva dort fortzusetzen. Wir erinnern, daß vor und unmittelbar nach dem Traum diese Nachforschung ihn erfüllte, und daß der Traum selbst nur eine von seinem Bewußtsein erstickte Antwort auf die Frage nach dem Aufenthalt der Gradiva war. Irgend eine Macht, die wir nicht erkennen, hemmt aber zunächst auch das Bewußtwerden des wahnhaften Vorsatzes, so daß zur bewußten Motivierung der Reise nur unzulängliche, streckenweise zu erneuernde Vorwände erübrigen. Ein anderes Rätsel gibt uns der Dichter auf, indem er den Traum, die Entdeckung der vermeintlichen Gradiva auf der Straße und die Entschließung zur Reise durch den Einfluß des

singenden Kanarienvogels wie Zufälligkeiten ohne innere Beziehung
auf einander folgen läßt.

Mit Hilfe der Aufklärungen, die wir den späteren Reden der
Zoë Bertgang entnehmen, wird dieses dunkle Stück der Erzählung
für unser Verständnis erhellt. Es war wirklich das Urbild der
Gradiva, Fräulein Zoë selbst, das Hanold von seinem Fenster aus
auf der Straße schreiten sah (G. p. 89), und das er bald eingeholt
hätte. Die Mitteilung des Traumes: sie lebt ja am heutigen Tage in
der nämlichen Stadt wie du, hätte so durch einen glücklichen Zufall
eine unwiderstehliche Bekräftigung erfahren, vor welcher sein
inneres Sträuben zusammengebrochen wäre. Der Kanarienvogel
aber, dessen Gesang Hanold in die Ferne trieb, gehörte Zoë, und
sein Käfig stand an ihrem Fenster, dem Hause Hanolds schräg
gegenüber. (G. p. 135.) Hanold, der nach der Anklage des Mädchens
die Gabe der „negativen Halluzination" besaß, die Kunst verstand,
auch gegenwärtige Personen nicht zu sehen und nicht zu erkennen, muß von Anfang an die unbewußte Kenntnis dessen
gehabt haben, was wir erst spät erfahren. Die Zeichen der
Nähe Zoës, ihr Erscheinen auf der Straße und der Gesang ihres
Vogels so nahe seinem Fenster, verstärken die Wirkung des
Traumes, und in dieser für seinen Widerstand gegen die Erotik
so gefährlichen Situation — ergreift er die Flucht. Die Reise
entspringt einem Aufraffen des Widerstandes nach jenem Vorstoß
der Liebessehnsucht im Traum, einem Fluchtversuch von der
leibhaftigen und gegenwärtigen Geliebten weg. Sie bedeutet praktisch
einen Sieg der Verdrängung, die diesmal im Wahne die Oberhand behält, wie bei seinem früheren Tun, den „pedestrischen
Untersuchungen" an Frauen und Mädchen, die Erotik siegreich
gewesen war. Überall aber ist in diesem Schwanken des Kampfes
die Kompromißnatur der Entscheidungen gewahrt; die Reise nach
Pompeji, die von der lebenden Zoë wegführen soll, führt wenigstens zu ihrem Ersatz, zur Gradiva. Die Reise, die den latenten
Traumgedanken zum Trotze unternommen wird, folgt doch der

Weisung des manifesten Trauminhaltes nach Pompeji. So triumphiert der Wahn von neuem, jedesmal wenn Erotik und Widerstand von neuem streiten.

Diese Auffasung der Reise Hanolds als Flucht vor der in ihm erwachenden Liebessehnsucht nach der so nahen Geliebten harmoniert allein mit den bei ihm geschilderten Gemütszuständen während seines Aufenthalts in Italien. Die ihn beherrschende Ablehnung der Erotik drückt sich dort in seiner Verabscheuung der Hochzeitsreisenden aus. Ein kleiner Traum im Albergo in Rom, veranlaßt durch die Nachbarschaft eines deutschen Liebespaares, „August und Grete", deren Abendgespräch er durch die dünne Zwischenwand belauschen muß, wirft wie nachträglich ein Licht auf die erotischen Tendenzen seines ersten großen Traumes. Der neue Traum versetzt ihn wieder nach Pompeji, wo eben wieder der Vesuv ausbricht, und knüpft so an den während der Reise fortwirkenden Traum an. Aber unter den gefährdeten Personen gewahrt er diesmal — nicht wie früher sich und die Gradiva — sondern den Apoll von Belvedere und die kapitolinische Venus, wohl als ironische Erhöhungen des Paares im Nachbarraum. Apoll hebt die Venus auf, trägt sie fort und legt sie auf einen Gegenstand im Dunkeln hin, der ein Wagen oder Karren zu sein scheint, denn ein „knarrender Ton" schallt davon her. Der Traum bedarf sonst keiner besonderen Kunst zu seiner Deutung. (G. p. 31.)

Unser Dichter, dem wir längst zutrauen, daß er auch keinen einzelnen Zug müßig und absichtslos in seiner Schilderung aufträgt, hat uns noch ein anderes Zeugnis für die Hanold auf der Reise beherrschende asexuelle Strömung gegeben. Während des stundenlangen Umherwanderns in Pompeji kommt es ihm „merkwürdigerweise nicht ein einziges Mal in Erinnerung, daß er vor einiger Zeit einmal geträumt habe, bei der Verschüttung Pompejis durch den Kraterausbruch im Jahre 79 zugegen gewesen zu sein." (G. p. 47.) Erst beim Anblick der Gradiva besinnt er sich plötzlich dieses Traumes, wie ihm auch gleichzeitig das wahnhafte Motiv seiner rätselhaften Reise bewußt wird. Was könnte nun dies Vergessen des Traumes, diese Verdrängungsschranke zwischen dem Traum und dem Seelenzustand auf der Reise anderes bedeuten, als daß die Reise nicht auf direkte Anregung des Traumes erfolgt ist, sondern in der Auflehnung gegen denselben, als Ausfluß einer seelischen Macht, die vom geheimen Sinne des Traumes nichts wissen will?

Anderseits aber wird Hanold dieses Sieges über seine Erotik nicht froh. Die unterdrückte seelische Regung bleibt stark genug, um sich durch Mißbehagen und Hemmung an der unterdrückenden zu rächen. Seine Sehnsucht hat sich in Unruhe und Unbefriedigung verwandelt, die ihm die Reise sinnlos erscheinen läßt; gehemmt ist die Einsicht in die Motivierung der Reise im Dienste des Wahnes, gestört sein Verhältnis zu seiner Wissenschaft, die an solchem Orte all sein Interesse rege machen sollte. So zeigt uns der Dichter seinen Helden nach seiner Flucht vor der Liebe in einer Art von Krisis, in einem gänzlich verworrenen und zerfahrenen Zustand, in einer Zerrüttung, wie sie auf der Höhe der Krankheitszustände vorzukommen pflegt, wenn keine der beiden streitenden Mächte mehr um so viel stärker ist als die andere, daß die Differenz ein strammes seelisches Regime begründen könnte. Hier greift dann der Dichter helfend und schlichtend ein, denn an dieser Stelle läßt er die Gradiva auftreten, welche die Heilung des Wahnes unternimmt. Mit seiner Macht, die Schicksale der von ihm geschaffenen Menschen zum Guten zu lenken, trotz all der Notwendigkeiten, denen er sie gehorchen läßt, versetzt er das Mädchen, vor dem Hanold nach Pompeji geflohen ist, ebendahin und korrigiert so die Torheit, die der Wahn den jungen Mann begehen ließ, sich von dem Wohnort der leibhaftigen Geliebten zur Todesstätte der sie in der Phantasie ersetzenden zu begeben.

Mit dem Erscheinen der Zoë Bertgang als Gradiva, welches den Höhepunkt der Spannung in der Erzählung bezeichnet, tritt bald auch eine Wendung in unserem Interesse ein. Haben wir bisher die Entwicklung eines Wahnes miterlebt, so sollen wir jetzt Zeugen seiner Heilung werden und dürfen uns fragen, ob der Dichter den Hergang dieser Heilung bloß fabuliert oder im Anschluß an wirklich vorhandene Möglichkeiten gebildet hat. Nach Zoës eigenen Worten in der Unterhaltung mit der Freundin haben wir entschieden das Recht, ihr solche Heilungsabsicht zuzuschreiben. (G. p. 124.) Wie schickt sie sich aber dazu an? Nachdem sie die Entrüstung zurückgedrängt, welche die Zumutung, sich wieder wie „damals" zum Schlafen hinzulegen, bei ihr hervorgerufen, findet sie sich zur gleichen Mittagsstunde des nächsten Tages am nämlichen Orte ein und entlockt nun Hanold all das geheime Wissen, das ihr zum Verständnis seines Benehmens am Vortage gefehlt hat. Sie erfährt von seinem Traum, vom Reliefbild der Gradiva und von der Eigentümlichkeit des Ganges, welche sie mit diesem Bilde teilt. Sie akzeptiert die Rolle des für eine kurze Stunde zum Leben erwachten Gespenstes, welche, wie sie merkt, sein Wahn ihr zugeteilt, und weist ihm leise in mehrdeutigen Worten eine neue Stellung an, indem sie die Gräberblume von ihm annimmt, die er ohne bewußte Absicht mitgebracht, und das Bedauern ausspricht, daß er ihr nicht Rosen gegeben hat. (G. p. 90.)

Unser Interesse für das Benehmen des überlegen klugen Mädchens, welches beschlossen hat, sich den Jugendgeliebten zum Manne zu gewinnen, nachdem sie hinter seinem Wahn seine Liebe als treibende Kraft erkannt, wird aber an dieser Stelle wahrscheinlich von dem Befremden zurückgedrängt, welches dieser Wahn selbst bei uns erregen kann. Dessen letzte Ausgestaltung, daß die im Jahre 79 verschüttete Gradiva nun als Mittagsgespenst für eine Stunde mit ihm Rede tauschen könne, nach deren Ablauf sie versinke oder ihre Gruft wieder aufsuche, dieses Hirngespinst, welches weder durch die Wahrnehmung ihrer modernen Fußbekleidung noch durch ihre Unkenntnis der alten Sprachen und ihre Beherrschung des damals nicht existierenden Deutschen beirrt wird, scheint wohl die Bezeichnung des Dichters „Ein pompejanisches Phantasiestück" zu rechtfertigen, aber jedes Messen an der klinischen Wirklichkeit auszuschließen. Und doch scheint mir bei näherer Erwägung die Unwahrscheinlichkeit dieses Wahnes zum größeren Teile zu zergehen. Einen Teil der Verschuldung hat ja der Dichter auf sich genommen und in der Voraussetzung der Erzählung, daß Zoë in allen Zügen das Ebenbild des Steinreliefs sei, mitgebracht. Man muß sich also hüten, die Unwahrscheinlichkeit von dieser Voraussetzung auf deren Konsequenz, daß Hanold das Mädchen für die belebte Gradiva hält, zu verschieben. Die wahnhafte Erklärung wird hier dadurch im Wert gehoben, daß auch der Dichter uns keine rationelle zur Verfügung gestellt hat. In der Sonnenglut Kampaniens und in der verwirrenden Zauberkraft des Weines, der am Vesuv wächst, hat der Dichter ferner andere helfende und mildernde Umstände für die Ausschreitung des Helden herangezogen. Das wichtigste aller erklärenden und entschuldigenden Momente bleibt aber die Leichtigkeit, mit welcher unser Denkvermögen sich zur Annahme eines absurden Inhaltes entschließt, wenn stark affektbetonte Regungen dabei ihre Befriedigung finden. Es ist erstaunlich und findet meist viel zu geringe Würdigung, wie leicht und häufig selbst intelligenzstarke Personen unter solchen psychologischen Konstellationen die Reaktionen partiellen Schwachsinnes geben, und wer nicht allzu eingebildet ist, mag dies auch beliebig oft an sich selbst beobachten. Und nun erst dann, wenn ein Teil der in Betracht kommenden Denkvorgänge an unbewußten oder verdrängten Motiven haftet! Ich zitiere dabei gern die Worte eines Philosophen, der mir schreibt: „Ich habe auch angefangen, mir selbsterlebte Fälle von frappanten Irrtümern zu notieren, gedankenloser Handlungen, die man sich nachträglich motiviert (in sehr unvernünftiger Weise). Es ist erschreckend, aber typisch, wieviel Dummheit dabei zu Tage kommt." Und nun nehme man dazu, daß der Glaube an Geister und Gespenster und wiederkehrende Seelen, der so viel Anlehnungen in den Religionen findet, denen wir alle wenigstens als Kinder angehängt haben, keineswegs bei allen Gebildeten untergegangen ist, daß so viele sonst Vernünftige die Beschäftigung mit dem Spiritismus mit der Vernunft vereinbar finden. Ja selbst der nüchtern und ungläubig Gewordene mag mit Beschämung wahrnehmen, wie leicht er sich für einen Moment zum Geisterglauben zurückwendet, wenn Ergriffenheit und Ratlosigkeit bei ihm zusammentreffen. Ich weiß von einem Arzt, der einmal eine seiner Patientinnen an der Basedowschen Krankheit verloren hatte und einen leisen Verdacht nicht bannen konnte, daß er durch unvorsichtige Medikation vielleicht zum unglücklichen Ausgange beigetragen habe. Eines Tages, mehrere Jahre später, trat ein Mädchen in sein ärztliches Zimmer, in dem er, trotz alles Sträubens, die Verstorbene erkennen mußte. Er konnte keinen anderen Gedanken fassen als: es sei doch wahr, daß die Toten wiederkommen können, und sein Schaudern wich erst der Scham, als die Besucherin sich als die Schwester jener an der gleichen Krankheit Verstorbenen vorstellte. Die Basedowsche Krankheit verleiht den von ihr Befallenen eine oft bemerkte, weitgehende Ähnlichkeit der Gesichtszüge, und in diesem Falle war die typische Ähnlichkeit über der schwesterlichen aufgetragen. Der Arzt aber, dem sich dies ereignet, war ich selbst, und darum bin gerade ich nicht geneigt, dem Norbert Hanold die klinische Möglichkeit seines kurzen Wahnes von der ins Leben zurückgekehrten Gradiva zu bestreiten. Daß in ernsten Fällen chronischer Wahnbildung (Paranoia) das Äußerste an geistreich ausgesponnenen und gut vertretenen Absurditäten geleistet wird, ist endlich jedem Psychiater wohlbekannt.

Nach der ersten Begegnung mit der Gradiva hatte Norbert Hanold zuerst in dem einen und dann im anderen der ihm bekannten Speisehäuser Pompejis seinen Wein getrunken, während die anderen Besucher mit der Hauptmahlzeit beschäftigt waren.

„Selbstverständlich war ihm mit keinem Gedanken die widersinnige Annahme in den Sinn gekommen," er tue so, um zu erfahren, in welchem Gasthof die Gradiva wohne und ihre Mahlzeiten einnehme, aber es ist schwer zu sagen, welchen anderen Sinn dies sein Tun sonst hätte haben können. Am Tage nach dem zweiten Beisammensein im Hause des Meleager erlebt er allerlei merkwürdige und scheinbar unzusammenhängende Dinge: er findet einen engen Spalt in der Mauer des Portikus, dort, wo die Gradiva verschwunden war, begegnet einem närrischen Eidechsenfänger, der ihn wie einen Bekannten anredet, entdeckt ein drittes, versteckt gelegenes Wirtshaus, den „Albergo del Sole", dessen Besitzer ihm eine grünpatinierte Metallspange als Fundstück bei den Überresten eines pompejanischen Mädchens aufschwatzt, und wird endlich in seinem eigenen Gasthof auf ein neu angekommenes junges Menschenpaar aufmerksam, welches er als Geschwisterpaar diagnostiziert, und dem er seine Sympathie schenkt. Alle diese Eindrücke verweben sich dann zu einem „merkwürdig unsinnigen" Traum, der folgenden Wortlaut hat:

„Irgendwo in der Sonne sitzt die Gradiva, macht aus einem Grashalm eine Schlinge, um eine Eidechse darin zu fangen, und sagt dazu: ‚Bitte, halte dich ganz ruhig — die Kollegin hat recht, das Mittel ist wirklich gut, und sie hat es mit bestem Erfolge angewendet.'"

Gegen diesen Traum wehrt er sich noch im Schlafe mit der Kritik, das sei in der Tat vollständige Verrücktheit, und wirft sich herum, um von ihm loszukommen. Dies gelingt ihm auch mit Beihilfe eines unsichtbaren Vogels, der einen kurzen, lachenden Ruf ausstößt und die Lacerte im Schnabel forttträgt.

Wollen wir den Versuch wagen, auch diesen Traum zu deuten, d. h. ihn durch die latenten Gedanken zu ersetzen, aus deren Entstellung er hervorgegangen sein muß? Er ist so unsinnig, wie man es nur von einem Traume erwarten kann, und diese Absurdität der Träume ist ja die Hauptstütze der Anschauung, welche dem Traum den Charakter eines vollgültigen psychischen Aktes verweigert und ihn aus einer planlosen Erregung der psychischen Elemente hervorgehen läßt.

Wir können auf diesen Traum die Technik anwenden, welche als das reguläre Verfahren der Traumdeutung bezeichnet werden kann. Es besteht darin, sich um den scheinbaren Zusammenhang im manifesten Traum nicht zu bekümmern, sondern jedes Stück des Inhalts für sich ins Auge zu fassen und in den Eindrücken, Erinnerungen und freien Einfällen des Träumers die Ableitung desselben zu suchen. Da wir aber Hanold nicht examinieren können, werden wir uns mit der Beziehung auf seine Eindrücke zufrieden geben müssen, und nur ganz schüchtern unsere eigenen Einfälle an die Stelle der seinigen setzen dürfen.

„Irgendwo in der Sonne sitzt die Gradiva, fängt Eidechsen und spricht dazu" — an welchen Eindruck des Tages klingt dieser Teil des Traumes an? Unzweifelhaft an die Begegnung mit dem älteren Herrn, dem Eidechsenfänger, der also im Traum durch die Gradiva ersetzt ist. Der saß oder lag an „einem heißbesonnten" Abhang und sprach auch Hanold an. Auch die Reden der Gradiva im Traum sind nach der Rede jenes Mannes kopiert. Man vergleiche: „Das vom Kollegen Eimer angegebene Mittel ist wirklich gut, ich habe es schon mehrmals mit bestem Erfolg angewendet. Bitte, halten Sie sich ganz ruhig —." Ganz ähnlich spricht die Gradiva im Traum, nur daß der Kollege Eimer durch eine unbenannte Kollegin ersetzt ist; auch ist das „mehrmals" aus der Rede des Zoologen im Traume weggeblieben und die Bindung der Sätze etwas geändert worden. Es scheint also, daß dieses Erlebnis des Tages durch einige Abänderungen und Entstellungen zum Traume umgewandelt worden ist. Warum gerade dieses, und was bedeuten die Entstellungen, der Ersatz des alten Herrn durch die Gradiva und die Einführung der rätselhaften „Kollegin"?

Es gibt eine Regel der Traumdeutung, welche lautet: Eine im Traum gehörte Rede stammt immer von einer im Wachen gehörten oder selbst gehaltenen Rede ab. Nun, diese Regel scheint hier befolgt, die Rede der Gradiva ist nur eine Modifikation der bei Tag gehörten Rede des alten Zoologen. Eine andere Regel der Traumdeutung würde uns sagen, die Ersetzung einer Person durch eine andere oder die Vermengung zweier Personen, indem etwa die eine in einer Situation gezeigt wird, welche die andere charakterisiert, bedeutet eine Gleichstellung der beiden Personen, eine Übereinstimmung zwischen denselben. Wagen wir es, auch diese Regel auf unseren Traum anzuwenden, so ergäbe sich die Übersetzung: die Gradiva fängt Eidechsen wie jener Alte, versteht sich auf den Eidechsenfang wie er. Verständlich ist dieses Ergebnis gerade noch nicht, aber wir haben ja noch ein anderes Rätsel vor uns. Auf welchen Eindruck des Tages sollen wir die „Kollegin" beziehen, die im Traum den berühmten Zoologen E i m e r ersetzt? Wir haben da zum Glück nicht viel Auswahl, es kann nur ein anderes Mädchen als Kollegin gemeint sein, also jene sympathische junge Dame, in der Hanold eine in Gesellschaft ihres Bruders reisende Schwester erkannt hatte. „Sie trug eine rote Sorrentiner Rose am Kleid, deren Anblick an etwas im Gedächtnis des aus seiner Stubenecke Hinüberschauenden rührte, ohne daß er sich darauf besinnen konnte, was es sei." Diese Bemerkung des Dichters gibt uns wohl das Recht, sie für die „Kollegin" im Traume in Anspruch zu nehmen. Das, was Hanold nicht erinnern konnte, war gewiß nichts anderes als das Wort der vermeintlichen Gradiva, glücklicheren Mädchen bringe man im Frühling Rosen, als sie die weiße Gräberblume von ihm verlangte. In dieser Rede lag aber eine Werbung verborgen. Was mag das nun für ein Eidechsenfang sein, der dieser glücklicheren Kollegin so gut gelungen?

Am nächsten Tage überrascht Hanold das vermeintliche Geschwisterpaar in zärtlicher Umarmung und kann so seinen Irrtum vom Vortage berichtigen. Es ist wirklich ein Liebespaar, und zwar auf der Hochzeitsreise begriffen, wie wir später erfahren, als die beiden das dritte Beisammensein Hanolds mit der Zoë so unvermutet stören. Wenn wir nun annehmen wollen, daß Hanold, der sie bewußt für Geschwister hält, in seinem Unbewußten sogleich ihre wirkliche Beziehung erkannt hat, die sich tags darauf so unzweideutig verrät, so ergibt sich allerdings ein guter Sinn für die Rede der Gradiva im Traume. Die rote Rose wird dann zum Symbol der Liebesbeziehung; Hanold versteht, daß die beiden das sind, wozu er und die Gradiva erst werden sollen, der Eidechsenfang bekommt die Bedeutung des Männerfanges, und die Rede der Gradiva heißt etwa: Laß mich nur machen, ich verstehe es ebenso gut, mir einen Mann zu gewinnen wie dies andere Mädchen.

Warum mußte aber dieses Durchschauen der Absichten der Zoë durchaus in der Form der Rede des alten Zoologen im Traume erscheinen? Warum die Geschicklichkeit Zoës im Männerfang durch die des alten Herrn im Eidechsenfang dargestellt werden? Nun, wir haben es leicht, diese Frage zu beantworten; wir haben längst erraten, daß der Eidechsenfänger kein anderer ist als der Zoologieprofessor Bertgang, Zoës Vater, der ja auch Hanold kennen muß, so daß sich verstehen läßt, daß er Hanold wie einen Bekannten anredet. Nehmen wir von neuem an, daß Hanold im Unbewußten den Professor sofort erkannt habe, „Ihm war's dunkel, das Gesicht des Lacertenjägers sei schon einmal, wahrscheinlich in einem der beiden Gasthöfe, an seinen Augen vorübergegangen," — so erklärt sich die sonderbare Einkleidung des der Zoë beigelegten Vorsatzes. Sie ist die Tochter des Eidechsenfängers, sie hat diese Geschicklichkeit von ihm.

Die Ersetzung des Eidechsenfängers durch die Gradiva im Trauminhalt ist also die Darstellung für die im Unbewußten erkannte Beziehung der beiden Personen; die Einführung der „Kollegin" an Stelle des Kollegen E i m e r gestattet es dem Traum, das Verständnis ihrer Werbung um den Mann zum Ausdruck zu bringen. Der Traum hat bisher zwei der Erlebnisse des Tages zu einer Situation zusammengeschweißt, „verdichtet", wie wir sagen, um zwei Einsichten, die nicht bewußt werden durften, einen allerdings sehr unkenntlichen Ausdruck zu verschaffen. Wir können aber weiter gehen, die Sonderbarkeit des Traumes noch mehr verringern und den Einfluß auch der anderen Tageserlebnisse auf die Gestaltung des manifesten Traumes nachweisen.

Wir könnten uns unbefriedigt durch die bisherige Auskunft erklären, weshalb gerade die Szene des Eidechsenfanges zum Kern des Traumes gemacht worden ist, und vermuten, daß noch andere Elemente in den Traumgedanken für die Auszeichnung der „Eidechse" im manifesten Traum mit ihrem Einfluß eingetreten sind. Es könnte wirklich leicht so sein. Erinnern wir uns, daß Hanold einen Spalt in der Mauer entdeckt hatte, an der Stelle, wo ihm die Gradiva zu verschwinden schien, der „immerhin breit genug war, um eine Gestalt von ungewöhnlicher Schlankheit" durchschlüpfen zu lassen. Durch diese Wahrnehmung wurde er bei Tag zu einer Abänderung in seinem Wahn veranlaßt, die Gradiva versinke nicht im Boden, wenn sie seinen Blicken entschwinde, sondern begebe sich auf diesem Wege in ihre Gruft zurück. In seinem unbewußten Denken mochte er sich sagen, er habe jetzt die natürliche Erklärung für das überraschende Verschwinden des Mädchens gefunden. Muß aber nicht das sich durch enge Spalten Zwängen und das Verschwinden in solchen Spalten an das Benehmen von Lacerten erinnern? Verhält sich die Gradiva dabei nicht selbst wie ein flinkes Eidechslein? Wir meinen also, diese Entdeckung des Spaltes in der Mauer habe mitbestimmend auf die Auswahl des Elementes „Eidechse" für den manifesten Trauminhalt gewirkt, die Eidechsensituation des Traumes vertrete ebensowohl diesen Eindruck des Tages wie die Begegnung mit dem Zoologen, Zoës Vater.

Und wenn wir nun, kühn geworden, versuchen wollten auch für das eine, noch nicht verwertete Erlebnis des Tages, die Entdeckung des dritten Albergo „del Sole", eine Vertretung im

Trauminhalt zu finden? Der Dichter hat diese Episode so ausführlich behandelt und so vielerlei an sie geknüpft, daß wir uns verwundern müßten, wenn sie allein keinen Beitrag zur Traumbildung abgegeben hätte. Hanold tritt in dieses Wirtshaus, welches ihm wegen seiner abgelegenen Lage und Entfernung vom Bahnhofe unbekannt geblieben war, um sich eine Flasche kohlensauren Wassers gegen seinen Blutandrang geben zu lassen. Der Wirt benützt diese Gelegenheit, um seine Antiquitäten anzupreisen, und zeigt ihm eine Spange, die angeblich jenem pompejanischen Mädchen angehört hatte, das in der Nähe des Forums in inniger Umschlingung mit seinem Geliebten aufgefunden wurde. Hanold, der diese oft wiederholte Erzählung bisher niemals geglaubt, wird jetzt durch eine ihm unbekannte Macht genötigt, an die Wahrheit dieser rührenden Geschichte und an die Echtheit des Fundstückes zu glauben, erwirbt die Fibula und verläßt mit seinem Erwerb den Gasthof. Im Fortgehen sieht er an einem der Fenster einen in ein Wasserglas gestellten, mit weißen Blüten behängten Asphodelosschaft herabnicken und empfindet diesen Anblick als eine Beglaubigung der Echtheit seines neuen Besitztums. Die wahnhafte Überzeugung durchdringt ihn jetzt, die grüne Spange habe der Gradiva angehört, und sie sei das Mädchen gewesen, das in der Umarmung ihres Geliebten gestorben sei. Die quälende Eifersucht, die ihn dabei erfaßt, beschwichtigt er durch den Vorsatz, sich am nächsten Tage bei der Gradiva selbst durch das Vorzeigen der Spange Sicherheit wegen seines Argwohns zu holen. Dies ist doch ein sonderbares Stück neuer Wahnbildung, und es sollte keine Spur im Traume der nächstfolgenden Nacht darauf hinweisen!

Es wird uns wohl der Mühe wert sein, uns die Entstehung dieses Wahnzuwachses verständlich zu machen, das neue Stück unbewußter Einsicht aufzusuchen, das sich durch das neue Stück Wahn ersetzt. Der Wahn entsteht unter dem Einfluß des Wirtes vom Sonnenwirtshaus, gegen den sich Hanold so merkwürdig leichtgläubig benimmt, als hätte er eine Suggestion von ihm empfangen. Der Wirt zeigt ihm eine metallene Gewandfibel als echt und als Besitztum jenes Mädchens, das in den Armen seines Geliebten verschüttet aufgefunden wurde, und Hanold, der kritisch genug sein könnte, um die Wahrheit der Geschichte sowie die Echtheit der Spange zu bezweifeln, ist sofort gläubig gefangen und erwirbt die mehr als zweifelhafte Antiquität. Es ist ganz unverständlich, warum er sich so benehmen sollte, und es deutet nichts darauf, daß die Persönlichkeit des Wirtes selbst uns dieses Rätsel lösen könnte. Es ist aber noch ein anderes Rätsel in dem Vorfall, und zwei Rätsel lösen sich gern miteinander. Beim Verlassen des Albergo erblickt er einen Asphodelosschaft im Glase an einem Fenster und findet in ihm eine Beglaubigung für die Echtheit der Metallspange. Wie kann das nur zugehen? Dieser letzte Zug ist zum Glück der Lösung leicht zugänglich. Die weiße Blume ist wohl dieselbe, die er zu Mittag der Gradiva geschenkt, und es ist ganz richtig, daß durch ihren Anblick an einem der Fenster dieses Gasthofes etwas bekräftigt wird. Freilich nicht die Echtheit der Spange, aber etwas anderes, was ihm schon bei der Entdeckung dieses bisher übersehenen Albergo klar geworden. Er hatte bereits am Vortage sich so benommen, als suchte er in den beiden Gasthöfen Pompejis, wo die Person wohne, die ihm als Gradiva erscheine. Nun, da er so unvermuteter Weise auf einen dritten stößt, muß er sich im Unbewußten sagen: Also hier wohnt sie; und dann beim Weggehen: Richtig, da ist ja die Asphodelosblume, die ich ihr gegeben; das ist also ihr Fenster. Dies wäre also die neue Einsicht, die sich durch den Wahn ersetzt, die nicht bewußt werden kann, weil ihre Voraussetzung, die Gradiva sei eine Lebende, eine von ihm einst gekannte Person, nicht bewußt werden konnte.

Wie soll nun aber die Ersetzung der neuen Einsicht durch den Wahn vor sich gegangen sein? Ich meine so, daß das Überzeugungsgefühl, welches der Einsicht anhaftete, sich behaupten konnte und erhalten blieb, während für die bewußtseinsunfähige Einsicht selbst ein anderer, aber durch Denkverbindung mit ihr verknüpfter Vorstellungsinhalt eintrat. So geriet nun das Überzeugungsgefühl in Verbindung mit einem ihm eigentlich fremden Inhalt, und dieser letztere gelangte als Wahn zu einer ihm selbst nicht gebührenden Anerkennung. Hanold überträgt seine Überzeugung, daß die Gradiva in diesem Hause wohne, auf andere Eindrücke, die er in diesem Hause empfängt, wird auf solche Weise gläubig für die Reden des Wirts, die Echtheit der Metallspange und die Wahrheit der Anekdote von dem in Umarmung aufgefundenen Liebespaar, aber nur auf dem Wege, daß er das in diesem Hause Gehörte mit der Gradiva in Beziehung bringt. Die in ihm bereitliegende Eifersucht bemächtigt sich dieses Materials, und es entsteht, selbst im Widerspruch mit seinem ersten Traum, der Wahn, daß die Gradiva jenes in den Armen ihres Liebhabers verstorbene Mädchen war, und daß ihr jene von ihm erworbene Spange gehört hat.

Wir werden aufmerksam darauf, daß das Gespräch mit der Gradiva und ihre leise Werbung „durch die Blume" bereits wichtige Veränderungen bei Hanold hervorgerufen haben. Züge von männlicher Begehrlichkeit, Komponenten der Libido, sind bei ihm erwacht, die allerdings der Verhüllung durch bewußte Vorwände noch nicht entbehren können. Aber das Problem der „leiblichen Beschaffenheit" der Gradiva, das ihn diesen ganzen Tag über verfolgt, kann doch seine Abstammung von der erotischen Wißbegierde des Jünglings nach dem Körper des Weibes nicht verleugnen, auch wenn es durch die bewußte Betonung des eigentümlichen Schwebens der Gradiva zwischen Tod und Leben ins Wissenschaftliche gezogen werden soll. Die Eifersucht ist ein weiteres Zeichen der erwachenden Aktivität Hanolds in der Liebe; er äußert diese Eifersucht zu Eingang der Unterredung am nächsten Tage und setzt es dann mit Hilfe eines neuen Vorwandes durch, den Körper des Mädchens zu berühren und sie, wie in längst vergangenen Zeiten, zu schlagen.

Nun aber ist es Zeit, uns zu fragen, ob denn der Weg der Wahnbildung, den wir aus der Darstellung des Dichters erschlossen haben, ein sonst bekannter oder ein überhaupt möglicher sei. Aus unserer ärztlichen Kenntnis können wir nur die Antwort geben, es sei gewiß der richtige Weg, vielleicht der einzige, auf dem überhaupt der Wahn zu der unerschütterlichen Anerkennung gelangt, die zu seinen klinischen Charakteren gehört. Wenn der Kranke so fest an seinen Wahn glaubt, so geschieht das nicht durch eine Verkehrung seines Urteilsvermögens, und rührt nicht von dem her, was am Wahne irrig ist. Sondern in jedem Wahn steckt auch ein Körnchen Wahrheit, es ist etwas an ihm, was wirklich den Glauben verdient, und dieses ist die Quelle der also so weit berechtigten Überzeugung des Kranken. Aber dieses Wahre war lange Zeit verdrängt; wenn es ihm endlich gelingt, diesmal in entstellter Form, zum Bewußtsein durchzudringen, so ist das ihm anhaftende Überzeugungsgefühl wie zur Entschädigung überstark, haftet nun am Entstellungsersatz des verdrängten Wahren und schützt denselben gegen jede kritische Anfechtung. Die Überzeugung verschiebt sich gleichsam von dem unbewußten Wahren auf das mit ihm verknüpfte, bewußte Irrige und bleibt gerade infolge dieser Verschiebung dort fixiert. Der Fall von Wahnbildung, der sich aus Hanolds erstem Traum ergab, ist nichts als ein ähnliches, wenn auch nicht identisches Beispiel einer solchen Verschiebung. Ja, die geschilderte Entstehungsweise der Überzeugung beim Wahne ist nicht einmal grundsätzlich von der Art verschieden, wie sich Überzeugung in normalen Fällen bildet, wo die Verdrängung nicht im Spiele ist. Wir alle heften unsere Überzeugung an Denkinhalte, in denen Wahres mit Falschem vereint ist, und lassen sie vom ersteren aus sich über das letztere erstrecken. Sie diffundiert gleichsam von dem Wahren her über das assoziierte Falsche und schützt dieses, wenn auch nicht so unabänderlich wie beim Wahn, gegen die verdiente Kritik. Beziehungen, Protektion gleichsam, können auch in der Normalpsychologie den eigenen Wert ersetzen.

Ich will nun zum Traum zurückkehren und einen kleinen, aber nicht uninteressanten Zug hervorheben, der zwischen zwei Anlässen des Traumes eine Verbindung herstellt. Die Gradiva hatte die weiße Asphodelosblüte in einen gewissen Gegensatz zur roten Rose gebracht; das Wiederfinden des Asphodels am Fenster des Albergo del Sole wird zu einem wichtigen Beweisstück für die unbewußte Einsicht Hanolds, die sich im neuen Wahn ausdrückt, und dem reiht sich an, daß die rote Rose am Kleid des sympathischen jungen Mädchens Hanold im Unbewußten zur richtigen Würdigung ihres Verhältnisses zu ihrem Begleiter verhilft, so daß er sie im Traum als „Kollegin" auftreten lassen kann.

Wo findet sich nun aber im manifesten Trauminhalt die Spur und Vertretung jener Entdeckung Hanolds, welche wir durch den neuen Wahn ersetzt fanden, der Entdeckung, daß die Gradiva mit ihrem Vater in dem dritten, versteckten Gasthof Pompejis, im Albergo del Sole wohne? Nun, es steht ganz und nicht einmal sehr entstellt im Traume drin; ich scheue mich nur darauf hinzuweisen, denn ich weiß, selbst bei den Lesern, deren Geduld so weit bei mir ausgehalten hat, wird sich nun ein starkes Sträuben gegen meine Deutungsversuche regen. Die Entdeckung Hanolds ist im Trauminhalt, wiederhole ich, voll mitgeteilt, aber so geschickt versteckt, daß man sie notwendig übersehen muß. Sie ist dort hinter einem Spiel mit Worten, einer Zweideutigkeit, geborgen. „Irgendwo in der Sonne sitzt die Gradiva", das haben wir mit Recht auf die Örtlichkeit bezogen, an welcher Hanold den Zoologen, ihren Vater, traf. Aber soll es nicht auch heißen können: in der „Sonne", das ist im Albergo del Sole, im Gasthaus zur Sonne wohnt die Gradiva? Und klingt das „Irgendwo", welches auf die Begegnung mit dem Vater keinen Bezug hat, nicht gerade darum so heuchlerisch unbestimmt, weil es die bestimmte Auskunft über den Aufenthalt der Gradiva einleitet? Ich bin nach meiner sonstigen Erfahrung in der Deutung realer Träume eines solchen Verständnisses der Zweideutigkeit ganz sicher, aber ich getraute mich wirklich nicht, dieses Stückchen Deutungsarbeit meinen Lesern vorzulegen, wenn der Dichter mir nicht hier seine mächtige Hilfe leihen würde. Am nächsten Tage legt er dem Mädchen beim Anblick der Metallspange das nämliche Wortspiel in den Mund, welches wir für die Deutung der Stelle im Trauminhalt annehmen. „Hast du sie vielleicht in der S o n n e gefunden, die macht hier solche Kunststücke." Und da Hanold diese Rede nicht versteht, erläutert sie, sie meine den Gasthof zur S o n n e, die sie hier „Sole" heißen, von woher auch ihr das angebliche Fundstück bekannt ist.

Und nun möchten wir den Versuch wagen, den „merkwürdig unsinnigen" Traum Hanolds durch die hinter ihm verborgenen, ihm möglichst unähnlichen, unbewußten Gedanken zu ersetzen. Etwa so: „Sie wohnt ja in der Sonne mit ihrem Vater, warum spielt sie solches Spiel mit mir? Will sie ihren Spott mit mir treiben? Oder sollte es möglich sein, daß sie mich liebt und mich zum Manne nehmen will?" — Auf diese letztere Möglichkeit erfolgt wohl noch im Schlaf die abweisende Antwort: das sei ja die reinste Verrücktheit, die sich scheinbar gegen den ganzen manifesten Traum richtet.

Kritische Leser haben nun das Recht, nach der Herkunft jener bisher nicht begründeten Einschaltung zu fragen, die sich auf das Verspottetwerden durch die Gradiva bezieht Darauf gibt die „Traumdeutung" die Antwort, wenn in den Traumgedanken Spott, Hohn, erbitterter Widerspruch vorkommt, so wird dies durch die unsinnige Gestaltung des manifesten Traumes, durch die Absurdität im Traume ausgedrückt. Letztere bedeutet also kein Erlahmen der psychischen Tätigkeit, sondern ist eines der Darstellungsmittel, deren sich die Traumarbeit bedient. Wie immer an besonders schwierigen Stellen kommt uns auch hier der Dichter zu Hilfe. Der unsinnige Traum hat noch ein kurzes Nachspiel, in dem ein Vogel einen lachenden Ruf ausstößt und die Lacerte im Schnabel davonträgt. Einen solchen lachenden Ruf hatte Hanold aber nach dem Verschwinden der

Gradiva gehört. Er kam wirklich von der Zoë her, die den düsteren Ernst ihrer Unterweltsrolle mit diesem Lachen von sich abschüttelte. Die Gradiva hatte ihn wirklich ausgelacht. Das Traumbild aber, wie der Vogel die Lacerte davonträgt, mag an jenes andere in einem früheren Traum erinnern, in dem der Apoll von Belvedere die kapitolinische Venus davontrug.

Vielleicht besteht noch bei manchem Leser der Eindruck, daß die Übersetzung der Situation des Eidechsenfanges durch die Idee der Liebeswerbung nicht genügend gesichert sei. Da mag denn der Hinweis zur Unterstützung dienen, daß Zoë in dem Gespräch mit der Kollegin das nämliche von sich bekennt, was Hanolds Gedanken von ihr vermuten, indem sie mitteilt, sie sei sicher gewesen, sich in Pompeji etwas Interessantes „auszugraben". Sie greift dabei in den archäologischen Vorstellungskreis, wie er mit seinem Gleichnis vom Eidechsenfang in den zoologischen, als ob sie einander entgegenstreben würden und jeder die Eigenart des anderen annehmen wollte.

So hätten wir die Deutung auch dieses zweiten Traumes erledigt. Beide sind unserem Verständnis zugänglich geworden unter der Voraussetzung, daß der Träumer in seinem unbewußten Denken all das weiß, was er im bewußten vergessen hat, all das dort richtig beurteilt, was er hier wahnhaft verkennt. Dabei haben wir freilich manche Behauptung aufstellen müssen, die dem Leser, weil fremd, auch befremdlich klang, und wahrscheinlich oft den Verdacht erweckt, daß wir für den Sinn des Dichters ausgeben, was nur unser eigener Sinn ist. Wir sind alles zu tun bereit, um diesen Verdacht zu zerstreuen, und wollen darum einen der heikelsten Punkte — ich meine die Verwendung zweideutiger Worte und Reden wie im Beispiele: Irgendwo in der S o n n e sitzt die Gradiva — gern ausführlicher in Betracht ziehen.

Es muß jedem Leser der „Gradiva" auffallen, wie häufig der Dichter seinen beiden Hauptpersonen Reden in den Mund legt, die zweierlei Sinn ergeben. Bei Hanold sind diese Reden eindeutig gemeint, und nur seine Partnerin, die Gradiva, wird von deren anderem Sinn ergriffen. So, wenn er nach ihrer ersten Antwort ausruft: Ich wußte es, so klänge deine Stimme, und die noch unaufgeklärte Zoë fragen muß, wie das möglich sei, da er sie noch nicht sprechen gehört habe. In der zweiten Unterredung wird das Mädchen für einen Augenblick an seinem Wahne irre, da er versichert, er habe sie sofort erkannt. Sie muß diese Worte in dem Sinne verstehen, der für sein Unbewußtes richtig ist als Anerkennung ihrer in die Kindheit zurückreichenden Bekanntschaft, während er natürlich von dieser Tragweite seiner Rede nichts weiß und sie auch nur durch Beziehung auf den ihn beherrschenden Wahn erläutert. Die Reden des Mädchens hingegen, in deren Person die hellste Geistesklarheit dem Wahn entgegengestellt wird, sind mit Absicht zweideutig gehalten. Der eine Sinn derselben schmiegt sich dem Wahne Hanolds an, um in sein bewußtes Verständnis dringen zu können, der andere erhebt sich über den Wahn und gibt uns in der Regel die Übersetzung desselben in die von ihm vertretene unbewußte Wahrheit. Es ist ein Triumph des Witzes, den Wahn und die Wahrheit in der nämlichen Ausdrucksform darstellen zu können.

Durchsetzt von solchen Zweideutigkeiten ist die Rede der Zoë, in welcher sie der Freundin die Situation aufklärt und sich gleichzeitig von ihrer störenden Gesellschaft befreit; sie ist eigentlich aus dem Buche herausgesprochen, mehr für uns Leser als für die glückliche Kollegin berechnet. In den Gesprächen mit Hanold ist der Doppelsinn meist dadurch hergestellt, daß Zoë sich der Symbolik bedient, welche wir im ersten Traume Hanolds befolgt fanden, der Gleichstellung von Verschüttung und Verdrängung, Pompeji und Kindheit. So kann sie mit ihren Reden einerseits in der Rolle verbleiben, die ihr der Wahn Hanolds anweist, anderseits an die wirklichen Verhältnisse rühren und im Unbewußten Hanolds das Verständnis für dieselben wecken.

„Ich habe mich schon lange daran gewöhnt, tot zu sein."

(G. p. 90.) — „Für mich ist die Blume der Vergessenheit aus deiner Hand die richtige." (G. p. 90.) In diesen Reden meldet sich leise der Vorwurf, der dann in ihrer letzten Strafpredigt deutlich genug hervorbricht, wo sie ihn mit dem Archäopteryx vergleicht. „Daß jemand erst sterben muß, um lebendig zu werden. Aber für die Archäologen ist das wohl notwendig" (G. p. 141), sagt sie noch nachträglich nach der Lösung des Wahnes, wie um den Schlüssel zu ihren zweideutigen Reden zu geben. Die schönste Anwendung ihrer Symbolik gelingt ihr aber in der Frage: (G. p. 118) „Mir ist's, als hätten wir schon vor zweitausend Jahren einmal so zusammen unser Brot gegessen. Kannst du dich nicht darauf besinnen?" in welcher Rede die Ersetzung der Kindheit durch die historische Vorzeit und das Bemühen, die Erinnerung an die erstere zu erwecken, ganz unverkennbar sind.

Woher nun diese auffällige Bevorzugung der zweideutigen Reden in der „Gradiva"? Sie erscheint uns nicht als Zufälligkeit, sondern als notwendige Abfolge aus den Voraussetzungen der Erzählung. Sie ist nichts anderes als das Seitenstück zur zweifachen Determinierung der Symptome, insofern die Reden selbst Symptome sind und wie diese aus Kompromissen zwischen Bewußtem und Unbewußtem hervorgehen. Nur daß man den Reden diesen doppelten Ursprung leichter anmerkt als etwa den Handlungen, und wenn es gelingt, was die Schmiegsamkeit des Materials der Rede oftmals ermöglicht, in der nämlichen Fügung von Worten jedem der beiden Redeabsichten guten Ausdruck zu verschaffen, dann liegt das vor, was wir eine „Zweideutigkeit" heißen.

Während der psychotherapeutischen Behandlung eines Wahnes oder einer analogen Störung entwickelt man häufig solche zweideutige Reden beim Kranken, als neue Symptome von flüchtigstem Bestand, und kann auch selbst in die Lage kommen, sich ihrer zu bedienen, wobei man mit dem für das Bewußtsein des Kranken bestimmten Sinn nicht selten das Verständnis für den im Unbewußten gültigen anregt. Ich weiß aus Erfahrung, daß diese Rolle der Zweideutigkeit bei den Uneingeweihten den größten Anstoß zu erregen und die gröbsten Mißverständnisse zu verursachen pflegt, aber der Dichter hatte jedenfalls recht, auch diesen charakteristischen Zug der Vorgänge bei der Traum- und Wahnbildung in seiner Schöpfung zur Darstellung zu bringen.

IV

Mit dem Auftreten der Zoë als Arzt erwache bei uns, sagten wir bereits, ein neues Interesse. Wir würden gespannt sein zu erfahren, ob eine solche Heilung, wie sie von ihr an Hanold vollzogen wird, begreiflich oder überhaupt möglich ist, ob der Dichter die Bedingungen für das Schwinden eines Wahnes ebenso richtig erschaut hat wie die seiner Entstehung.

Ohne Zweifel wird uns hier eine Anschauung entgegentreten, die dem vom Dichter geschilderten Falle solches prinzipielle Interesse abspricht und kein der Aufklärung bedürftiges Problem anerkennt. Dem Hanold bleibe nichts anderes übrig, als seinen Wahn wieder aufzulösen, nachdem das Objekt desselben, die vermeintliche „Gradiva" selbst, ihn der Unrichtigkeit all seiner Aufstellungen überführe und ihm die natürlichsten Erklärungen für alles Rätselhafte, zum Beispiel woher sie seinen Namen wisse, gebe. Damit wäre die Angelegenheit logisch erledigt; da aber das Mädchen ihm in diesem Zusammenhang ihre Liebe gestanden, lasse der Dichter, gewiß zur Befriedigung seiner Leserinnen, die sonst nicht uninteressante Erzählung mit dem gewöhnlichen glücklichen Schluß, der Heirat, enden. Konsequenter und ebenso möglich wäre der andere Schluß gewesen, daß der junge Gelehrte nach der Aufklärung seines Irrtums mit höflichem Danke von der jungen Dame Abschied nehme und die Ablehnung ihrer Liebe damit motiviere, daß er zwar für antike Frauen aus Bronze oder Stein und deren Urbilder, wenn sie dem Verkehr erreichbar wären, ein intensives Interesse aufbringen könne, mit einem zeitgenössischen Mädchen aus Fleisch und Bein aber nichts anzufangen wisse. Das archäologische Phantasiestück sei eben vom Dichter recht willkürlich mit einer Liebesgeschichte zusammengekittet worden.

Indem wir diese Auffassung als unmöglich abweisen, werden wir erst aufmerksam gemacht, daß wir die an Hanold eintretende Veränderung nicht nur in den Verzicht auf den Wahn zu verlegen haben. Gleichzeitig, ja noch vor der Auflösung des letzteren, ist das Erwachen des Liebesbedürfnisses bei ihm unverkennbar, das dann wie selbstverständlich in die Werbung um das Mädchen ausläuft, welches ihn von seinem Wahn befreit hat. Wir haben bereits hervorgehoben, unter welchen Vorwänden und Einkleidungen die Neugierde nach ihrer leiblichen Beschaffenheit, die Eifersucht und der brutale männliche Bemächtigungstrieb sich bei ihm mitten im Wahne äußern, seitdem die verdrängte Liebessehnsucht ihm den ersten Traum eingegeben hat. Nehmen wir als weiteres Zeugnis hinzu, daß am Abend nach der zweiten Unterredung mit der Gradiva ihm zuerst ein lebendes weibliches Wesen sympathisch erscheint, obwohl er noch seinem früheren Abscheu vor Hochzeitsreisenden die Konzession macht, die Sympathische nicht als Neuvermählte zu erkennen. Am nächsten Vormittag aber macht ihn ein Zufall zum Zeugen des Austausches von Zärtlichkeiten zwischen diesem Mädchen und seinem vermeintlichen Bruder, und da zieht er sich scheu zurück, als hätte er eine heilige Handlung gestört. Der Hohn auf „August und Grete" ist vergessen, der Respekt vor dem Liebesleben bei ihm hergestellt.

So hat der Dichter die Lösung des Wahnes und das Hervorbrechen des Liebesbedürfnisses innigst miteinander verknüpft, den Ausgang in eine Liebeswerbung als notwendig vorbereitet. Er kennt das Wesen des Wahnes eben besser als seine Kritiker, er weiß, daß eine Komponente von verliebter Sehnsucht mit einer

Komponente des Sträubens zur Entstehung des Wahnes zusammengetreten sind, und er läßt das Mädchen, welches die Heilung unternimmt, die ihr genehme Komponente im Wahne Hanolds herausfühlen. Nur diese Einsicht kann sie bestimmen, sich einer Behandlung zu widmen, nur die Sicherheit, sich von ihm geliebt zu wissen, sie bewegen, ihm ihre Liebe zu gestehen. Die Behandlung besteht darin, ihm die verdrängten Erinnerungen, die er von innen her nicht freimachen kann, von außen her wiederzugeben; sie würde aber keine Wirkung äußern, wenn die Therapeutin dabei nicht auf die Gefühle Rücksicht nehmen, und die Übersetzung des Wahnes nicht schließlich lauten würde: Sieh', das bedeutet doch alles nur, daß du mich liebst.

Das Verfahren, welches der Dichter seine Zoë zur Heilung des Wahnes bei ihrem Jugendfreunde einschlagen läßt, zeigt eine weitgehende Ähnlichkeit, nein, eine volle Übereinstimmung im Wesen, mit einer therapeutischen Methode, welche Dr. J. Breuer und der Verfasser im Jahre 1895 in die Medizin eingeführt haben, und deren Vervollkommnung sich der letztere seitdem gewidmet hat. Diese Behandlungsweise, von Breuer zuerst die „kathartische" genannt, vom Verfasser mit Vorliebe als „psychoanalytische" bezeichnet, besteht darin, daß man bei den Kranken, die an analogen Störungen wie der Wahn Hanolds leiden, das Unbewußte, unter dessen Verdrängung sie erkrankt sind, gewissermaßen gewaltsam zum Bewußtsein bringt, ganz so wie es die Gradiva mit den verdrängten Erinnerungen an ihre Kinderbeziehungen tut. Freilich, die Gradiva hat die Erfüllung dieser Aufgabe leichter als der Arzt, sie befindet sich dabei in einer nach mehreren Richtungen ideal zu nennenden Position. Der Arzt, der seinen Kranken nicht von vornherein durchschaut und nicht als bewußte Erinnerung in sich trägt, was in jenem unbewußt arbeitet, muß eine komplizierte Technik zu Hilfe nehmen, um diesen Nachteil auszugleichen. Er muß es lernen, aus den bewußten Einfällen und Mitteilungen des Kranken mit großer

Sicherheit auf das Verdrängte in ihm zu schließen, das Unbewußte zu erraten, wo es sich hinter den bewußten Äußerungen und Handlungen des Kranken verrät. Er bringt dann Ähnliches zu stande, wie es Norbert Hanold am Ende der Erzählung selbst versteht, indem er sich den Namen „Gradiva" in „Bertgang" rückübersetzt. Die Störung schwindet dann, während sie auf ihren Ursprung zurückgeführt wird; die Analyse bringt auch gleichzeitig die Heilung.

Die Ähnlichkeit zwischen dem Verfahren der Gradiva und der analytischen Methode der Psychotherapie beschränkt sich aber nicht auf diese beiden Punkte, das Bewußtmachen des Verdrängten und das Zusammenfallen von Aufklärung und Heilung. Sie erstreckt sich auch auf das, was sich als das Wesentliche der ganzen Veränderung herausstellt, auf die Erweckung der Gefühle. Jede dem Wahne Hanolds analoge Störung, die wir in der Wissenschaft als Psychoneurose zu bezeichnen gewohnt sind, hat die Verdrängung eines Stückes des Trieblebens, sagen wir getrost des Sexualtriebes, zur Voraussetzung und bei jedem Versuch, die unbewußte und verdrängte Krankheitsursache ins Bewußtsein einzuführen, erwacht notwendig die betreffende Triebkomponente zu erneutem Kampf mit den sie verdrängenden Mächten, um sich mit ihnen oft unter heftigen Reaktionserscheinungen zum endlichen Ausgang abzugleichen. In einem Liebesrezidiv vollzieht sich der Prozeß der Genesung, wenn wir alle die mannigfaltigen Komponenten des Sexualtriebes als „Liebe" zusammenfassen, und dieses Rezidiv ist unerläßlich, denn die Symptome, wegen deren die Behandlung unternommen wurde, sind nichts anderes als Niederschläge früherer Verdrängungs- oder Wiederkehrkämpfe und können nur von einer neuen Hochflut der nämlichen Leidenschaften gelöst und weggeschwemmt werden. Jede psychoanalytische Behandlung ist ein Versuch, verdrängte Liebe zu befreien, die in einem Symptom einen kümmerlichen Kompromißausweg gefunden hatte. Ja, die Übereinstimmung mit dem vom Dichter geschilderten Heilungsvorgang in der „Gradiva" erreicht ihre Höhe, wenn wir hinzufügen, daß auch in der analytischen Psychotherapie die wiedergeweckte Leidenschaft, sei sie Liebe oder Haß, jedesmal die Person des Arztes zu ihrem Objekte wählt. Dann setzen freilich die Unterschiede ein, welche den Fall der Gradiva zum Idealfall machen, den die ärztliche Technik nicht erreichen kann. Die Gradiva kann die aus dem Unbewußten zum Bewußtsein durchdringende Liebe erwidern, der Arzt kann es nicht; die Gradiva ist selbst das Objekt der früheren, verdrängten Liebe gewesen, ihre Person bietet der befreiten Liebesstrebung sofort ein begehrenswertes Ziel. Der Arzt ist ein Fremder gewesen und muß trachten, nach der Heilung wieder ein Fremder zu werden; er weiß den Geheilten oft nicht zu raten, wie sie ihre wiedergewonnene Liebesfähigkeit im Leben verwenden können. Mit welchen Auskunftsmitteln und Surrogaten sich dann der Arzt behilft, um sich dem Vorbild einer Liebesheilung, das uns der Dichter gezeichnet, mit mehr oder weniger Erfolg zu nähern, das anzudeuten, würde uns viel zu weit weg von der uns vorliegenden Aufgabe führen.

Nun aber die letzte Frage, deren Beantwortung wir bereits einigemal aus dem Wege gegangen sind. Unsere Anschauungen über die Verdrängung, die Entstehung eines Wahnes und verwandter Störungen, die Bildung und Auflösung von Träumen, die Rolle des Liebeslebens und die Art der Heilung bei solchen Störungen sind ja keineswegs Gemeingut der Wissenschaft, geschweige denn bequemer Besitz der Gebildeten zu nennen. Ist die Einsicht, welche den Dichter befähigt, sein „Phantasiestück" so zu schaffen, daß wir es wie eine reale Krankengeschichte zergliedern können, von der Art einer Kenntnis, so wären wir begierig, die Quellen dieser Kenntnis kennen zu lernen. Einer aus dem Kreise, der, wie eingangs ausgeführt, an den Träumen in der „Gradiva" und deren möglichen Deutung Interesse nahm, wandte sich an den Dichter mit der direkten Anfrage, ob ihm von den so ähnlichen Theorien in der Wissenschaft etwas bekannt geworden sei. Der Dichter antwortete, wie vorauszusehen war, verneinend und sogar etwas unwirsch. Seine Phantasie habe ihm die „Gradiva" eingegeben, an der er seine Freude gehabt habe; wem sie nicht gefalle, der möge sie eben stehen lassen. Er ahnte nicht, wie sehr sie den Lesern gefallen hatte.

Es ist sehr leicht möglich, daß die Ablehnung des Dichters nicht dabei Halt macht. Vielleicht stellt er überhaupt die Kenntnis der Regeln in Abrede, deren Befolgung wir bei ihm nachgewiesen haben, und verleugnet alle die Absichten, die wir in seiner Schöpfung erkannt haben. Ich halte dies nicht für unwahrscheinlich; dann aber sind nur zwei Fälle möglich. Entweder wir haben ein rechtes Zerrbild der Interpretation geliefert, indem wir in ein harmloses Kunstwerk Tendenzen verlegt haben, von denen dessen Schöpfer keine Ahnung hatte, und haben damit wieder einmal bewiesen, wie leicht es ist, das zu finden, was man sucht, und wovon man selbst erfüllt ist, eine Möglichkeit, für die in der Literaturgeschichte die seltsamsten Beispiele verzeichnet sind. Mag nun jeder Leser selbst mit sich einig werden, ob er sich dieser Aufklärung anzuschließen vermag; wir halten natürlich an der anderen, noch erübrigenden Auffassung fest. Wir meinen, daß der Dichter von solchen Regeln und Absichten nichts zu wissen brauche, so daß er sie in gutem Glauben verleugnen könne, und daß wir doch in seiner Dichtung nichts gefunden haben, was nicht in ihr enthalten ist. Wir schöpfen wahrscheinlich aus der gleichen Quelle, bearbeiten das nämliche Objekt, ein jeder von uns mit einer anderen Methode, und die Übereinstimmung im Ergebnis scheint dafür zu bürgen, daß beide richtig gearbeitet haben. Unser Verfahren besteht in der bewußten Beobachtung der abnormen seelischen Vorgänge bei anderen, um deren Gesetze erraten und aussprechen zu können. Der Dichter geht wohl anders vor; er richtet seine Aufmerksamkeit auf das Unbewußte in seiner eigenen Seele, lauscht den Entwicklungsmöglichkeiten desselben und gestattet ihnen den künstlerischen Ausdruck, anstatt sie mit bewußter Kritik zu unterdrücken. So erfährt er aus sich, was wir bei anderen erlernen, welchen Gesetzen die Betätigung dieses Unbewußten folgen muß, aber er braucht diese Gesetze nicht auszusprechen, nicht einmal sie klar zu erkennen, sie sind infolge der Duldung seiner Intelligenz in seinen Schöpfungen verkörpert enthalten. Wir entwickeln diese Gesetze durch Analyse aus seinen Dichtungen, wie wir sie aus den Fällen realer Erkrankung herausfinden, aber der Schluß scheint unabweisbar, entweder haben beide, der Dichter wie der Arzt, das Unbewußte in gleicher Weise mißverstanden, oder wir haben es beide richtig verstanden. Dieser Schluß ist uns sehr wertvoll; um seinetwegen war es uns der Mühe wert, die Darstellung der Wahnbildung und Wahnheilung sowie die Träume in Jensens „Gradiva" mit den Methoden der ärztlichen Psychoanalyse zu untersuchen.

Wir wären am Ende angelangt. Ein aufmerksamer Leser könnte uns doch mahnen, wir hätten eingangs hingeworfen, Träume seien als erfüllt dargestellte Wünsche und wären dann den Beweis dafür schuldig geblieben. Nun, wir erwidern, unsere Ausführungen könnten wohl zeigen, wie ungerechtfertigt es wäre, die Aufklärungen, die wir über den Traum zu geben haben, mit der einen Formel, der Traum sei eine Wunscherfüllung, decken zu wollen. Aber die Behauptung besteht und ist auch für die Träume in der Gradiva leicht zu erweisen. Die latenten Traumgedanken — wir wissen jetzt, was darunter gemeint ist — können von der mannigfaltigsten Art sein; in der Gradiva sind es „Tagesreste", Gedanken, die ungehört und unerledigt vom seelischen Treiben des Wachens übrig gelassen sind. Damit aber aus ihnen ein Traum entstehe, wird die Mitwirkung eines — meist unbewußten — Wunsches erfordert; dieser stellt die Triebkraft für die Traumbildung her, die Tagesreste geben das Material dazu. Im ersten Traume Norbert Hanolds konkurrieren zwei Wünsche miteinander, um den Traum zu schaffen, der eine selbst ein bewußtseinsfähiger, der andere freilich dem Unbewußten angehörig und aus der Verdrängung wirksam. Der erste wäre der bei jedem Archäologen begreifliche Wunsch, Augenzeuge jener Katastrophe des Jahres 79 gewesen zu sein. Welches Opfer wäre einem Altertumsforscher wohl zu groß, wenn dieser Wunsch noch anders als auf dem Wege des Traumes zu verwirklichen wäre! Der andere Wunsch und Traumbildner ist erotischer Natur; dabei zu sein, wenn die Geliebte sich zum Schlafen hinlegt, könnte man ihn in grober oder auch unvollkommener Fassung aussprechen. Er ist es, dessen Ablehnung den Traum zum Angsttraum werden läßt. Minder augenfällig sind vielleicht die treibenden Wünsche des zweiten Traumes, aber wenn wir uns an dessen Übersetzung erinnern, werden wir nicht zögern, sie gleichfalls als erotische anzusprechen. Der Wunsch, von der Geliebten gefangen genommen zu werden, sich ihr zu fügen und zu unterwerfen, wie er hinter der Situation des Eidechsenfanges konstruiert werden darf, hat eigentlich passiven, masochistischen Charakter. Am nächsten Tag schlägt der Träumer die Geliebte, wie unter der Herrschaft der gegensätzlichen erotischen Strömung. Aber wir müssen hier innehalten, sonst vergessen wir vielleicht wirklich, daß Hanold und die Gradiva nur Geschöpfe des Dichters sind.

NACHTRAG
ZUR ZWEITEN AUFLAGE

In den fünf Jahren, die seit der Abfassung dieser Studie vergangen sind, hat die psychoanalytische Forschung den Mut gefaßt, sich den Schöpfungen der Dichter auch noch in anderer Absicht zu nähern. Sie sucht in ihnen nicht mehr bloß Bestätigungen ihrer Funde am unpoetischen, neurotischen Menschen, sondern verlangt auch zu wissen, aus welchem Material an Eindrücken und Erinnerungen der Dichter das Werk gestaltet hat, und auf welchen Wegen, durch welche Prozesse dies Material in die Dichtung übergeführt wurde.

Es hat sich ergeben, daß diese Fragen am ehesten bei jenen Dichtern beantwortet werden können, die sich in naiver Schaffensfreude dem Drängen ihrer Phantasie zu überlassen pflegen wie unser W. Jensen († 1911). Ich hatte bald nach dem Erscheinen meiner analytischen Würdigung der „Gradiva" einen Versuch gemacht, den greisen Dichter für diese neuen Aufgaben der psychoanalytischen Untersuchung zu interessieren; aber er versagte seine Mitwirkung.

Ein Freund hat seither meine Aufmerksamkeit auf zwei andere Novellen des Dichters gelenkt, welche in genetischer Beziehung zur „Gradiva" stehen dürften, als Vorstudien oder als frühere Bemühungen, das nämliche Problem des Liebeslebens in poetisch befriedigender Weise zu lösen. Die erste dieser Novellen, „Der rote Schirm" betitelt, erinnert an die „Gradiva" durch die Wiederkehr zahlreicher kleiner Motive wie: Der weißen Totenblume, des vergessenen Gegenstands (das Skizzenbuch der „Gradiva"), des bedeutungsvollen kleinen Tieres (Schmetterling und Eidechse in der „Gradiva"), vor allem aber durch die Wiederholung der Hauptsituation, der Erscheinung des verstorbenen oder totgeglaubten Mädchens in der Sommermittagsglut. Den Schauplatz der Erscheinung gibt in der Erzählung „Der rote Schirm" eine zerbröckelnde Schloßruine wie in der Gradiva die Trümmer des ausgegrabenen Pompeji.

Die andere Novelle „Im gotischen Hause" weist in ihrem manifesten Inhalt keine derartigen Übereinstimmungen weder mit der „Gradiva" noch mit dem „Roten Schirm" auf; es deutet aber unverkennbar auf nahe Verwandtschaft ihres latenten Sinnes hin, daß sie mit letzterer Erzählung durch einen gemeinsamen Titel zu einer äußerlichen Einheit verbunden ist. (Übermächte. Zwei Novellen von Wilhelm Jensen, Berlin, Emil Felber 1892.) Es ist leicht zu ersehen, daß alle drei Erzählungen das gleiche Thema behandeln, die Entwicklung einer Liebe (im „Roten Schirm" einer Liebeshemmung) aus der Nachwirkung einer intimen, geschwisterähnlichen Gemeinschaft der Kinderjahre.

Einem Referat von Eva Gräfin Baudissin (in der Wiener Tageszeitung „Die Zeit" vom 11. Februar 1912) entnehme ich noch, daß Jensens letzter Roman („Fremdlinge unter den Menschen"), der viel aus des Dichters eigener Jugend enthält, das Schicksal eines Mannes schildert, der „in der Geliebten eine Schwester erkennt."

Von dem Hauptmotiv der „Gradiva", dem eigentümlich schönen Gang mit steil gestelltem Fuß, findet sich in den beiden früheren Novellen keine Spur.

Das von Jensen für römisch ausgegebene Relief des so schreitenden Mädchens, das er „Gradiva" benennen läßt, gehört in Wirklichkeit der Blüte der griechischen Kunst an. Es findet sich im Vatikan Museo Chiaramonti als Nr. 644 und hat von F. Hauser (Disiecta membra neuattischer Reliefs im Jahreshefte des österr. archäol. Instituts, Bd. VI, Heft 1) Ergänzung und Deutung erfahren. Durch Zusammensetzung der „Gradiva" mit anderen Bruchstücken in Florenz und München ergaben sich zwei Reliefplatten mit je drei Gestalten, in denen man die Horen, die Göttinnen der Vegetation und die ihnen verwandten Gottheiten des befruchtenden Taus erkennen durfte.

ZWANGSHANDLUNGEN UND RELIGIONSÜBUNGEN

ZWANGSHANDLUNGEN UND RELIGIONSÜBUNGEN

Ich bin gewiß nicht der erste, dem die Ähnlichkeit der sogenannten Zwangshandlungen Nervöser mit den Verrichtungen aufgefallen ist, durch welche der Gläubige seine Frömmigkeit bezeugt. Der Name „Zeremoniell" bürgt mir dafür, mit dem man gewisse dieser Zwangshandlungen belegt hat. Doch scheint mir diese Ähnlichkeit eine mehr als oberflächliche zu sein, so daß man aus einer Einsicht in die Entstehung des neurotischen Zeremoniells Analogieschlüsse auf die seelischen Vorgänge des religiösen Lebens wagen dürfte.

Die Leute, die Zwangshandlungen oder Zeremoniell ausüben, gehören nebst jenen, die an Zwangsdenken, Zwangsvorstellungen, Zwangsimpulsen u. dgl. leiden, zu einer besonderen klinischen Einheit, für deren Affektion der Name „Zwangsneurose" gebräuchlich ist.[1] Man möge aber nicht versuchen, die Eigenart dieses Leidens aus seinem Namen abzuleiten, denn streng genommen haben andersartige krankhafte Seelenerscheinungen den gleichen Anspruch auf den sogenannten „Zwangscharakter". An Stelle einer

---

[1] Vgl. Löwenfeld: Die psychischen Zwangserscheinungen, 1904.

Definition muß derzeit noch die Detailkenntnis dieser Zustände treten, da es bisher nicht gelungen ist, das wahrscheinlich tief liegende Kriterium der Zwangsneurose aufzuzeigen, dessen Vorhandensein man doch in ihren Äußerungen allenthalben zu spüren vermeint.

Das neurotische Zeremoniell besteht in kleinen Verrichtungen, Zutaten, Einschränkungen, Anordnungen, die bei gewissen Handlungen des täglichen Lebens in immer gleicher oder gesetzmäßig abgeänderter Weise vollzogen werden. Diese Tätigkeiten machen uns den Eindruck von bloßen „Formalitäten"; sie erscheinen uns völlig bedeutungslos. Nicht anders erscheinen sie dem Kranken selbst, und doch ist er unfähig, sie zu unterlassen, denn jede Abweichung von dem Zeremoniell straft sich durch unerträgliche Angst, die sofort die Nachholung des Unterlassenen erzwingt. Ebenso kleinlich wie die Zeremoniellhandlungen selbst sind die Anlässe und Tätigkeiten, welche durch das Zeremoniell verziert, erschwert und jedenfalls auch verzögert werden, z. B. das Ankleiden und Auskleiden, das Zubettegehen, die Befriedigung der körperlichen Bedürfnisse. Man kann die Ausübung eines Zeremoniells beschreiben, indem man es gleichsam durch eine Reihe ungeschriebener Gesetze ersetzt, also z. B. für das Bettzeremoniell: der Sessel muß in solcher, bestimmter Stellung vor dem Bette stehen, auf ihm die Kleider in gewisser Ordnung gefaltet liegen; die Bettdecke muß am Fußende eingesteckt sein, das Bettuch glatt gestrichen; die Polster müssen so und so verteilt liegen, der Körper selbst in einer genau bestimmten Lage sein; dann erst darf man einschlafen. In leichten Fällen sieht das Zeremoniell so der Übertreibung einer gewohnten und berechtigten Ordnung gleich. Aber die besondere Gewissenhaftigkeit der Ausführung und die Angst bei der Unterlassung kennzeichnen das Zeremoniell als „heilige Handlung". Störungen derselben werden meist schlecht vertragen; die Öffentlichkeit, die Gegenwart anderer Personen während der Vollziehung ist fast immer ausgeschlossen.

Zu Zwangshandlungen im weiteren Sinne können alle beliebigen Tätigkeiten werden, wenn sie durch kleine Zutaten verziert, durch Pausen und Wiederholungen rhythmiert werden. Eine scharfe Abgrenzung des „Zeremoniells" von den „Zwangshandlungen" wird man zu finden nicht erwarten. Meist sind die Zwangshandlungen aus Zeremoniell hervorgegangen. Neben diesen beiden bilden den Inhalt des Leidens Verbote und Verhinderungen (Abulien), die ja eigentlich das Werk der Zwangshandlungen nur fortsetzen, indem dem Kranken einiges überhaupt nicht erlaubt ist, anderes nur unter Befolgung eines vorgeschriebenen Zeremoniells.

Merkwürdig ist, daß Zwang wie Verbote (das eine tun müssen, das andere nicht tun dürfen) anfänglich nur die einsamen Tätigkeiten der Menschen betreffen und deren soziales Verhalten lange Zeit unbeeinträchtigt lassen; daher können solche Kranke ihr Leiden durch viele Jahre als ihre Privatsache behandeln und verbergen. Auch leiden viel mehr Personen an solchen Formen der Zwangsneurose, als den Ärzten bekannt wird. Das Verbergen wird ferner vielen Kranken durch den Umstand erleichtert, daß sie sehr wohl imstande sind, über einen Teil des Tages ihre sozialen Pflichten zu erfüllen, nachdem sie eine Anzahl von Stunden in melusinenhafter Abgeschiedenheit ihrem geheimnisvollen Tun gewidmet haben.

Es ist leicht einzusehen, worin die Ähnlichkeit des neurotischen Zeremoniells mit den heiligen Handlungen des religiösen Ritus gelegen ist, in der Gewissensangst bei der Unterlassung, in der vollen Isolierung von allem anderen Tun (Verbot der Störung) und in der Gewissenhaftigkeit der Ausführung im kleinen. Aber ebenso augenfällig sind die Unterscheidungen, von denen einige so grell sind, daß sie den Vergleich zu einem sakrilegischen werden lassen. Die größere individuelle Mannigfaltigkeit der Zeremoniellhandlungen im Gegensatze zur Stereotypie des Ritus (Gebet, Proskinesis usw.), der Privatcharakter derselben im Gegensatze zur Öffentlichkeit und Gemeinsamkeit der Religionsübung; vor allem aber der eine Unterschied, daß die kleinen Zutaten des religiösen Zeremoniells sinnvoll und symbolisch gemeint sind, während die des neurotischen läppisch und sinnlos erscheinen. Die Zwangsneurose liefert hier ein halb komisches, halb trauriges Zerrbild einer Privatreligion. Indes wird gerade dieser einschneidendste Unterschied zwischen neurotischem und religiösem Zeremoniell beseitigt, wenn man mit Hilfe der psychoanalytischen Untersuchungstechnik zum Verständnis der Zwangshandlungen durchdringt.[1] Bei dieser Untersuchung wird der Anschein, als ob Zwangshandlungen läppisch und sinnlos wären, gründlich zerstört und die Begründung dieses Scheines aufgedeckt. Man erfährt, daß die Zwangshandlungen durchwegs und in all ihren Einzelheiten sinnvoll sind, im Dienste von bedeutsamen Interessen der Persönlichkeit stehen und fortwirkende Erlebnisse sowie affektbesetzte Gedanken derselben zum Ausdrucke bringen. Sie tun dies in zweierlei Art, entweder als direkte oder als symbolische Darstellungen; sie sind demnach entweder historisch oder symbolisch zu deuten.

Einige Beispiele, die diese Behauptung erläutern sollen, darf ich mir hier wohl nicht ersparen. Wer mit den Ergebnissen der psychoanalytischen Forschung bei den Psychoneurosen vertraut ist, wird nicht überrascht sein zu hören, daß das durch die Zwangshandlungen oder das Zeremoniell Dargestellte sich aus dem intimsten, meist aus dem sexuellen Erleben der Betroffenen ableitet:

a) Ein Mädchen meiner Beobachtung stand unter dem Zwange, nach dem Waschen die Waschschüssel mehrmals herumzuschwenken. Die Bedeutung dieser Zeremoniellhandlung lag in dem sprichwörtlichen Satze: Man soll schmutziges Wasser nicht ausgießen, ehe man reines hat. Die Handlung war dazu bestimmt, ihre geliebte Schwester zu mahnen und zurückzuhalten, daß sie sich von

---

1) Vgl. Freud: Sammlung kleiner Schriften zur Neurosenlehre. Wien 1906. (3. Aufl., 1920.). [Ges Werke, Bd. I].

ihrem unerfreulichen Manne nicht eher scheiden lasse, als bis sie eine Beziehung zu einem besseren angeknüpft habe.

b) Eine von ihrem Manne getrennt lebende Frau folgte beim Essen dem Zwange, das Beste stehen zu lassen, z. B. von einem Stück gebratenen Fleisch nur die Ränder zu genießen. Dieser Verzicht erklärte sich durch das Datum seiner Entstehung. Er war am Tage aufgetreten, nachdem sie ihrem Manne den ehelichen Verkehr gekündigt, d. h. aufs Beste verzichtet hatte.

c) Dieselbe Patientin konnte eigentlich nur auf einem einzigen Sessel sitzen und konnte sich nur mit Schwierigkeit von ihm erheben. Der Sessel symbolisierte ihr mit Beziehung auf bestimmte Details ihres Ehelebens den Mann, dem sie die Treue hielt. Sie fand zur Aufklärung ihres Zwanges den Satz: „Man trennt sich so schwer von einem (Manne, Sessel), auf dem man einmal gesessen ist."

d) Sie pflegte eine Zeit hindurch eine besonders auffällige und sinnlose Zwangshandlung zu wiederholen. Sie lief dann aus ihrem Zimmer in ein anderes, in dessen Mitte ein Tisch stand, rückte die auf ihm liegende Tischdecke in gewisser Art zurecht, schellte dem Stubenmädchen, das an den Tisch herantreten mußte, und entließ sie wieder mit einem gleichgültigen Auftrag. Bei den Bemühungen, diesen Zwang aufzuklären, fiel ihr ein, daß die betreffende Tischdecke an einer Stelle einen mißfarbigen Fleck hatte, und daß sie jedesmal die Decke so legte, daß der Fleck dem Stubenmädchen in die Augen fallen mußte. Das Ganze war dann eine Reproduktion eines Erlebnisses aus ihrer Ehe, welches ihren Gedanken später ein Problem zu lösen gegeben hatte. Ihr Mann war in der Brautnacht von einem nicht ungewöhnlichen Mißgeschick befallen worden. Er fand sich impotent und „kam viele Male im Laufe der Nacht aus seinem Zimmer in ihres gerannt", um den Versuch, ob es nicht doch gelänge, zu wiederholen. Am Morgen äußerte er, er müsse sich ja vor dem Hotelstubenmädchen schämen, welches die Betten in Ordnung bringen werde, ergriff darum ein Fläschchen mit roter Tinte und goß dessen Inhalt über das Bettuch aus, aber so ungeschickt, daß der rote Fleck an einer für seine Absicht sehr ungeeigneten Stelle zustande kam. Sie spielte also Brautnacht mit jener Zwangshandlung. „Tisch und Bett" machen zusammen die Ehe aus.

e) Wenn sie den Zwang angenommen hatte, die Nummer jeder Geldnote zu notieren, ehe sie dieselbe aus ihren Händen gab, so war dies gleichfalls historisch aufzuklären. Zur Zeit, als sie sich noch mit der Absicht trug, ihren Mann zu verlassen, wenn sie einen anderen, vertrauenswürdigeren fände, ließ sie sich in einem Badeorte die höflichen Bemühungen eines Herrn gefallen, über dessen Bereitschaft, Ernst zu machen, sie doch im Zweifel blieb. Eines Tages um Kleingeld verlegen, bat sie ihn, ihr ein Fünfkronenstück zu wechseln. Er tat es, steckte das große Geldstück ein und äußerte galant, er gedenke sich von diesem nie wieder zu trennen, da es durch ihre Hand gegangen sei. Bei späterem Beisammensein war sie nun oft in Versuchung, ihn aufzufordern, er möge ihr das Fünfkronenstück vorzeigen, gleichsam um sich so zu überzeugen, ob sie seinen Huldigungen Glauben schenken dürfe. Sie unterließ es aber mit der guten Begründung, daß man gleichwertige Münzen nicht voneinander unterscheiden könne. Der Zweifel blieb also ungelöst; er hinterließ ihr den Zwang, die Nummern der Geldnoten, durch welche jede einzelne von allen ihr gleichwertigen individuell unterschieden ist, zu notieren.

Diese wenigen Beispiele, aus der Fülle meiner Erfahrung herausgehoben, sollen nur den Satz, daß alles an den Zwangshandlungen sinnvoll und deutbar ist, erläutern. Das gleiche gilt für das eigentliche Zeremoniell, nur daß hier der Beweis umständlichere Mitteilung erfordern würde. Ich verkenne es keineswegs, wie sehr wir uns bei den Aufklärungen der Zwangshandlungen vom Gedankenkreise der Religion zu entfernen scheinen.

Es gehört zu den Bedingungen des Krankseins, daß die dem Zwange folgende Person ihn ausübe, ohne seine Bedeutung —

wenigstens seine Hauptbedeutung — zu kennen. Erst durch die Bemühung der psychoanalytischen Therapie wird ihr der Sinn der Zwangshandlung und damit die zu ihr treibenden Motive bewußt gemacht. Wir sprechen diesen bedeutsamen Sachverhalt in den Worten aus, daß die Zwangshandlung unbewußten Motiven und Vorstellungen zum Ausdruck diene. Darin scheint nun ein neuerlicher Unterschied gegen die Religionsübung zu liegen; aber man muß daran denken, daß auch der einzelne Fromme in der Regel das religiöse Zeremoniell ausübt, ohne nach dessen Bedeutung zu fragen, während allerdings der Priester und der Forscher mit dem meist symbolischen Sinn des Ritus bekannt sein mögen. Die Motive, die zur Religionsübung drängen, sind aber allen Gläubigen unbekannt oder werden in ihrem Bewußtsein durch vorgeschobene Motive vertreten.

Die Analyse der Zwangshandlungen hat uns bereits eine Art von Einsicht in die Verursachung derselben und in die Verkettung der für sie maßgebenden Motive ermöglicht. Man kann sagen, der an Zwang und Verboten Leidende benimmt sich so, als stehe er unter der Herrschaft eines Schuldbewußtseins, von dem er allerdings nichts weiß, eines unbewußten Schuldbewußtseins also, wie man es ausdrücken muß mit Hinwegsetzung über das Sträuben der hier zusammentreffenden Worte. Dies Schuldbewußtsein hat seine Quelle in gewissen frühzeitigen Seelenvorgängen, findet aber eine beständige Auffrischung in der bei jedem rezenten Anlaß erneuerten Versuchung und läßt anderseits eine immer lauernde Erwartungsangst, Unheilserwartung, entstehen, die durch den Begriff der Bestrafung an die innere Wahrnehmung der Versuchung geknüpft ist. Zu Beginn der Zeremoniellbildung wird dem Kranken noch bewußt, daß er dies oder jenes tun müsse, sonst werde Unheil geschehen, und in der Regel wird die Art des zu erwartenden Unheils noch seinem Bewußtsein genannt. Der jedesmal nachweisbare Zusammenhang zwischen dem Anlasse, bei dem die Erwartungsangst auftritt, und dem Inhalte, mit dem sie droht, ist dem Kranken bereits verhüllt. Das Zeremoniell beginnt so als Abwehr- oder Versicherungshandlung, Schutzmaßregel.

Dem Schuldbewußtsein der Zwangsneurotiker entspricht die Beteuerung der Frommen, sie wüßten, daß sie im Herzen arge Sünder seien; den Wert von Abwehr- und Schutzmaßregeln scheinen die frommen Übungen (Gebete, Anrufungen usw.) zu haben, mit denen sie jede Tätigkeit des Tages und zumal jede außergewöhnliche Unternehmung einleiten.

Einen tieferen Einblick in den Mechanismus der Zwangsneurose gewinnt man, wenn man die ihr zugrunde liegende erste Tatsache in Würdigung zieht: diese ist allemal die Verdrängung einer Triebregung (einer Komponente des Sexualtriebes), welche in der Konstitution der Person enthalten war, im kindlichen Leben derselben sich eine Weile äußern durfte und darauf der Unterdrückung verfiel. Eine spezielle, auf die Ziele dieses Triebes gerichtete Gewissenhaftigkeit wird bei der Verdrängung desselben geschaffen, aber diese psychische Reaktionsbildung fühlt sich nicht sicher, sondern von dem im Unbewußten lauernden Triebe beständig bedroht. Der Einfluß des verdrängten Triebes wird als Versuchung empfunden, beim Prozeß der Verdrängung selbst entsteht die Angst, die sich als Erwartungsangst der Zukunft bemächtigt. Der Verdrängungsprozeß, der zur Zwangsneurose führt, ist als ein unvollkommen gelungener zu bezeichnen, der immer mehr zu mißlingen droht. Er ist daher einem nicht abzuschließenden Konflikt zu vergleichen; es werden immer neue psychische Anstrengungen erfordert, um dem konstanten Andrängen des Triebes das Gleichgewicht zu halten. Die Zeremoniell- und Zwangshandlungen entstehen so teils zur Abwehr der Versuchung, teils zum Schutze gegen das erwartete Unheil. Gegen die Versuchung scheinen die Schutzhandlungen bald nicht auszureichen; es treten dann die Verbote auf, welche die Situation der Versuchung ferne legen sollen. Verbote ersetzen Zwangshandlungen, wie man sieht, ebenso wie eine Phobie den hysterischen Anfall zu ersparen bestimmt ist. Anderseits stellt das Zeremoniell die Summe der Bedingungen dar, unter denen anderes, noch nicht absolut Verbotenes erlaubt ist, ganz ähnlich wie das kirchliche Ehezeremoniell dem Frommen die Gestattung des sonst sündhaften Sexualgenusses bedeutet. Zum Charakter der Zwangsneurose wie aller ähnlichen Affektionen gehört noch, daß ihre Äußerungen (Symptome, darunter auch die Zwangshandlungen) die Bedingung eines Kompromisses zwischen den streitenden seelischen Mächten erfüllen. Sie bringen also auch immer etwas von der Lust wieder, die sie zu verhüten bestimmt sind, dienen dem verdrängten Triebe nicht minder als den ihn verdrängenden Instanzen. Ja, mit dem Fortschritte der Krankheit nähern sich die ursprünglich eher die Abwehr besorgenden Handlungen immer mehr den verpönten Aktionen an, durch welche sich der Trieb in der Kindheit äußern durfte.

Von diesen Verhältnissen wäre etwa folgendes auch auf dem Gebiete des religiösen Lebens wiederzufinden: Auch der Religionsbildung scheint die Unterdrückung, der Verzicht auf gewisse Triebregungen zugrunde zu liegen; es sind aber nicht wie bei der Neurose ausschließlich sexuelle Komponenten, sondern eigensüchtige, sozialschädliche Triebe, denen übrigens ein sexueller Beitrag meist nicht versagt ist. Das Schuldbewußtsein in der Folge der nicht erlöschenden Versuchung, die Erwartungsangst als Angst vor göttlichen Strafen sind uns ja auf religiösem Gebiete früher bekannt geworden als auf dem der Neurose. Vielleicht wegen der beigemengten sexuellen Komponenten, vielleicht infolge allgemeiner Eigenschaften der Triebe erweist sich die Triebunterdrückung auch im religiösen Leben als eine unzureichende und nicht abschließbare. Volle Rückfälle in die Sünde sind beim Frommen sogar häufiger als beim Neurotiker und begründen eine neue Art von religiösen Betätigungen, die Bußhandlungen, zu denen man in der Zwangsneurose die Gegenstücke findet.

Einen eigentümlichen und entwürdigenden Charakter der
Zwangsneurose sahen wir darin, daß das Zeremoniell sich an
kleine Handlungen des täglichen Lebens anschließt und sich in
läppischen Vorschriften und Einschränkungen derselben äußert.
Man versteht diesen auffälligen Zug in der Gestaltung des Krank-
heitsbildes erst, wenn man erfährt, daß der Mechanismus der
psychischen Verschiebung, den ich zuerst bei der Traumbildung[1]
aufgefunden, die seelischen Vorgänge der Zwangsneurose beherrscht.
In den wenigen Beispielen von Zwangshandlungen ist bereits er-
sichtlich, wie durch eine Verschiebung vom Eigentlichen, Bedeutsamen, auf ein ersetzendes Kleines, z. B. vom Mann auf den Sessel,
die Symbolik und das Detail der Ausführung zustandekommen.
Diese Neigung zur Verschiebung ist es, die das Bild der Krank-
heitserscheinungen immer weiter abändert und es endlich dahin
bringt, das scheinbar Geringfügigste zum Wichtigsten und Drin-
gendsten zu machen. Es ist nicht zu verkennen, daß auf dem
religiösen Gebiete eine ähnliche Neigung zur Verschiebung des
psychischen Wertes, und zwar in gleichem Sinne, besteht, so daß
allmählich das kleinliche Zeremoniell der Religionsübung zum
Wesentlichen wird, welches deren Gedankeninhalt beiseite gedrängt
hat. Darum unterliegen die Religionen auch ruckweise einsetzenden
Reformen, welche das ursprüngliche Wertverhältnis herzustellen
bemüht sind.

Der Kompromißcharakter der Zwangshandlungen als neurotischer Symptome wird an dem entsprechenden religiösen Tun am
wenigsten deutlich zu erkennen sein. Und doch wird man auch
an diesen Zug der Neurose gemahnt, wenn man erinnert, wie
häufig alle Handlungen, welche die Religion verpönt — Äußerungen der von der Religion unterdrückten Triebe — gerade im
Namen und angeblich zugunsten der Religion vollführt werden.

Nach diesen Übereinstimmungen und Analogien könnte man
sich getrauen, die Zwangsneurose als pathologisches Gegenstück

---

1) Vgl. Freud: Die Traumdeutung, 1900. [Ges Werke, Bd. II/III].

zur Religionsbildung aufzufassen, die Neurose als eine individuelle Religiosität, die Religion als eine universelle Zwangsneurose zu bezeichnen. Die wesentlichste Übereinstimmung läge in dem zugrunde liegenden Verzicht auf die Betätigung von konstitutionell gegebenen Trieben; der entscheidendste Unterschied in der Natur dieser Triebe, die bei der Neurose ausschließlich sexueller, bei der Religion egoistischer Herkunft sind.

Ein fortschreitender Verzicht auf konstitutionelle Triebe, deren Betätigung dem Ich primäre Lust gewähren könnte, scheint eine der Grundlagen der menschlichen Kulturentwicklung zu sein. Ein Stück dieser Triebverdrängung wird von den Religionen geleistet, indem sie den einzelnen seine Trieblust der Gottheit zum Opfer bringen lassen. „Die Rache ist mein", spricht der Herr. An der Entwicklung der alten Religionen glaubt man zu erkennen, daß vieles, worauf der Mensch als „Frevel" verzichtet hatte, dem Gotte abgetreten und noch im Namen des Gottes erlaubt war, so daß die Überlassung an die Gottheit der Weg war, auf welchem sich der Mensch von der Herrschaft böser, sozialschädlicher Triebe befreite. Es ist darum wohl kein Zufall, daß den alten Göttern alle menschlichen Eigenschaften — mit den aus ihnen folgenden Missetaten — in uneingeschränktem Maße zugeschrieben wurden, und kein Widerspruch, daß es doch nicht erlaubt war, die eigenen Frevel durch das göttliche Beispiel zu rechtfertigen.

DIE " KULTURELLE " SEXUALMORAL UND DIE MODERNE NERVOSITÄT

DIE »KULTURELLE« SEXUALMORAL UND DIE MODERNE NERVOSITÄT

In seiner kürzlich veröffentlichten Sexualethik[1] verweilt v. Ehrenfels bei der Unterscheidung der „natürlichen" und der „kulturellen" Sexualmoral. Als natürliche Sexualmoral sei diejenige zu verstehen, unter deren Herrschaft ein Menschenstamm sich andauernd bei Gesundheit und Lebenstüchtigkeit zu erhalten vermag, als kulturelle diejenige, deren Befolgung die Menschen vielmehr zu intensiver und produktiver Kulturarbeit anspornt. Dieser Gegensatz werde am besten durch die Gegenüberstellung von konstitutivem und kulturellem Besitz eines Volkes erläutert. Indem ich für die weitere Würdigung dieses bedeutsamen Gedankenganges auf die Schrift von v. Ehrénfels selbst verweise, will ich aus ihr nur soviel herausheben, als es für die Anknüpfung meines eigenen Beitrages bedarf.

Die Vermutung liegt nahe, daß unter der Herrschaft einer kulturellen Sexualmoral Gesundheit und Lebenstüchtigkeit der einzelnen Menschen Beeinträchtigungen ausgesetzt sein können,

---

[1] Grenzfragen des Nerven- und Seelenlebens, herausgegeben v. L. Löwenfeld, LVI, Wiesbaden 1907.

und daß endlich diese Schädigung der Individuen durch die ihnen auferlegten Opfer einen so hohen Grad erreiche, daß auf diesem Umwege auch das kulturelle Endziel in Gefahr geriete. v. Ehrenfels weist auch wirklich der unsere gegenwärtige abendländische Gesellschaft beherrschenden Sexualmoral eine Reihe von Schäden nach, für die er sie verantwortlich machen muß, und obwohl er ihre hohe Eignung zur Förderung der Kultur voll anerkennt, gelangt er dazu, sie als reformbedürftig zu verurteilen. Für die uns beherrschende kulturelle Sexualmoral sei charakteristisch die Übertragung femininer Anforderungen auf das Geschlechtsleben des Mannes und die Verpönung eines jeden Sexualverkehres mit Ausnahme des ehelich-monogamen. Die Rücksicht auf die natürliche Verschiedenheit der Geschlechter nötige dann allerdings dazu, Vergehungen des Mannes minder rigoros zu ahnden und somit tatsächlich eine **doppelte** Moral für den Mann zuzulassen. Eine Gesellschaft aber, die sich auf diese doppelte Moral einläßt, kann es in „Wahrheitsliebe, Ehrlichkeit und Humanität"[1] nicht über ein bestimmtes, eng begrenztes Maß hinausbringen, muß ihre Mitglieder zur Verhüllung der Wahrheit, zur Schönfärberei, zum Selbstbetruge wie zum Betrügen anderer anleiten. Noch schädlicher wirkt die kulturelle Sexualmoral, indem sie durch die Verherrlichung der Monogamie den Faktor der **virilen Auslese** lahmlegt, durch dessen Einfluß allein eine Verbesserung der Konstitution zu gewinnen sei, da die **vitale Auslese** bei den Kulturvölkern durch Humanität und Hygiene auf ein Minimum herabgedrückt werde.[2]

Unter den der kulturellen Sexualmoral zur Last gelegten Schädigungen vermißt nun der Arzt die eine, deren Bedeutung hier ausführlich erörtert werden soll. Ich meine die auf sie zurückzuführende Förderung der modernen, das heißt in unserer

---

1) Sexualethik, S. 32 ff.
2) a. a. O. S. 35.

gegenwärtigen Gesellschaft sich rasch ausbreitenden Nervosität. Gelegentlich macht ein nervös Kranker selbst den Arzt auf den in der Verursachung des Leidens zu beachtenden Gegensatz von Konstitution und Kulturanforderung aufmerksam, indem er äußert: „Wir in unserer Familie sind alle nervös geworden, weil wir etwas Besseres sein wollten, als wir nach unserer Herkunft sein können." Auch wird der Arzt häufig genug durch die Beobachtung nachdenklich gemacht, daß gerade die Nachkommen solcher Väter der Nervosität verfallen, die, aus einfachen und gesunden ländlichen Verhältnissen stammend, Abkömmlinge roher aber kräftiger Familien, als Eroberer in die Großstadt kommen und ihre Kinder in einem kurzen Zeitraum auf ein kulturell hohes Niveau sich erheben lassen. Vor allem aber haben die Nervenärzte selbst laut den Zusammenhang der „wachsenden Nervosität" mit dem modernen Kulturleben proklamiert. Worin sie die Begründung dieser Abhängigkeit suchen, soll durch einige Auszüge aus Äußerungen hervorragender Beobachter dargetan werden.

W. Erb:[1] „Die ursprünglich gestellte Frage lautet nun dahin, ob die Ihnen vorgeführten Ursachen der Nervosität in unserem modernen Dasein in so gesteigertem Maße gegeben sind, daß sie eine erhebliche Zunahme derselben erklärlich machen — und diese Frage darf wohl unbedenklich bejaht werden, wie ein flüchtiger Blick auf unser modernes Leben und seine Gestaltung zeigen wird."

„Schon aus einer Reihe allgemeiner Tatsachen geht dies deutlich hervor: die außerordentlichen Errungenschaften der Neuzeit, die Entdeckungen und Erfindungen auf allen Gebieten, die Erhaltung des Fortschrittes gegenüber der wachsenden Konkurrenz sind nur erworben worden durch große geistige Arbeit und können nur mit solcher erhalten werden. Die Ansprüche an die Leistungsfähigkeit des einzelnen im Kampfe ums Dasein

---

[1] Über die wachsende Nervosität unserer Zeit. 1893.

sind erheblich gestiegen, und nur mit Aufbietung all seiner
geistigen Kräfte kann er sie befriedigen; zugleich sind die
Bedürfnisse des einzelnen, die Ansprüche an Lebensgenuß in
allen Kreisen gewachsen, ein unerhörter Luxus hat sich auf
Bevölkerungsschichten ausgebreitet, die früher davon ganz unberührt
waren; die Religionslosigkeit, die Unzufriedenheit und Begehrlichkeit
haben in weiten Volkskreisen zugenommen; durch den
ins Ungemessene gesteigerten Verkehr, durch die weltumspannenden
Drahtnetze des Telegraphen und Telephons haben sich die
Verhältnisse in Handel und Wandel total verändert: alles geht
in Hast und Aufregung vor sich, die Nacht wird zum Reisen,
der Tag für die Geschäfte benützt, selbst die „Erholungsreisen"
werden zu Strapazen für das Nervensystem; große politische,
industrielle, finanzielle Krisen tragen ihre Aufregung in viel
weitere Bevölkerungskreise als früher; ganz allgemein ist die
Anteilnahme am politischen Leben geworden: politische, religiöse,
soziale Kämpfe, das Parteitreiben, die Wahlagitationen, das ins
Maßlose gesteigerte Vereinswesen erhitzen die Köpfe und zwingen
die Geister zu immer neuen Anstrengungen und rauben die Zeit
zur Erholung, Schlaf und Ruhe; das Leben in den großen
Städten ist immer raffinierter und unruhiger geworden. Die
erschlafften Nerven suchen ihre Erholung in gesteigerten Reizen,
in stark gewürzten Genüssen, um dadurch noch mehr zu ermüden;
die moderne Literatur beschäftigt sich vorwiegend mit den
bedenklichsten Problemen, die alle Leidenschaften aufwühlen, die
Sinnlichkeit und Genußsucht, die Verachtung aller ethischen
Grundsätze und aller Ideale fördern; sie bringt pathologische
Gestalten, psychopathisch-sexuelle, revolutionäre und andere Probleme
vor den Geist des Lesers; unser Ohr wird von einer in großen
Dosen verabreichten, aufdringlichen und lärmenden Musik erregt
und überreizt, die Theater nehmen alle Sinne mit ihren aufregenden
Darstellungen gefangen; auch die bildenden Künste wenden sich
mit Vorliebe dem Abstoßenden, Häßlichen und Aufregenden zu

und scheuen sich nicht, auch das Gräßlichste, was die Wirklichkeit bietet, in abstoßender Realität vor unser Auge zu stellen."

„So zeigt dies allgemeine Bild schon eine Reihe von Gefahren in unserer modernen Kulturentwicklung; es mag im einzelnen noch durch einige Züge vervollständigt werden!"

Binswanger:[1] „Man hat speziell die Neurasthenie als eine durchaus moderne Krankheit bezeichnet, und Beard, dem wir zuerst eine übersichtliche Darstellung derselben verdanken, glaubte daß er eine neue, speziell auf amerikanischem Boden erwachsene Nervenkrankheit entdeckt habe. Diese Annahme war natürlich eine irrige; wohl aber kennzeichnet die Tatsache, daß zuerst ein amerikanischer Arzt die eigenartigen Züge dieser Krankheit auf Grund einer reichen Erfahrung erfassen und festhalten konnte, die nahen Beziehungen, welche das moderne Leben, das ungezügelte Hasten und Jagen nach Geld und Besitz, die ungeheuren Fortschritte auf technischem Gebiete, welche alle zeitlichen und räumlichen Hindernisse des Verkehrslebens illusorisch gemacht haben, zu dieser Krankheit aufweisen."

v. Krafft-Ebing:[2] „Die Lebensweise unzähliger Kulturmenschen weist heutzutage eine Fülle von antihygienischen Momenten auf, die es ohne weiteres begreifen lassen, daß die Nervosität in fataler Weise um sich greift, denn diese schädlichen Momente wirken zunächst und zumeist aufs Gehirn. In den politischen und sozialen, speziell den merkantilen, industriellen, agrarischen Verhältnissen der Kulturnationen haben sich eben im Laufe der letzten Jahrzehnte Änderungen vollzogen, die Beruf, bürgerliche Stellung, Besitz gewaltig umgeändert haben, und zwar auf Kosten des Nervensystems, das gesteigerten sozialen und wirtschaftlichen Anforderungen durch vermehrte Verausgabung an Spannkraft bei vielfach ungenügender Erholung gerecht werden muß."

---

1) Die Pathologie und Therapie der Neurasthenie. 1896.
2) Nervosität und neurasthenische Zustände, 1895, p. 11. (In Nothnagels Handbuch der spez. Pathologie und Therapie.)

Ich habe an diesen — und vielen anderen ähnlich klingenden — Lehren auszusetzen, nicht daß sie irrtümlich sind, sondern daß sie sich unzulänglich erweisen, die Einzelheiten in der Erscheinung der nervösen Störungen aufzuklären, und daß sie gerade das bedeutsamste der ätiologisch wirksamen Momente außer acht lassen. Sieht man von den unbestimmteren Arten, „nervös" zu sein, ab und faßt die eigentlichen Formen des nervösen Krankseins ins Auge, so reduziert sich der schädigende Einfluß der Kultur im wesentlichen auf die schädliche Unterdrückung des Sexuallebens der Kulturvölker (oder Schichten) durch die bei ihnen herrschende „kulturelle" Sexualmoral.

Den Beweis für diese Behauptung habe ich in einer Reihe fachmännischer Arbeiten zu erbringen gesucht[1]; er kann hier nicht wiederholt werden, doch will ich die wichtigsten Argumente aus meinen Untersuchungen auch an dieser Stelle anführen.

Geschärfte klinische Beobachtung gibt uns das Recht, von den nervösen Krankheitszuständen zwei Gruppen zu unterscheiden, die eigentlichen **Neurosen** und die **Psychoneurosen**. Bei den ersteren scheinen die Störungen (Symptome), mögen sie sich in den körperlichen oder in den seelischen Leistungen äußern, **toxischer** Natur zu sein: sie verhalten sich ganz ähnlich wie die Erscheinungen bei übergroßer Zufuhr oder bei Entbehrung gewisser Nervengifte. Diese Neurosen — meist als Neurasthenie zusammengefaßt — können nun, ohne daß die Mithilfe einer erblichen Belastung erforderlich wäre, durch gewisse schädliche Einflüsse des Sexuallebens erzeugt werden, und zwar korrespondiert die Form der Erkrankung mit der Art dieser Schädlichkeiten, so daß man oft genug das klinische Bild ohne weiteres zum Rückschluß auf die besondere sexuelle Ätiologie verwenden kann. Eine solche regelmäßige Entsprechung wird aber zwischen der Form der nervösen Erkrankung und den anderen schädigenden Kultureinflüssen, welche die Autoren als krankmachend anklagen,

---
[1] Sammlung kleiner Schriften zur Neurosenlehre, Wien 1906. (4. Aufl., 1922.) [Ges Werke, Bd. I].

durchaus vermißt. Man darf also den sexuellen Faktor für den wesentlichen in der Verursachung der eigentlichen Neurosen erklären.

Bei den Psychoneurosen ist der hereditäre Einfluß bedeutsamer, die Verursachung minder durchsichtig. Ein eigentümliches Untersuchungsverfahren, das als Psychoanalyse bekannt ist, hat aber gestattet zu erkennen, daß die Symptome dieser Leiden (der Hysterie, Zwangsneurose usw.) p s y c h o g e n sind, von der Wirksamkeit unbewußter (verdrängter) Vorstellungskomplexe abhängen. Dieselbe Methode hat uns aber auch diese unbewußten Komplexe kennen gelehrt und uns gezeigt, daß sie, ganz allgemein gesprochen, sexuellen Inhalt haben; sie entspringen den Sexualbedürfnissen unbefriedigter Menschen und stellen für sie eine Art von Ersatzbefriedigung dar. Somit müssen wir in allen Momenten, welche das Sexualleben schädigen, seine Betätigung unterdrücken, seine Ziele verschieben, pathogene Faktoren auch der Psychoneurosen erblicken.

Der Wert der theoretischen Unterscheidung zwischen den toxischen und den psychogenen Neurosen wird natürlich durch die Tatsache nicht beeinträchtigt, daß an den meisten nervösen Personen Störungen von beiderlei Herkunft zu beobachten sind.

Wer nun mit mir bereit ist, die Ätiologie der Nervosität vor allem in schädigenden Einwirkungen auf das Sexualleben zu suchen, der wird auch den nachstehenden Erörterungen folgen wollen, welche das Thema der wachsenden Nervosität in einen allgemeineren Zusammenhang einzufügen bestimmt sind.

Unsere Kultur ist ganz allgemein auf der Unterdrückung von Trieben aufgebaut. Jeder einzelne hat ein Stück seines Besitzes, seiner Machtvollkommenheit, der aggressiven und vindikativen Neigungen seiner Persönlichkeit abgetreten; aus diesen Beiträgen ist der gemeinsame Kulturbesitz an materiellen und ideellen Gütern entstanden. Außer der Lebensnot sind es wohl die aus der Erotik abgeleiteten Familiengefühle, welche die einzelnen

Individuen zu diesem Verzichte bewogen haben. Der Verzicht ist ein im Laufe der Kulturentwicklung progressiver gewesen; die einzelnen Fortschritte desselben wurden von der Religion sanktioniert; das Stück Triebbefriedigung, auf das man verzichtet hatte, wurde der Gottheit zum Opfer gebracht; das so erworbene Gemeingut für „heilig" erklärt. Wer kraft seiner unbeugsamen Konstitution diese Triebunterdrückung nicht mitmachen kann, steht der Gesellschaft als „Verbrecher", als *outlaw* gegenüber, insofern nicht seine soziale Position und seine hervorragenden Fähigkeiten ihm gestatten, sich in ihr als großer Mann, als „Held" durchzusetzen.

Der Sexualtrieb — oder richtiger gesagt: die Sexualtriebe, denn eine analytische Untersuchung lehrt, daß der Sexualtrieb aus vielen Komponenten, Partialtrieben, zusammengesetzt ist — ist beim Menschen wahrscheinlich stärker ausgebildet als bei den meisten höheren Tieren und jedenfalls stetiger, da er die Periodizität fast völlig überwunden hat, an die er sich bei den Tieren gebunden zeigt. Er stellt der Kulturarbeit außerordentlich große Kraftmengen zur Verfügung, und dies zwar infolge der bei ihm besonders ausgeprägten Eigentümlichkeit, sein Ziel verschieben zu können, ohne wesentlich an Intensität abzunehmen. Man nennt diese Fähigkeit, das ursprünglich sexuelle Ziel gegen ein anderes, nicht mehr sexuelles, aber psychisch mit ihm verwandtes, zu vertauschen, die Fähigkeit zur Sublimierung. Im Gegensatze zu dieser Verschiebbarkeit, in welcher sein kultureller Wert besteht, kommt beim Sexualtrieb auch besonders hartnäckige Fixierung vor, durch die er unverwertbar wird und gelegentlich zu den sogenannten Abnormitäten entartet. Die ursprüngliche Stärke des Sexualtriebes ist wahrscheinlich bei den einzelnen Individuen verschieden groß; sicherlich schwankend ist der von ihm zur Sublimierung geeignete Betrag. Wir stellen uns vor, daß es zunächst durch die mitgebrachte Organisation entschieden ist, ein wie großer Anteil des Sexualtriebes sich beim einzelnen als sublimierbar und verwertbar erweisen wird; außerdem gelingt es den Einflüssen des Lebens und der intellektuellen Beeinflussung des seelischen Apparates einen weiteren Anteil zur Sublimierung zu bringen. Ins Unbegrenzte fortzusetzen ist dieser Verschiebungsprozeß aber sicherlich nicht, so wenig wie die Umsetzung der Wärme in mechanische Arbeit bei unseren Maschinen. Ein gewisses Maß direkter sexueller Befriedigung scheint für die allermeisten Organisationen unerläßlich, und die Versagung dieses individuell variablen Maßes straft sich durch Erscheinungen, die wir infolge ihrer Funktionsschädlichkeit und ihres subjektiven Unlustcharakters zum Kranksein rechnen müssen.

Weitere Ausblicke eröffnen sich, wenn wir die Tatsache in Betracht ziehen, daß der Sexualtrieb des Menschen ursprünglich gar nicht den Zwecken der Fortpflanzung dient, sondern bestimmte Arten der Lustgewinnung zum Ziele hat.[1] Er äußert sich so in der Kindheit des Menschen, wo er sein Ziel der Lustgewinnung nicht nur an den Genitalien, sondern auch an anderen Körperstellen (erogenen Zonen) erreicht und darum von anderen als diesen bequemen Objekten absehen darf. Wir heißen dieses Stadium das des Autoerotismus und weisen der Erziehung die Aufgabe, es einzuschränken, zu, weil das Verweilen bei demselben den Sexualtrieb für später unbeherrschbar und unverwertbar machen würde. Die Entwicklung des Sexualtriebes geht dann vom Autoerotismus zur Objektliebe und von der Autonomie der erogenen Zonen zur Unterordnung derselben unter das Primat der in den Dienst der Fortpflanzung gestellten Genitalien. Während dieser Entwicklung wird ein Anteil der vom eigenen Körper gelieferten Sexualerregung als unbrauchbar für die Fortpflanzungsfunktion gehemmt und im günstigen Falle der Sublimierung zugeführt. Die für die Kulturarbeit verwertbaren Kräfte werden so zum großen Teile durch die Unterdrückung der sogenannt perversen Anteile der Sexualerregung gewonnen.

---

1) Drei Abhandlungen zur Sexualtheorie. Wien 1905. [Ges. Werke, Bd. V.]

Mit Bezug auf diese Entwicklungsgeschichte des Sexualtriebes könnte man also drei Kulturstufen unterscheiden: Eine erste, auf welcher die Betätigung des Sexualtriebes auch über die Ziele der Fortpflanzung hinaus frei ist; eine zweite, auf welcher alles am Sexualtrieb unterdrückt ist bis auf das, was der Fortpflanzung dient, und eine dritte, auf welcher nur die legitime Fortpflanzung als Sexualziel zugelassen wird. Dieser dritten Stufe entspricht unsere gegenwärtige „kulturelle" Sexualmoral.

Nimmt man die zweite dieser Stufen zum Niveau, so muß man zunächst konstatieren, daß eine Anzahl von Personen aus Gründen der Organisation den Anforderungen derselben nicht genügt. Bei ganzen Reihen von Individuen hat sich die erwähnte Entwicklung des Sexualtriebes vom Autoerotismus zur Objektliebe mit dem Ziel der Vereinigung der Genitalien nicht korrekt und nicht genug durchgreifend vollzogen, und aus diesen Entwicklungsstörungen ergeben sich zweierlei schädliche Abweichungen von der normalen, das heißt kulturförderlichen Sexualität, die sich zueinander nahezu wie positiv und negativ verhalten. Es sind dies zunächst — abgesehen von den Personen mit überstarkem und unhemmbarem Sexualtrieb überhaupt — die verschiedenen Gattungen der Perversen, bei denen eine infantile Fixierung auf ein vorläufiges Sexualziel das Primat der Fortpflanzungsfunktion aufgehalten hat, und die Homosexuellen oder Invertierten, bei denen auf noch nicht ganz aufgeklärte Weise das Sexualziel vom entgegengesetzten Geschlecht abgelenkt worden ist. Wenn die Schädlichkeit dieser beiden Arten von Entwicklungsstörung geringer ausfällt, als man hätte erwarten können, so ist diese Erleichterung gerade auf die komplexe Zusammensetzung des Sexualtriebes zurückzuführen, welche auch dann noch eine brauchbare Endgestaltung des Sexuallebens ermöglicht, wenn ein oder mehrere Komponenten des Triebes sich von der Entwicklung ausgeschlossen haben. Die Konstitution der von der Inversion Betroffenen, der Homosexuellen, zeichnet sich sogar häufig durch eine besondere Eignung des Sexualtriebes zur kulturellen Sublimierung aus.

Stärkere und zumal exklusive Ausbildungen der Perversionen und der Homosexualität machen allerdings deren Träger sozial unbrauchbar und unglücklich, so daß selbst die Kulturanforderungen der zweiten Stufe als eine Quelle des Leidens für einen gewissen Anteil der Menschheit anerkannt werden müssen. Das Schicksal dieser konstitutiv von den anderen abweichenden Personen ist ein mehrfaches, je nachdem sie einen absolut starken oder schwächeren Geschlechtstrieb mitbekommen haben. Im letzteren Falle, bei allgemein schwachem Sexualtrieb, gelingt den Perversen die völlige Unterdrückung jener Neigungen, welche sie in Konflikt mit der Moralforderung ihrer Kulturstufe bringen. Aber dies bleibt auch, ideell betrachtet, die einzige Leistung, die ihnen gelingt, denn für diese Unterdrückung ihrer sexuellen Triebe verbrauchen sie die Kräfte, die sie sonst an die Kulturarbeit wenden würden. Sie sind gleichsam in sich gehemmt und nach außen gelähmt. Es trifft für sie zu, was wir später von der Abstinenz der Männer und Frauen, die auf der dritten Kulturstufe gefordert wird, wiederholen werden.

Bei intensiverem, aber perversem Sexualtrieb sind zwei Fälle des Ausganges möglich. Der erste, weiter nicht zu betrachtende, ist der, daß die Betroffenen pervers bleiben und die Konsequenzen ihrer Abweichung vom Kulturniveau zu tragen haben. Der zweite Fall ist bei weitem interessanter — er besteht darin, daß unter dem Einflusse der Erziehung und der sozialen Anforderungen allerdings eine Unterdrückung der perversen Triebe erreicht wird, aber eine Art von Unterdrückung, die eigentlich keine solche ist, die besser als ein Mißglücken der Unterdrückung bezeichnet werden kann. Die gehemmten Sexualtriebe äußern sich zwar dann nicht als solche: darin besteht der Erfolg — aber sie äußern sich auf andere Weisen, die für das Individuum genau ebenso schädlich sind und es für die Gesellschaft ebenso unbrauchbar machen wie die unveränderte Befriedigung jener unterdrückten Triebe: darin liegt dann der Mißerfolg des Prozesses, der auf die Dauer den Erfolg mehr als bloß aufwiegt. Die Ersatzerscheinungen, die hier infolge der Triebunterdrückung auftreten, machen das aus, was wir als Nervosität, spezieller als Psychoneurosen (siehe eingangs) beschreiben. Die Neurotiker sind jene Klasse von Menschen, die es bei widerstrebender Organisation unter dem Einflusse der Kulturanforderungen zu einer nur scheinbaren und immer mehr mißglückenden Unterdrückung ihrer Triebe bringen, und die darum ihre Mitarbeiterschaft an den Kulturwerken nur mit großem Kräfteaufwand, unter innerer Verarmung, aufrecht erhalten oder zeitweise als Kranke aussetzen müssen. Die Neurosen aber habe ich als das „Negativ" der Perversionen bezeichnet, weil sich bei ihnen die perversen Regungen nach der Verdrängung aus dem Unbewußten des Seelischen äußern, weil sie dieselben Neigungen wie die positiv Perversen im „verdrängten" Zustand enthalten.

Die Erfahrung lehrt, daß es für die meisten Menschen eine Grenze gibt, über die hinaus ihre Konstitution der Kulturanforderung nicht folgen kann. Alle, die edler sein wollen, als ihre Konstitution es ihnen gestattet, verfallen der Neurose; sie hätten sich wohler befunden, wenn es ihnen möglich geblieben wäre, schlechter zu sein. Die Einsicht, daß Perversion und Neurose sich wie positiv und negativ zueinander verhalten, findet oft eine unzweideutige Bekräftigung durch Beobachtung innerhalb der nämlichen Generation. Recht häufig ist von Geschwistern der Bruder ein sexuell Perverser, die Schwester, die mit dem schwächeren Sexualtrieb als Weib ausgestattet ist, eine Neurotika, deren Symptome aber dieselben Neigungen ausdrücken wie die Perversionen des sexuell aktiveren Bruders, und dementsprechend sind überhaupt in vielen Familien die Männer gesund, aber in sozial unerwünschtem Maße unmoralisch, die Frauen edel und überverfeinert, aber — schwer nervös.

Es ist eine der offenkundigen sozialen Ungerechtigkeiten, wenn der kulturelle Standard von allen Personen die nämliche Führung des Sexuallebens fordert, die den einen dank ihrer Organisation mühelos gelingt, während sie den anderen die schwersten psychischen Opfer auferlegt, eine Ungerechtigkeit freilich, die zumeist durch Nichtbefolgung der Moralvorschriften vereitelt wird.

Wir haben unseren Betrachtungen bisher die Forderung der zweiten, von uns supponierten, Kulturstufe zugrunde gelegt, derzufolge jede sogenannte perverse Sexualbetätigung verpönt, der normal genannte Sexualverkehr hingegen frei gelassen wird. Wir haben gefunden, daß auch bei dieser Verteilung von sexueller Freiheit und Einschränkung eine Anzahl von Individuen als pervers beiseite geschoben, eine andere, die sich bemühen, nicht pervers zu sein, während sie es konstitutiv sein sollten, in die Nervosität gedrängt wird. Es ist nun leicht, den Erfolg vorherzusagen, der sich einstellen wird, wenn man die Sexualfreiheit weiter einschränkt und die Kulturforderung auf das Niveau der dritten Stufe erhöht, also jede andere Sexualbetätigung als die in legitimer Ehe verpönt. Die Zahl der Starken, die sich in offenen Gegensatz zur Kulturforderung stellen, wird in außerordentlichem Maße vermehrt werden, und ebenso die Zahl der Schwächeren, die sich in ihrem Konflikte zwischen dem Drängen der kulturellen Einflüsse und dem Widerstande ihrer Konstitution in neurotisches Kranksein — flüchten.

Setzen wir uns vor, drei hier entspringende Fragen zu beantworten: 1.) welche Aufgabe die Kulturforderung der dritten Stufe an den einzelnen stellt, 2.) ob die zugelassene legitime Sexualbefriedigung eine annehmbare Entschädigung für den sonstigen Verzicht zu bieten vermag, 3.) in welchem Verhältnisse die etwaigen Schädigungen durch diesen Verzicht zu dessen kulturellen Ausnützungen stehen.

Die Beantwortung der ersten Frage rührt an ein oftmals behandeltes, hier nicht zu erschöpfendes Problem, das der sexuellen

Abstinenz. Was unsere dritte Kulturstufe von dem einzelnen fordert, ist die Abstinenz bis zur Ehe für beide Geschlechter, die lebenslange Abstinenz für alle solche, die keine legitime Ehe eingehen. Die allen Autoritäten genehme Behauptung, die sexuelle Abstinenz sei nicht schädlich und nicht gar schwer durchzuführen, ist vielfach auch von Ärzten vertreten worden. Man darf sagen, die Aufgabe der Bewältigung einer so mächtigen Regung wie des Sexualtriebes, anders als auf dem Wege der Befriedigung, ist eine, die alle Kräfte eines Menschen in Anspruch nehmen kann. Die Bewältigung durch Sublimierung, durch Ablenkung der sexuellen Triebkräfte vom sexuellen Ziele weg auf höhere kulturelle Ziele gelingt einer Minderzahl, und wohl auch dieser nur zeitweilig, am wenigsten leicht in der Lebenszeit feuriger Jugendkraft. Die meisten anderen werden neurotisch oder kommen sonst zu Schaden. Die Erfahrung zeigt, daß die Mehrzahl der unsere Gesellschaft zusammensetzenden Personen der Aufgabe der Abstinenz konstitutionell nicht gewachsen ist. Wer auch bei milderer Sexualeinschränkung erkrankt wäre, erkrankt unter den Anforderungen unserer heutigen kulturellen Sexualmoral um so eher und um so intensiver, denn gegen die Bedrohung des normalen Sexualstrebens durch fehlerhafte Anlagen und Entwicklungsstörungen kennen wir keine bessere Sicherung als die Sexualbefriedigung selbst. Je mehr jemand zur Neurose disponiert ist, desto schlechter verträgt er die Abstinenz; die Partialtriebe, die sich der normalen Entwicklung im oben niedergelegten Sinne entzogen haben, sind nämlich auch gleichzeitig um soviel unhemmbarer geworden. Aber auch diejenigen, welche bei den Anforderungen der zweiten Kulturstufe gesund geblieben wären, werden nun in großer Anzahl der Neurose zugeführt. Denn der psychische Wert der Sexualbefriedigung erhöht sich mit ihrer Versagung; die gestaute Libido wird nun in den Stand gesetzt, irgendeine der selten fehlenden schwächeren Stellen im Aufbau der Vita sexualis auszuspüren, um dort zur neurotischen Ersatzbefriedigung in Form krankhafter Symptome durchzubrechen. Wer in die Bedingtheit nervöser Erkrankung einzudringen versteht, verschafft sich bald die Überzeugung, daß die Zunahme der nervösen Erkrankungen in unserer Gesellschaft von der Steigerung der sexuellen Einschränkung herrührt.

Wir rücken dann der Frage näher, ob nicht der Sexualverkehr in legitimer Ehe eine volle Entschädigung für die Einschränkung vor der Ehe bieten kann. Das Material zur verneinenden Beantwortung dieser Frage drängt sich da so reichlich auf, daß uns die knappste Fassung zur Pflicht wird. Wir erinnern vor allem daran, daß unsere kulturelle Sexualmoral auch den sexuellen Verkehr in der Ehe selbst beschränkt, indem sie den Eheleuten den Zwang auferlegt, sich mit einer meist sehr geringen Anzahl von Kinderzeugungen zu begnügen. Infolge dieser Rücksicht gibt es befriedigenden Sexualverkehr in der Ehe nur durch einige Jahre, natürlich noch mit Abzug der zur Schonung der Frau aus hygienischen Gründen erforderten Zeiten. Nach diesen drei, vier oder fünf Jahren versagt die Ehe, insofern sie die Befriedigung der sexuellen Bedürfnisse versprochen hat; denn alle Mittel, die sich bisher zur Verhütung der Konzeption ergeben haben, verkümmern den sexuellen Genuß, stören die feinere Empfindlichkeit beider Teile oder wirken selbst direkt krankmachend; mit der Angst vor den Folgen des Geschlechtsverkehres schwindet zuerst die körperliche Zärtlichkeit der Ehegatten füreinander, in weiterer Folge meist auch die seelische Zuneigung, die bestimmt war, das Erbe der anfänglichen stürmischen Leidenschaft zu übernehmen. Unter der seelischen Enttäuschung und körperlichen Entbehrung, die so das Schicksal der meisten Ehen wird, finden sich beide Teile auf den früheren Zustand vor der Ehe zurückversetzt, nur um eine Illusion verarmt und von neuem auf ihre Festigkeit, den Sexualtrieb zu beherrschen und abzulenken, angewiesen. Es soll nicht untersucht werden, inwieweit diese Aufgabe nun dem Manne im reiferen Lebensalter gelingt; erfahrungsgemäß bedient er sich nun recht häufig des Stückes Sexualfreiheit, welches ihm auch von der strengsten Sexualordnung, wenngleich nur stillschweigend und widerwillig, eingeräumt wird; die für den Mann in unserer Gesellschaft geltende „doppelte" Sexualmoral ist das beste Eingeständnis, daß die Gesellschaft selbst, welche die Vorschriften erlassen hat, nicht an deren Durchführbarkeit glaubt. Die Erfahrung zeigt aber auch, daß die Frauen, denen als den eigentlichen Trägerinnen der Sexualinteressen des Menschen die Gabe der Sublimierung des Triebes nur in geringem Maße zugeteilt ist, denen als Ersatz des Sexualobjektes zwar der Säugling, aber nicht das heranwachsende Kind genügt, daß die Frauen, sage ich, unter den Enttäuschungen der Ehe an schweren und das Leben dauernd trübenden Neurosen erkranken. Die Ehe hat unter den heutigen kulturellen Bedingungen längst aufgehört, das Allheilmittel gegen die nervösen Leiden des Weibes zu sein; und wenn wir Ärzte auch noch immer in solchen Fällen zu ihr raten, so wissen wir doch, daß im Gegenteil ein Mädchen recht gesund sein muß, um die Ehe zu „vertragen", und raten unseren männlichen Klienten dringend ab, ein bereits vor der Ehe nervöses Mädchen zur Frau zu nehmen. Das Heilmittel gegen die aus der Ehe entspringende Nervosität wäre vielmehr die eheliche Untreue; je strenger eine Frau erzogen ist, je ernsthafter sie sich der Kulturforderung unterworfen hat, desto mehr fürchtet sie aber diesen Ausweg, und im Konflikte zwischen ihren Begierden und ihrem Pflichtgefühl sucht sie ihre Zuflucht wiederum — in der Neurose. Nichts anderes schützt ihre Tugend so sicher wie die Krankheit. Der eheliche Zustand, auf den der Sexualtrieb des Kulturmenschen während seiner Jugend vertröstet wurde, kann also die Anforderungen seiner eigenen Lebenszeit nicht decken; es ist keine Rede davon, daß er für den früheren Verzicht entschädigen könnte.

Auch wer diese Schädigungen durch die kulturelle Sexualmoral zugibt, kann zur Beantwortung unserer dritten Frage geltend machen, daß der kulturelle Gewinn aus der soweit getriebenen Sexualeinschränkung diese Leiden, die in schwerer Ausprägung doch nur eine Minderheit betreffen, wahrscheinlich mehr als bloß aufwiegt. Ich erkläre mich für unfähig, Gewinn und Verlust hier richtig gegeneinander abzuwägen, aber zur Einschätzung der Verlustseite könnte ich noch allerlei anführen. Auf das vorhin gestreifte Thema der Abstinenz zurückgreifend, muß ich behaupten, daß die Abstinenz noch andere Schädigungen bringt als die der Neurosen, und daß diese Neurosen meist nicht nach ihrer vollen Bedeutung veranschlagt werden.

Die Verzögerung der Sexualentwicklung und Sexualbetätigung, welche unsere Erziehung und Kultur anstrebt, ist zunächst gewiß unschädlich; sie wird zur Notwendigkeit, wenn man in Betracht zieht, in wie späten Jahren erst die jungen Leute gebildeter Stände zu selbständiger Geltung und zum Erwerb zugelassen werden. Man wird hier übrigens an den intimen Zusammenhang aller unserer kulturellen Institutionen und an die Schwierigkeit gemahnt, ein Stück derselben ohne Rücksicht auf das Ganze abzuändern. Die Abstinenz weit über das zwanzigste Jahr hinaus ist aber für den jungen Mann nicht mehr unbedenklich und führt zu anderen Schädigungen, auch wo sie nicht zur Nervosität führt. Man sagt zwar, der Kampf mit dem mächtigen Triebe und die dabei erforderliche Betonung aller ethischen und ästhetischen Mächte im Seelenleben „stähle" den Charakter, und dies ist für einige besonders günstig organisierte Naturen richtig; zuzugeben ist auch, daß die in unserer Zeit so ausgeprägte Differenzierung der individuellen Charaktere erst mit der Sexualeinschränkung möglich geworden ist. Aber in der weitaus größeren Mehrheit der Fälle zehrt der Kampf gegen die Sinnlichkeit die verfügbare Energie des Charakters auf und dies gerade zu einer Zeit, in welcher der junge Mann all seiner Kräfte bedarf, um sich seinen Anteil und Platz in der Gesellschaft zu erobern. Das Verhältnis zwischen möglicher Sublimierung und notwendiger sexueller

Betätigung schwankt natürlich sehr für die einzelnen Individuen und sogar für die verschiedenen Berufsarten. Ein abstinenter Künstler ist kaum recht möglich, ein abstinenter junger Gelehrter gewiß keine Seltenheit. Der letztere kann durch Enthaltsamkeit freie Kräfte für sein Studium gewinnen, beim ersteren wird wahrscheinlich seine künstlerische Leistung durch sein sexuelles Erleben mächtig angeregt werden. Im allgemeinen habe ich nicht den Eindruck gewonnen, daß die sexuelle Abstinenz energische, selbständige Männer der Tat oder originelle Denker, kühne Befreier und Reformer heranbilden helfe, weit häufiger brave Schwächlinge, welche später in die große Masse eintauchen, die den von starken Individuen gegebenen Impulsen widerstrebend zu folgen pflegt.

Daß der Sexualtrieb im ganzen sich eigenwillig und ungefügig benimmt, kommt auch in den Ergebnissen der Abstinenzbemühung zum Ausdruck. Die Kulturerziehung strebe etwa nur seine zeitweilige Unterdrückung bis zur Eheschließung an und beabsichtige ihn dann frei zu lassen, um sich seiner zu bedienen. Aber gegen den Trieb gelingen die extremen Beeinflussungen leichter noch als die Mäßigungen; die Unterdrückung ist sehr oft zu weit gegangen und hat das unerwünschte Resultat ergeben, daß der Sexualtrieb nach seiner Freilassung dauernd geschädigt erscheint. Darum ist oft volle Abstinenz während der Jugendzeit nicht die beste Vorbereitung für die Ehe beim jungen Manne. Die Frauen ahnen dies und ziehen unter ihren Bewerbern diejenigen vor, die sich schon bei anderen Frauen als Männer bewährt haben. Ganz besonders greifbar sind die Schädigungen, welche durch die strenge Forderung der Abstinenz bis zur Ehe am Wesen der Frau hervorgerufen werden. Die Erziehung nimmt die Aufgabe, die Sinnlichkeit des Mädchens bis zu seiner Verehelichung zu unterdrücken, offenbar nicht leicht, denn sie arbeitet mit den schärfsten Mitteln. Sie untersagt nicht nur den sexuellen Verkehr, setzt hohe Prämien auf die Erhaltung der

weiblichen Unschuld, sondern sie entzieht das reifende weibliche
Individuum auch der Versuchung, indem sie es in Unwissenheit
über alles Tatsächliche der ihm bestimmten Rolle erhält und
keine Liebesregung, die nicht zur Ehe führen kann, bei ihm
duldet. Der Erfolg ist, daß die Mädchen, wenn ihnen das
Verlieben plötzlich von den elterlichen Autoritäten gestattet wird,
die psychische Leistung nicht zustande bringen und ihrer eigenen
Gefühle unsicher in die Ehe gehen. Infolge der künstlichen
Verzögerung der Liebesfunktion bereiten sie dem Manne, der
all sein Begehren für sie aufgespart hat, nur Enttäuschungen;
mit ihren seelischen Gefühlen hängen sie noch den Eltern an,
deren Autorität die Sexualunterdrückung bei ihnen geschaffen
hat, und im körperlichen Verhalten zeigen sie sich frigid, was
jeden höherwertigen Sexualgenuß beim Manne verhindert. Ich
weiß nicht, ob der Typus der anästhetischen Frau auch außerhalb
der Kulturerziehung vorkommt, halte es aber für wahrscheinlich.
Jedenfalls wird er durch die Erziehung geradezu gezüchtet, und
diese Frauen, die ohne Lust empfangen, zeigen dann wenig
Bereitwilligkeit, des öfteren mit Schmerzen zu gebären. So werden
durch die Vorbereitung zur Ehe die Zwecke der Ehe selbst
vereitelt; wenn dann die Entwicklungsverzögerung bei der Frau
überwunden ist und auf der Höhe ihrer weiblichen Existenz die
volle Liebesfähigkeit bei ihr erwacht, ist ihr Verhältnis zum
Ehemanne längst verdorben; es bleibt ihr als Lohn für ihre
bisherige Gefügigkeit die Wahl zwischen ungestilltem Sehnen,
Untreue oder Neurose.

Das sexuelle Verhalten eines Menschen ist oft vorbildlich
für seine ganze sonstige Reaktionsweise in der Welt. Wer als
Mann sein Sexualobjekt energisch erobert, dem trauen wir ähnliche
rücksichtslose Energie auch in der Verfolgung anderer Ziele zu.
Wer hingegen auf die Befriedigung seiner starken sexuellen Triebe
aus allerlei Rücksichten verzichtet, der wird sich auch anderwärts im Leben eher konziliant und resigniert als tatkräftig

benehmen. Eine spezielle Anwendung dieses Satzes von der Vorbildlichkeit des Sexuallebens für andere Funktionsausübung kann man leicht am ganzen Geschlechte der Frauen konstatieren. Die Erziehung versagt ihnen die intellektuelle Beschäftigung mit den Sexualproblemen, für die sie doch die größte Wißbegierde mitbringen, schreckt sie mit der Verurteilung, daß solche Wißbegierde unweiblich und Zeichen sündiger Veranlagung sei. Damit sind sie vom Denken überhaupt abgeschreckt, wird das Wissen für sie entwertet. Das Denkverbot greift über die sexuelle Sphäre hinaus, zum Teil infolge der unvermeidlichen Zusammenhänge, zum Teil automatisch, ganz ähnlich wie das religiöse Denkverbot bei Männern, das loyale bei braven Untertanen. Ich glaube nicht, daß der biologische Gegensatz zwischen intellektueller Arbeit und Geschlechtstätigkeit den „physiologischen Schwachsinn" der Frau erklärt, wie Moebius es in seiner vielfach widersprochenen Schrift dargetan hat. Dagegen meine ich, daß die unzweifelhafte Tatsache der intellektuellen Inferiorität so vieler Frauen auf die zur Sexualunterdrückung erforderliche Denkhemmung zurückzuführen ist.

Man unterscheidet viel zu wenig strenge, wenn man die Frage der Abstinenz behandelt, zwei Formen derselben, die Enthaltung von jeder Sexualbetätigung überhaupt und die Enthaltung vom sexuellen Verkehre mit dem anderen Geschlechte. Vielen Personen, die sich der gelungenen Abstinenz rühmen, ist dieselbe nur mit Hilfe der Masturbation und ähnlicher Befriedigungen möglich geworden, die an die autoerotischen Sexualtätigkeiten der frühen Kindheit anknüpfen. Aber gerade dieser Beziehung wegen sind diese Ersatzmittel zur sexuellen Befriedigung keineswegs harmlos; sie disponieren zu den zahlreichen Formen von Neurosen und Psychosen, für welche die Rückbildung des Sexuallebens zu seinen infantilen Formen die Bedingung ist. Die Masturbation entspricht auch keineswegs den idealen Anforderungen der kulturellen Sexualmoral und treibt darum die jungen Menschen in die nämlichen Konflikte mit dem Erziehungsideale, denen sie durch die Abstinenz entgehen wollten. Sie verdirbt ferner den Charakter durch Verwöhnung auf mehr als eine Weise, erstens, indem sie bedeutsame Ziele mühelos, auf bequemen Wegen, anstatt durch energische Kraftanspannung erreichen lehrt, also nach dem Prinzipe der sexuellen Vorbildlichkeit, und zweitens, indem sie in den die Befriedigung begleitenden Phantasien das Sexualobjekt zu einer Vorzüglichkeit erhebt, die in der Realität nicht leicht wiedergefunden wird. Konnte doch ein geistreicher Schriftsteller (Karl Kraus in der Wiener „Fackel"), den Spieß umdrehend, die Wahrheit in dem Zynismus aussprechen: Der Koitus ist nur ein ungenügendes Surrogat für die Onanie!

Die Strenge der Kulturforderung und die Schwierigkeit der Abstinenzaufgabe haben zusammengewirkt, um die Vermeidung der Vereinigung der Genitalien verschiedener Geschlechter zum Kerne der Abstinenz zu machen und andere Arten der sexuellen Betätigung zu begünstigen, die sozusagen einem Halbgehorsam gleichkommen. Seitdem der normale Sexualverkehr von der Moral — und wegen der Infektionsmöglichkeiten auch von der Hygiene — so unerbittlich verfolgt wird, haben die sogenannten perversen Arten des Verkehrs zwischen beiden Geschlechtern, bei denen andere Körperstellen die Rolle der Genitalien übernehmen, an sozialer Bedeutung unzweifelhaft zugenommen. Diese Betätigungen können aber nicht so harmlos beurteilt werden wie analoge Überschreitungen im Liebesverkehre, sie sind ethisch verwerflich, da sie die Liebesbeziehungen zweier Menschen aus einer ernsten Sache zu einem bequemen Spiele ohne Gefahr und ohne seelische Beteiligung herabwürdigen. Als weitere Folge der Erschwerung des normalen Sexuallebens ist die Ausbreitung homosexueller Befriedigung anzuführen; zu all denen, die schon nach ihrer Organisation Homosexuelle sind oder in der Kindheit dazu wurden, kommt noch die große Anzahl jener hinzu, bei denen in reiferen Jahren wegen der Absperrung des Hauptstromes der Libido der homosexuelle Seitenarm breit geöffnet wird.

Alle diese unvermeidlichen und unbeabsichtigten Konsequenzen der Abstinenzforderung treffen in dem einen Gemeinsamen zusammen, daß sie die Vorbereitung für die Ehe gründlich verderben, die doch nach der Absicht der kulturellen Sexualmoral die alleinige Erbin der sexuellen Strebungen werden sollte. Alle die Männer, die infolge masturbatorischer oder perverser Sexualübung ihre Libido auf andere als die normalen Situationen und Bedingungen der Befriedigung eingestellt haben, entwickeln in der Ehe eine verminderte Potenz. Auch die Frauen, denen es nur durch ähnliche Hilfen möglich blieb, ihre Jungfräulichkeit zu bewahren, zeigen sich in der Ehe für den normalen Verkehr anästhetisch. Die mit herabgesetzter Liebesfähigkeit beider Teile begonnene Ehe verfällt dem Auflösungsprozesse nur noch rascher als eine andere. Infolge der geringen Potenz des Mannes wird die Frau nicht befriedigt, bleibt auch dann anästhetisch, wenn ihre aus der Erziehung mitgebrachte Disposition zur Frigidität durch mächtiges sexuelles Erleben überwindbar gewesen wäre. Ein solches Paar findet auch die Kinderverhütung schwieriger als ein gesundes, da die geschwächte Potenz des Mannes die Anwendung der Verhütungsmittel schlecht verträgt. In solcher Ratlosigkeit wird der sexuelle Verkehr als die Quelle aller Verlegenheiten bald aufgegeben und damit die Grundlage des Ehelebens verlassen.

Ich fordere alle Kundigen auf zu bestätigen, daß ich nicht übertreibe, sondern Verhältnisse schildere, die ebenso arg in beliebiger Häufigkeit zu beobachten sind. Es ist wirklich für den Uneingeweihten ganz unglaublich, wie selten sich normale Potenz beim Manne und wie häufig sich Frigidität bei der weiblichen Hälfte der Ehepaare findet, die unter der Herrschaft unserer kulturellen Sexualmoral stehen, mit welchen Entsagungen, oft für beide Teile, die Ehe verbunden ist und worauf das Eheleben, das so sehnsüchtig erstrebte Glück, sich einschränkt. Daß unter diesen Verhältnissen der Ausgang in Nervosität der nächstliegende ist, habe ich schon ausgeführt; ich will aber noch hinzusetzen, in welcher Weise eine solche Ehe auf die in ihr entsprungenen — einzigen oder wenig zahlreichen — Kinder fortwirkt. Es kommt da der Anschein einer erblichen Übertragung zustande, der sich bei schärferem Zusehen in die Wirkung mächtiger infantiler Eindrücke auflöst. Die von ihrem Manne unbefriedigte neurotische Frau ist als Mutter überzärtlich und überängstlich gegen das Kind, auf das sie ihr Liebesbedürfnis überträgt, und weckt in demselben die sexuelle Frühreife. Das schlechte Einverständnis zwischen den Eltern reizt dann das Gefühlsleben des Kindes auf, läßt es im zartesten Alter Liebe, Haß und Eifersucht intensiv empfinden. Die strenge Erziehung, die keinerlei Betätigung des so früh geweckten Sexuallebens duldet, stellt die unterdrückende Macht bei, und dieser Konflikt in diesem Alter enthält alles, was es zur Verursachung der lebenslangen Nervosität bedarf.

Ich komme nun auf meine frühere Behauptung zurück, daß man bei der Beurteilung der Neurosen zumeist nicht deren volle Bedeutung in Betracht zieht. Ich meine damit nicht die Unterschätzung dieser Zustände, die sich in leichtsinnigem Beiseiteschieben von seiten der Angehörigen und in großtuerischen Versicherungen von seiten der Ärzte äußert, einige Wochen Kaltwasserkur oder einige Monate Ruhe und Erholung könnten den Zustand beseitigen. Das sind nur mehr Meinungen von ganz unwissenden Ärzten und Laien, zumeist nur Reden, dazu bestimmt, den Leidenden einen kurzlebigen Trost zu bieten. Es ist vielmehr bekannt, daß eine chronische Neurose, auch wenn sie die Existenzfähigkeit nicht völlig aufhebt, eine schwere Lebensbelastung des Individuums vorstellt, etwa im Range einer Tuberkulose oder eines Herzfehlers. Auch könnte man sich damit abfinden, wenn die neurotischen Erkrankungen etwa nur eine Anzahl von immerhin schwächeren Individuen von der Kulturarbeit ausschließen und den anderen die Teilnahme daran um den Preis von bloß subjektiven Beschwerden gestatten würden. Ich möchte vielmehr auf den Gesichtspunkt aufmerksam machen, daß die Neurose, soweit sie reicht und bei wem immer sie sich findet, die Kulturabsicht zu vereiteln weiß und somit eigentlich die Arbeit der unterdrückten kulturfeindlichen Seelenkräfte besorgt, so daß die Gesellschaft nicht einen mit Opfern erkauften Gewinn, sondern gar keinen Gewinn verzeichnen darf, wenn sie die Gefügigkeit gegen ihre weitgehenden Vorschriften mit der Zunahme der Nervosität bezahlt. Gehen wir z. B. auf den so häufigen Fall einer Frau ein, die ihren Mann nicht liebt, weil sie nach den Bedingungen ihrer Eheschließung und den Erfahrungen ihres Ehelebens ihn zu lieben keinen Grund hat, die ihren Mann aber durchaus lieben möchte, weil dies allein dem Ideal der Ehe, zu dem sie erzogen wurde, entspricht. Sie wird dann alle Regungen in sich unterdrücken, die der Wahrheit Ausdruck geben wollen und ihrem Idealbestreben widersprechen, und wird besondere Mühe aufwenden, eine liebevolle, zärtliche und sorgsame Gattin zu spielen. Neurotische Erkrankung wird die Folge dieser Selbstunterdrückung sein, und diese Neurose wird binnen kurzer Zeit an dem ungeliebten Manne Rache genommen haben und bei ihm genau soviel Unbefriedigung und Sorge hervorrufen, als sich nur aus dem Eingeständnisse des wahren Sachverhaltes ergeben hätte. Dieses Beispiel ist für die Leistungen der Neurose geradezu typisch. Ein ähnliches Mißlingen der Kompensation beobachtet man auch nach der Unterdrückung anderer nicht direkt sexueller, kulturfeindlicher Regungen. Wer z. B. in der gewaltsamen Unterdrückung einer konstitutionellen Neigung zur Härte und Grausamkeit ein Überguter geworden ist, dem wird häufig dabei soviel an Energie entzogen, daß er nicht alles ausführt, was seinen Kompensationsregungen entspricht, und im ganzen doch eher weniger an Gutem leistet, als er ohne Unterdrückung zustande gebracht hätte.

Nehmen wir noch hinzu, daß mit der Einschränkung der sexuellen Betätigung bei einem Volke ganz allgemein eine Zunahme der Lebensängstlichkeit und der Todesangst einhergeht, welche die Genußfähigkeit der einzelnen stört und ihre Bereitwilligkeit, für irgendwelche Ziele den Tod auf sich zu nehmen, aufhebt, welche sich in der verminderten Neigung zur Kinderzeugung äußert, und dieses Volk oder diese Gruppe von Menschen vom Anteile an der Zukunft ausschließt, so darf man wohl die Frage aufwerfen, ob unsere „kulturelle" Sexualmoral der Opfer wert ist, welche sie uns auferlegt, zumal, wenn man sich vom Hedonismus nicht genug frei gemacht hat, um nicht ein gewisses Maß von individueller Glücksbefriedigung unter die Ziele unserer Kulturentwicklung aufzunehmen. Es ist gewiß nicht Sache des Arztes, selbst mit Reformvorschlägen hervorzutreten; ich meinte aber, ich könnte die Dringlichkeit solcher unterstützen, wenn ich die v. Ehrenfelssche Darstellung der Schädigungen durch unsere „kulturelle" Sexualmoral um den Hinweis auf deren Bedeutung für die Ausbreitung der modernen Nervosität erweitere.

ÜBER INFANTILE SEXUALTHEORIEN

ÜBER INFANTILE SEXUALTHEORIEN

Das Material, auf welches die nachstehende Zusammenstellung sich stützt, stammt aus mehreren Quellen. Erstens aus der unmittelbaren Beobachtung der Äußerungen und des Treibens der Kinder, zweitens aus den Mitteilungen erwachsener Neurotiker, die während einer psychoanalytischen Behandlung erzählen, was sie von ihrer Kinderzeit bewußt in Erinnerung haben, und zum dritten Anteile aus den Schlüssen, Konstruktionen und ins Bewußte übersetzten unbewußten Erinnerungen, die sich aus den Psychoanalysen mit Neurotikern ergeben.

Daß die erste dieser drei Quellen nicht für sich allein alles Wissenswerte geliefert hat, begründet sich durch das Verhalten der Erwachsenen gegen das kindliche Sexualleben. Man mutet den Kindern keine Sexualtätigkeit zu, gibt sich darum keine Mühe, eine solche zu beobachten, und unterdrückt anderseits die Äußerungen derselben, die der Aufmerksamkeit würdig wären. Die Gelegenheit, aus dieser lautersten und ergiebigsten Quelle zu schöpfen, ist daher eine recht eingeschränkte. Was aus den unbeeinflußten Mitteilungen Erwachsener über ihre bewußten Kindheitserinnerungen stammt, unterliegt höchstens der Einwendung der möglichen Verfälschung in der Rückschau, wird aber außerdem nach dem Gesichtspunkte zu werten sein, daß die Gewährspersonen später neurotisch geworden sind. Das Material der dritten Herkunft wird allen Anfechtungen unterliegen, die man gegen die Verläßlichkeit der Psychoanalyse und die Sicherheit der aus ihr gezogenen Schlüsse ins Feld zu führen pflegt; die Rechtfertigung dieses Urteils kann also hier nicht. versucht werden; ich will nur versichern, daß derjenige, welcher die psychoanalytische Technik kennt und ausübt, ein weitgehendes Zutrauen zu ihren Ergebnissen gewinnt.

Für die Vollständigkeit meiner Resultate kann ich nicht einstehen, bloß für die Sorgfalt, mit der ·ich mich um ihre Gewinnung bemüht habe.

Eine schwierige Frage bleibt es, zu entscheiden, inwieweit man das, was hier von den Kindern im allgemeinen berichtet wird, von allen Kindern, das heißt von jedem einzelnen Kinde, voraussetzen darf. Erziehungsdruck und verschiedene Intensität des Sexualtriebes werden gewiß große individuelle Schwankungen im Sexualverhalten des Kindes ermöglichen, vor allem das zeitliche Auftreten des kindlichen Sexualinteresses beeinflussen. Ich habe darum meine Darstellung nicht nach aufeinanderfolgenden Kindheitsepochen gegliedert, sondern in einem zusammengefaßt, was bei verschiedenen Kindern bald früher, bald später zur Geltung kommt. Es ist meine Überzeugung, daß sich doch kein Kind — kein vollsinniges wenigstens oder gar geistig begabtes —- der Beschäftigung mit den sexuellen Problemen in den Jahren v o r der Pubertät entziehen kann.

Ich denke nicht groß von dem Einwurfe, daß die Neurotiker eine besondere, durch degenerative Anlage ausgezeichnete Menschenklasse sind, aus deren Kinderleben auf die Kindheit anderer zu schließen untersagt sein müßte. Die Neurotiker sind Menschen wie andere auch, von den normalen nicht scharf abzugrenzen, in ihrer Kindheit nicht immer leicht von denjenigen, die später gesund bleiben, zu unterscheiden. Es ist eines der wertvollsten Ergebnisse unserer psychoanalytischen Untersuchungen, daß ihre Neurosen keinen besonderen, ihnen eigentümlich und allein zukommenden psychischen Inhalt haben, sondern daß sie, wie C. G. J u n g es ausdrückt, an denselben Komplexen erkranken, mit denen auch wir Gesunde kämpfen. Der Unterschied ist nur der, daß die Gesunden diese Komplexe zu bewältigen wissen ohne groben, praktisch nachweisbaren Schaden, während den Nervösen die Unterdrückung dieser Komplexe nur um den Preis von kostspieligen Ersatzbildungen gelingt, also praktisch mißlingt. Nervöse und Normale stehen einander in der Kindheit natürlich noch viel näher als im späteren Leben, so daß ich einen methodischen Fehler nicht darin erblicken kann, die Mitteilungen von Neurotikern über ihre Kindheit zu Analogieschlüssen über das normale Kindheitsleben zu verwerten. Da aber die späteren Neurotiker sehr häufig einen besonders starken Geschlechtstrieb und eine Neigung zur Frühreife, vorzeitiger Äußerung desselben, in ihrer Konstitution mitbringen, werden sie uns vieles von der infantilen Sexualbetätigung greller und deutlicher erkennen lassen, als unserer ohnedies stumpfen Beobachtungsgabe an anderen Kindern möglich wäre. Der wirkliche Wert dieser von erwachsenen Neurotikern herrührenden Mitteilungen wird sich allerdings erst abschätzen lassen, wenn man nach dem Vorgange von H a v e l o c k E l l i s auch die Kindheitserinnerungen erwachsener Gesunder der Sammlung gewürdigt haben wird.

Infolge der Ungunst äußerer wie innerer Verhältnisse haben die nachstehenden Mitteilungen vorwiegend nur auf die Sexualentwicklung des einen Geschlechtes, des männlichen nämlich, Bezug. Der Wert einer Sammlung aber, wie ich sie hier versuche, braucht kein bloß deskriptiver zu sein. Die Kenntnis der infantilen Sexualtheorien, wie sie sich im kindlichen Denken gestalten, kann nach verschiedenen Richtungen interessant sein, überraschenderweise auch für das Verständnis der Mythen und Märchen. Unentbehrlich bleibt sie aber für die Auffassung der Neurosen selbst, innerhalb deren diese kindlichen Theorien noch in Geltung

Freud, Vol. VII.

sind und einen bestimmenden Einfluß auf die Gestaltung der
Symptome gewinnen.

* * *

Wenn wir unter Verzicht auf unsere Leiblichkeit als bloß
denkende Wesen, etwa von einem anderen Planeten her, die
Dinge dieser Erde frisch ins Auge fassen könnten, so würde vielleicht
nichts anderes unserer Aufmerksamkeit mehr auffallen als
die Existenz zweier Geschlechter unter den Menschen, die einander
sonst so ä h n l i c h, doch durch die äußerlichsten Anzeichen
ihre ·Verschiedenheit betonen. Es scheint nun nicht, daß auch die
Kinder diese Grundtatsache zum Ausgange ihrer Forschungen
über sexuelle Probleme wählen. Da sie Vater und Mutter kennen,
soweit sie sich ihres Lebens erinnern, nehmen sie deren Vorhandensein
als eine weiter nicht zu untersuchende Realität hin, und
ebenso verhält sich der Knabe gegen ein Schwesterchen, von
dem er nur durch eine geringe Altersdifferenz von ein oder zwei
Jahren getrennt ist. Der Wissensdrang der Kinder erwacht hier
überhaupt nicht spontan, etwa infolge eines eingeborenen Kausalitätsbedürfnisses,
sondern unter dem Stachel der sie beherrschenden
eigensüchtigen Triebe, wenn sie — etwa nach Vollendung des
zweiten Lebensjahres — von der Ankunft eines neuen Kindes
betroffen werden. Diejenigen Kinder, deren Kinderstube nicht
im Hause selbst eine solche Einquartierung empfängt, sind dann
noch imstande, sich nach ihren Beobachtungen in anderen Häusern
in diese Situation zu versetzen. Der selbst erfahrene oder mit
Recht befürchtete Entgang an Fürsorge von seiten der Eltern, die
Ahnung, allen Besitz von nun an für alle Zeiten mit dem Neuankömmlinge
teilen zu müssen, wirken erweckend auf das
Gefühlsleben des Kindes und verschärfend auf seine Denkfähigkeit.
Das ältere Kind äußert unverhohlene Feindseligkeit gegen den
Konkurrenten, die sich in unliebenswürdiger Beurteilung desselben,
in Wünschen, daß „der Storch ihn wieder mitnehmen möge"
und dergleichen Luft macht und gelegentlich selbst zu kleinen

Attentaten auf das hilflos in der Wiege Daliegende führt. Eine größere Altersdifferenz schwächt den Ausdruck dieser primären Feindseligkeit in der Regel ab; ebenso kann in etwas späteren Jahren, wenn Geschwister ausbleiben, der Wunsch nach einem Gespielen, wie das Kind ihn anderswo beobachten konnte, die Oberhand erhalten.

Unter der Anregung dieser Gefühle und Sorgen kommt das Kind nun zur Beschäftigung mit dem ersten, großartigen Problem des Lebens und stellt sich die Frage, **woher die Kinder kommen**, die wohl zuerst lautet, woher dieses einzelne störende Kind gekommen ist. Den Nachklang dieser ersten Rätselfrage glaubt man in unbestimmt vielen Rätseln des Mythus und der Sage zu vernehmen; die Frage selbst ist, wie alles Forschen, ein Produkt der Lebensnot, als ob dem Denken die Aufgabe gestellt würde, das Wiedereintreffen so gefürchteter Ereignisse zu verhüten. Nehmen wir indes an, daß sich das Denken des Kindes alsbald von seiner Anregung frei macht und als selbständiger Forschertrieb weiter arbeitet. Wo das Kind nicht bereits zu sehr eingeschüchtert ist, schlägt es früher oder später den nächsten Weg ein, Antwort von seinen Eltern und Pflegepersonen, die ihm die Quelle des Wissens bedeuten, zu verlangen. Dieser Weg geht aber fehl. Das Kind erhält entweder ausweichende Antwort oder einen Verweis für seine Wißbegierde oder wird mit jener mythologisch bedeutsamen Auskunft abgefertigt, die in deutschen Landen lautet: Der Storch bringe die Kinder, die er aus dem Wasser hole. Ich habe Grund anzunehmen, daß weit mehr Kinder, als die Eltern ahnen, mit dieser Lösung unzufrieden sind und ihr energische Zweifel entgegensetzen, die nur nicht immer offen eingestanden werden. Ich weiß von einem dreijährigen Knaben, der nach erhaltener Aufklärung zum Schrecken seiner Kinderfrau vermißt wurde und sich am Ufer des großen Schloßteiches wiederfand, wohin er geeilt war, um die Kinder im Wasser zu beobachten, von einem anderen, der seinem Unglauben keine andere als die zaghafte Aussprache gestatten konnte, er wisse es besser, nicht der Storch bringe die Kinder, sondern der — Fischreiher. Es scheint mir aus vielen Mitteilungen hervorzugehen, daß die Kinder der Storchtheorie den Glauben verweigern, von dieser ersten Täuschung und Abweisung an aber ein Mißtrauen gegen die Erwachsenen in sich nähren, die Ahnung von etwas Verbotenem gewinnen, das ihnen von den „Großen" vorenthalten wird, und darum ihre weiteren Forschungen mit Geheimnis verhüllen. Sie haben dabei aber auch den ersten Anlaß eines „psychischen Konflikts" erlebt, indem Meinungen, für die sie eine triebartige Bevorzugung empfinden, die aber den Großen nicht „recht" sind, in Gegensatz zu anderen geraten, die durch die Autorität der „Großen" gehalten werden, ohne ihnen selbst genehm zu sein. Aus diesem psychischen Konflikte kann bald eine „psychische Spaltung" werden; die eine Meinung, mit der die Bravheit, aber auch die Sistierung des Nachdenkens verbunden ist, wird zur herrschenden bewußten; die andere, für die die Forscherarbeit unterdes neue Beweise erbracht hat, die nicht gelten sollen, zur unterdrückten, „unbewußten". Der Kernkomplex der Neurose findet sich auf diese Weise konstituiert.

Ich habe kürzlich durch die Analyse eines fünfjährigen Knaben, die dessen Vater mit ihm angestellt und mir dann zur Veröffentlichung überlassen hat, den unwiderleglichen Nachweis für eine Einsicht erhalten, auf deren Spur mich die Psychoanalysen Erwachsener längst geführt hatten. Ich weiß jetzt, daß die Graviditätsveränderung der Mutter den scharfen Augen des Kindes nicht entgeht, und daß dieses sehr wohl imstande ist, eine Weile nachher den richtigen Zusammenhang zwischen der Leibeszunahme der Mutter und dem Erscheinen des Kindes herzustellen. In dem erwähnten Falle war der Knabe dreieinhalb Jahre alt, als seine Schwester geboren wurde, und vierdreiviertel, als er sein besseres Wissen durch die unverkennbarsten Anspielungen erraten ließ. Diese frühzeitige Erkenntnis wird aber immer geheim gehalten und später im Zusammenhange mit den weiteren Schicksalen der kindlichen Sexualforschung verdrängt und vergessen.

Die „Storchfabel" gehört also nicht zu den infantilen Sexualtheorien; es ist im Gegenteile die Beobachtung der Tiere, die ihr Sexualleben so wenig verhüllen, und denen sich das Kind so verwandt fühlt, die den Unglauben des Kindes bestärkt. Mit der Erkenntnis, das Kind wachse im Leibe der Mutter, die das Kind noch selbständig erwirbt, wäre es auf dem richtigen Wege, das Problem, an dem es zuerst seine Denkkraft erprobt, zu lösen. Im weiteren Fortschreiten wird es aber gehemmt durch eine Unwissenheit, die sich nicht ersetzen läßt, und durch falsche Theorien, welche der Zustand der eigenen Sexualität ihm aufdrängt.

Diese falschen Sexualtheorien, die ich nun erörtern werde, haben alle einen sehr merkwürdigen Charakter. Obwohl sie in grotesker Weise fehlgehen, enthalten sie doch, jede von ihnen, ein Stück echter Wahrheit, in dieser Zusammensetzung analog den „genial" geheißenen Lösungsversuchen Erwachsener an den für den Menschenverstand überschwierigen Weltproblemen. Das Richtige und Triftige an diesen Theorien erklärt sich durch deren Abkunft von den Komponenten des Sexualtriebes, die sich bereits im kindlichen Organismus regen; denn nicht psychische Willkür oder zufällige Eindrücke haben diese Annahmen entstehen lassen, sondern die Notwendigkeiten der psychosexuellen Konstitution, und darum können wir von typischen Sexualtheorien der Kinder sprechen, darum finden wir die nämlichen irrigen Meinungen bei allen Kindern, deren Sexualleben uns zugänglich wird.

Die erste dieser Theorien knüpft an die Vernachlässigung der Geschlechtsunterschiede an, die wir eingangs als kennzeichnend für das Kind hervorgehoben haben. Sie besteht darin, **allen Menschen, auch den weiblichen Personen, einen Penis zuzusprechen**, wie ihn der Knabe vom eigenen Körper kennt. Gerade in jener Sexualkonstitution, die wir als die

„normale" anerkennen müssen, ist der Penis schon in der Kindheit die leitende erogene Zone, das hauptsächlichste autoerotische Sexualobjekt, und seine Wertschätzung spiegelt sich logisch in dem Unvermögen, eine dem Ich ähnliche Persönlichkeit ohne diesen wesentlichen Bestandteil vorzustellen. Wenn der kleine Knabe das Genitale eines Schwesterchens zu Gesicht bekommt, so zeigen seine Äußerungen, daß sein Vorurteil bereits stark genug ist, um die Wahrnehmung zu beugen; er konstatiert nicht etwa das Fehlen des Gliedes, sondern sagt r e g e l m ä ß i g, wie tröstend und vermittelnd: der ... ist aber noch klein; nun wenn sie größer wird, wird er schon wachsen. Die Vorstellung des Weibes mit dem Penis kehrt noch spät in den Träumen des Erwachsenen wieder; in nächtlicher sexueller Erregung wirft er ein Weib nieder, entblößt es und bereitet sich zum Koitus, um dann beim Anblick des wohlausgebildeten Gliedes an Stelle der weiblichen Genitalien den Traum und die Erregung abzubrechen. Die zahlreichen Hermaphroditen des klassischen Altertums geben diese einst allgemeine infantile Vorstellung getreulich wieder; man kann beobachten, daß sie auf die meisten normalen Menschen nicht verletzend wirkt, während die wirklich von der Natur zugelassenen hermaphroditischen Bildungen der Genitalien fast immer den größten Abscheu erregen.

Wenn sich diese Vorstellung des Weibes mit dem Penis bei dem Kinde „fixiert", allen Einflüssen des späteren Lebens widersteht, und den Mann unfähig macht, bei seinem Sexualobjekt auf den Penis zu verzichten, so muß ein solches Individuum bei sonst normalem Sexualleben ein Homosexueller werden, seine Sexualobjekte unter den Männern suchen, die durch andere somatische und seelische Charaktere an das Weib erinnern. Das wirkliche Weib, wie es später erkannt wird, bleibt als Sexualobjekt unmöglich für ihn, da es des wesentlichen sexuellen Reizes entbehrt, ja im Zusammenhange mit einem anderen Eindruck des Kinderlebens kann es zum Abscheu für ihn werden. Das hauptsächlich von der

Peniserregung beherrschte Kind hat sich gewöhnlich durch Reizung desselben mit der Hand Lust geschafft, ist von den Eltern oder Wartepersonen dabei ertappt und mit der Drohung, man werde ihm das Glied abschneiden, geschreckt worden. Die Wirkung dieser „Kastrationsdrohung" ist im richtigen Verhältnisse zur Schätzung dieses Körperteiles eine ganz außerordentlich tiefgreifende und nachhaltige. Sagen und Mythen zeugen von dem Aufruhr des kindlichen Gefühlslebens, von dem Entsetzen, das sich an den Kastrationskomplex knüpft, der dann später auch entsprechend widerwillig vom Bewußtsein erinnert wird. An diese Drohung mahnt nun das später wahrgenommene, als verstümmelt aufgefaßte Genitale des Weibes und darum erweckt es beim Homosexuellen Grausen anstatt Lust. An dieser Reaktion kann nichts mehr geändert werden, wenn der Homosexuelle von der Wissenschaft erfährt, daß die kindliche Annahme, auch die Frau besitze einen Penis, doch nicht so irre geht. Die Anatomie hat die Klitoris innerhalb der weiblichen Schamspalte als das dem Penis homologe Organ erkannt, und die Physiologie der Sexualvorgänge hat hinzufügen können, daß dieser kleine und nicht mehr wachsende Penis sich in der Kindheit des Weibes tatsächlich wie ein echter und rechter Penis benimmt, daß er zum Sitz von Erregungen wird, die zu seiner Berührung veranlassen, daß seine Reizbarkeit der Sexualbetätigung des kleinen Mädchens männlichen Charakter verleiht, und daß es eines Verdrängungsschubes in den Pubertätsjahren bedarf, um durch Hinwegräumung dieser männlichen Sexualität das Weib entstehen zu lassen. Wie nun viele Frauen in ihrer Sexualfunktion daran verkümmern, daß diese Klitoriserregbarkeit hartnäckig festgehalten wird, so daß sie im Koitusverkehr anästhetisch bleiben, oder daß die Verdrängung zu übermäßig erfolgt, so daß ihre Wirkung durch hysterische Ersatzbildung teilweise aufgehoben wird; dies alles gibt der infantilen Sexualtheorie, das Weib besitze wie der Mann einen Penis, nicht unrecht.

An dem kleinen Mädchen kann man mit Leichtigkeit beobachten, daß es die Schätzung des Bruders durchaus teilt. Es entwickelt ein großes Interesse für diesen Körperteil beim Knaben, das aber alsbald vom Neide kommandiert wird. Es fühlt sich benachteiligt, es macht Versuche, in solcher Stellung zu urinieren, wie es dem Knaben durch den Besitz des großen Penis ermöglicht wird, und wenn es den Wunsch äußert: Ich möchte lieber ein Bub sein, so wissen wir, welchem Mangel dieser Wunsch abhelfen soll.

Wenn das Kind den Andeutungen folgen könnte, die von der Erregung des Penis ausgehen, so würde es der Lösung seines Problems um ein Stück näher rücken. Daß das Kind im Leibe der Mutter wächst, ist offenbar nicht genug Erklärung. Wie kommt es hinein? Was gibt den Anstoß zu seiner Entwicklung? Daß der Vater etwas damit zu tun hat, ist wahrscheinlich; er erklärt ja, das Kind sei auch sein Kind.[1] Anderseits hat der Penis gewiß auch seinen Anteil an diesen nicht zu erratenden Vorgängen, er bezeugt es durch seine Miterregung bei all dieser Gedankenarbeit. Mit dieser Erregung sind Antriebe verbunden, die das Kind sich nicht zu deuten weiß, dunkle Impulse zu gewaltsamem Tun, zum Eindringen, Zerschlagen, irgendwo ein Loch aufreißen. Aber wenn das Kind so auf dem besten Wege scheint, die Existenz der Scheide zu postulieren und dem Penis des Vaters ein solches Eindringen bei der Mutter zuzuschreiben als jenen Akt, durch den das Kind im Leibe der Mutter entsteht, so bricht an dieser Stelle doch die Forschung ratlos ab, denn ihr steht die Theorie im Wege, daß die Mutter einen Penis besitzt wie ein Mann, und die Existenz des Hohlraumes, der den Penis aufnimmt, bleibt für das Kind unentdeckt. Daß die Erfolglosigkeit der Denkbemühung dann ihre Verwerfung

---

[1] Vgl. hiezu die Analyse des fünfjährigen Knaben im Jahrbuch für psychoanalytische und psychopathologische Forschungen. 1. Halbbd. 1909. [Bd. VII dieser Gesamtausgabe.]

und ihr Vergessen erleichtert, wird man gern annehmen. Dieses Grübeln und Zweifeln wird aber vorbildlich für alle spätere Denkarbeit an Problemen und der erste Mißerfolg wirkt für alle Zeiten lähmend fort.

Die Unkenntnis der Vagina ermöglicht dem Kinde auch die Überzeugung von der zweiten seiner Sexualtheorien. Wenn das Kind im Leibe der Mutter wächst und aus diesem entfernt wird, so kann dies nur auf dem einzig möglichen Wege der Darmöffnung geschehen. **Das Kind muß entleert werden wie ein Exkrement, ein Stuhlgang.** Wenn dieselbe Frage in späteren Kinderjahren Gegenstand des einsamen Nachdenkens oder der Besprechung zwischen zwei Kindern wird, so stellen sich wohl die Auskünfte ein, das Kind komme aus dem sich öffnenden Nabel, oder der Bauch werde aufgeschnitten und das Kind herausgenommen, wie es dem Wolfe im Märchen von Rotkäppchen geschieht. Diese Theorien werden laut ausgesprochen und später auch bewußt erinnert; sie enthalten nichts Anstößiges mehr. Dieselben Kinder haben dann völlig vergessen, daß sie in früheren Jahren an eine andere Geburtstheorie glaubten, welcher gegenwärtig die seither eingetretene Verdrängung der analen Sexualkomponente im Wege steht. Damals war der Stuhlgang etwas, wovon in der Kinderstube ohne Scheu gesprochen werden durfte, das Kind stand seinen konstitutionellen koprophilen Neigungen noch nicht so ferne; es war keine Degradation, so zur Welt zu kommen wie ein Haufen Kot, den der Ekel noch nicht verdammt hatte. Die Kloakentheorie, die für so viele Tiere ja zu Recht besteht, war die natürlichste und die einzige, die sich dem Kinde als wahrscheinlich aufdrängen konnte.

Dann war es aber nur konsequent, daß das Kind das schmerzliche Vorrecht des Weibes, Kinder zu gebären, nicht gelten ließ. Wenn die Kinder durch den After geboren werden, so kann der Mann ebensogut gebären wie das Weib. Der Knabe kann also auch phantasieren, daß er selbst Kinder bekommt, ohne daß wir ihn darum femininer Neigungen zu beschuldigen brauchen. Er betätigt dabei nur seine noch regsame Analerotik.

Wenn sich die Kloakentheorie der Geburt im Bewußtsein späterer Kinderjahre erhält, was gelegentlich vorkommt, so bringt sie auch eine allerdings nicht mehr ursprüngliche Lösung der Frage nach der Entstehung der Kinder mit sich. Es ist dann wie im Märchen. Man ißt etwas Bestimmtes und davon bekommt man ein Kind. Die Geisteskranke belebt diese infantile Geburtstheorie dann wieder. Die Maniaka etwa führt den besuchenden Arzt zu einem Häufchen Kot, das sie in einer Ecke ihrer Zelle abgesetzt hat, und sagt ihm lachend: Das ist das Kind, das ich heute geboren habe.

Die dritte der typischen Sexualtheorien ergibt sich den Kindern, wenn sie durch irgendeine der häuslichen Zufälligkeiten zu Zeugen des elterlichen Sexualverkehrs werden, über den sie dann doch nur sehr unvollständige Wahrnehmungen machen können. Welches Stück desselben dann immer in ihre Beobachtung fällt, ob die gegenseitige Lage der beiden Personen oder die Geräusche oder gewisse Nebenumstände, sie gelangen in allen Fällen zur nämlichen, wir können sagen s a d i s t i s c h e n A u f f a s s u n g   d e s   K o i t u s, sehen in ihm etwas, was der stärkere Teil dem schwächeren mit Gewalt antut, und vergleichen ihn, zumal die Knaben, mit einer Rauferei, wie sie sie aus ihrem Kinderverkehr kennen, und die ja auch der Beimengung sexueller Erregung nicht ermangelt. Ich habe nicht feststellen können, daß die Kinder diesen von ihnen beobachteten Vorgang zwischen den Eltern als das zur Lösung des Kinderproblems erforderliche Stück agnoszieren würden; öfter hatte es den Anschein, als würde diese Beziehung von den Kindern gerade darum verkannt, weil sie dem Liebesakte solche Deutung ins Gewalttätige gegeben haben. Aber diese Auffassung macht selbst den Eindruck einer Wiederkehr jenes dunkeln Impulses zur grausamen Betätigung, der sich beim ersten Nachdenken über das Rätsel, woher die

Kinder kommen, an die Peniserregung knüpfte. Es ist auch die Möglichkeit nicht abzuleugnen, daß jener frühzeitige sadistische Impuls, der den Koitus beinahe hätte erraten lassen, selbst unter dem Einflusse dunkelster Erinnerungen an den Verkehr der Eltern aufgetreten ist, für die das Kind, als es noch in den ersten Lebensjahren das Schlafzimmer der Eltern teilte, das Material aufgenommen hatte, ohne es damals zu verwerten.[1]

Die sadistische Theorie des Koitus, die in ihrer Isoliertheit zur Irreführung wird, wo sie hätte Bestätigung bringen können, ist wiederum der Ausdruck einer der angeborenen sexuellen Komponenten, die bei dem einzelnen Kinde mehr oder minder stark ausgeprägt sein mag, und sie hat daher ein Stück weit recht, errät zum Teil das Wesen des Geschlechtsaktes und den „Kampf der Geschlechter", der ihm vorhergeht. Nicht selten ist das Kind auch in der Lage, diese seine Auffassung durch akzidentelle Wahrnehmungen zu stützen, die es zum Teil richtig, zum anderen wieder falsch, ja gegensätzlich erfaßt. In vielen Ehen sträubt sich die Frau wirklich regelmäßig gegen die eheliche Umarmung, die ihr keine Lust und die Gefahr neuer Schwangerschaft bringt, und so mag die Mutter dem für schlafend gehaltenen (oder sich schlafend stellenden) Kinde einen Eindruck bieten, der gar nicht anders denn als ein Wehren gegen eine Gewalttat gedeutet werden kann. Andere Male noch gibt die ganze Ehe dem aufmerksamen Kinde das Schauspiel eines unausgesetzten, in lauten Worten und unfreundlichen Gebärden sich äußernden Streites, wo dann das Kind sich nicht zu wundern braucht, daß dieser Streit sich auch in die Nacht fortsetzt und endlich durch dieselben Methoden ausgetragen wird, die das Kind im Verkehre mit seinen Geschwistern oder Spielgenossen zu gebrauchen gewöhnt ist.

---

1) In dem 1794 veröffentlichten, autobiographischen Buche „Monsieur Nicolas" bestätigt R e s t i f d e l a B r é t o n n e dieses sadistische Mißverständnis des Koitus in der Erzählung eines Eindruckes aus seinem vierten Lebensjahre.

Als eine Bestätigung seiner Auffassung sieht das Kind es aber auch an, wenn es Blutspuren im Bett oder an der Wäsche der Mutter entdeckt. Diese sind ihm ein Beweis dafür, daß in der Nacht wieder ein solcher Überfall des Vaters auf die Mutter stattgefunden hat, während wir dieselbe frische Blutspur lieber als Anzeichen einer Pause im sexuellen Verkehre deuten werden. Manche sonst unerklärliche „Blutscheu" der Nervösen findet durch diesen Zusammenhang ihre Aufklärung. Der Irrtum des Kindes deckt wiederum ein Stückchen Wahrheit; unter gewissen, bekannten Verhältnissen wird die Blutspur allerdings als Zeichen des eingeleiteten sexuellen Verkehres gewürdigt.

In loserem Zusammenhange mit dem unlösbaren Problem, woher die Kinder kommen, beschäftigt sich das Kind mit der Frage, was das Wesen und der Inhalt des Zustandes sei, den man „Verheiratetsein" heißt, und beantwortet diese Frage verschieden, je nach dem Zusammentreffen von zufälligen Wahrnehmungen bei den Eltern mit den eigenen noch lustbetonten Trieben. Nur daß es sich vom Verheiratetsein Lustbefriedigung verspricht und ein Hinwegsetzen über die Scham vermutet, scheint allen diesen Beantwortungen gemeinsam. Die Auffassung, die ich am häufigsten gefunden habe, lautet, daß „man vor einander uriniert"; eine Abänderung, die so klingt, als ob sie symbolisch ein Mehrwissen andeuten wollte: daß der Mann in den Topf der Frau uriniert. Andere Male wird der Sinn des Heiratens darin verlegt: daß man einander den Popo zeigt (ohne sich zu schämen). In einem Falle, in dem es der Erziehung gelungen war, die Sexualerfahrung besonders lange aufzuschieben, kam das vierzehnjährige und bereits menstruierte Mädchen über Anregung der Lektüre auf die Idee, das Verheiratetsein bestehe in einer „Mischung des Blutes", und da die eigene Schwester noch nicht die Periode hatte, versuchte die Lüsterne ein Attentat auf eine Besucherin, welche gestanden hatte, eben zu menstruieren, um sie zu dieser „Blutvermischung" zu nötigen.

Die infantilen Meinungen über das Wesen der Ehe, die nicht selten von der bewußten Erinnerung festgehalten werden, haben für die Symptomatik späterer neurotischer Erkrankung große Bedeutung. Sie schaffen sich zunächst Ausdruck in Kinderspielen, in denen man das miteinander tut, was das Verheiratetsein ausmacht, und dann später einmal kann sich der Wunsch verheiratet zu sein die infantile Ausdrucksform wählen, um in einer zunächst unkenntlichen Phobie oder einem entsprechenden Symptom aufzutreten.[1]

Es wären dies die wichtigsten der typischen, in frühen Kindheitsjahren und spontan, nur unter dem Einflusse der sexuellen Triebkomponenten produzierten Sexualtheorien des Kindes. Ich weiß, daß ich weder die Vollständigkeit des Materials noch die Herstellung des lückenlosen Zusammenhanges mit dem sonstigen Kinderleben erreicht habe. Einzelne Nachträge kann ich hier noch anfügen, die sonst jeder Kundige vermißt hätte. So zum Beispiel die bedeutsame Theorie, daß man ein Kind durch einen Kuß bekommt, die wie selbstverständlich die Vorherrschaft der erogenen Mundzone verrät. Nach meiner Erfahrung ist diese Theorie ausschließlich feminin und wird als pathogen manchmal bei Mädchen angetroffen, bei denen die Sexualforschung in der Kindheit die stärksten Hemmungen erfahren hat. Eine meiner Patientinnen gelangte durch eine zufällige Wahrnehmung zur Theorie der „Couvade", die bekanntlich bei manchen Völkern allgemeine Sitte ist und wahrscheinlich die Absicht hat, dem nie völlig zu besiegenden Zweifel an der Paternität zu widersprechen. Da ein etwas sonderbarer Onkel nach der Geburt seines Kindes tagelang zu Hause blieb und die Besucher im Schlafrock empfing, schloß sie, daß bei einer Geburt beide Eltern beteiligt seien und zu Bette gehen müßten.

Um das zehnte oder elfte Lebensjahr tritt die sexuelle Mitteilung an die Kinder heran. Ein Kind, welches in ungehemmteren

---

[1] Die für die spätere Neurose bedeutsamsten Kinderspiele sind das „Doktorspiel" und „Papa- und Mama"-Spielen.

sozialen Verhältnissen aufgewachsen ist oder sonst glücklichere Gelegenheit zur Beobachtung gefunden hat, teilt anderen mit, was es weiß, weil es sich dabei reif und überlegen empfinden kann. Was die Kinder so erfahren, ist meist das Richtige, das heißt es wird ihnen die Existenz der Vagina und deren Bestimmung verraten, aber sonst sind diese Aufklärungen, die sie voneinander entlehnen, nicht selten mit Falschem vermengt, mit Überresten der älteren infantilen Sexualtheorien behaftet. Vollständig und zur Lösung des uralten Problems ausreichend sind sie fast nie. Wie früher die Unkenntnis der Vagina, so hindert jetzt die des Samens die Einsicht in den Zusammenhang. Das Kind kann nicht erraten, daß aus dem männlichen Geschlechtsglied noch eine andere Substanz entleert wird als der Harn, und gelegentlich zeigt sich ein „unschuldiges Mädchen" noch in der Brautnacht entrüstet darüber, daß der Mann „in sie hineinuriniere". An diese Mitteilungen in den Jahren der Vorpubertät schließt sich nun ein neuer Aufschwung der kindlichen Sexualforschung; aber die Theorien, welche die Kinder jetzt schaffen, haben nicht mehr das typische und ursprüngliche Gepräge, das für die frühkindlichen, primären, charakteristisch war, solange die infantilen Sexualkomponenten ungehemmt und unverwandelt ihren Ausdruck in Theorien durchsetzen konnten. Die späteren Denkbemühungen zur Lösung der sexuellen Rätsel schienen mir die Sammlung nicht zu verlohnen, sie können auch auf pathogene Bedeutung wenig Anspruch mehr erheben. Ihre Mannigfaltigkeit ist natürlich in erster Linie von der Natur der erhaltenen Aufklärung abhängig; ihre Bedeutung liegt vielmehr darin, daß sie die unbewußt gewordenen Spuren jener ersten Periode des sexuellen Interesses wieder erwecken, so daß nicht selten masturbatorische Sexualbetätigung und ein Stück der Gefühlsablösung von den Eltern an sie anknüpft. Daher das verdammende Urteil der Erzieher, daß solche Aufklärung in diesen Jahren die Kinder „verderbe".

Einige wenige Beispiele mögen zeigen, welche Elemente oft in diese späten Grübeleien der Kinder über das Sexualleben eingehen. Ein Mädchen hat von den Schulkolleginnen gehört, daß der Mann der Frau ein Ei gibt, welches sie in ihrem Leibe ausbrütet. Ein Knabe, der auch vom Ei gehört hat, identifiziert dieses „Ei" mit dem vulgär ebenso benannten Hoden und zerbricht sich den Kopf darüber, wie denn der Inhalt des Hodensackes sich immer wieder erneuern kann. Die Aufklärungen reichen selten so weit, um wesentliche Unsicherheiten über die Geschlechtsvorgänge zu verhüten. So können Mädchen zur Erwartung kommen, der Geschlechtsverkehr finde nur ein einzigesmal statt, dauere aber da sehr lange, vierundzwanzig Stunden, und von diesem einen Male kämen der Reihe nach alle Kinder. Man sollte meinen, dieses Kind habe Kenntnis von dem Fortpflanzungsvorgang bei gewissen Insekten gewonnen; aber diese Vermutung bestätigt sich nicht, die Theorie erscheint als eine selbständige Schöpfung. Andere Mädchen übersehen die Tragzeit, das Leben im Mutterleibe, und nehmen an, daß das Kind unmittelbar nach der Nacht des ersten Verkehrs zum Vorschein komme. Marcell Prévost hat diesen Jungmädchenirrtum in einer der „Lettres de femmes" zu einer lustigen Geschichte verarbeitet. Schwer zu erschöpfen und vielleicht im allgemeinen nicht uninteressant ist das Thema dieser späten Sexualforschung der Kinder oder auf der kindlichen Stufe zurückgehaltenen Adoleszenten, aber es liegt meinem Interesse ferner, und ich muß nur noch hervorheben, daß dabei von den Kindern viel Unrechtes zutage gefördert wird, was dazu bestimmt ist, älterer, besserer, aber unbewußt gewordener und verdrängter Erkenntnis zu widersprechen.

Auch die Art, wie die Kinder sich gegen die ihnen zugehenden Mitteilungen verhalten, hat ihre Bedeutung. Bei manchen ist die Sexualverdrängung soweit gediehen, daß sie nichts anhören wollen, und diesen gelingt es auch, bis in späte Jahre unwissend zu bleiben, scheinbar unwissend wenigstens, bis in der Psychoanalyse der Neurotischen das aus früher Kindheit stammende Wissen zum Vorschein kommt. Ich weiß auch von zwei Knaben zwischen zehn und dreizehn Jahren, welche die sexuelle Aufklärung zwar anhörten, aber dem Gewährsmanne die ablehnende Antwort gaben: Es ist möglich, daß dein Vater und andere Leute so etwas tun, aber von meinem Vater weiß ich es gewiß, daß er es nie tun würde. Wie mannigfaltig immer dieses spätere Benehmen der Kinder gegen die Befriedigung der sexuellen Wißbegierde sein mag, für ihre ersten Kinderjahre dürfen wir ein durchaus gleichförmiges Verhalten annehmen und glauben, daß sie damals alle aufs eifrigste bestrebt waren zu erfahren, was die Eltern miteinander tun, woraus dann die Kinder werden.

HYSTERISCHE PHANTASIEN UND IHRE BEZIEHUNG ZUR BISEXUALITÄT

HYSTERISCHE PHANTASIEN UND IHRE BEZIEHUNG ZUR BISEXUALITÄT

Allgemein bekannt sind die Wahndichtungen der Paranoiker, welche die Größe und die Leiden des eigenen Ichs zum Inhalt haben und in ganz typischen, fast monotonen Formen auftreten. Durch zahlreiche Mitteilungen sind uns ferner die sonderbaren Veranstaltungen bekannt geworden, unter denen gewisse Perverse ihre sexuelle Befriedigung — in der Idee oder Realität — in Szene setzen. Dagegen dürfte es manchen wie eine Neuheit klingen, zu erfahren, daß ganz analoge psychische Bildungen bei allen Psychoneurosen, speziell bei Hysterie, regelmäßig vorkommen, und daß diese — die sogenannten hysterischen Phantasien — wichtige Beziehungen zur Verursachung der neurotischen Symptome erkennen lassen.

Gemeinsame Quelle und normales Vorbild all dieser phantastischen Schöpfungen sind die sogenannten Tagträume der Jugend, die in der Literatur bereits eine gewisse, obwohl noch nicht zureichende, Beachtung gefunden haben.[1] Bei beiden Ge-

---

1) Vgl. Breuer und Freud: Studien über Hysterie, 1895. (4. Aufl. 1922.) [Bd. I dieser Gesamtausgabe.] — P. Janet: Névroses et idées fixes, I. (Les rêveries subconscientes.) 1898. — Havelock Ellis: Geschlechtstrieb und Schamgefühl (deutsch von Kötscher). 1900. — Freud: Traumdeutung, 1900, 7. Aufl., 1922. [Bd. II und III dieser Gesamtausgabe.] — A. Pick: Über pathologische Träumerei und ihre Beziehungen zur Hysterie, Jahrbuch für Psychiatrie und Neurologie, XIV, 1896.

schlechtern vielleicht gleich häufig, scheinen sie bei Mädchen und Frauen durchweg erotischer, bei Männern erotischer oder ehrgeiziger Natur zu sein. Doch darf man die Bedeutung des erotischen Moments auch bei Männern nicht in die zweite Linie rücken wollen; bei näherem Eingehen in den Tagtraum des Mannes ergibt sich gewöhnlich, daß all diese Heldentaten nur verrichtet, alle Erfolge nur errungen werden, um einem Weib zu gefallen und von ihr anderen Männern vorgezogen zu werden.[1] Diese Phantasien sind Wunschbefriedigungen, aus der Entbehrung und der Sehnsucht hervorgegangen; sie führen den Namen „Tagträume" mit Recht, denn sie geben den Schlüssel zum Verständnis der nächtlichen Träume, in denen nichts anderes als solche komplizierte, entstellte und von der bewußten psychischen Instanz mißverstandene Tagesphantasien den Kern der Traumbildung herstellen.[2]

Diese Tagträume werden mit großem Interesse besetzt, sorgfältig gepflegt und meist sehr schamhaft behütet, als ob sie zu den intimsten Gütern der Persönlichkeit zählten. Auf der Straße erkennt man aber leicht den im Tagtraum Begriffenen an einem plötzlichen, wie abwesenden Lächeln, am Selbstgespräch oder an der laufartigen Beschleunigung des Ganges, womit er den Höhepunkt der erträumten Situation bezeichnet. — Alle hysterischen Anfälle, die ich bisher untersuchen konnte, erwiesen sich nun als solche unwillkürlich hereinbrechende Tagträume. Die Beobachtung läßt nämlich keinen Zweifel darüber, daß es solche Phantasien ebensowohl unbewußt gibt wie bewußt, und sobald dieselben zu unbewußten geworden sind, können sie auch pathogen werden, d. h. sich in Symptomen und Anfällen ausdrücken. Unter günstigen Umständen kann man eine solche unbewußte Phantasie noch mit dem Bewußtsein erhaschen. Eine meiner Patientinnen, die ich auf ihre Phantasien aufmerksam

---

[1] Ähnlich urteilt hierüber H. Ellis, l. c., 185 f.
[2] Vgl. Freud: Traumdeutung, 8. Aufl., S. 336. [Ges Werke, Bd. II/III].

gemacht hatte, erzählte mir, sie habe sich einmal auf der Straße plötzlich in Tränen gefunden, und bei raschem Besinnen, worüber sie eigentlich weine, sei sie der Phantasie habhaft geworden, daß sie mit einem stadtbekannten (ihr aber persönlich unbekannten) Klaviervirtuosen ein zärtliches Verhältnis eingegangen sei, ein Kind von ihm bekommen habe (sie war kinderlos), und dann mit dem Kinde von ihm im Elend verlassen worden sei. An dieser Stelle des Romanes brachen ihre Tränen hervor.

Die unbewußten Phantasien sind entweder von jeher unbewußt gewesen, im Unbewußten gebildet worden oder, was der häufigere Fall ist, sie waren einmal bewußte Phantasien, Tagträume, und sind dann mit Absicht vergessen worden, durch die „Verdrängung" ins Unbewußte geraten. Ihr Inhalt ist dann entweder der nämliche geblieben oder er hat Abänderungen erfahren, so daß die jetzt unbewußte Phantasie einen Abkömmling der einst bewußten darstellt. Die unbewußte Phantasie steht nun in einer sehr wichtigen Beziehung zum Sexualleben der Person; sie ist nämlich identisch mit der Phantasie, welche derselben während einer Periode von Masturbation zur sexuellen Befriedigung gedient hat. Der masturbatorische (im weitesten Sinne: onanistische) Akt setzte sich damals aus zwei Stücken zusammen, aus der Hervorrufung der Phantasie und aus der aktiven Leistung zur Selbstbefriedigung auf der Höhe derselben. Diese Zusammensetzung ist bekanntlich selbst eine Verlötung.[1] Ursprünglich war die Aktion eine rein autoerotische Vornahme zur Lustgewinnung von einer bestimmten, erogen zu nennenden Körperstelle. Später verschmolz diese Aktion mit einer Wunschvorstellung aus dem Kreise der Objektliebe und diente zur teilweisen Realisierung der Situation, in welcher diese Phantasie gipfelte. Wenn dann die Person auf diese Art der masturbatorisch-phantastischen Befriedigung verzichtet, so wird die Aktion unterlassen, die Phantasie aber wird aus einer bewußten

---

[1] Vgl. F r e u d: Drei Abhandlungen zur Sexualtheorie, 1905, 5. Aufl., 1922. [Ges. Werke, Bd. V]

zu einer unbewußten. Tritt keine andere Weise der sexuellen Befriedigung ein, verbleibt die Person in der Abstinenz und gelingt es ihr nicht, ihre Libido zu sublimieren, das heißt die sexuelle Erregung auf ein höheres Ziel abzulenken, so ist jetzt die Bedingung dafür gegeben, daß die unbewußte Phantasie aufgefrischt werde, wuchere und sich mit der ganzen Macht des Liebesbedürfnisses wenigstens in einem Stück ihres Inhalts als Krankheitssymptom durchsetze.

Für eine ganze Reihe von hysterischen Symptomen sind solcher Art die unbewußten Phantasien die nächsten psychischen Vorstufen. Die hysterischen Symptome sind nichts anderes als die durch „Konversion" zur Darstellung gebrachten unbewußten Phantasien, und insofern es somatische Symptome sind, werden sie häufig genug aus dem Kreise der nämlichen Sexualempfindungen und motorischen Innervationen entnommen, welche ursprünglich die damals noch bewußte Phantasie begleitet hatten. Auf diese Weise wird die Onanieentwöhnung eigentlich rückgängig gemacht und das Endziel des ganzen pathologischen Vorganges, die Herstellung der seinerzeitigen primären Sexualbefriedigung, wird dabei zwar niemals vollkommen, aber immer in einer Art von Annäherung erreicht.

Das Interesse desjenigen, der die Hysterie studiert, wendet sich alsbald von den Symptomen derselben ab und den Phantasien zu, aus welchen erstere hervorgehen. Die Technik der Psychoanalyse gestattet es, von den Symptomen aus diese unbewußten Phantasien zunächst zu erraten und dann im Kranken bewußt werden zu lassen. Auf diesem Wege ist nun gefunden worden, daß die unbewußten Phantasien der Hysteriker den bewußt durchgeführten Befriedigungssituationen der Perversen inhaltlich völlig entsprechen, und wenn man um Beispiele solcher Art verlegen ist, braucht man sich nur an die welthistorischen Veranstaltungen der römischen Cäsaren zu erinnern, deren Tollheit natürlich nur durch die uneingeschränkte Machtfülle der Phantasiebildner bedingt ist. Die Wahnbildungen der Paranoiker sind ebensolche, aber unmittelbar bewußt gewordene Phantasien, die von der masochistisch-sadistischen Komponente des Sexualtriebes getragen werden und gleichfalls in gewissen unbewußten Phantasien der Hysterischen ihre vollen Gegenstücke finden können. Bekannt ist übrigens der auch praktisch bedeutsame Fall, daß Hysteriker ihre Phantasien nicht als Symptome, sondern in bewußter Realisierung zum Ausdrucke bringen und somit Attentate, Mißhandlungen, sexuelle Aggressionen fingieren und in Szene setzen.

Alles, was man über die Sexualität der Psychoneurotiker erfahren kann, wird auf diesem Wege der psychoanalytischen Untersuchung, der von den aufdringlichen Symptomen zu den verborgenen unbewußten Phantasien führt, ermittelt, darunter also auch das Faktum, dessen Mitteilung in den Vordergrund dieser kleinen vorläufigen Veröffentlichung gerückt werden soll.

Wahrscheinlich infolge der Schwierigkeiten, die dem Bestreben der unbewußten Phantasien, sich Ausdruck zu verschaffen, im Wege stehen, ist das Verhältnis der Phantasien zu den Symptomen kein einfaches, sondern ein mehrfach kompliziertes.[1] In der Regel, das heißt bei voller Entwicklung und nach längerem Bestande der Neurose, entspricht ein Symptom nicht einer einzigen unbewußten Phantasie, sondern einer Mehrzahl von solchen, und zwar nicht in willkürlicher Weise, sondern in gesetzmäßiger Zusammensetzung. Zu Beginn des Krankheitsfalles werden wohl nicht alle diese Komplikationen entwickelt sein.

Dem allgemeinen Interesse zuliebe überschreite ich hier den Zusammenhang dieser Mitteilung und füge eine Reihe von Formeln ein, die sich bemühen, das Wesen der hysterischen Symptome fortschreitend zu erschöpfen. Sie widersprechen einander nicht, sondern entsprechen teils vollständigeren und

---

1) Das nämliche gilt für die Beziehung zwischen den „latenten" Traumgedanken und den Elementen des „manifesten" Trauminhaltes. Siehe den Abschnitt über die „Traumarbeit" in des Verfassers „Traumdeutung".

schärferen Fassungen, teils der Anwendung verschiedener Gesichtspunkte.

1.) Das hysterische Symptom ist das Erinnerungssymbol gewisser wirksamer (traumatischer) Eindrücke und Erlebnisse.

2.) Das hysterische Symptom ist der durch „Konversion" erzeugte Ersatz für die assoziative Wiederkehr dieser traumatischen Erlebnisse.

3.) Das hysterische Symptom ist — wie auch andere psychische Bildungen — Ausdruck einer Wunscherfüllung.

4.) Das hysterische Symptom ist die Realisierung einer der Wunscherfüllung dienenden, unbewußten Phantasie.

5.) Das hysterische Symptom dient der sexuellen Befriedigung und stellt einen Teil des Sexuallebens der Person dar (entsprechend einer der Komponenten ihres Sexualtriebs.)

6.) Das hysterische Symptom entspricht der Wiederkehr einer Weise der Sexualbefriedigung, die im infantilen Leben real gewesen und seither verdrängt worden ist.

7.) Das hysterische Symptom entsteht als Kompromiß aus zwei gegensätzlichen Affekt- oder Triebregungen, von denen die eine einen Partialtrieb oder eine Komponente der Sexualkonstitution zum Ausdrucke zu bringen, die andere dieselbe zu unterdrücken bemüht ist.

8.) Das hysterische Symptom kann die Vertretung verschiedener unbewußter, nicht sexueller Regungen übernehmen, einer sexuellen Bedeutung aber nicht entbehren.

Unter diesen verschiedenen Bestimmungen ist es die siebente, welche das Wesen des hysterischen Symptoms als Realisierung einer unbewußten Phantasie am erschöpfendsten zum Ausdrucke bringt und mit der achten die Bedeutung des sexuellen Moments in richtiger Weise würdigt. Manche der vorhergehenden Formeln sind als Vorstufen in dieser Formel enthalten.

Infolge dieses Verhältnisses zwischen Symptomen und Phantasien gelingt es unschwer, von der Psychoanalyse der Symptome zur

Kenntnis der das Individuum beherrschenden Komponenten des Sexualtriebes zu gelangen, wie ich es in den „Drei Abhandlungen zur Sexualtheorie" ausgeführt habe. Diese Untersuchung ergibt aber für manche Fälle ein unerwartetes Resultat. Sie zeigt, daß für viele Symptome die Auflösung durch eine unbewußte sexuelle Phantasie, oder durch eine Reihe von Phantasien, von denen eine, die bedeutsamste und ursprünglichste, sexueller Natur ist, nicht genügt, sondern daß man zur Lösung des Symptoms zweier sexueller Phantasien bedarf, von denen die eine männlichen, die andere weiblichen Charakter hat, so daß eine dieser Phantasien einer homosexuellen Regung entspringt. Der in Formel 7 ausgesprochene Satz wird durch diese Neuheit nicht berührt, so daß ein hysterisches Symptom notwendigerweise einem Kompromiß zwischen einer libidinösen und einer Verdrängungsregung entspricht, nebstbei aber einer Vereinigung zweier libidinöser Phantasien von entgegengesetztem Geschlechtscharakter entsprechen kann.

Ich enthalte mich, Beispiele für diesen Satz zu geben. Die Erfahrung hat mich gelehrt, daß kurze, zu einem Extrakt zusammengedrängte Analysen niemals den beweisenden Eindruck machen können, wegen dessen man sie herangezogen hat. Die Mitteilung voll analysierter Krankheitsfälle muß aber für einen anderen Ort aufgespart werden.

Ich begnüge mich also damit, den Satz aufzustellen und seine Bedeutung zu erläutern:

9.) Ein hysterisches Symptom ist der Ausdruck einerseits einer männlichen, anderseits einer weiblichen, unbewußten sexuellen Phantasie.

Ich bemerke ausdrücklich, daß ich diesem Satze eine ähnliche Allgemeingültigkeit nicht zusprechen kann, wie ich sie für die anderen Formeln in Anspruch genommen habe. Er trifft, soviel ich sehen kann, weder für alle Symptome eines Falles, noch für alle Fälle zu. Es ist im Gegenteile nicht schwer, Fälle aufzuzeigen, bei denen die entgegengesetztgeschlechtlichen Regungen gesonderten symptomatischen Ausdruck gefunden haben, so daß sich die Symptome der Hetero- und der Homosexualität so scharf voneinander scheiden lassen, wie die hinter ihnen verborgenen Phantasien. Doch ist das in der neunten Formel behauptete Verhältnis häufig genug, und wo es sich findet, bedeutsam genug, um eine besondere Hervorhebung zu verdienen. Es scheint mir die höchste Stufe der Kompliziertheit, zu der sich die Determinierung eines hysterischen Symptoms erheben kann, zu bedeuten, und ist also nur bei langem Bestande einer Neurose und bei großer Organisationsarbeit innerhalb derselben zu erwarten.[1]

Die in immerhin zahlreichen Fällen nachweisbare bisexuelle Bedeutung hysterischer Symptome ist gewiß ein interessanter Beleg für die von mir aufgestellte Behauptung,[2] daß die supponierte bisexuelle Anlage des Menschen sich bei den Psychoneurotikern durch Psychoanalyse besonders deutlich erkennen läßt. Ein durchaus analoger Vorgang aus dem nämlichen Gebiete ist es, wenn der Masturbant in seinen bewußten Phantasien sich sowohl in den Mann, als auch in das Weib der vorgestellten Situation einzufühlen versucht, und weitere Gegenstücke zeigen gewisse hysterische Anfälle, in denen die Kranke gleichzeitig beide Rollen der zugrunde liegenden sexuellen Phantasie spielt, also zum Beispiel wie in einem Falle meiner Beobachtung, mit der einen Hand das Gewand an den Leib preßt (als Weib), mit der anderen es abzureißen sucht (als Mann). Diese widerspruchsvolle Gleichzeitigkeit bedingt zum guten Teile die Unverständlichkeit der doch sonst im Anfalle so plastisch dargestellten Situation und eignet sich also vortrefflich zur Verhüllung der wirksamen unbewußten Phantasie.

---

1) I. S a d g e r, der kürzlich den in Rede stehenden Satz durch eigene Psychoanalysen selbständig aufgefunden hat (Die Bedeutung der psychoanalytischen Methode nach F r e u d, Zentralbl. f. Nerv. u. Psych., Nr. 229, 1907), tritt allerdings für dessen allgemeine Gültigkeit ein.
2) **Drei Abhandlungen zur Sexualtheorie.**

Bei der psychoanalytischen Behandlung ist es sehr wichtig, daß man auf die bisexuelle Bedeutung eines Symptomes vorbereitet sei. Man braucht sich dann nicht zu verwundern und nicht irre zu werden, wenn ein Symptom anscheinend ungemindert fortbesteht, obwohl man die eine seiner sexuellen Bedeutungen bereits gelöst hat. Es stützt sich dann noch auf die vielleicht nicht vermutete entgegengesetztgeschlechtliche. Auch kann man bei der Behandlung solcher Fälle beobachten, wie der Kranke sich der Bequemlichkeit bedient, während der Analyse der einen sexuellen Bedeutung mit seinen Einfällen fortwährend in das Gebiet der konträren Bedeutung, wie auf ein benachbartes Geleise, auszuweichen.

CHARAKTER UND ANALEROTIK

CHARAKTER UND ANALEROTIK

Unter den Personen, denen man durch psychoanalytische Bemühung Hilfe zu leisten sucht, begegnet man eigentlich recht häufig einem Typus, der durch das Zusammentreffen bestimmter Charaktereigenschaften ausgezeichnet ist, während das Verhalten einer gewissen Körperfunktion und der an ihr beteiligten Organe in der Kindheit dieser Personen die Aufmerksamkeit auf sich zieht. Ich weiß heute nicht mehr anzugeben, aus welchen einzelnen Veranlassungen mir der Eindruck erwuchs, daß zwischen jenem Charakter und diesem Organverhalten ein organischer Zusammenhang bestehe, aber ich kann versichern, daß theoretische Erwartung keinen Anteil an diesem Eindrucke hatte.

Infolge gehäufter Erfahrung hat sich der Glaube an solchen Zusammenhang bei mir so sehr verstärkt, daß ich von ihm Mitteilung zu machen wage.

Die Personen, die ich beschreiben will, fallen dadurch auf, daß sie in regelmäßiger Vereinigung die nachstehenden drei Eigenschaften zeigen: sie sind besonders o r d e n t l i c h, s p a r s a m und e i g e n s i n n i g. Jedes dieser Worte deckt eigentlich eine kleine Gruppe oder Reihe von miteinander verwandten Charakterzügen. „Ordentlich" begreift sowohl die körperliche Sauberkeit als auch Gewissenhaftigkeit in kleinen Pflichterfüllungen und Verläßlichkeit;

das Gegenteil davon wäre: unordentlich, nachlässig. Die Sparsamkeit kann bis zum Geize gesteigert erscheinen; der Eigensinn geht in Trotz über, an den sich leicht Neigung zur Wut und Rachsucht knüpfen. Die beiden letzteren Eigenschaften — Sparsamkeit und Eigensinn — hängen fester miteinander als mit dem ersten, dem „ordentlich", zusammen; sie sind auch das konstantere Stück des ganzen Komplexes, doch erscheint es mir unabweisbar, daß irgendwie alle drei zusammengehören.

Aus der Kleinkindergeschichte dieser Personen erfährt man leicht, daß sie verhältnismäßig lange dazu gebraucht haben, bis sie der infantilen incontinentia alvi Herr geworden sind, und daß sie vereinzeltes Mißglücken dieser Funktion noch in späteren Kinderjahren zu beklagen hatten. Sie scheinen zu jenen Säuglingen gehört zu haben, die sich weigern, den Darm zu entleeren, wenn sie auf den Topf gesetzt werden, weil sie aus der Defäkation einen Lustnebengewinn beziehen;[1] denn sie geben an, daß es ihnen noch in etwas späteren Jahren Vergnügen bereitet hat, den Stuhl zurückzuhalten, und erinnern, wenngleich eher und leichter von ihren Geschwistern als von der eigenen Person, allerlei unziemliche Beschäftigungen mit dem zutage geförderten Kote. Wir schließen aus diesen Anzeichen auf eine überdeutliche erogene Betonung der Afterzone in der von ihnen mitgebrachten Sexualkonstitution; da sich aber nach abgelaufener Kindheit bei diesen Personen nichts mehr von diesen Schwächen und Eigenheiten auffinden läßt, müssen wir annehmen, daß die Analzone ihre erogene Bedeutung im Laufe der Entwicklung eingebüßt hat, und vermuten dann, daß die Konstanz jener Trias von Eigenschaften in ihrem Charakter mit der Aufzehrung der Analerotik in Verbindung gebracht werden darf.

Ich weiß, daß man sich nicht getraut, an einen Sachverhalt zu glauben, solange er unbegreiflich erscheint, der Erklärung

---

1) Drei Abhandlungen zur Sexualtheorie, II, p. 41, 1905; 5. Aufl., 1922. [Ges. Werke, Bd. V.]

nicht irgendeine Anknüpfung bietet. Wenigstens das Grundlegende desselben können wir nun unserem Verständnisse mit Hilfe der Voraussetzungen näher bringen, die in den „Drei Abhandlungen zur Sexualtheorie" 1905 dargelegt sind. Ich suche dort zu zeigen, daß der Sexualtrieb des Menschen hoch zusammengesetzt ist, aus Beiträgen zahlreicher Komponenten und Partialtriebe entsteht Wesentliche Beiträge zur „Sexualerregung" leisten die peripherischen Erregungen gewisser ausgezeichneter Körperstellen (Genitalien, Mund, After, Blasenausgang), welche den Namen „erogene Zonen" verdienen. Die von diesen Stellen her eintreffenden Erregungsgrößen erfahren aber nicht alle und nicht zu jeder Lebenszeit das gleiche Schicksal. Allgemein gesprochen kommt nur ein Teil von ihnen dem Sexualleben zugute; ein anderer Teil wird von den sexuellen Zielen abgelenkt und auf andere Ziele gewendet, ein Prozeß, der den Namen „Sublimierung" verdient. Um die Lebenszeit, welche als „sexuelle Latenzperiode" bezeichnet werden darf, vom vollendeten fünften Jahre bis zu den ersten Äußerungen der Pubertät (ums elfte Jahr) werden sogar auf Kosten dieser von erogenen Zonen gelieferten Erregungen im Seelenleben Reaktionsbildungen, Gegenmächte, geschaffen wie Scham, Ekel und Moral, die sich gleichwie Dämme der späteren Betätigung der Sexualtriebe entgegensetzen. Da nun die Analerotik zu jenen Komponenten des Triebes gehört, die im Laufe der Entwicklung und im Sinne unserer heutigen Kulturerziehung für sexuelle Zwecke unverwendbar werden, läge es nahe, in den bei ehemaligen Analerotikern so häufig hervortretenden Charaktereigenschaften — Ordentlichkeit, Sparsamkeit und Eigensinn — die nächsten und konstantesten Ergebnisse der Sublimierung der Analerotik zu erkennen.[1]

---

[1] Da gerade die Bemerkungen über die Analerotik des Säuglings in den „Drei Abhandlungen zur Sexualtheorie" bei unverständigen Lesern besonderen Anstoß erregt haben, gestatte ich mir an dieser Stelle die Einschaltung einer Beobachtung, die ich einem sehr intelligenten Patienten verdanke: „Ein Bekannter, der die Abhandlung über ‚Sexualtheorie' gelesen hat, spricht über das Buch, erkennt es vollkommen an,

Die innere Notwendigkeit dieses Zusammenhanges ist mir natürlich selbst nicht durchsichtig, doch kann ich einiges anführen, was als Hilfe für ein Verständnis desselben verwertet werden kann. Die Sauberkeit, Ordentlichkeit, Verläßlichkeit macht ganz den Eindruck einer Reaktionsbildung gegen das Interesse am Unsauberen, Störenden, nicht zum Körper gehörigen *("Dirt is matter in the wrong place").* Den Eigensinn mit dem Defäkationsinteresse in Beziehung zu bringen, scheint keine leichte Aufgabe, doch mag man sich daran erinnern, daß schon der Säugling sich beim Absetzen des Stuhles eigenwillig benehmen kann (s. o.), und daß schmerzhafte Reize auf die mit der erogenen Afterzone

---

nur e i n e Stelle darin sei ihm — obwohl er auch diese inhaltlich natürlich billige und begreife — so grotesk und komisch vorgekommen, daß er sich hingesetzt und eine Viertelstunde darüber gelacht habe. Diese Stelle lautet: ‚Es ist eines der besten Vorzeichen späterer Absonderlichkeit oder Nervosität, wenn ein Säugling sich hartnäckig weigert, den Darm zu entleeren, wenn er auf den Topf gesetzt wird, also wenn es dem Pfleger beliebt, sondern diese Funktion seinem eigenen Belieben vorbehält. Es kommt ihm natürlich nicht darauf an, sein Lager schmutzig zu machen; er sorgt nur, daß ihm der Lustnebengewinn bei der Defäkation nicht entgehe.' Die Vorstellung dieses auf dem Topfe sitzenden Säuglings, der überlege, ob er sich eine derartige Einschränkung seiner persönlichen Willensfreiheit gefallen lassen solle, und der außerdem sorge, daß ihm der Lustgewinn bei der Defäkation nicht entgehe, habe seine ausgiebige Heiterkeit erregt. — Etwa zwanzig Minuten später, bei der Jause, beginnt mein Bekannter plötzlich gänzlich unvermittelt: ‚Du, mir fällt da gerade, weil ich den Kakao vor mir sehe, eine Idee ein, die ich als Kind immer gehabt habe. Da habe ich mir immer vorgestellt, ich bin der Kakaofabrikant Van Houten (er sprach ‚Van Hauten' aus), und ich habe ein großartiges Geheimnis zur Bereitung dieses Kakaos, und nun bemühen sich alle Leute, mir dieses weltbeglückende Geheimnis zu entreißen, das ich sorgsam hüte. Warum ich gerade auf Van Houten verfallen bin, weiß ich nicht. Wahrscheinlich hat mir seine Reklame am meisten imponiert.' Lachend, und ohne noch eigentlich so recht eine tiefere Absicht damit zu verbinden, meinte ich: ‚W a n n h a u t 'n die Mutter?!' Erst eine Weile später erkannte ich, daß mein Wortwitz tatsächlich den Schlüssel zu dieser ganzen, plötzlich aufgetauchten Kindheitserinnerung enthielt, die ich nun als glänzendes Beispiel einer Deckphantasie begriff, welche unter Beibehaltung des eigentlich Tatsächlichen (Nahrungsprozeß) und auf Grund phonetischer Assoziationen (‚K a k a o', ‚W a n n h a u t 'n —') das Schuldbewußtsein durch eine k o m p l e t t e U m w e r t u n g des Erinnerungsinhaltes beruhigt. (Verlegung von rückwärts nach vorne, Nahrungsabgabe wird zur Nahrungsaufnahme, der beschämende und zu verdeckende Inhalt zum weltbeglückenden Geheimnisse.) Interessant war mir, wie hier auf eine Abwehr hin, die freilich die mildere Form formaler Beanstandung annahm, dem Betreffenden ohne seinen Willen eine Viertelstunde später der schlagendste Beweis aus dem eigenen Unbewußten heraufgereicht wurde."

verknüpfte Gesäßhaut allgemein der Erziehung dazu dienen, den Eigensinn des Kindes zu brechen, es gefügig zu machen. Zum Ausdrucke des Trotzes und der trotzenden Verhöhnung wird bei uns immer noch wie in alter Zeit eine Aufforderung verwendet, die die Liebkosung der Afterzone zum Inhalte hat, also eigentlich eine von der Verdrängung betroffene Zärtlichkeit bezeichnet. Die Entblößung des Hintern stellt die Abschwächung dieser Rede zur Geste dar; in Goethes Götz von Berlichingen finden sich beide, Rede wie Geste, an passendster Stelle als Ausdruck des Trotzes angebracht.

Am ausgiebigsten erscheinen die Beziehungen, welche sich zwischen den anscheinend so disparaten Komplexen des Geldinteresses und der Defäkation ergeben. Jedem Arzte, der die Psychoanalyse geübt hat, ist es wohl bekannt geworden, daß sich auf diesem Wege die hartnäckigsten und langdauerndsten sogenannten habituellen Stuhlverstopfungen Nervöser beseitigen lassen. Das Erstaunen hierüber wird durch die Erinnerung gemäßigt, daß diese Funktion sich ähnlich gefügig auch gegen die hypnotische Suggestion erwiesen hat. In der Psychoanalyse erzielt man diese Wirkung aber nur dann, wenn man den Geldkomplex der Betreffenden berührt und sie veranlaßt, denselben mit all seinen Beziehungen zum Bewußtsein zu bringen. Man könnte meinen, daß die Neurose hierbei nur einem Winke des Sprachgebrauchs folgt, der eine Person, die das Geld allzu ängstlich zurückhält, „schmutzig" oder „filzig" (englisch: *filthy* = schmutzig) nennt. Allein dieses wäre eine allzu oberflächliche Würdigung. In Wahrheit ist überall, wo die archaische Denkweise herrschend war oder geblieben ist, in den alten Kulturen, im Mythus, Märchen, Aberglauben, im unbewußten Denken, im Traume und in der Neurose das Geld in innigste Beziehungen zum Drecke gebracht. Es ist bekannt, daß das Gold, welches der Teufel seinen Buhlen schenkt, sich nach seinem Weggehen in Dreck verwandelt, und der Teufel ist doch gewiß nichts anderes als die Personifikation des verdrängten unbewußten Trieblebens.[1] Bekannt ist ferner der Aberglaube, der die Auffindung von Schätzen mit der Defäkation zusammenbringt, und jedermann vertraut ist die Figur des „Dukatenscheißers". Ja, schon in der altbabylonischen Lehre ist Gold der Kot der Hölle, *Mammon = ilu manman*.[2] Wenn also die Neurose dem Sprachgebrauche folgt, so nimmt sie hier wie anderwärts die Worte in ihrem ursprünglichen, bedeutungsvollen Sinne, und wo sie ein Wort bildlich darzustellen scheint, stellt sie in der Regel nur die alte Bedeutung des Wortes wieder her.

Es ist möglich, daß der Gegensatz zwischen dem Wertvollsten, das der Mensch kennen gelernt hat, und dem Wertlosesten, das er als Abfall (*„refuse"*) von sich wirft, zu dieser bedingten Identifizierung von Gold und Kot geführt hat.

Im Denken der Neurose kommt dieser Gleichstellung wohl noch ein anderer Umstand zu Hilfe. Das ursprünglich erotische Interesse an der Defäkation ist, wie wir ja wissen, zum Erlöschen in reiferen Jahren bestimmt; in diesen Jahren tritt das Interesse am Gelde als ein neues auf, welches der Kindheit noch gefehlt hat; dadurch wird es erleichtert, daß die frühere Strebung, die ihr Ziel zu verlieren im Begriffe ist, auf das neu auftauchende Ziel übergeleitet werde.

Wenn den hier behaupteten Beziehungen zwischen der Analerotik und jener Trias von Charaktereigenschaften etwas Tatsächliches zugrunde liegt, so wird man keine besondere Ausprägung des „Analcharakters" bei Personen erwarten dürfen, die sich die erogene Eignung der Analzone für das reife Leben bewahrt haben, wie z. B. gewisse Homosexuelle. Wenn ich nicht sehr irre,

---

1) Vergleiche die hysterische Besessenheit und die dämonischen Epidemien.
2) J e r e m i a s, Das Alte Testament im Lichte des alten Orients, 2. Aufl., 1906, p. 216, und Babylonisches im Neuen Testament, 1906, p. 96, „*Mamon (Mammon)* ist babylonisch *man-man*, ein Beiname Nergals, des Gottes der Unterwelt. Das Gold ist nach orientalischem Mythus, der in die Sagen und Märchen der Völker übergegangen ist, Dreck der Hölle ; siehe : Monotheistische Strömungen innerhalb der babylonischen Religion, S. 16, Anm. 1."

befindet sich die Erfahrung zumeist in guter Übereinstimmung mit diesem Schlusse.

Man müßte überhaupt in Erwägung ziehen, ob nicht auch andere Charakterkomplexe ihre Zugehörigkeit zu den Erregungen von bestimmten erogenen Zonen erkennen lassen. Ich kenne bis jetzt nur noch den unmäßigen „brennenden" Ehrgeiz der einstigen Enuretiker. Für die Bildung des endgültigen Charakters aus den konstitutiven Trieben läßt sich allerdings eine Formel angeben: Die bleibenden Charakterzüge sind entweder unveränderte Fortsetzungen der ursprünglichen Triebe, Sublimierungen derselben oder Reaktionsbildungen gegen dieselbe.

DER DICHTER UND DAS PHANTASIEREN

DER DICHTER UND DAS PHANTASIEREN

Uns Laien hat es immer mächtig gereizt zu wissen, woher diese merkwürdige Persönlichkeit, der Dichter, seine Stoffe nimmt, — etwa im Sinne der Frage, die jener Kardinal an den Ariosto richtete, — und wie er es zustande bringt, uns mit ihnen so zu ergreifen, Erregungen in uns hervorzurufen, deren wir uns vielleicht nicht einmal für fähig gehalten hätten. Unser Interesse hiefür wird nur gesteigert durch den Umstand, daß der Dichter selbst, wenn wir ihn befragen, uns keine oder keine befriedigende Auskunft gibt, und wird gar nicht gestört durch unser Wissen, daß die beste Einsicht in die Bedingungen der dichterischen Stoffwahl und in das Wesen der poetischen Gestaltungskunst nichts dazu beitragen würde, uns selbst zu Dichtern zu machen.

Wenn wir wenigstens bei uns oder bei unsergleichen eine dem Dichten irgendwie verwandte Tätigkeit auffinden könnten! Die Untersuchung derselben ließe uns hoffen, eine erste Aufklärung über das Schaffen des Dichters zu gewinnen. Und wirklich, dafür ist Aussicht vorhanden; — die Dichter selbst lieben es ja, den Abstand zwischen ihrer Eigenart und allgemein menschlichem Wesen zu verringern; sie versichern uns so häufig, daß in jedem Menschen ein Dichter stecke und daß der letzte Dichter erst mit dem letzten Menschen sterben werde.

Sollten wir die ersten Spuren dichterischer Betätigung nicht schon beim Kinde suchen? Die liebste und intensivste Beschäftigung des Kindes ist das Spiel. Vielleicht dürfen wir sagen: Jedes spielende Kind benimmt sich wie ein Dichter, indem es sich eine eigene Welt erschafft oder, richtiger gesagt, die Dinge seiner Welt in eine neue, ihm gefällige Ordnung versetzt. Es wäre dann unrecht zu meinen, es nähme diese Welt nicht ernst; im Gegenteil, es nimmt sein Spiel sehr ernst, es verwendet große Affektbeträge darauf. Der Gegensatz zu Spiel ist nicht Ernst, sondern — Wirklichkeit. Das Kind unterscheidet seine Spielwelt sehr wohl, trotz aller Affektbesetzung, von der Wirklichkeit und lehnt seine imaginierten Objekte und Verhältnisse gerne an greifbare und sichtbare Dinge der wirklichen Welt an. Nichts anderes als diese Anlehnung unterscheidet das „Spielen" des Kindes noch vom „Phantasieren".

Der Dichter tut nun dasselbe wie das spielende Kind; er erschafft eine **Phantasiewelt,** die er sehr ernst nimmt, d. h. mit großen Affektbeträgen ausstattet, während er sie von der Wirklichkeit scharf sondert. Und die Sprache hat diese Verwandtschaft von Kinderspiel und poetischem Schaffen festgehalten, indem sie solche Veranstaltungen des Dichters, welche der Anlehnung an greifbare Objekte bedürfen, welche der Darstellung fähig sind, als S p i e l e : L u s t s p i e l , T r a u e r s p i e l , und die Person, welche sie darstellt, als S c h a u s p i e l e r bezeichnet. Aus der Unwirklichkeit der dichterischen Welt ergeben sich aber sehr wichtige Folgen für die künstlerische Technik, denn vieles, was als real nicht Genuß bereiten könnte, kann dies doch im Spiele der Phantasie, viele an sich eigentlich peinliche Erregungen können für den Hörer und Zuschauer des Dichters zur Quelle der Lust werden.

Verweilen wir einer anderen Beziehung wegen noch einen **Augenblick** bei dem Gegensatze von Wirklichkeit und Spiel! Wenn das Kind herangewachsen ist und aufgehört hat zu spielen, wenn es sich durch Jahrzehnte seelisch bemüht hat, die Wirklichkeiten des Lebens mit dem erforderlichen Ernste zu erfassen, so kann es eines Tages in eine seelische Disposition geraten, welche den Gegensatz zwischen Spiel und Wirklichkeit wieder aufhebt. Der Erwachsene kann sich darauf besinnen, mit welchem hohen Ernst er einst seine Kinderspiele betrieb, und indem er nun seine vorgeblich ernsten Beschäftigungen jenen Kinderspielen gleichstellt, wirft er die allzu schwere Bedrückung durch das Leben ab und erringt sich den hohen Lustgewinn des Humors.

Der Heranwachsende hört also auf zu spielen, er verzichtet scheinbar auf den Lustgewinn, den er aus dem Spiele bezog. Aber wer das Seelenleben des Menschen kennt, der weiß, daß ihm kaum etwas anderes so schwer wird wie der Verzicht auf einmal gekannte Lust. Eigentlich können wir auf nichts verzichten, wir vertauschen nur eines mit dem andern; was ein Verzicht zu sein scheint, ist in Wirklichkeit eine Ersatz- oder Surrogatbildung. So gibt auch der Heranwachsende, wenn er aufhört zu spielen, nichts anderes auf als die Anlehnung an reale Objekte; anstatt zu spielen phantasiert er jetzt. Er baut sich Luftschlösser, schafft das, was man Tagträume nennt. Ich glaube, daß die meisten Menschen zu Zeiten ihres Lebens Phantasien bilden. Es ist das eine Tatsache, die man lange Zeit übersehen und deren Bedeutung man darum nicht genug gewürdigt hat.

Das Phantasieren der Menschen ist weniger leicht zu beobachten als das Spielen der Kinder. Das Kind spielt zwar auch allein oder es bildet mit anderen Kindern ein geschlossenes psychisches System zum Zwecke des Spieles, aber wenn es auch den Erwachsenen nichts vorspielt, so verbirgt es doch sein Spielen nicht vor ihnen. Der Erwachsene aber schämt sich seiner Phantasien und versteckt sie vor anderen, er hegt sie als seine eigensten Intimitäten, er würde in der Regel lieber seine Vergehungen eingestehen als seine Phantasien mitteilen. Es mag vorkommen, daß er sich darum für den einzigen hält, der solche Phantasien bildet, und von der allgemeinen Verbreitung ganz ähnlicher Schöpfungen bei anderen nichts ahnt. Dies verschiedene Verhalten des Spielenden und des Phantasierenden findet seine gute Begründung in den Motiven der beiden einander doch fortsetzenden Tätigkeiten.

Das Spielen des Kindes wurde von Wünschen dirigiert, eigentlich von dem einen Wunsche, der das Kind erziehen hilft, vom Wunsche: groß und erwachsen zu sein. Es spielt immer „groß sein", imitiert im Spiele, was ihm vom Leben der Großen bekannt geworden ist. Es hat nun keinen Grund, diesen Wunsch zu verbergen. Anders der Erwachsene; dieser weiß einerseits, daß man von ihm erwartet, nicht mehr zu spielen oder zu phantasieren, sondern in der wirklichen Welt zu handeln, und anderseits sind unter den seine Phantasien erzeugenden Wünschen manche, die es überhaupt zu verbergen nottut; darum schämt er sich seines Phantasierens als kindisch und als unerlaubt.

Sie werden fragen, woher man denn über das Phantasieren der Menschen so genau Bescheid wisse, wenn es von ihnen mit soviel Geheimtun verhüllt wird. Nun, es gibt eine Gattung von Menschen, denen zwar nicht ein Gott, aber eine strenge Göttin — die Notwendigkeit — den Auftrag erteilt hat zu sagen, was sie leiden und woran sie sich erfreuen. Es sind dies die Nervösen, die dem Arzte, von dem sie Herstellung durch psychische Behandlung erwarten, auch ihre Phantasien eingestehen müssen; aus dieser Quelle stammt unsere beste Kenntnis, und wir sind dann zu der wohl begründeten Vermutung gelangt, daß unsere Kranken uns nichts anderes mitteilen, als was wir auch von den Gesunden erfahren könnten.

Gehen wir daran, einige der Charaktere des Phantasierens kennen zu lernen. Man darf sagen, der Glückliche phantasiert nie, nur der Unbefriedigte. Unbefriedigte Wünsche sind die Triebkräfte der Phantasien, und jede einzelne Phantasie ist eine Wunscherfüllung, eine Korrektur der unbefriedigenden Wirklichkeit. Die treibenden Wünsche sind verschieden je nach Geschlecht, Charakter und Lebensverhältnissen der phantasierenden Persönlichkeit; sie lassen sich aber onne Zwang nach zwei Hauptrichtungen gruppieren. Es sind entweder ehrgeizige Wünsche, welche der Erhöhung der Persönlichkeit dienen, oder erotische. Beim jungen Weibe herrschen die erotischen Wünsche fast ausschließend, denn sein Ehrgeiz wird in der Regel vom Liebesstreben aufgezehrt; beim jungen Manne sind neben den erotischen die eigensüchtigen und ehrgeizigen Wünsche vordringlich genug. Doch wollen wir nicht den Gegensatz beider Richtungen, sondern vielmehr deren häufige Vereinigung betonen; wie in vielen Altarbildern in einer Ecke das Bildnis des Stifters sichtbar ist, so können wir an den meisten ehrgeizigen Phantasien in irgend einem Winkel die Dame entdecken, für die der Phantast all diese Heldentaten vollführt, der er alle Erfolge zu Füßen legt. Sie sehen, hier liegen genug starke Motive zum Verbergen vor; dem wohlerzogenen Weibe wird ja überhaupt nur ein Minimum von erotischer Bedürftigkeit zugebilligt, und der junge Mann soll das Übermaß von Selbstgefühl, welches er aus der Verwöhnung der Kindheit mitbringt, zum Zwecke der Einordnung in die an ähnlich anspruchsvollen Individuen so reiche Gesellschaft unterdrücken lernen.

Die Produkte dieser phantasierenden Tätigkeit, die einzelnen Phantasien, Luftschlösser oder Tagträume dürfen wir uns nicht als starr und unveränderlich vorstellen. Sie schmiegen sich vielmehr den wechselnden Lebenseindrücken an, verändern sich mit jeder Schwankung der Lebenslage, empfangen von jedem wirksamen neuen Eindrucke eine sogenannte „Zeitmarke". Das Verhältnis der Phantasie zur Zeit ist überhaupt sehr bedeutsam. Man darf sagen: eine Phantasie schwebt gleichsam zwischen drei Zeiten, den drei Zeitmomenten unseres Vorstellens. Die seelische Arbeit knüpft an einen aktuellen Eindruck, einen Anlaß in der Gegenwart an, der imstande war, einen der großen Wünsche der Person zu wecken, greift von da aus auf die Erinnerung eines früheren, meist infantilen, Erlebnisses zurück, in dem jener Wunsch erfüllt war, und schafft nun eine auf die Zukunft bezogene Situation, welche sich als die Erfüllung jenes Wunsches darstellt, eben den Tagtraum oder die Phantasie, die nun die Spuren ihrer Herkunft vom Anlasse und von der Erinnerung an sich trägt. Also Vergangenes, Gegenwärtiges, Zukünftiges wie an der Schnur des durchlaufenden Wunsches aneinandergereiht.

Das banalste Beispiel mag Ihnen meine Aufstellung erläutern. Nehmen Sie den Fall eines armen und verwaisten Jünglings an, welchem Sie die Adresse eines Arbeitgebers genannt haben, bei dem er vielleicht eine Anstellung finden kann. Auf dem Wege dahin mag er sich in einem Tagtraum ergehen, wie er angemessen aus seiner Situation entspringt. Der Inhalt dieser Phantasie wird etwa sein, daß er dort angenommen wird, seinem neuen Chef gefällt, sich im Geschäfte unentbehrlich macht, in die Familie des Herrn gezogen wird, das reizende Töchterchen des Hauses heiratet und dann selbst als Mitbesitzer wie später als Nachfolger das Geschäft leitet. Und dabei hat sich der Träumer ersetzt, was er in der glücklichen Kindheit besessen: das schützende Haus, die liebenden Eltern und die ersten Objekte seiner zärtlichen Neigung. Sie sehen an solchem Beispiele, wie der Wunsch einen Anlaß der Gegenwart benützt, um sich nach dem Muster der Vergangenheit ein Zukunftsbild zu entwerfen.

Es wäre noch vielerlei über die Phantasien zu sagen; ich will mich aber auf die knappsten Andeutungen beschränken. Das Überwuchern und Übermächtigwerden der Phantasien stellt die Bedingungen für den Verfall in Neurose oder Psychose her; die Phantasien sind auch die nächsten seelischen Vorstufen der Leidenssymptome, über welche unsere Kranken klagen. Hier zweigt ein breiter Seitenweg zur Pathologie ab.

Nicht übergehen kann ich aber die Beziehung der Phantasien zum Traume. Auch unsere nächtlichen Träume sind nichts anderes als solche Phantasien, wie wir durch die Deutung der Träume evident machen können.[1] Die Sprache hat in ihrer unübertreff-

---
[1] Vgl. des Verfassers „Traumdeutung", 1900. [Ges Werke, Bd. II/III].

lichen Weisheit die Frage nach dem Wesen der Träume längst entschieden, indem sie die luftigen Schöpfungen Phantasierender auch „Tagträume" nennen ließ. Wenn trotz dieses Fingerzeiges der Sinn unserer Träume uns zumeist undeutlich bleibt, so rührt dies von dem einen Umstande her, daß nächtlicherweise auch solche Wünsche in uns rege werden, deren wir uns schämen und die wir vor uns selbst verbergen müssen, die eben darum verdrängt, ins Unbewußte geschoben wurden. Solchen verdrängten Wünschen und ihren Abkömmlingen kann nun kein anderer als ein arg entstellter Ausdruck gegönnt werden. Nachdem die Aufklärung der Traumentstellung der wissenschaftlichen Arbeit gelungen war, fiel es nicht mehr schwer zu erkennen, daß die nächtlichen Träume ebensolche Wunscherfüllungen sind wie die Tagträume, die uns allen so wohlbekannten Phantasien.

Soviel von den Phantasien, und nun zum Dichter! Dürfen wir wirklich den Versuch machen, den Dichter mit dem „Träumer am hellichten Tag", seine Schöpfungen mit Tagträumen zu vergleichen? Da drängt sich wohl eine erste Unterscheidung auf; wir müssen die Dichter, die fertige Stoffe übernehmen wie die alten Epiker und Tragiker, sondern von jenen, die ihre Stoffe frei zu schaffen scheinen. Halten wir uns an die letzteren und suchen wir für unsere Vergleichung nicht gerade jene Dichter aus, die von der Kritik am höchsten geschätzt werden, sondern die anspruchsloseren Erzähler von Romanen, Novellen und Geschichten, die dafür die zahlreichsten und eifrigsten Leser und Leserinnen finden. An den Schöpfungen dieser Erzähler muß uns vor allem ein Zug auffällig werden; sie alle haben einen Helden, der im Mittelpunkt des Interesses steht, für den der Dichter unsere Sympathie mit allen Mitteln zu gewinnen sucht, und den er wie mit einer besonderen Vorsehung zu beschützen scheint. Wenn ich am Ende eines Romankapitels den Helden bewußtlos, aus schweren Wunden blutend verlassen habe, so bin ich sicher, ihn zu Beginn des nächsten in sorgsamster Pflege und auf dem Wege der Herstellung zu finden, und wenn der erste Band mit dem Untergange des Schiffes im Seesturme geendigt hat, auf dem unser Held sich befand, so bin ich sicher, zu Anfang des zweiten Bandes von seiner wunderbaren Rettung zu lesen, ohne die der Roman ja keinen Fortgang hätte. Das Gefühl der Sicherheit, mit dem ich den Helden durch seine gefährlichen Schicksale begleite, ist das nämliche, mit dem ein wirklicher Held sich ins Wasser stürzt, um einen Ertrinkenden zu retten, oder sich dem feindlichen Feuer aussetzt, um eine Batterie zu stürmen, jenes eigentliche Heldengefühl, dem einer unserer besten Dichter den köstlichen Ausdruck geschenkt hat: „Es kann dir nix g'schehen." (Anzengruber.) Ich meine aber, an diesem verräterischen Merkmal der Unverletzlichkeit erkennt man ohne Mühe — Seine Majestät das Ich, den Helden aller Tagträume wie aller Romane.

Noch andere typische Züge dieser egozentrischen Erzählungen deuten auf die gleiche Verwandtschaft hin. Wenn sich stets alle Frauen des Romans in den Helden verlieben, so ist das kaum als Wirklichkeitsschilderung aufzufassen, aber leicht als notwendiger Bestand des Tagtraumes zu verstehen. Ebenso wenn die anderen Personen des Romans sich scharf in gute und böse scheiden, unter Verzicht auf die in der Realität zu beobachtende Buntheit menschlicher Charaktere; die „guten" sind eben die Helfer, die „bösen" aber die Feinde und Konkurrenten des zum Helden gewordenen Ichs.

Wir verkennen nun keineswegs, daß sehr viele dichterische Schöpfungen sich von dem Vorbilde des naiven Tagtraumes weit entfernt halten, aber ich kann doch die Vermutung nicht unterdrücken, daß auch die extremsten Abweichungen durch eine lückenlose Reihe von Übergängen mit diesem Modelle in Beziehung gesetzt werden könnten. Noch in vielen der sogenannten psychologischen Romane ist mir aufgefallen, daß nur eine Person, wiederum der Held, von innen geschildert wird; in ihrer Seele sitzt gleichsam der Dichter und schaut die anderen Personen von außen an. Der psychologische Roman verdankt im ganzen wohl seine Besonderheit der Neigung des modernen Dichters, sein Ich durch Selbstbeobachtung in Partial-Ichs zu zerspalten und demzufolge die Konfliktströmungen seines Seelenlebens in mehreren Helden zu personifizieren. In einem ganz besonderen Gegensatze zum Typus des Tagtraumes scheinen die Romane zu stehen, die man als „exzentrische" bezeichnen könnte, in denen die als Held eingeführte Person die geringste tätige Rolle spielt, vielmehr wie ein Zuschauer die Taten und Leiden der anderen an sich vorüberziehen sieht. Solcher Art sind mehrere der späteren Romane Zolas. Doch muß ich bemerken, daß die psychologische Analyse nicht dichtender, in manchen Stücken von der sogenannten Norm abweichender Individuen uns analoge Variationen der Tagträume kennen gelehrt hat, in denen sich das Ich mit der Rolle des Zuschauers bescheidet.

Wenn unsere Gleichstellung des Dichters mit dem Tagträumer, der poetischen Schöpfung mit dem Tagtraum, wertvoll werden soll, so muß sie sich vor allem in irgend einer Art fruchtbar erweisen. Versuchen wir etwa, unseren vorhin aufgestellten Satz von der Beziehung der Phantasie zu den drei Zeiten und zum durchlaufenden Wunsche auf die Werke der Dichter anzuwenden und die Beziehungen zwischen dem Leben des Dichters und seinen Schöpfungen mit dessen Hilfe zu studieren. Man hat in der Regel nicht gewußt, mit welchen Erwartungsvorstellungen man an dieses Problem herangehen soll; häufig hat man sich diese Beziehung viel zu einfach vorgestellt. Von der an den Phantasien gewonnenen Einsicht her müßten wir folgenden Sachverhalt erwarten: Ein starkes aktuelles Erlebnis weckt im Dichter die Erinnerung an ein früheres, meist der Kindheit angehöriges Erlebnis auf, von welchem nun der Wunsch ausgeht, der sich in der Dichtung seine Erfüllung schafft; die Dichtung selbst läßt sowohl Elemente des frischen Anlasses als auch der alten Erinnerung erkennen.

Erschrecken Sie nicht über die Kompliziertheit dieser Formel; ich vermute, daß sie sich in Wirklichkeit als ein zu dürftiges

Schema erweisen wird, aber eine erste Annäherung an den realen
Sachverhalt könnte doch in ihr enthalten sein, und nach einigen
Versuchen, die ich unternommen habe, sollte ich meinen, daß
eine solche Betrachtungsweise dichterischer Produktionen nicht
unfruchtbar ausfallen kann. Sie vergessen nicht, daß die vielleicht
befremderde Betonung der Kindheitserinnerung im Leben des
Dichters sich in letzter Linie von der Voraussetzung ableitet, daß
die Dichtung wie der Tagtraum Fortsetzung und Ersatz des einstigen
kindlichen Spielens ist.

Versäumen wir nicht, auf jene Klasse von Dichtungen zurückzugreifen,
in denen wir nicht freie Schöpfungen, sondern Bearbeitungen
fertiger und bekannter Stoffe erblicken müssen. Auch
dabei verbleibt dem Dichter ein Stück Selbständigkeit, das sich
in der Auswahl des Stoffes und in der oft weitgehenden Abänderung
desselben äußern darf. Soweit die Stoffe aber gegeben sind,
entstammen sie dem Volksschatze an Mythen, Sagen und Märchen.
Die Untersuchung dieser völkerpsychologischen Bildungen ist nun
keineswegs abgeschlossen, aber es ist z. B. von den Mythen durchaus
wahrscheinlich, daß sie den entstellten Überresten von Wunschphantasien
ganzer Nationen, den S ä k u l a r t r ä u m e n der jungen
Menschheit, entsprechen.

Sie werden sagen, daß ich Ihnen von den Phantasien weit
mehr erzählt habe als vom Dichter, den ich doch im Titel meines
Vortrages vorangestellt. Ich weiß das und versuche es durch den
Hinweis auf den heutigen Stand unserer Erkenntnis zu entschuldigen.
Ich konnte Ihnen nur Anregungen und Aufforderungen
bringen, die von dem Studium der Phantasien her auf das Problem
der dichterischen Stoffwahl übergreifen. Das andere Problem, mit
welchen Mitteln der Dichter bei uns die Affektwirkungen erziele,
die er durch seine Schöpfungen hervorruft, haben wir überhaupt
noch nicht berührt. Ich möchte Ihnen wenigstens noch zeigen,
welcher Weg von unseren Erörterungen über die Phantasien zu
den Problemen der poetischen Effekte führt.

Sie erinnern sich, wir sagten, daß der Tagträumer seine Phantasien vor anderen sorgfältig verbirgt, weil er Gründe verspürt, sich ihrer zu schämen. Ich füge nun hinzu, selbst wenn er sie uns mitteilen würde, könnte er uns durch solche Enthüllung keine Lust bereiten. Wir werden von solchen Phantasien, wenn wir sie erfahren, abgestoßen oder bleiben höchstens kühl gegen sie. Wenn aber der Dichter uns seine Spiele vorspielt oder uns das erzählt, was wir für seine persönlichen Tagträume zu erklären geneigt sind, so empfinden wir hohe, wahrscheinlich aus vielen Quellen zusammenfließende Lust. Wie der Dichter das zustande bringt, das ist sein eigenstes Geheimnis; in der Technik der Überwindung jener Abstoßung, die gewiß mit den Schranken zu tun hat, welche sich zwischen jedem einzelnen Ich und den anderen erheben, liegt die eigentliche *Ars poetica*. Zweierlei Mittel dieser Technik können wir erraten: Der Dichter mildert den Charakter des egoistischen Tagtraumes durch Abänderungen und Verhüllungen und besticht uns durch rein formalen, d. h. ästhetischen Lustgewinn, den er uns in der Darstellung seiner Phantasien bietet. Man nennt einen solchen Lustgewinn, der uns geboten wird, um mit ihm die Entbindung größerer Lust aus tiefer reichenden psychischen Quellen zu ermöglichen, eine Verlockungsprämie oder eine Vorlust. Ich bin der Meinung, daß alle ästhetische Lust, die uns der Dichter verschafft, den Charakter solcher Vorlust trägt, und daß der eigentliche Genuß des Dichtwerkes aus der Befreiung von Spannungen in unserer Seele hervorgeht. Vielleicht trägt es sogar zu diesem Erfolge nicht wenig bei, daß uns der Dichter in den Stand setzt, unsere eigenen Phantasien nunmehr ohne jeden Vorwurf und ohne Schämen zu genießen. Hier stünden wir nun am Eingange neuer, interessanter und verwickelter Untersuchungen, aber, wenigstens für diesmal, am Ende unserer Erörterungen.

DER FAMILIENROMAN DER
NEUROTIKER

DER FAMILIENROMAN
DER NEUROTIKER

Die Ablösung des heranwachsenden Individuums von der Autorität der Eltern ist eine der notwendigsten, aber auch schmerzlichsten Leistungen der Entwicklung. Es ist durchaus notwendig, daß sie sich vollziehe, und man darf annehmen, jeder normal gewordene Mensch habe sie in einem gewissen Maß zustande gebracht. Ja, der Fortschritt der Gesellschaft beruht überhaupt auf dieser Gegensätzlichkeit der beiden Generationen. Anderseits gibt es eine Klasse von Neurotikern, in deren Zustand man die Bedingtheit erkennt, daß sie an dieser Aufgabe gescheitert sind.

Für das kleine Kind sind die Eltern zunächst die einzige Autorität und die Quelle alles Glaubens. Ihnen, das heißt dem gleichgeschlechtlichen Teile, gleich zu werden, groß zu werden wie Vater und Mutter, ist der intensivste, folgenschwerste Wunsch dieser Kinderjahre. Mit der zunehmenden intellektuellen Entwicklung kann es aber nicht ausbleiben, daß das Kind allmählich die Kategorien kennen lernt, in die seine Eltern gehören. Es lernt andere Eltern kennen, vergleicht sie mit den seinigen und bekommt so ein Recht, an der ihnen zugeschriebenen Unvergleichlichkeit und Einzigkeit zu zweifeln. Kleine Ereignisse im Leben des Kindes, die eine unzufriedene Stimmung bei ihm hervorrufen, geben ihm den Anlaß, mit der Kritik der Eltern einzusetzen und die gewonnene Kenntnis, daß andere Eltern in mancher Hinsicht vorzuziehen seien, zu dieser Stellungnahme gegen seine Eltern zu verwerten. Aus der Neurosenpsychologie wissen wir, daß dabei unter anderen die intensivsten Regungen sexueller Rivalität mitwirken. Der Gegenstand dieser Anlässe ist offenbar das Gefühl der Zurücksetzung. Nur zu oft ergeben sich Gelegenheiten, bei denen das Kind zurückgesetzt wird oder sich wenigstens zurückgesetzt fühlt, wo es die volle Liebe der Eltern vermißt, besonders aber bedauert, sie mit anderen Geschwistern teilen zu müssen. Die Empfindung, daß die eigenen Neigungen nicht voll erwidert werden, macht sich dann in der aus frühen Kinderjahren oft bewußt erinnerten Idee Luft, man sei ein Stiefkind oder ein angenommenes Kind. Viele nicht neurotisch gewordene Menschen entsinnen sich sehr häufig an solche Gelegenheiten, wo sie — meist durch Lektüre beeinflußt — das feindselige Benehmen der Eltern in dieser Weise auffaßten und erwiderten. Es zeigt sich aber hier bereits der Einfluß des Geschlechts, indem der Knabe bei weitem mehr Neigung zu feindseligen Regungen gegen seinen Vater als gegen seine Mutter zeigt und eine viel intensivere Neigung, sich von jenem als von dieser freizumachen. Die Phantasietätigkeit der Mädchen mag sich in diesem Punkte viel schwächer erweisen. In diesen bewußt erinnerten Seelenregungen der Kinderjahre finden wir das Moment, welches uns das Verständnis des Mythus ermöglicht.

Selten bewußt erinnert, aber fast immer durch die Psychoanalyse nachzuweisen ist dann die weitere Entwicklungsstufe dieser beginnenden Entfremdung von den Eltern, die man mit dem Namen: Familienromane der Neurotiker bezeichnen kann. Es gehört nämlich durchaus zum Wesen der Neurose und auch jeder höheren

Begabung eine ganz besondere Tätigkeit der Phantasie, die sich zunächst in den kindlichen Spielen offenbart und die nun, ungefähr von der Zeit der Vorpubertät angefangen, sich des Themas der Familienbeziehungen bemächtigt. Ein charakteristisches Beispiel dieser besonderen Phantasietätigkeit ist das bekannte Tagträumen,[1] das weit über die Pubertät hinaus fortgesetzt wird. Eine genaue Beobachtung dieser Tagträume lehrt, daß sie der Erfüllung von Wünschen, der Korrektur des Lebens dienen und vornehmlich zwei Ziele kennen: das erotische und das ehrgeizige (hinter dem aber meist auch das erotische steckt). Um die angegebene Zeit beschäftigt sich nun die Phantasie des Kindes mit der Aufgabe, die geringgeschätzten Eltern loszuwerden und durch in der Regel sozial höher stehende zu ersetzen. Dabei wird das zufällige Zusammentreffen mit wirklichen Erlebnissen (die Bekanntschaft des Schloßherrn oder Gutsbesitzers auf dem Lande, der Fürstlichkeit in der Stadt) ausgenützt. Solche zufällige Erlebnisse erwecken den Neid des Kindes, der dann den Ausdruck in einer Phantasie findet, welche beide Eltern durch vornehmere ersetzt. In der Technik der Ausführung solcher Phantasien, die natürlich um diese Zeit bewußt sind, kommt es auf die Geschicklichkeit und das Material an, das dem Kinde zur Verfügung steht. Auch handelt es sich darum, ob die Phantasien mit einem großen oder geringen Bemühen, die Wahrscheinlichkeit zu erreichen, ausgearbeitet sind. Dieses Stadium wird zu einer Zeit erreicht, wo dem Kinde die Kenntnis der sexuellen Bedingungen der Herkunft noch fehlt.

Kommt dann die Kenntnis der verschiedenartigen sexuellen Beziehungen von Vater und Mutter dazu, begreift das Kind, daß *pater semper incertus est,* während die Mutter *certissima* ist, so erfährt der Familienroman eine eigentümliche Einschränkung: er begnügt sich nämlich damit, den Vater zu erhöhen, die Abkunft

---

[1] Vgl. darüber Freud: „Hysterische Phantasien und ihre Beziehung zur Bisexualität", wo auch auf die Literatur zu diesem Thema verwiesen ist. [Ges. Werke, Bd. VII.]

von der Mutter aber als etwas Unabänderliches nicht weiter in Zweifel zu ziehen. Dieses zweite (sexuelle) Stadium des Familienromans wird auch von einem zweiten Motiv getragen, das dem ersten (asexuellen) Stadium fehlte. Mit der Kenntnis der geschlechtlichen Vorgänge entsteht die Neigung, sich erotische Situationen und Beziehungen auszumalen, wozu als Triebkraft die Lust tritt, die Mutter, die Gegenstand der höchsten sexuellen Neugierde ist, in die Situation von geheimer Untreue und geheimen Liebesverhältnissen zu bringen. In dieser Weise werden jene ersten gleichsam asexuellen Phantasien auf die Höhe der jetzigen Erkenntnis gebracht.

Übrigens zeigt sich das Motiv der Rache und Vergeltung, das früher im Vordergrunde stand, auch hier. Diese neurotischen Kinder sind es ja auch meist, die bei der Abgewöhnung sexueller Unarten von den Eltern bestraft wurden und die sich nun durch solche Phantasien an ihren Eltern rächen.

Ganz besonders sind es später geborene Kinder, die vor allem ihre Vordermänner durch derartige Dichtungen (ganz wie in historischen Intrigen) ihres Vorzuges berauben, ja die sich oft nicht scheuen, der Mutter ebensoviele Liebesverhältnisse anzudichten, als Konkurrenten vorhanden sind. Eine interessante Variante dieses Familienromans ist es dann, wenn der dichtende Held für sich selbst zur Legitimität zurückkehrt, während er die anderen Geschwister auf diese Art als illegitim beseitigt. Dabei kann noch ein besonderes Interesse den Familienroman dirigieren, der mit seiner Vielseitigkeit und mannigfachen Verwendbarkeit allerlei Bestrebungen entgegenkommt. So beseitigt der kleine Phantast zum Beispiel auf diese Weise die verwandschaftliche Beziehung zu einer Schwester, die ihn etwa sexuell angezogen hat.

Wer sich von dieser Verderbtheit des kindlichen Gemütes mit Schaudern abwendete, ja selbst die Möglichkeit solcher Dinge bestreiten wollte, dem sei bemerkt, daß alle diese anscheinend so feindseligen Dichtungen eigentlich nicht so böse gemeint sind und unter leichter Verkleidung die erhalten gebliebene ursprüngliche Zärtlichkeit des Kindes für seine Eltern bewahren. Es ist nur scheinbare Treulosigkeit und Undankbarkeit; denn wenn man die häufigste dieser Romanphantasien, den Ersatz beider Eltern oder nur des Vaters durch großartigere Personen, im Detail durchgeht, so macht man die Entdeckung, daß diese neuen und vornehmen Eltern durchwegs mit Zügen ausgestattet sind, die von realen Erinnerungen an die wirklichen niederen Eltern herrühren, so daß das Kind den Vater eigentlich nicht beseitigt, sondern erhöht. Ja, das ganze Bestreben, den wirklichen Vater durch einen vornehmeren zu ersetzen, ist nur der Ausdruck der Sehnsucht des Kindes nach der verlorenen glücklichen Zeit, in der ihm sein Vater als der vornehmste und stärkste Mann, seine Mutter als die liebste und schönste Frau erschienen ist. Er wendet sich vom Vater, den er jetzt erkennt, zurück zu dem, an den er in früheren Kinderjahren geglaubt hat, und die Phantasie ist eigentlich nur der Ausdruck des Bedauerns, daß diese glückliche Zeit entschwunden ist. Die Überschätzung der frühesten Kindheitsjahre tritt also in diesen Phantasien wieder in ihr volles Recht. Ein interessanter Beitrag zu diesem Thema ergibt sich aus dem Studium der Träume. Die Traumdeutung lehrt nämlich, daß auch noch in späteren Jahren in Träumen vom Kaiser oder von der Kaiserin diese erlauchten Persönlichkeiten Vater und Mutter bedeuten.[1] Die kindliche Überschätzung der Eltern ist also auch im Traum des normalen Erwachsenen erhalten.

---

[1] Traumdeutung, 8. Aufl., S. 242 (Ges. Werke, Bd. II/III).

ALLGEMEINES ÜBER DEN HYSTERISCHEN ANFALL

ALLGEMEINES ÜBER DEN HYSTERISCHEN ANFALL

A

Wenn man eine Hysterika, deren Leiden sich in Anfällen äußert, der Psychoanalyse unterzieht, so überzeugt man sich leicht, daß diese Anfälle nichts anderes sind als ins Motorische übersetzte, auf die Motilität projizierte, pantomimisch dargestellte Phantasien. Unbewußte Phantasien zwar, aber sonst von derselben Art, wie man sie in den Tagträumen unmittelbar erfassen, aus den nächtlichen Träumen durch Deutung entwickeln kann. Häufig ersetzt ein Traum einen Anfall, noch häufiger erläutert er ihn, indem die nämliche Phantasie zu verschiedenartigem Ausdruck im Traume wie im Anfalle gelangt. Man sollte nun erwarten, durch die Anschauung des Anfalles zur Kenntnis der in ihm dargestellten Phantasie zu kommen; allein dies gelingt nur selten. In der Regel hat die pantomimische Darstellung der Phantasie unter dem Einflusse der Zensur ganz analoge Entstellungen wie die halluzinatorische des Traumes erfahren, so daß die eine wie die andere zunächst für das eigene Bewußtsein wie für das Verständnis des Zuschauers undurchsichtig geworden ist. Der hysterische Anfall bedarf also der gleichen deutenden Bearbeitung wie wir sie mit den nächtlichen Träumen vornehmen. Aber nicht nur die Mächte, von denen die Entstellung ausgeht, und die Absicht dieser Entstellung, auch die Technik derselben ist die nämliche, die uns durch die Traumdeutung bekannt geworden ist.

1.) Der Anfall wird dadurch unverständlich, daß er in demselben Material gleichzeitig mehrere Phantasien zur Darstellung bringt, also durch Verdichtung. Die Gemeinsamen der beiden (oder mehreren) Phantasien bilden wie im Traume den Kern der Darstellung. Die so zur Deckung gebrachten Phantasien sind oft ganz verschiedener Art, z. B. ein rezenter Wunsch und die Wiederbelebung eines infantilen Eindrucks; dieselben Innervationen dienen dann beiden Absichten, oft in der geschicktesten Weise. Hysteriker, die sich der Verdichtung im großen Ausmaße bedienen, finden etwa mit einer einzigen Anfallsform ihr Auslangen; andere drücken eine Mehrheit von pathogenen Phantasien auch durch Vervielfältigung der Anfallsformen aus.

2.) Der Anfall wird dadurch undurchsichtig, daß die Kranke die Tätigkeiten beider in der Phantasie auftretenden Personen auszuführen unternimmt, also durch mehrfache Identifizierung. Vergleiche etwa das Beispiel, welches ich in dem Aufsatze „Hysterische Phantasien und ihre Beziehung zur Bisexualität" in Hirschfelds Zeitschrift für Sexualwissenschaft, Bd. I, Nr. 1,[1] erwähnt habe, indem die Kranke mit der einen Hand (als Mann) das Kleid herunterreißt, während sie es mit der anderen (als Weib) an den Leib preßt.

3.) Ganz außerordentlich entstellend wirkt die antagonistische Verkehrung der Innervationen, welche der in der Traumarbeit üblichen Verwandlung eines Elementes in sein Gegenteil analog ist, z. B. wenn im Anfall eine Umarmung dadurch dargestellt wird, daß die Arme krampfhaft nach rückwärts gezogen werden, bis sich die Hände über der Wirbelsäule begegnen. — Möglicherweise ist der bekannte Arc de cercle der

---

[1] S. 191 ff. dieses Bandes.

großen hysterischen Attacke nichts anderes als eine solche energische Verleugnung einer für den sexuellen Verkehr geeigneten Körperstellung durch antagonistische Innervation.

4.) Kaum minder verwirrend und irreführend wirkt dann die **Umkehrung in der Zeitfolge** innerhalb der dargestellten Phantasie, was wiederum sein volles Gegenstück in manchen Träumen findet, die mit dem Ende der Handlung beginnen, um dann mit deren Anfang zu schließen. So z. B. wenn die Verführungsphantasie einer Hysterika zum Inhalte hat, wie sie lesend in einem Park sitzt, das Kleid ein wenig gehoben, so daß der Fuß sichtbar wird, ein Herr sich ihr nähert, der sie anspricht, sie dann mit ihm an einen anderen Ort geht und dort zärtlich mit ihm verkehrt, und sie diese Phantasie im Anfalle derart spielt, daß sie mit dem Krampfstadium beginnt, welches dem Koitus entspricht, dann aufsteht, in ein anderes Zimmer geht, sich dort hinsetzt, um zu lesen und dann auf eine imaginäre Anrede Antwort gibt.

Die beiden letztangeführten Entstellungen können uns die Intensität der Widerstände ahnen lassen, denen das Verdrängte noch bei seinem Durchbruche im hysterischen Anfalle Rechnung tragen muß.

B

Das Auftreten der hysterischen Anfälle folgt leichtverständlichen Gesetzen. Da der verdrängte Komplex aus Libidobesetzung und Vorstellungsinhalt (Phantasie) besteht, kann der Anfall wachgerufen werden: 1.) **assoziativ**, wenn der (genügend besetzte) Komplexinhalt durch eine Anknüpfung des bewußten Lebens angespielt wird, 2.) **organisch**, wenn aus inneren somatischen Gründen und durch psychische Beeinflussung von außen die Libidobesetzung über ein gewisses Maß steigt, 3.) im Dienste der **primären Tendenz**, als Ausdruck der „Flucht in die Krankheit", wenn die Wirklichkeit peinlich oder schreckhaft wird, also zur **Tröstung**, 4.) im Dienste der **sekundären Tendenzen**, mit denen sich das Kranksein verbündet hat, sobald durch die Produktion des Anfalles ein dem Kranken nützlicher Zweck erreicht werden kann. Im letzteren Falle ist der Anfall für gewisse Personen berechnet, kann für sie zeitlich verschoben werden und macht den Eindruck bewußter Simulation.

C

Die Erforschung der Kindergeschichte Hysterischer lehrt, daß der hysterische Anfall zum Ersatze einer ehemals geübten und seither aufgegebenen **autoerotischen** Befriedigung bestimmt ist. In einer großen Zahl von Fällen kehrt diese Befriedigung (die Masturbation durch Berührung oder Schenkeldruck, die Zungenbewegung u. dgl.) auch im Anfalle selbst unter Abwendung des Bewußtseins wieder. Das Auftreten des Anfalles durch Libidosteigerung und im Dienste der primären Tendenz als Tröstung wiederholt auch genau die Bedingungen, unter denen diese autoerotische Befriedigung seinerzeit vom Kranken mit Absicht aufgesucht wurde. Die Anamnese des Kranken ergibt folgende Stadien: *a)* autoerotische Befriedigung ohne Vorstellungsinhalt, *b)* die nämliche im Anschlusse an eine Phantasie, welche in die Befriedigungsaktion ausläuft, *c)* Verzicht auf die Aktion mit Beibehaltung der Phantasie, *d)* Verdrängung dieser Phantasie, die sich dann, entweder unverändert oder modifiziert und neuen Lebenseindrücken angepaßt, im hysterischen Anfalle durchsetzt und *e)* eventuell selbst die ihr zugehörige, angeblich abgewöhnte Befriedigungsaktion wiederbringt. Ein typischer Zyklus von infantiler Sexualbetätigung — Verdrängung — Mißglücken der Verdrängung und Wiederkehr des Verdrängten.

Der unwillkürliche Harnabgang darf gewiß nicht für unvereinbar mit der Diagnose des hysterischen Anfalls gehalten werden; er wiederholt bloß die infantile Form der stürmischen Pollution. Übrigens kann man auch den Zungenbiß bei unzweifelhafter Hysterie antreffen; er widerspricht der Hysterie so wenig wie dem Liebesspiele; sein Auftreten im Anfalle wird erleichtert, wenn die Kranke durch ärztliche Erkundigung auf die differentialdiagnostischen Schwierigkeiten aufmerksam gemacht worden ist. Selbstbeschädigung im hysterischen Anfalle kann (häufiger bei Männern) vorkommen, wo sie einen Unfall des kindlichen Lebens (z. B. den Erfolg einer Rauferei) wiederholt.

Der Bewußtseinsverlust, die Absence des hysterischen Anfalles geht aus jenem flüchtigen, aber unverkennbaren Bewußtseinsentgang hervor, der auf der Höhe einer jeden intensiven Sexualbefriedigung (auch der autoerotischen) zu verspüren ist. Bei der Entstehung hysterischer Absencen aus den Pollutionsanwandlungen junger weiblicher Individuen ist diese Entwicklung am sichersten zu verfolgen. Die sogenannten hypnoiden Zustände, die Absencen während der Träumerei, die bei Hysterischen so häufig sind, lassen die gleiche Herkunft erkennen. Der Mechanismus dieser Absencen ist ein relativ einfacher. Zunächst wird alle Aufmerksamkeit auf den Ablauf des Befriedigungsvorganges eingestellt, und mit dem Eintritte der Befriedigung wird diese ganze Aufmerksamkeitsbesetzung plötzlich aufgehoben, so daß eine momentane Bewußtseinsleere entsteht. Diese sozusagen physiologische Bewußtseinslücke wird dann im Dienste der Verdrängung erweitert, bis sie all das aufnehmen kann, was die verdrängende Instanz von sich weist.

D

Die Einrichtung, welche der verdrängten Libido den Weg zur motorischen Abfuhr im Anfalle weist, ist der bei jedermann, auch beim Weibe, bereitgehaltene Reflexmechanismus der Koitusaktion, den wir bei schrankenloser Hingabe an die Sexualtätigkeit manifest werden sehen. Schon die Alten sagten, der Koitus sei eine „kleine Epilepsie". Wir dürfen abändern! Der hysterische Krampfanfall ist ein Koitusäquivalent. Die Analogie mit dem epileptischen Anfalle hilft uns wenig, da dessen Genese noch unverstandener ist als die des hysterischen.

Im ganzen setzt der hysterische Anfall, wie die Hysterie überhaupt, beim Weibe ein Stück Sexualbetätigung wieder ein, das in den Kinderjahren bestanden hatte und damals exquisit männlichen Charakter erkennen ließ. Man kann es häufig beobachten, daß gerade Mädchen, die bis in die Jahre der Vorpubertät bubenhaftes Wesen und Neigungen zeigten, von der Pubertät an hysterisch werden. In einer ganzen Reihe von Fällen entspricht die hysterische Neurose nur einer exzessiven Ausprägung jenes typischen Verdrängungsschubes, welcher durch Wegschaffung der männlichen Sexualität das Weib entstehen läßt. (Vgl.: Drei Abhandlungen zur Sexualtheorie, 1905.)

ANALYSE DER PHOBIE EINES FÜNFJÄHRIGEN KNABEN

I
EINLEITUNG

Die auf den folgenden Blättern darzustellende Kranken- und Heilungsgeschichte eines sehr jugendlichen Patienten entstammt, streng genommen, nicht meiner Beobachtung. Ich habe zwar den Plan der Behandlung im ganzen geleitet und auch ein einziges Mal in einem Gespräche mit dem Knaben persönlich eingegriffen; die Behandlung selbst hat aber der Vater des Kleinen durchgeführt, dem ich für die Überlassung seiner Notizen zum Zwecke der Veröffentlichung zu ernstem Danke verpflichtet bin. Das Verdienst des Vaters reicht aber weiter; ich meine, es wäre einer anderen Person überhaupt nicht gelungen, das Kind zu solchen Bekenntnissen zu bewegen; die Sachkenntnis, vermöge welcher der Vater die Äußerungen seines 5jährigen Sohnes zu deuten verstand, hätte sich nicht ersetzen lassen, die technischen Schwierigkeiten einer Psychoanalyse in so zartem Alter wären unüberwindbar geblieben. Nur die Vereinigung der väterlichen und der ärztlichen Autorität in einer Person, das Zusammentreffen des zärtlichen Interesses mit dem wissenschaftlichen bei derselben, haben es in diesem einen Falle ermöglicht, von der Methode eine Anwendung zu machen, zu welcher sie sonst ungeeignet gewesen wäre.

Der besondere Wert dieser Beobachtung ruht aber in Folgendem: Der Arzt, der einen erwachsenen Nervösen psychoanalytisch behandelt, gelangt durch seine Arbeit des schichtweisen Aufdeckens psychischer Bildungen schließlich zu gewissen Annahmen über die infantile Sexualität, in deren Komponenten er die Triebkräfte aller neurotischen Symptome des späteren Lebens gefunden zu haben glaubt. Ich habe diese Annahmen in meinen 1905 veröffentlichten „Drei Abhandlungen zur Sexualtheorie" dargelegt; ich weiß, daß sie dem Fernerstehenden ebenso befremdend erscheinen wie dem Psychoanalytiker unabweisbar. Aber auch der Psychoanalytiker darf sich den Wunsch nach einem direkteren, auf kürzerem Wege gewonnenen Beweise jener fundamentalen Sätze eingestehen. Sollte es denn unmöglich sein, unmittelbar am Kinde in aller Lebensfrische jene sexuellen Regungen und Wunschbildungen zu erfahren, die wir beim Gealterten mit soviel Mühe aus ihren Verschüttungen ausgraben, von denen wir noch überdies behaupten, daß sie konstitutionelles Gemeingut aller Menschen sind und sich beim Neurotiker nur verstärkt oder verzerrt zeigen?

In solcher Absicht pflege ich meine Schüler und Freunde seit Jahren anzueifern, daß sie Beobachtungen über das zumeist geschickt übersehene oder absichtlich verleugnete Sexualleben der Kinder sammeln mögen. Unter dem Material, welches infolge dieser Aufforderung in meine Hände gelangte, nahmen die fortlaufenden Nachrichten über den kleinen Hans bald eine hervorragende Stelle ein. Seine Eltern, die beide zu meinen nächsten Anhängern gehörten, waren übereingekommen, ihr erstes Kind mit nicht mehr Zwang zu erziehen, als zur Erhaltung guter Sitte unbedingt erforderlich werden sollte, und da das Kind sich zu einem heiteren, gutartigen und aufgeweckten Buben entwickelte, nahm der Versuch, ihn ohne Einschüchterung aufwachsen und sich äußern zu lassen, seinen guten Fortgang. Ich gebe nun die Aufzeichnungen des Vaters über den kleinen Hans wieder, wie sie mir zugetragen wurden, und werde mich selbstverständlich jedes Versuches enthalten, Naivität und Aufrichtigkeit der Kinderstube durch konventionelle Entstellungen zu stören.

Die ersten Mitteilungen über Hans datieren aus der Zeit, da er noch nicht ganz drei Jahre alt war. Er äußerte damals durch verschiedene Reden und Fragen ein ganz besonders lebhaftes Interesse für den Teil seines Körpers, den er als „Wiwimacher" zu bezeichnen gewohnt war. So richtete er einmal an seine Mutter die Frage:

Hans: „Mama hast du auch einen Wiwimacher?"
Mama: „Selbstverständlich. Weshalb?"
Hans: „Ich hab' nur gedacht."

Im gleichen Alter kommt er einmal in einen Stall und sieht, wie eine Kuh gemolken wird. „Schau, aus dem Wiwimacher kommt Milch."

Schon diese ersten Beobachtungen machen die Erwartung rege, daß vieles, wenn nicht das meiste, was uns der kleine Hans zeigt, sich als typisch für die Sexualentwicklung des Kindes herausstellen wird. Ich habe einmal ausgeführt[1], daß man nicht zu sehr entsetzt zu sein braucht, wenn man bei einem weiblichen Wesen die Vorstellung vom Saugen am männlichen Gliede findet. Diese anstößige Regung habe eine sehr harmlose Abkunft, da sie sich vom Saugen an der Mutterbrust ableitet, wobei das Euter der Kuh, — seiner Natur nach eine Mamma, seiner Gestalt und Lage nach ein Penis — eine passende Vermittlung übernimmt. Die Entdeckung des kleinen Hans bestätigt den letzten Teil meiner Aufstellung.

Sein Interesse für den Wiwimacher ist indes kein bloß theoretisches; wie zu vermuten stand, reizt es ihn auch zu Berührungen des Gliedes. Im Alter von $3\frac{1}{2}$ Jahren wird er von der Mutter, die Hand am Penis, betroffen. Diese droht: „Wenn du das machst, lass' ich den Dr. A. kommen, der schneidet dir den Wiwimacher ab. Womit wirst du dann Wiwi machen?"

Hans: „Mit dem Popo."

---

[1] Bruchstück einer Hysterie-Analyse, 1905. [Ges. Werke, Bd. V.]

Er antwortet noch ohne Schuldbewustsein, aber er erwirbt bei diesem Anlasse den „Kastrationskomplex", den man in den Analysen der Neurotiker so oft erschließen muß, während sie sich sämtlich gegen die Anerkennung desselben heftig sträuben. Über die Bedeutung dieses Elements der Kindergeschichte wäre viel Wichtiges zu sagen. Der „Kastrationskomplex" hat im Mythus (und zwar nicht nur im griechischen) auffällige Spuren hinterlassen; ich habe seine Rolle in einer Stelle der „Traumdeutung" (p. 385 der zweiten Auflage, 7. Aufl. p. 456) und noch anderwärts gestreift.[1]

Etwa im gleichen Alter ($3\frac{1}{2}$ Jahre) ruft er in Schönbrunn vor dem Löwenkäfige freudig erregt aus: „Ich hab' den Wiwimacher vom Löwen gesehen."

Die Tiere verdanken ein gutes Stück der Bedeutung, die sie im Mythus und im Märchen haben, der Offenheit, mit der sie dem kleinen, wißbegierigen Menschenkinde ihre Genitalien und ihre sexuellen Funktionen zeigen. Die sexuelle Neugierde unseres Hans leidet wohl keinen Zweifel, aber sie macht ihn auch zum Forscher, gestattet ihm richtige begriffliche Erkenntnisse.

Er sieht auf dem Bahnhofe, $3^{3}/_{4}$ Jahre alt, wie aus einer Lokomotive Wasser ausgelassen wird. „Schau, die Lokomotive macht Wiwi. Wo hat sie denn den Wiwimacher?"

---

1) [*Zusatz 1923:*] Die Lehre vom Kastrationskomplex hat seither durch die Beiträge von Lou Andreas, A. Stärcke, F. Alexander u. a. einen weiteren Ausbau erfahren. Man hat geltend gemacht, daß der Säugling schon das jedesmalige Zurückziehen der Mutterbrust als Kastration d. h. als Verlust eines bedeutsamen, zu seinem Besitz gerechneten Körperteils empfinden mußte, daß er die regelmäßige Abgabe des Stuhlgangs nicht anders werten kann, ja daß der Geburtsakt als Trennung von der Mutter, mit der man bis dahin eins war, das Urbild jeder Kastration ist. Unter Anerkennung all dieser Wurzeln des Komplexes habe ich doch die Forderung aufgestellt, daß der Name Kastrationskomplex auf die Erregungen und Wirkungen zu beschränken sei, die mit dem Verlust des Penis verknüpft sind. Wer sich in den Analysen Erwachsener von der Unausbleiblichkeit des Kastrationskomplexes überzeugt hat, wird es natürlich schwierig finden, ihn auf eine zufällige und doch nicht so allgemein vorkommende Androhung zurückzuführen, und wird annehmen müssen, daß das Kind sich diese Gefahr auf die leisesten Andeutungen hin, an denen es ja niemals fehlt, konstruiert. Dies ist ja auch das Motiv, das den Anstoß gegeben hat, nach den allgemein vorfindlichen tieferen Wurzeln des Komplexes zu suchen. Umso wertvoller wird es aber, daß im Falle des kleinen Hans die Kastrationsandrohung von den Eltern berichtet wird und zwar aus einer Zeit, da seine Phobie noch nicht in Frage kam.

Nach einer Weile setzt er nachdenklich hinzu: „Ein Hund und ein Pferd hat einen Wiwimacher; ein Tisch und ein Sessel nicht." So hat er ein wesentliches Kennzeichen für die Unterscheidung des Lebenden vom Leblosen gewonnen.

Wißbegierde und sexuelle Neugierde scheinen untrennbar voneinander zu sein. Hans' Neugierde erstreckt sich ganz besonders auf die Eltern.

Hans, 3³/₄ Jahre: „Papa, hast du auch einen Wiwimacher?"

Vater: „Ja natürlich."

Hans: „Aber ich hab' ihn nie gesehen, wenn du dich ausgezogen hast."

Ein andermal sieht er gespannt zu, wie sich die Mama vor dem Schlafengehen entkleidet. Diese fragt: „Was schaust du denn so?"

Hans: „Ich schau' nur, ob du auch einen Wiwimacher hast?"

Mama: „Natürlich. Hast du denn das nicht gewußt?"

Hans: „Nein, ich hab' gedacht, weil du so groß bist, hast du einen Wiwimacher wie ein Pferd."

Wir wollen uns diese Erwartung des kleinen Hans merken; sie wird später zu Bedeutung kommen.

Das große Ereignis in Hansens Leben ist aber die Geburt seiner kleinen Schwester Hanna, als er genau 3½ Jahre alt war (April 1903 bis Oktober 1906). Sein Benehmen bei diesem Anlasse wurde vom Vater unmittelbar notiert: „Früh um 5 Uhr, mit dem Beginne der Wehen, wird Hans' Bett ins Nebenzimmer gebracht; hier erwacht er um 7 Uhr und hört das Stöhnen der Gebärenden, worauf er fragt: „Was hustet denn die Mama?" — Nach einer Pause: „Heut' kommt gewiß der Storch."

„Man hat ihm natürlich in den letzten Tagen oft gesagt, der Storch wird ein Mäderl oder Buberl bringen, und er verbindet das ungewohnte Stöhnen ganz richtig mit der Ankunft des Storches."

„Später wird er in die Küche gebracht; im Vorzimmer sieht er die Tasche des Arztes und fragt: „Was ist das?", worauf man ihm sagt: „Eine Tasche." Er dann überzeugt: „Heut' kommt der Storch." Nach der Entbindung kommt die Hebamme in die Küche und Hans hört, wie sie anordnet, man möge einen Tee kochen, worauf er sagt: „Aha, weil die Mammi hustet, bekommt sie einen Tee." Er wird dann ins Zimmer gerufen, schaut aber nicht auf die Mama, sondern auf die Gefäße mit blutigem Wasser, die noch im Zimmer stehen, und bemerkt, auf die blutige Leibschüssel deutend, befremdet: „Aber aus meinem Wiwimacher kommt kein Blut."

„Alle seine Aussprüche zeigen, daß er das Ungewöhnliche der Situation mit der Ankunft des Storches in Zusammenhang bringt. Er macht zu allem, was er sieht, eine sehr mißtrauische, gespannte Miene, und zweifellos hat sich das erste Mißtrauen gegen den Storch bei ihm festgesetzt."

Hans ist auf den neuen Ankömmling sehr eifersüchtig und sagt, wenn irgend wer sie lobt, schön findet usw., sofort höhnisch: „Aber sie hat noch keine Zähne[1]." Als er sie nämlich zum erstenmal sah, war er sehr überrascht, daß sie nicht sprechen kann, und meinte, sie könne nicht sprechen, weil sie keine Zähne habe. Er wird in den ersten Tagen selbstverständlich sehr zurückgesetzt und erkrankt plötzlich an Angina. Im Fieber hört man ihn sagen: „Aber ich will kein Schwesterl haben!"

„Nach etwa einem halben Jahre ist die Eifersucht überwunden, und er wird ein ebenso zärtlicher wie seiner Überlegenheit bewußter Bruder[2]."

„Ein wenig später sieht Hans zu, wie man seine einwöchentliche Schwester badet. Er bemerkt: „Aber ihr Wiwimacher ist noch

---

[1] Wiederum ein typisches Verhalten. Ein anderer, nur um zwei Jahre älterer Bruder pflegte unter den gleichen Verhältnissen ärgerlich mit dem Ausrufe „zu k(l)ein, zu k(l)ein" abzuwehren.

[2] „Der Storch soll ihn wieder mitnehmen," äußerte ein anderes, etwas älteres, Kind zum Willkomm des Brüderchens. Vergleiche hiezu, was ich in der „Traumdeutung" über die Träume vom Tode teuerer Verwandter bemerkt habe (p. 173 ff., 8. Aufl. Ges Werke, Bd. II/III).

klein," und setzt wie tröstend hinzu: „Wenn sie wachst, wird er schon größer werden¹."

„Im gleichen Alter, zu $3^{3}/_{4}$ Jahren, liefert Hans die erste Erzählung eines Traumes. „Heute, wie ich geschlafen habe, habe ich geglaubt, ich bin in Gmunden mit der Mariedl."

„Mariedl ist die 13jährige Tochter des Hausherrn, die oft mit ihm gespielt hat."

Wie nun der Vater den Traum der Mutter in seiner Gegenwart, erzählt, bemerkt Hans richtigstellend: „Nicht mit der Mariedl, ganz allein mit der Mariedl."

Hiezu ist zu bemerken: „Hans war im Sommer 1906 in Gmunden, wo er sich den Tag über mit den Hausherrnkindern herumtrieb. Als wir von Gmunden abreisten, glaubten wir, daß

---

1) Das nämliche Urteil, in den identischen Worten ausgedrückt und von der gleichen Erwartung gefolgt, wurde mir von zwei anderen Knaben berichtet, als sie den Leib eines kleinen Schwesterchens zuerst neugierig beschauen konnten. Man könnte über diese frühzeitige Verderbnis des kindlichen Intellekts erschrecken. Warum konstatieren diese jugendlichen Forscher nicht, was sie wirklich sehen, nämlich, daß kein Wiwimacher vorhanden ist? Für unseren kleinen Hans können wir allerdings die volle Aufklärung seiner fehlerhaften Wahrnehmung geben. Wir wissen, er hat sich durch sorgfältige Induktion den allgemeinen Satz erworben, daß jedes belebte Wesen im Gegensatze zum Unbelebten einen Wiwimacher besitzt; die Mutter hat ihn in dieser Überzeugung bestärkt, indem sie ihm bejahende Auskünfte über solche Personen gab, die sich seiner eigenen Beobachtung entzogen. Er ist nun ganz und gar unfähig, diese Errungenschaft wegen der einen Beobachtung an der kleinen Schwester wieder aufzugeben. Er urteilt also, der Wiwimacher ist auch hier vorhanden, er ist nur noch sehr klein, aber er wird wachsen, bis er so groß geworden ist wie der eines Pferdes. Wir wollen zur Ehrenrettung unseres kleinen Hans ein Weiteres tun. Er benimmt sich eigentlich nicht schlechter als ein Philosoph der Wundtschen Schule. Für einen solchen ist das Bewußtsein der nie fehlende Charakter des Seelischen, wie für Hans der Wiwimacher das unentbehrliche Kennzeichen alles Lebenden. Stößt der Philosoph nun auf seelische Vorgänge, die man erschließen muß, an denen aber wirklich nichts von Bewußtsein wahrzunehmen ist — man weiß nämlich nichts von ihnen und kann doch nicht umhin, sie zu erschließen — so sagt er nicht etwa, dies seien unbewußte seelische Vorgänge, sondern er heißt sie dunkelbewußte. Der Wiwimacher ist noch sehr klein! Und bei diesem Vergleiche ist der Vorteil noch auf Seiten unseres kleinen Hans. Denn, wie so häufig bei den Sexualforschungen der Kinder, ist auch hier hinter dem Irrtume ein Stück richtiger Erkenntnis verborgen. Das kleine Mädchen besitzt allerdings auch einen kleinen Wiwimacher, den wir Klitoris heißen, wenn er auch nicht wächst, sondern verkümmert bleibt. (Vgl. meine kleine Arbeit „Über infantile Sexualtheorien," Sexualprobleme, 1908; enthalten in Band VII dieser Gesamtausgabe.)

ihm der Abschied und die Übersiedlung in die Stadt schwer fallen würden. Dies war überraschenderweise nicht der Fall. Er freute sich offenbar über die Abwechslung und erzählte durch mehrere Wochen sehr wenig von Gmunden. Erst nach Ablauf von Wochen stiegen öfter lebhaft gefärbte Erinnerungen an die in Gmunden verbrachte Zeit in ihm auf. Seit etwa 4 Wochen verarbeitet er diese Erinnerungen zu Phantasien. Er phantasiert, daß er mit den Kindern Berta, Olga und Fritzl spielt, spricht mit ihnen, als ob sie gegenwärtig wären, und ist imstande, sich stundenlang so zu unterhalten. Jetzt, wo er eine Schwester bekommen hat und ihn offenbar das Problem des Kinderkriegens beschäftigt, nennt er Berta und Olga nur mehr „seine Kinder" und fügt einmal hinzu: „Auch meine Kinder, Berta und Olga, hat der Storch gebracht." Der Traum, jetzt nach 6 monatlicher Abwesenheit von Gmunden, ist offenbar als Ausdruck seiner Sehnsucht, nach Gmunden zu fahren, zu verstehen."

So weit der Vater; ich bemerke vorgreifend, daß Hans mit der letzten Äußerung über seine Kinder, die der Storch gebracht haben soll, einem in ihm steckenden Zweifel laut widerspricht.

Der Vater hat zum Glück mancherlei notiert, was später zu ungeahntem Werte kommen sollte. „Ich zeichne Hans, der in letzter Zeit öfter in Schönbrunn war, eine Giraffe. Er sagt mir: „Zeichne doch auch den Wiwimacher." Ich darauf: „Zeichne du ihn selbst dazu." Hierauf fügt er an das Bild der Giraffe folgenden Strich (die Zeichnung liegt bei), den er zuerst kurz zieht und dem er dann ein Stück hinzufügt, indem er bemerkt: „Der Wiwimacher ist länger."

Fig. 1.

„Ich gehe mit Hans an einem Pferde vorbei, das uriniert. Er sagt: „Das Pferd hat den Wiwimacher unten so wie ich."

„Er sieht zu, wie man seine 3 monatliche Schwester badet, und sagt bedauernd: „Sie hat einen ganz, ganz kleinen Wiwimacher."

„Er erhält eine Puppe zum Spielen, die er auskleidet. Er schaut sie sorgfältig an und sagt: „Die hat aber einen ganz kleinen Wiwimacher."

Wir wissen bereits, daß es ihm mit dieser Formel möglich gemacht ist, seine Entdeckung (vgl. p. 134) aufrecht zu halten. Jeder Forscher ist in Gefahr, gelegentlich dem Irrtume zu verfallen. Ein Trost bleibt es, wenn er, wie unser Hans im nächsten Beispiele, nicht allein irrt, sondern sich zur Entschuldigung auf den Sprachgebrauch berufen kann. Er sieht nämlich in seinem Bilderbuche einen Affen und zeigt auf dessen aufwärts geringelten Schwanz: „Schau, Vatti, der Wiwimacher."

In seinem Interesse für den Wiwimacher hat er sich ein ganz besonderes Spiel ausgedacht. „Im Vorzimmer ist der Abort und eine dunkle Holzkammer. Seit einiger Zeit geht Hans in die Holzkammer und sagt: „Ich geh' in mein Klosett." Einmal schaue ich hinein, um zu sehen, was er in der dunklen Kammer macht. Er exhibiert und sagt: „Ich mache Wiwi." Das heißt also: er „spielt" Klosett. Der Spielcharakter erhellt nicht nur daraus, daß er das Wiwimachen bloß fingiert und nicht etwa wirklich ausführt, sondern auch daraus, daß er nicht ins Klosett geht, was eigentlich viel einfacher wäre, vielmehr die Holzkammer vorzieht, die er „sein Klosett" heißt."

Wir würden Hans unrecht tun, wenn wir nur die autoerotischen Züge seines Sexuallebens verfolgten. Sein Vater hat uns ausführliche Beobachtungen über seine Liebesbeziehungen zu anderen Kindern mitzuteilen, aus denen sich eine „Objektwahl" wie beim Erwachsenen ergibt. Freilich auch eine ganz bemerkenswerte Beweglichkeit und polygamische Veranlagung.

„Im Winter ($3^3/_4$ Jahre) nehme ich Hans auf den Eislaufplatz mit und mache ihn mit den beiden etwa 10 Jahre alten Töchterchen meines Kollegen N. bekannt. Hans setzt sich neben sie, die im Gefühle ihres reifen Alters ziemlich verächtlich auf den Knirps herabblicken, und schaut sie verehrungsvoll an, was ihnen keinen

großen Eindruck macht. Hans spricht trotzdem von ihnen nur
als „meine Mäderln". „Wo sind denn meine Mäderln? Wann
kommen denn meine Mäderln?" und quält mich zu Hause einige
Wochen lang mit der Frage: „Wann geh' ich wieder auf den
Eisplatz zu meinen Mäderln?"

Ein 5 jähriger Cousin von Hans ist bei dem nun 4 jährigen zu
Besuch. Hans umarmt ihn fortwährend und sagt einmal bei einer
solchen zärtlichen Umarmung: „Ich hab' dich aber lieb."
Es ist dies der erste, aber nicht der letzte Zug von Homo-
sexualität, dem wir bei Hans begegnen werden. Unser kleiner
Hans scheint wirklich ein Ausbund aller Schlechtigkeiten zu sein!

„Wir sind in eine neue Wohnung eingezogen. (Hans ist 4 Jahre
alt.) Von der Küche führt die Tür auf einen Klopfbalkon, von
wo aus man in eine vis-à-vis gelegene Hofwohnung sieht. Hier
hat Hans ein etwa 7—8 jähriges Mäderl entdeckt. Er setzt sich
nun, um sie zu bewundern, auf die Stufe, die zum Klopfbalkon
führt, und bleibt dort stundenlang sitzen. Speziell um 4 Uhr
p. m., wenn das Mäderl aus der Schule kommt, ist er nicht im
Zimmer zu halten und läßt sich nicht abbringen, seinen Beobachtungs-
posten zu beziehen. Einmal, als das Mäderl sich nicht zur gewohnten Stunde beim Fenster zeigt, wird Hans ganz unruhig
und belästigt die Hausleute mit Fragen: „Wann kommt das
Mäderl? Wo ist das Mäderl?" usw. Wenn sie dann erscheint, ist
er ganz selig und wendet den Blick von der Wohnung gegenüber
nicht mehr ab. Die Heftigkeit, mit der diese „Liebe per Distanz"[1]
auftrat, findet ihre Erklärung darin, daß Hans keinen Kameraden
und keine Gespielin hat. Zur normalen Entwicklung des Kindes
gehört offenbar reichlicher Verkehr mit anderen Kindern."

„Dieser wird dann Hans zuteil, als wir kurz darauf (4½ Jahre)
zum Sommeraufenthalte nach Gmunden übersiedeln. In unserem
Hause sind seine Spielgefährten die Kinder des Hausherrn: Franzl

---

[1] W. Busch: Und die Liebe per Distanz,
Kurzgesagt, mißfällt mir ganz.

(etwa 12 Jahre), Fritzl (8 Jahre), Olga (7 Jahre), Berta (5 Jahre) und überdies die Nachbarkinder: Anna (10 Jahre) und noch zwei Mäderl im Alter von 9 und 7 Jahren, deren Namen ich nicht mehr weiß. Sein Liebling ist Fritzl, den er oft umarmt und seiner Liebe versichert. Er wird einmal gefragt: „Welches von den Mäderln hast du denn am liebsten?" Er antwortet: „Den Fritzl." Gleichzeitig ist er gegen die Mädchen sehr aggressiv, männlich, erobernd, umarmt sie und küßt sie ab, was sich namentlich Berta ganz gerne gefallen läßt. Als Berta eines Abends aus dem Zimmer kommt, umhalst er sie und sagt im zärtlichsten Tone: „Berta, du bist aber lieb", was ihn übrigens nicht hindert, auch die anderen zu küssen und seiner Liebe zu versichern. Auch die etwa 14 Jahre alte Mariedl, ebenfalls eine Tochter des Hausherrn, die mit ihm spielt, hat er gerne und sagt eines Abends, als er zu Bette gebracht wird: „Die Mariedl soll bei mir schlafen." Auf die Antwort: „Das geht nicht," sagt er: „So soll sie bei der Mammi oder dem Vatti schlafen." Man erwidert ihm: „Auch das geht nicht, die Mariedl muß bei ihren Eltern schlafen", und nun entwickelt sich folgender Dialog:

Hans: „So geh' ich halt hinunter zur Mariedl schlafen."

Mama: „Du willst wirklich von der Mammi weggehen, um unten zu schlafen?"

Hans: „No, früh komm' ich doch wieder herauf zum Kaffeetrinken und Aufdieseitegehen."

Mama: „Wenn du wirklich von Vatti und Mammi gehen willst, so nimm dir deinen Rock und deine Hose und — adieu!"

„Hans nimmt wirklich seine Kleider und geht zur Treppe, um zur Mariedl schlafen zu gehen, wird natürlich zurückgeholt."

„(Hinter dem Wunsche: „Die Mariedl soll bei uns schlafen", steckt der andere: „Die Mariedl, mit der er so gerne beisammen ist, soll in unsere Hausgemeinschaft aufgenommen werden. Zweifellos sind aber dadurch, daß Vater und Mutter Hans, wenn auch nicht allzu häufig, in ihr Bett nahmen, bei diesem Beieinanderliegen erotische Gefühle in ihm erweckt worden, und der Wunsch, bei der Mariedl zu schlafen, hat auch seinen erotischen Sinn. Bei Vater oder Mutter im Bette liegen, ist für Hans wie für alle Kinder eine Quelle erotischer Regungen.)"

Unser kleiner Hans hat sich bei der Herausforderung der Mutter benommen wie ein rechter Mann, trotz seiner homosexuellen Anwandlungen.

„Auch in dem folgenden Falle sagte Hans zur Mammi: „Du, ich möcht einmal so gerne mit dem Mäderl schlafen." Dieser Fall gibt uns reichlich Gelegenheit zur Unterhaltung, denn Hans benimmt sich hier wirklich wie ein Großer, der verliebt ist. In das Gasthaus, wo wir zu Mittag essen, kommt seit einigen Tagen ein etwa 8 jähriges hübsches Mädchen, in das sich Hans natürlich sofort verliebt. Er dreht sich auf seinem Sessel fortwährend um, um nach ihr zu schielen, stellt sich, nachdem er gegessen hat, in ihrer Nähe auf, um mit ihr zu kokettieren, wird aber feuerrot, wenn man ihn dabei beobachtet. Wird sein Blick von dem Mäderl erwidert, so schaut er sofort verschämt auf die entgegengesetzte Seite. Sein Benehmen ist natürlich ein großes Gaudium für alle Gasthausgäste. Jeden Tag, wenn er ins Gasthaus geführt wird, fragt er: „Glaubst du, wird das Mäderl heute dort sein?" Wenn sie endlich kommt, wird er ganz rot wie ein Erwachsener im gleichen Falle. Einmal kommt er glückselig zu mir und flüstert mir ins Ohr: „Du, ich weiß schon, wo das Mäderl wohnt. Dort und dort habe ich gesehen, wie sie die Stiege hinaufgegangen ist." Während er sich gegen die Mäderl im Hause aggressiv benimmt, ist er hier ein platonisch schmachtender Verehrer. Dies hängt vielleicht damit zusammen, daß die Mäderl im Hause Dorfkinder sind, diese aber eine kultivierte Dame. Daß er einmal sagt, er möchte mit ihr schlafen, ist schon erwähnt worden."

„Da ich Hans nicht in der bisherigen seelischen Spannung lassen will, in die ihn seine Liebe zu dem Mäderl versetzt hat, habe ich seine Bekanntschaft mit ihr vermittelt, und das Mäderl eingeladen, nachmittags zu ihm in den Garten zu kommen, wenn er seinen Nachmittagsschlaf absolviert hat. Hans ist durch die Erwartung, daß das Mäderl zu ihm kommen wird, so aufgeregt, daß er zum erstenmal am Nachmittage nicht schläft, sondern sich unruhig im Bette hin und her wälzt. Die Mama fragt ihn: „Warum schläfst du nicht? Denkst du vielleicht an das Mäderl?", worauf er beglückt „ja" sagt. Er hat auch, als er aus dem Gasthofe nach Hause kam, allen Leuten im Hause erzählt: „Du, heute kommt mein Mäderl zu mir," und die 14jährige Mariedl berichtet, daß er sie fortwährend gefragt hat: „Du, glaubst du, daß sie mit mir lieb sein wird? Glaubst du, daß sie mir einen Kuß geben wird, wenn ich sie küß?" u. dgl."

„Nachmittags regnete es aber und so unterblieb der Besuch, worauf sich Hans mit Berta und Olga tröstete."

Weitere Beobachtungen noch aus der Zeit des Sommeraufenthaltes lassen vermuten, daß sich bei dem Kleinen allerlei Neues vorbereitet.

„Hans, 4¼ Jahre. Heute früh wird Hans von seiner Mama wie täglich gebadet und nach dem Bade abgetrocknet und eingepudert. Wie die Mama bei seinem Penis, und zwar vorsichtig, um ihn nicht zu berühren, pudert, sagt Hans: „Warum gibst du denn nicht den Finger hin?"

Mama: „Weil das eine Schweinerei ist."
Hans: „Was ist das? Eine Schweinerei? Warum denn?"
Mama: „Weil es unanständig ist."
Hans (lachend): „Aber lustig!"[1]

Ein etwa gleichzeitiger Traum unseres Hans kontrastiert recht auffällig mit der Dreistigkeit, die er gegen die Mutter gezeigt

---

1) Einen ähnlichen Verführungsversuch berichtete mir eine selbst neurotische Mutter, die an die infantile Masturbation nicht glauben wollte, von ihrem 3½ Jahre alten Töchterchen. Sie hatte der Kleinen Unterhöschen anfertigen lassen und probierte nun, ob sie nicht im Schritt zu eng seien, indem sie mit ihrer Hand an der Innenfläche des Oberschenkels nach aufwärts strich. Die Kleine schloß plötzlich die Beine über die Hand zusammen und bat: „Mama, laß die Hand doch da. Das tut so gut."

hat. Es ist der erste durch Entstellung unkenntliche Traum des Kindes. Dem Scharfsinne des Vaters ist es aber gelungen, ihm die Lösung abzugewinnen.

„Hans 4¼ Jahre. Traum. Heute früh kommt Hans auf und erzählt: „Du, heute nachts habe ich gedacht: Einer sagt: Wer will zu mir kommen? Dann sagt jemand: Ich. Dann muß er ihn Wiwi machen lassen."

„Weitere Fragen stellten klar, daß diesem Traume alles Visuelle fehlt, daß er dem reinen *type auditif* angehört. Hans spielt seit einigen Tagen mit den Kindern des Hausherrn, darunter seine Freundinnen Olga (7 Jahre) und Berta (5 Jahre), Gesellschaftsspiele, auch Pfänderauslösen. (A.: Wem gehört das Pfand in meiner Hand? B.: Mir. Dann wird bestimmt, was B. zu tun hat.) Diesem Pfänderspiele ist der Traum nachgebildet, nur wünscht Hans, daß derjenige, der das Pfand gezogen hat, nicht zu den usuellen Küssen oder Ohrfeigen verurteilt werde, sondern zum Wiwimachen, oder genauer: jemand muß ihn Wiwi machen lassen."

„Ich lasse mir den Traum noch einmal erzählen; er erzählt ihn mit denselben Worten, nur setzt er anstatt: „dann sagt jemand" — „dann sagt sie". Diese „sie" ist offenbar Berta oder Olga, mit denen er gespielt hat. Der Traum lautet also übersetzt: Ich spiele mit den Mäderln Pfänderauslösen. Ich frage: Wer will zu mir kommen? Sie (Berta oder Olga) antwortet: Ich. Dann muß sie mich Wiwi machen lassen. (Beim Urinieren behilflich sein, was Hans offenbar angenehm ist.)"

„Es ist klar, daß das Wiwimachenlassen, wobei dem Kinde die Hose geöffnet und der Penis herausgenommen wird, für Hans lustbetont ist. Auf Spaziergängen ist es ja zumeist der Vater, der dem Kinde diese Hilfe leistet, was Anlaß zur Fixierung homosexueller Neigung auf den Vater gibt."

„Zwei Tage vorher hat er, wie berichtet, die Mama beim Waschen und Einpudern der Genitalgegend gefragt: „Warum gibst du nicht den Finger hin?" Gestern, als ich Hans auf die

Seite gehen ließ, sagte er mir zum erstenmal, ich solle ihn hinters Haus führen, damit niemand zuschauen könne, und fügte hinzu: „Voriges Jahr, wie ich Wiwi gemacht habe, haben mir die Berta und die Olga zugesehen." Ich meine, das heißt, voriges Jahr war ihm dieses Zuschauen der Mädchen angenehm, jetzt aber nicht mehr. Die Exhibitionslust unterliegt jetzt der Verdrängung. Daß der Wunsch, Berta und Olga mögen ihm beim Wiwimachen zuschauen (oder ihn Wiwimachen lassen), jetzt im Leben verdrängt wird, ist die Erklärung für dessen Auftreten im Traume, in dem er sich die hübsche Einkleidung durch das Pfänderspiel geschaffen hat. — Ich beobachtete seither wiederholt, daß er beim Wiwimachen nicht gesehen werden will."

Ich bemerke hiezu nur, daß auch dieser Traum sich der Regel fügt, die ich in der „Traumdeutung" (p. 283 f., 7. Aufl.) gegeben habe: Reden, die im Traume vorkommen, stammen von gehörten oder selbst gehaltenen Reden der nächstvorigen Tage ab.

Aus der Zeit bald nach der Rückkehr nach Wien hat der Vater noch eine Beobachtung fixiert: „Hans ($4\frac{1}{2}$ Jahre) sieht wieder zu, wie seine kleine Schwester gebadet wird, und fängt an zu lachen. Man fragt ihn: „Warum lachst du?"

Hans: „Ich lache über den Wiwimacher der Hanna." — „Warum?" — „Weil der Wiwimacher so schön ist."

„Die Antwort ist natürlich eine falsche. Der Wiwimacher kam ihm eben komisch vor. Es ist übrigens das erstemal, daß er den Unterschied zwischen männlichem und weiblichem Genitale in solcher Weise anerkennt, anstatt ihn zu verleugnen."

II
KRANKENGESCHICHTE UND ANALYSE

„Geehrter Herr Professor! Ich sende Ihnen wieder ein Stückchen Hans, diesmal leider Beiträge zu einer Krankengeschichte. Wie sie daraus lesen, hat sich bei ihm in den letzten Tagen eine nervöse Störung entwickelt, die mich und meine Frau sehr beunruhigt, weil wir kein Mittel zu ihrer Beseitigung finden konnten. Ich erbitte mir die Erlaubnis, Sie morgen ..... zu besuchen, habe Ihnen aber .... das verfügbare Material schriftlich aufgezeichnet."

„Sexuelle Übererregung durch Zärtlichkeit der Mutter hat wohl den Grund gelegt, aber den Erreger der Störung weiß ich nicht anzugeben. Die Furcht, daß ihn auf der Gasse ein Pferd beißen werde, scheint irgendwie damit zusammenzuhängen, daß er durch einen großen Penis geschreckt ist — den großen Penis des Pferdes hat er, wie Sie aus einer früheren Aufzeichnung wissen, schon zeitig bemerkt, und er hat damals den Schluß gezogen, daß die Mama, weil sie so groß ist, einen Wiwimacher haben müsse wie ein Pferd."

„Brauchbares weiß ich damit nicht anzufangen. Hat er irgendwo einen Exhibitionisten gesehen? Oder knüpft das Ganze nur an die Mutter an? Es ist uns nicht angenehm, daß er schon jetzt anfängt Rätsel aufzugeben. Abgesehen von der Furcht auf die Gasse zu gehen und der abendlichen Verstimmung ist er übrigens ganz der Alte, lustig, heiter."

Wir wollen uns weder die begreiflichen Sorgen noch die ersten Erklärungsversuche des Vaters zu eigen machen, sondern uns zunächst das mitgeteilte Material beschauen. Es ist gar nicht unsere Aufgabe, einen Krankheitsfall gleich zu „verstehen", dies kann erst später gelingen, wenn wir uns genug Eindrücke von ihm geholt haben. Vorläufig lassen wir unser Urteil in Schwebe und nehmen alles zu Beobachtende mit gleicher Aufmerksamkeit hin.

Die ersten Mitteilungen aber, die aus den ersten Jännertagen dieses Jahres, 1908, stammen, lauten:

„Hans (4$^3/_4$ Jahre) kommt morgens weinend auf und sagt der Mama auf die Frage, warum er weine: „Wie ich geschlafen hab', hab' ich gedacht, du bist fort und ich hab' keine Mammi zum Schmeicheln (= liebkosen)."

„Also ein Angsttraum."

„Etwas Ähnliches habe ich schon im Sommer in Gmunden bemerkt. Er wurde abends im Bette meist sehr weich gestimmt und machte einmal die Bemerkung (ungefähr): wenn ich aber keine Mammi hab', wenn du fortgehst, oder ähnlich; ich habe den Wortlaut nicht in Erinnerung. Wenn er in einer solchen elegischen Stimmung war, wurde er leider immer von der Mama ins Bett genommen."

„Etwa am 5. Jänner kam er früh zur Mama ins Bett und sagte bei diesem Anlasse: „Weißt du, was Tante M. gesagt hat: „Er hat aber ein liebes Pischl¹." (Tante M. hatte vor 4 Wochen bei uns gewohnt; sie sah einmal zu, wie meine Frau den Knaben badete, und sagte Obiges tatsächlich leise zu meiner Frau. Hans hat es gehört und suchte es zu verwerten.)"

„Am 7. Jänner geht er mit dem Kindermädchen wie gewöhnlich in den Stadtpark, fängt auf der Straße an zu weinen und verlangt, daß man mit ihm nach Hause gehe, er wolle mit der Mammi

---

1) Pischl = Genitale. Liebkosungen der Kindergenitalien in Worten oder auch Tätlichkeiten von seiten zärtlicher Verwandter, mitunter auch der Eltern selbst, gehören zu den gewöhnlichsten Vorkommnissen, von denen die Psychoanalysen voll sind.

„schmeicheln". Zu Hause befragt, weshalb er nicht weiter gehen wollte und geweint hat, will er es nicht sagen. Bis zum Abend ist er heiter wie gewöhnlich; abends bekommt er sichtlich Angst, weint und ist von der Mama nicht fortzubringen; er will wieder schmeicheln. Dann wird er wieder heiter und schläft gut."

„Am 8. Jänner will die Frau selbst mit ihm spazieren gehen, um zu sehen, was mit ihm los ist, und zwar nach Schönbrunn, wohin er sehr gerne geht. Er fängt wieder an zu weinen, will nicht weggehen, fürchtet sich. Schließlich geht er doch, hat aber auf der Straße sichtlich Angst. Auf der Rückfahrt von Schönbrunn sagt er nach vielem Sträuben zur Mutter: Ich hab' mich gefürchtet, daß mich ein Pferd beißen wird. (Tatsächlich wurde er in Schönbrunn unruhig, als er ein Pferd sah.) Abends soll er wieder einen ähnlichen Anfall bekommen haben wie tags vorher, mit Verlangen zu schmeicheln. Man beruhigt ihn. Er sagt weinend: „Ich weiß, ich werde morgen wieder spazieren gehen müssen," und später: „Das Pferd wird ins Zimmer kommen."

Am selben Tage fragt ihn die Mama: „Gibst du vielleicht die Hand zum Wiwimacher?" Darauf sagt er: „Ja jeden Abend, wenn ich im Bett bin." Am nächsten Tage, 9. Jänner, wird er vor dem Nachmittagsschlaf gewarnt, die Hand zum Wiwimacher zu geben. Nach dem Aufwachen befragt, sagt er, er hat sie doch für kurze Zeit hingegeben."

Dies wäre also der Anfang der Angst wie der Phobie. Wir merken ja, daß wir guten Grund haben, die beiden voneinander zu sondern. Das Material erscheint uns übrigens zur Orientierung vollkommen ausreichend und kein anderer Zeitpunkt ist dem Verständnisse so günstig wie ein solches, leider meist vernachlässigtes oder verschwiegenes Anfangsstadium. Die Störung setzt mit ängstlich-zärtlichen Gedanken und dann mit einem Angsttraum ein. Inhalt des letzteren: Die Mutter zu verlieren, so daß er mit ihr nicht schmeicheln kann. Die Zärtlichkeit für die Mutter muß sich also enorm gesteigert haben. Dies das Grundphänomen des Zustandes.

Erinnern wir uns noch zur Bestätigung der beiden Verführungsversuche, die er gegen die Mutter unternimmt, von denen der erste noch in den Sommer fällt, der zweite, knapp vor dem Ausbruche der Straßenangst, einfach eine Empfehlung seines Genitales enthält. Diese gesteigerte Zärtlichkeit für die Mutter ist es, die in Angst umschlägt, die, wie wir sagen, der Verdrängung unterliegt. Wir wissen noch nicht, woher der Anstoß zur Verdrängung stammt; vielleicht erfolgt sie bloß aus der für das Kind nicht zu bewältigenden Intensität der Regung, vielleicht wirken andere Mächte, die wir noch nicht erkennen, dabei mit. Wir werden es weiterhin erfahren. Diese, verdrängter erotischer Sehnsucht entsprechende, Angst ist zunächst wie jede Kinderangst objektlos, noch Angst und nicht Furcht. Das Kind kann nicht wissen, wovor es sich fürchtet, und wenn Hans auf dem ersten Spaziergange mit dem Mädchen nicht sagen will, wovor er sich fürchtet, so weiß er es eben noch nicht. Er sagt, was er weiß, daß ihm die Mama auf der Straße fehlt, mit der er schmeicheln kann, und daß er nicht von der Mama weg will. Er verrät da in aller Aufrichtigkeit den ersten Sinn seiner Abneigung gegen die Straße.

Auch seine, an zwei Abenden hintereinander vor dem Schlafengehen wiederholten, ängstlichen und noch deutlich zärtlich getönten Zustände beweisen, daß zu Beginn der Erkrankung eine Phobie vor der Straße oder dem Spaziergange oder gar vor den Pferden noch gar nicht vorhanden ist. Der abendliche Zustand würde dann unerklärlich; wer denkt vor dem Zubettgehen an Straße und Spaziergang? Hingegen ist es vollkommen durchsichtig, daß er abends so ängstlich wird, wenn ihn vor dem Zubettgehen die Libido, deren Objekt die Mutter ist, und deren Ziel etwa sein könnte, bei der Mutter zu schlafen, verstärkt überfällt. Er hat doch die Erfahrung gemacht, daß die Mutter sich durch solche Stimmungen in Gmunden bewegen ließ, ihn in ihr Bett zu nehmen, und er möchte dasselbe hier in Wien erreichen. Nebenbei vergessen wir nicht daran, daß er in Gmunden zeitweise mit

der Mutter allein war, da der Vater nicht die ganzen Ferien
dort verbringen konnte; ferner daß sich dort seine Zärtlichkeit
auf eine Reihe von Gespielen, Freunde, Freundinnen, verteilt
hatte, die ihm hier abgingen, so daß die Libido wieder un-
geteilt zur Mutter zurückkehren konnte.

Die Angst entspricht also verdrängter Sehnsucht, aber sie ist
nicht dasselbe wie die Sehnsucht; die Verdrängung steht auch für
etwas. Die Sehnsucht läßt sich voll in Befriedigung verwandeln,
wenn man ihr das ersehnte Objekt zuführt; bei der Angst nützt
diese Therapie nichts mehr, sie bleibt, auch wenn die Sehnsucht
befriedigt sein könnte, sie ist nicht mehr voll in Libido zurück-
zuverwandeln; die Libido wird durch irgend etwas in der Verdrängung zurückgehalten[1]. Dies zeigt sich bei Hans auf dem
nächsten Spaziergange, den die Mutter mit ihm macht. Er ist jetzt
mit der Mutter und hat doch Angst, d. h. ungestillte Sehnsucht
nach ihr. Freilich, die Angst ist geringer, er läßt sich ja doch zum
Spaziergange bewegen, während er das Dienstmädchen zum Um-
kehren gezwungen hat; auch ist die Straße nicht der richtige Ort
fürs „Schmeicheln", oder was der kleine Verliebte sonst möchte.
Aber die Angst hat die Probe bestanden und muß jetzt ein Objekt
finden. Auf diesem Spaziergange äußert er zunächst die Furcht, daß
ihn ein Pferd beißen werde. Woher das Material dieser Phobie
stammt? Wahrscheinlich aus jenen noch unbekannten Komplexen,
die zur Verdrängung beigetragen haben und die Libido zur Mutter
im verdrängten Zustand erhalten. Das ist noch ein Rätsel des
Falles, dessen weitere Entwicklung wir nun verfolgen müssen, um
die Lösung zu finden. Gewisse Anhaltspunkte, die wahrscheinlich
verläßlich sind, hat uns der Vater schon gegeben, daß er die
Pferde wegen ihrer großen Wiwimacher immer mit Interesse
beobachtet, daß er angenommen, die Mama müsse einen Wiwi-

---

[1] Ehrlich gesagt, wir heißen eben eine ängstlich-sehnsüchtige Empfindung von
dem Momente an eine pathologische Angst, wenn sie nicht mehr durch die Zu-
führung des ersehnten Objektes aufzuheben ist.

macher haben wie ein Pferd u. dgl. So könnte man meinen, das Pferd sei nur ein Ersatz für die Mama. Aber was soll es heißen, daß Hans am Abend die Furcht äußert, das Pferd werde ins Zimmer kommen? Eine dumme Angstidee eines kleinen Kindes, wird man sagen. Aber die Neurose sagt nichts Dummes, so wenig wie der Traum. Wir schimpfen immer dann, wenn wir nichts verstehen. Das heißt, sich die Aufgabe leicht machen.

Vor dieser Versuchung müssen wir uns noch in einem andern Punkte hüten. Hans hat gestanden, daß er sich jede Nacht vor dem Einschlafen zu Lustzwecken mit seinem Penis beschäftigt. Nun, wird der Praktiker gerne sagen, nun ist alles klar. Das Kind masturbiert, daher also die Angst. Gemach! Daß das Kind sich masturbatorisch Lustgefühle erzeugt, erklärt uns seine Angst keineswegs, macht sie vielmehr erst recht rätselhaft. Angstzustände werden nicht durch Masturbation, überhaupt nicht durch Befriedigung hervorgerufen. Nebenbei dürfen wir annehmen, daß unser Hans, der jetzt $4^{3}/_{4}$ Jahre alt ist, sich dieses Vergnügen gewiß schon seit einem Jahre (vgl. p. 245) allabendlich gönnt, und werden erfahren, daß er sich gerade jetzt im Abgewöhnungskampfe befindet, was zur Verdrängung und Angstbildung besser paßt.

Auch für die gute und gewiß sehr besorgte Mutter müssen wir Partei nehmen. Der Vater beschuldigt sie, nicht ohne einen Schein von Recht, daß sie durch übergroße Zärtlichkeit und allzu häufige Bereitwilligkeit, das Kind ins Bett zu nehmen, den Ausbruch der Neurose herbeigeführt; wir könnten ihr ebensowohl den Vorwurf machen, daß sie durch ihre energische Abweisung seiner Werbungen („das ist eine Schweinerei") den Eintritt der Verdrängung beschleunigt habe. Aber sie spielt eine Schicksalsrolle und hat einen schweren Stand.

Ich verabrede mit dem Vater, daß er dem Knaben sagen solle, das mit den Pferden sei eine Dummheit, weiter nichts. Die Wahrheit sei, daß er die Mama so gern habe und von ihr ins

Bett genommen werden wolle. Weil ihn der Wiwimacher der Pferde so sehr interessiert habe, darum fürchte er sich jetzt vor den Pferden. Er habe gemerkt, es sei unrecht, sich mit dem Wiwimacher, auch mit dem eigenen, so intensiv zu beschäftigen, und das sei eine ganz richtige Einsicht. Ferner schlug ich dem Vater vor, den Weg der sexuellen Aufklärung zu betreten. Da wir nach der Vorgeschichte des Kleinen annehmen durften, seine Libido hafte am Wunsche, den Wiwimacher der Mama zu sehen, so solle er ihm dieses Ziel durch die Mitteilung entziehen, daß die Mama und alle anderen weiblichen Wesen, wie er ja von der Hanna wissen könne, — einen Wiwimacher überhaupt nicht besitzen. Letztere Aufklärung sei bei passender Gelegenheit im Anschlusse an irgend eine Frage oder Äußerung von Hans zu erteilen.

Die nächsten Nachrichten über unsern Hans umfassen die Zeit vom 1. bis zum 17. März. Die monatlange Pause wird bald ihre Erklärung finden.

„Der Aufklärung[1] folgt eine ruhigere Zeit, in der Hans ohne besondere Schwierigkeit zu bewegen ist, täglich in den Stadtpark spazieren zu gehen. Seine Furcht vor Pferden verwandelt sich mehr und mehr in den Zwang, auf Pferde hinzusehen. Er sagt: „Ich muß auf die Pferde sehen und dann fürchte ich mich."

„Nach einer Influenza, die ihn für zwei Wochen ans Bett fesselt, verstärkt sich die Phobie wieder so sehr, daß er nicht zu bewegen ist, auszugehen; höchstens geht er auf den Balkon. Sonntags fährt er jede Woche mit mir nach Lainz[2], weil an diesem Tage wenig Wagen auf der Straße zu sehen sind, und er zur Bahnstation nur einen kurzen Weg hat. In Lainz weigert er sich einmal, aus dem Garten heraus spazieren zu gehen, weil ein Wagen vor dem Garten steht. Nach einer weiteren Woche,

---

1) Was seine Angst bedeute; noch nichts über den Wiwimacher der Frauen.
2) Vorort von Wien, wo die Großeltern wohnen.

die er zu Hause bleiben muß, weil ihm die Mandeln geschnitten wurden, verstärkt sich die Phobie wieder sehr. Er geht zwar auf den Balkon, aber nicht spazieren, d. h. er kehrt, wenn er zum Haustor kommt, rasch wieder um."

„Sonntag, den 1. März entwickelt sich auf dem Wege zum Bahnhofe folgendes Gespräch: Ich suche ihm wieder zu erklären, daß Pferde nicht beißen. Er: „Aber weiße Pferde beißen; in Gmunden ist ein weißes Pferd, das beißt. Wenn man die Finger hinhält, beißt es." (Es fällt mir auf, daß er sagt: die Finger anstatt: die Hand). Er erzählt dann folgende Geschichte, die ich hier zusammenhängend wiedergebe: „Wie die Lizzi hat wegfahren müssen, ist ein Wagen mit einem weißen Pferde vor ihrem Hause gestanden, das das Gepäck auf die Bahn bringen sollte. (Lizzi ist, wie er mir erzählt, ein Mäderl, das in einem Nachbarhause wohnte.) Ihr Vater ist nahe beim Pferde gestanden und das Pferd hat den Kopf hingewendet (um ihn zu berühren), und er hat zur Lizzi gesagt: Gib nicht die Finger zum weißen Pferd, sonst beißt es dich". Ich sage darauf: „Du, mir scheint, das ist kein Pferd, was du meinst, sondern ein Wiwimacher, zu dem man nicht die Hand geben soll."

Er: „Aber ein Wiwimacher beißt doch nicht."

Ich: „Vielleicht doch," worauf er mir lebhaft beweisen will, daß es wirklich ein weißes Pferd war[1]."

Am 2. März sage ich ihm, wie er sich wieder fürchtet: „Weißt du was? Die Dummheit" — so nennt er seine Phobie — wird schwächer werden, wenn du öfter spazieren gehst. Jetzt ist sie so stark, weil du nicht aus dem Hause herausgekommen bist, weil du krank warst."

Er: „O nein, sie ist so stark, weil ich immer wieder die Hand zum Wiwimacher gebe jede Nacht."

---

1) Der Vater hat keinen Grund zu bezweifeln, daß Hans hier eine wirkliche Begebenheit erzählt hat. — Die Juckempfindungen an der Eichel, welche die Kinder zur Berührung veranlassen, werden übrigens in der Regel so beschrieben: Es beißt mich.

Arzt und Patient, Vater und Sohn, treffen sich also darin, der Onanieangewöhnung die Hauptrolle in der Pathogenese des gegenwärtigen Zustandes zuzuschieben. Es fehlt aber auch nicht an Anzeichen für die Bedeutung anderer Momente.

„Am 3. März ist bei uns ein neues Mädchen eingetreten, das sein besonderes Wohlgefallen erregt. Da sie ihn beim Zimmerreinigen aufsitzen läßt, nennt er sie nur „mein Pferd" und hält sie immer am Rock, „Hüoh" rufend. Am 10. März etwa sagt er zu diesem Kindermädchen: „Wenn Sie das oder das tun, müssen Sie sich ganz ausziehen, auch das Hemd." (Er meint, zur Strafe, aber es ist leicht, dahinter den Wunsch zu erkennen.)

Sie: „No, was ist da dran? So werd' ich mir denken, ich hab' kein Geld auf Kleider."

Er: „Aber das ist doch eine Schande, da sieht man doch den Wiwimacher."

Die alte Neugierde, auf ein neues Objekt geworfen, und wie es den Zeiten der Verdrängung zukommt, mit einer moralisierenden Tendenz verdeckt!

„Am 13. März früh sage ich zu Hans: „Weißt du, wenn du nicht mehr die Hand zum Wiwimacher gibst, wird die Dummheit schon schwächer werden."

Hans: „Aber ich geb' die Hand nicht mehr zum Wiwimacher."

Ich: „Aber du möchtest sie immer gern geben."

Hans: „Ja, das schon, aber ‚möchten' ist nicht ‚tun,' und ‚tun' ist nicht ‚möchten'". (!!)

Ich: „Damit du aber nicht möchtest, bekommst du heute einen Sack zum Schlafen."

Darauf gehen wir vors Haus. Er fürchtet sich zwar, sagt aber, durch die Aussicht auf die Erleichterung des Kampfes sichtlich gehoben: „No morgen, wenn ich den Sack haben werde, wird die Dummheit weg sein." Er fürchtet sich tatsächlich vor Pferden viel weniger und läßt Wagen ziemlich ruhig vorüberfahren."

„Am nächsten Sonntag, 15. März, hatte Hans versprochen, mit mir nach Lainz zu fahren. Er sträubt sich erst, endlich geht er doch mit mir. Auf der Gasse fühlt er sich, da wenige Wagen fahren, sichtlich wohl und sagte: „Das ist gescheit, daß der liebe Gott das Pferd schon ausgelassen hat." Auf dem Wege erkläre ich ihm, daß seine Schwester keinen Wiwimacher hat wie er. Mäderl und Frauen haben keinen Wiwimacher. Die Mammi hat keinen, die Anna nicht usw."

Hans: „Hast du einen Wiwimacher?"

Ich: „Natürlich, was hast du denn geglaubt?"

Hans: (Nach einer Pause) „Wie machen aber Mäderl Wiwi, wenn sie keinen Wiwimacher haben?"

Ich: „Sie haben keinen solchen Wiwimacher wie du. Hast du noch nicht gesehen, wenn die Hanna gebadet worden ist?"

„Den ganzen Tag über ist er sehr lustig, fährt Schlitten usw. Erst gegen Abend wird er wieder verstimmt und scheint sich vor Pferden zu fürchten."

„Abends ist der nervöse Anfall und das Bedürfnis nach Schmeicheln schwächer als an früheren Tagen. Am nächsten Tage wird er von der Mama in die Stadt mitgenommen, hat auf der Gasse große Furcht. Tags darauf bleibt er zu Hause und ist sehr lustig. Am nächsten Morgen kommt er gegen 6 Uhr ängstlich auf. Auf die Frage, was er habe, erzählt er: „Ich habe den Finger ganz wenig zum Wiwimacher gegeben. Da hab' ich die Mammi ganz nackt im Hemde gesehen und sie hat den Wiwimacher sehen lassen. Ich hab' der Grete[1], meiner Grete, gezeigt, was die Mama macht, und hab' ihr meinen Wiwimacher gezeigt. Dann hab' ich die Hand schnell vom Wiwimacher weggegeben." Auf meinen Einwand, es kann nur heißen: im Hemd oder ganz nackt, sagt Hans: „Sie war

---

[1] Grete ist eines der Gmundner Mäderl, von der Hans gerade jetzt phantasiert; er spricht und spielt mit ihr.

im Hemd, aber das Hemd war so kurz, daß ich den Wiwimacher gesehen hab'."

Das ganze ist kein Traum, sondern eine, übrigens einem Traume äquivalente Onanierphantasie. Was er die Mama tun läßt, dient offenbar zu seiner Rechtfertigung: „Wenn die Mammi den Wiwimacher zeigt, darf ich es auch."

Wir können aus dieser Phantasie zweierlei ersehen, erstens, daß der Verweis der Mutter seinerzeit eine starke Wirkung auf ihn geübt hat, zweitens, daß die Aufklärung, Frauen hätten keinen Wiwimacher, von ihm zunächst nicht akzeptiert wird. Er bedauert es, daß es so sein soll, und hält in der Phantasie an ihm fest. Vielleicht hat er auch seine Gründe, dem Vater fürs erste den Glauben zu versagen.

Wochenbericht des Vaters: „Geehrter Herr Professor! Anbei folgt die Fortsetzung der Geschichte unseres Hans, ein ganz interessantes Stück. Vielleicht werde ich mir erlauben, Sie Montag in der Ordination aufzusuchen und womöglich Hans mitbringen — vorausgesetzt, daß er geht. Ich hab' ihn heute gefragt: „Willst du Montag mit mir zu dem Professor gehen, der dir die Dummheit wegnehmen kann?"

Er: „Nein."

Ich: „Aber er hat ein sehr schönes Mäderl." — Darauf hat er bereitwillig und freudig zugestimmt."

„Sonntag, 22. März. Um das Sonntagsprogramm zu erweitern, schlage ich Hans vor, zuerst nach Schönbrunn zu fahren und erst mittags von dort nach Lainz. Er hat also nicht bloß den Weg von der Wohnung zur Stadtbahnstation Hauptzollamt zu Fuß zurückzulegen, sondern auch von der Station Hietzing nach Schönbrunn und von dort wieder zur Dampftramwaystation Hietzing, was er auch absolviert, indem er, wenn Pferde kommen, eiligst wegschaut, da ihm offenbar ängstlich zu Mute ist. Mit dem Wegschauen befolgt er einen Rat der Mama."

„In Schönbrunn zeigt er Furcht vor Tieren, die er sonst furchtlos angesehen hat. So will er in das Haus, in dem sich die Giraffe befindet, absolut nicht hinein, will auch zum Elefanten nicht, der ihm sonst viel Spaß gemacht hat. Er fürchtet sich vor allen großen Tieren, während er sich bei den kleinen sehr unterhält. Unter den Vögeln fürchtet er diesmal auch den Pelikan, was er früher nie getan hat, offenbar auch wegen seiner Größe."

„Ich sage ihm daraufhin: Weißt du, warum du dich vor den großen Tieren fürchtest? Große Tiere haben einen großen Wiwimacher, und du fürchtest dich eigentlich vor dem großen Wiwimacher."

Hans: „Aber ich habe noch nie von den großen Tieren den Wiwimacher gesehen[1]."

Ich: „Aber vom Pferde doch und das Pferd ist auch ein großes Tier."

Hans: „Oh, vom Pferd oft. Einmal in Gmunden, wie der Wagen vor dem Hause gestanden ist, einmal vor dem Hauptzollamt."

Ich: „Wie du klein warst, bist du wahrscheinlich in Gmunden in einen Stall gegangen . . . . ."

Hans (unterbrechend): „Ja, jeden Tag, wenn in Gmunden die Pferde nach Haus gekommen sind, bin ich in den Stall gegangen."

Ich: „— und hast dich wahrscheinlich gefürchtet, wie du einmal den großen Wiwimacher vom Pferde gesehen hast, aber davor brauchst du dich nicht zu fürchten. Große Tiere haben große Wiwimacher, kleine Tiere kleine Wiwimacher."

Hans: „Und alle Menschen haben Wiwimacher, und der Wiwimacher wächst mit mir, wenn ich größer werde; er ist ja angewachsen."

„Damit schloß das Gespräch. In den folgenden Tagen scheint die Furcht wieder etwas größer; er traut sich kaum vors Haustor, wohin man ihn nach dem Essen führt."

---

[1] Das ist falsch. Vergleiche seinen Ausruf beim Löwenkäfig, p. 246. Wahrscheinlich beginnendes Vergessen infolge der Verdrängung.

Hansens letzte Trostrede wirft ein Licht auf die Situation und gestattet uns, die Behauptungen des Vaters ein wenig zu korrigieren. Es ist wahr, daß er bei den großen Tieren Angst hat, weil er an deren großen Wiwimacher denken muß, aber man kann eigentlich nicht sagen, daß er sich vor dem großen Wiwimacher selbst fürchtet. Die Vorstellung eines solchen war ihm früher entschieden lustbetont, und er versuchte mit allem Eifer, sich dessen Anblick zu verschaffen. Dies Vergnügen ist ihm seither verleidet worden durch die allgemeine Verkehrung von Lust in Unlust, die — auf noch nicht aufgeklärte Weise — seine ganze Sexualforschung betroffen hat, und was uns deutlicher ist, durch gewisse Erfahrungen und Erwägungen, die zu peinlichen Ergebnissen führten. Aus seiner Tröstung: Der Wiwimacher wächst mit mir, wenn ich größer werde, läßt sich schließen, daß er bei seinen Beobachtungen beständig verglichen hat und von der Größe seines eigenen Wiwimachers sehr unbefriedigt geblieben ist. An diesen Defekt erinnern ihn die großen Tiere, die ihm aus diesem Grunde unangenehm sind. Weil aber der ganze Gedankengang wahrscheinlich nicht klar bewußt werden kann, wandelt sich auch diese peinliche Empfindung in Angst, so daß seine gegenwärtige Angst sich auf der ehemaligen Lust wie auf der aktuellen Unlust aufbaut. Wenn einmal der Angstzustand hergestellt ist, so zehrt die Angst alle anderen Empfindungen auf; mit fortschreitender Verdrängung, je mehr die schon bewußt gewesenen affekttragenden Vorstellungen ins Unbewußte rücken, können sich alle Affekte in Angst verwandeln.

Die sonderbare Bemerkung Hansens: „er ist ja angewachsen," läßt im Zusammenhange der Tröstung vieles erraten, was er nicht aussprechen kann, auch in dieser Analyse nicht ausgesprochen hat. Ich ergänze da ein Stück nach meinen Erfahrungen aus den Analysen Erwachsener, aber ich hoffe, die Einschaltung wird nicht als eine gewaltsame und willkürliche beurteilt werden. „Er ist ja angewachsen": wenn das zum Trutze und Troste gedacht ist, so läßt es an die alte Drohung der Mutter denken, sie werde ihm den Wiwimacher abschneiden lassen, wenn er fortfahre, sich mit ihm zu beschäftigen. Diese Drohung blieb damals, als er $3\frac{1}{2}$ Jahre alt war, wirkungslos. Er antwortete ungerührt, dann werde er aber mit dem Popo Wiwi machen. Es wäre durchaus das typische Verhalten, wenn die Drohung mit der Kastration jetzt **nachträglich** zur Wirkung käme, und er jetzt, $1\frac{1}{4}$ Jahre später, unter der Angst stünde, das teure Stück seines Ichs einzubüßen. Man kann solche nachträgliche Wirkungen von Geboten und Drohungen in der Kindheit bei anderen Erkrankungsfällen beobachten, wo das Intervall ebensoviel Dezennien und mehr umfaßt. Ja, ich kenne Fälle, in denen der „nachträgliche Gehorsam" der Verdrängung den wesentlichen Anteil an der Determinierung der Krankheitssymptome hat.

Die Aufklärung, die Hans vor kurzem erhalten hat, daß Frauen wirklich keinen Wiwimacher haben, kann nur erschütternd auf sein Selbstvertrauen und erweckend auf den Kastrationskomplex gewirkt haben. Darum sträubte er sich auch gegen sie, und darum blieb ein therapeutischer Erfolg dieser Mitteilung aus: Soll es also wirklich lebende Wesen geben, die keinen Wiwimacher besitzen? Dann wäre es ja nicht mehr so unglaublich, daß man ihm den Wiwimacher wegnehmen, ihn gleichsam zum Weibe machen könnte![1]

„In der Nacht vom 27. zum 28. überrascht uns Hans dadurch, daß er mitten im Dunkel aus seinem Bette aufsteht und zu uns

---

[1] Ich kann den Zusammenhang nicht so weit unterbrechen, um darzutun, wieviel Typisches an diesen unbewußten Gedankengängen ist, die ich hier dem kleinen Hans zumute. Der Kastrationskomplex ist die tiefste unbewußte Wurzel des Antisemitismus, denn schon in der Kinderstube hört der Knabe, daß dem Juden etwas am Penis — er meint, ein Stück des Penis — abgeschnitten werde, und dies gibt ihm das Recht, den Juden zu verachten. Auch die Überhebung über das Weib hat keine stärkere unbewußte Wurzel. **Weininger**, jener hochbegabte und sexuell gestörte junge Philosoph, der nach seinem merkwürdigen Buche „Geschlecht und Charakter" sein Leben durch Selbstmord beendigte, hat in einem vielbemerkten Kapitel den Juden und das Weib mit der gleichen Feindschaft bedacht und mit den nämlichen Schmähungen überhäuft. **Weininger** stand als Neurotiker völlig unter der Herrschaft infantiler Komplexe; die Beziehung zum Kastrationskomplex ist das dem Juden und dem Weibe dort Gemeinsame.

ins Bett kommt. Sein Zimmer ist durch ein Kabinett von unserem Schlafzimmer getrennt. Wir fragen ihn, weshalb; ob er sich vielleicht gefürchtet habe. Er sagt: „Nein, ich werde es morgen sagen," schläft in unserem Bette ein und wird dann in seines zurückgetragen."

„Am nächsten Tage nehme ich ihn ins Gebet, um zu erfahren, weshalb er in der Nacht zu uns gekommen ist, und es entwickelt sich nach einigem Sträuben folgender Dialog, den ich sofort stenographisch festlege:

Er: „In der Nacht war eine große und eine zerwutzelte Giraffe im Zimmer, und die große hat geschrien, weil ich ihr die zerwutzelte weggenommen hab'. Dann hat sie aufgehört zu schreien, und dann hab' ich mich auf die zerwutzelte Giraffe draufgesetzt."

Ich, befremdet: „Was? Eine zerwutzelte Giraffe? Wie war das?"

Er: „Ja." (Holt schnell ein Papier, wutzelt es zusammen und sagt mir:) „So war sie zerwutzelt."

Ich: „Und du hast dich auf die zerwutzelte Giraffe draufgesetzt? Wie?"

„Er zeigt mir's wieder, setzt sich auf die Erde."

Ich: „Weshalb bist du ins Zimmer gekommen?"

Er: „Das weiß ich selber nicht."

Ich: „Hast du dich gefürchtet?"

Er: „Nein, bestimmt nicht."

Ich: „Hast du von den Giraffen geträumt?"

Er: „Nein, nicht geträumt; ich hab' mir's gedacht — das Ganze hab' ich mir gedacht — aufgekommen war ich schon früher."

Ich: „Was soll das heißen: eine zerwutzelte Giraffe? Du weißt ja, daß man eine Giraffe nicht zusammendrücken kann wie ein Stück Papier."

Er: „Ich weiß' ja. Ich hab's halt geglaubt. Es gibt's ja eh net auf der Welt.¹ Die zerwutzelte ist ganz gelegen auf dem

---

1) Hans sagt es ganz bestimmt in seiner Sprache, es war eine Phantasie.

Fußboden, und ich hab' sie weggenommen, mit den Händen genommen."

Ich: „Was, so eine große Giraffe kann man mit den Händen nehmen?"

Er: „Die zerwutzelte hab' ich mit der Hand genommen."

Ich: „Wo war die große unterdessen?"

Er: „Die große ist halt weiter weg gestanden."

Ich: „Was hast du mit der zerwutzelten gemacht?"

Er: „Ich hab' sie ein bißchen in der Hand gehalten, bis die große zu schreien aufgehört hat, und wie die große zum schreien aufgehört hat, hab' ich mich draufgesetzt."

Ich: „Weshalb hat die große geschrien?"

Er: „Weil ich ihr die kleine weggenommen hab'." (Bemerkt, daß ich alles notiere, und fragt: „Weshalb schreibst du das auf?")

Ich: „Weil ich es einem Professor schicke, der dir die ‚Dummheit' wegnehmen kann."

Er: „Aha, da hast du's doch auch aufgeschrieben, daß sich die Mammi das Hemd ausgezogen hat, und gibst das auch dem Professor."

Ich: „Ja, der wird aber nicht verstehen, wie du glaubst, daß man eine Giraffe zerwutzeln kann."

Er: „Sag' ihm halt, ich weiß es selber nicht, und da wird er nicht fragen; wenn er aber fragt, was die verwutzelte Giraffe ist, kann er uns ja schreiben, und wir schreiben hin oder schreiben wir gleich, ich weiß es selber nicht."

Ich: „Weshalb bist du aber in der Nacht gekommen?"

Er: „Das weiß ich nicht."

Ich: „Sag' mir halt schnell, woran du jetzt denkst."

Er (humoristisch): „An einen Himbeersaft." ⎫
Ich: „Was noch?" ⎬ Seine Wünsche
Er: „Ein Gewehr zum Totschießen.¹ ⎭

---

1) Der Vater versucht hier in seiner Ratlosigkeit, die klassische Technik der Psychoanalyse zu üben. Diese führt nicht weit, aber was sie ergibt, kann doch im Lichte späterer Eröffnungen sinnvoll werden.

Ich: „Du hast es gewiß nicht geträumt?"
Er: „Sicher nicht; nein, ich weiß es ganz bestimmt."
„Er erzählt weiter: „Die Mammi hat mich so lange gebeten, ich soll ihr sagen, weshalb ich in der Nacht gekommen bin. Ich hab's aber nicht sagen wollen, weil ich mich zuerst vor der Mammi geschämt hab'."
Ich: „Weshalb?"
Er: „Das weiß ich nicht."
„Tatsächlich hat ihn meine Frau den ganzen Vormittag inquiriert, bis er die Giraffengeschichte erzählt hat."
Am selben Tage noch findet der Vater die Auflösung der Giraffenphantasie.

„Die große Giraffe bin ich, respektive der große Penis (der lange Hals), die zerwutzelte Giraffe meine Frau, respektive ihr Glied, was also der Erfolg der Aufklärung ist."

„Giraffe: vide Ausflug nach Schönbrunn. Übrigens hat er ein Bild einer Giraffe und eines Elefanten über seinem Bette hängen."

„Das Ganze ist die Reproduktion einer Szene, die sich fast jeden Morgen in den letzten Tagen abgespielt hat. Hans kommt in der Früh immer zu uns, und meine Frau kann es dann nicht unterlassen, ihn für einige Minuten zu sich ins Bett zu nehmen. Daraufhin fange ich immer an sie zu warnen, sie möge ihn nicht zu sich nehmen („die große hat geschrien, weil ich ihr die zerwutzelte weggenommen hab'"), und sie erwidert hie und da, wohl gereizt, das sei doch ein Unsinn, die eine Minute sei doch irrelevant usw. Hans bleibt dann eine kurze Zeit bei ihr. („Dann hat die große Giraffe aufgehört zu schreien und dann hab' ich mich auf die zerwutzelte Giraffe draufgesetzt.")

„Die Lösung dieser ins Giraffenleben transponierten Eheszene ist also: er hat in der Nacht Sehnsucht nach der Mama bekommen, nach ihren Liebkosungen, ihrem Gliede, und ist deshalb ins Schlafzimmer gekommen. Das Ganze ist die Fortsetzung der Pferdefurcht."

Ich weiß der scharfsinnigen Deutung des Vaters nur hinzuzufügen: „Das Draufsetzen" ist wahrscheinlich Hansens Darstellung des Besitzergreifens. Das Ganze aber ist eine Trutzphantasie, die mit Befriedigung an den Sieg über den väterlichen Widerstand anknüpft. „Schrei, soviel du willst, die Mammi nimmt mich doch ins Bett und die Mammi gehört mir." Es läßt sich also mit Recht hinter ihr erraten, was der Vater vermutet: die Angst, daß ihn die Mama nicht mag, weil sich sein Wiwimacher mit dem des Vaters nicht messen kann.

Am nächsten Morgen holt sich der Vater die Bestätigung seiner Deutung.

„Sonntag, 29. März, fahre ich mit Hans nach Lainz. In der Tür verabschiede ich mich von meiner Frau scherzhaft: „Adieu, große Giraffe." Hans fragt: „Warum Giraffe?" Darauf ich: „Die Mammi ist die große Giraffe," worauf Hans sagt: „Nicht wahr, und die Hanna ist die zerwutzelte Giraffe?"

„Auf der Bahn erkläre ich ihm die Giraffenphantasie, worauf er sagt: Ja, das ist richtig, und wie ich ihm sage, ich sei die große Giraffe, der lange Hals habe ihn an einen Wiwimacher erinnert, sagt er: „Die Mammi hat auch einen Hals wie eine Giraffe, das hab' ich gesehen, wie sie sich den weißen Hals gewaschen hat."[1]

„Am Montag, 30. März, früh, kommt Hans zu mir und sagt: „Du, heut hab' ich mir zwei Sachen gedacht. Die erste? Ich bin mit dir in Schönbrunn gewesen bei den Schafen, und dann sind wir unter den Stricken durchgekrochen, und das haben wir dann dem Wachmanne beim Eingang des Gartens gesagt, und der hat uns zusammengepackt." Das zweite hat er vergessen.

„Ich bemerke dazu: Als wir am Sonntag zu den Schafen gehen wollten, war dieser Raum durch einen Strick abgesperrt,

---

[1] Hans bestätigt nur die Deutung der beiden Giraffen auf Vater und Mutter, nicht die sexuelle Symbolik, die in der Giraffe selbst eine Vertretung des Penis erblicken will. Wahrscheinlich hat diese Symbolik recht, aber von Hans kann man wahrlich nicht mehr verlangen.

so daß wir nicht hingehen konnten. Hans war sehr verwundert,
daß man einen Raum nur mit einem Stricke absperrt, unter
dem man doch leicht durchschlüpfen kann. Ich sagte ihm, an-
ständige Menschen kriechen nicht unter den Strick. Er meinte,
es ist ja ganz leicht, worauf ich erwiderte, es kann dann ein
Wachmann kommen, der einen fortführt. Am Eingange von
Schönbrunn steht ein Leibgardist, von dem ich Hans einmal
gesagt habe, der arretiert schlimme Kinder."

„Nach der Rückkehr von dem Besuche bei Ihnen, der am selben
Tage vorfiel, beichtete Hans noch ein Stückchen Gelüste, Verbotenes
zu tun. „Du, heut früh hab' ich mir wieder etwas gedacht." „Was?"
„Ich bin mit dir in der Eisenbahn gefahren und wir haben ein
Fenster zerschlagen und der Wachmann hat uns mitgenommen."

Die richtige Fortsetzung der Giraffenphantasie. Er ahnt, daß
es verboten ist, sich in den Besitz der Mutter zu setzen; er ist
auf die Inzestschranke gestoßen. Aber er hält es für verboten an
sich. Bei den verbotenen Streichen, die er in der Phantasie aus
führt, ist jedesmal der Vater dabei und wird mit ihm eingesperrt.
Der Vater, meint er, tut doch auch jenes rätselhafte Verbotene
mit der Mutter, das er sich durch etwas Gewalttätiges wie das
Zerschlagen einer Fensterscheibe, durch das Eindringen in einen
abgeschlossenen Raum, ersetzt.

An diesem Nachmittage besuchten mich Vater und Sohn in
meiner ärztlichen Ordination. Ich kannte den drolligen Knirps
schon und hatte ihn, der in seiner Selbstsicherheit doch so
liebenswürdig war, jedesmal gern gesehen. Ob er sich meiner
erinnerte, weiß ich nicht, aber er benahm sich tadellos, wie ein
ganz vernünftiges Mitglied der menschlichen Gesellschaft. Die
Konsultation war kurz. Der Vater knüpfte daran an, daß trotz
aller Aufklärungen die Angst vor den Pferden sich noch nicht
gemindert habe. Wir mußten uns auch eingestehen, daß die
Beziehungen zwischen den Pferden, vor denen er sich ängstigte,
und den aufgedeckten Regungen von Zärtlichkeit für die Mutter

wenig ausgiebige waren. Details, wie ich sie jetzt erfuhr, daß
ihn besonders geniere, was die Pferde vor den Augen haben,
und das Schwarze um deren Mund, ließen sich von dem aus,
was wir wußten, gewiß nicht erklären. Aber als ich die beiden
so vor mir sitzen sah und dabei die Schilderung seiner Angstpferde hörte, schoß mir ein weiteres Stück der Auflösung durch
den Sinn, von dem ich verstand, daß es gerade dem Vater entgehen konnte. Ich fragte Hans scherzend, ob seine Pferde Augengläser tragen, was er verneinte, dann ob sein Vater Augengläser trage, was er gegen alle Evidenz wiederum verneinte, ob
er mit dem Schwarzen um den „Mund" den Schnurrbart meine,
und eröffnete ihm dann, er fürchte sich vor seinem Vater, eben
weil er die Mutter so lieb habe. Er müsse ja glauben, daß ihm
der Vater darob böse sei, aber das sei nicht wahr, der Vater
habe ihn doch gern, er könne ihm furchtlos alles bekennen.
Lange, ehe er auf der Welt war, hätte ich schon gewußt, daß
ein kleiner Hans kommen werde, der seine Mutter so lieb hätte,
daß er sich darum vor dem Vater fürchten müßte, und hätte
es seinem Vater erzählt. „Warum glaubst du denn, daß ich böse
auf dich bin," unterbrach mich hier der Vater, „habe ich dich
denn je geschimpft oder geschlagen?" „O ja, du hast mich
geschlagen," verbesserte Hans. „Das ist nicht wahr. Wann denn?"
„Heute Vormittag" mahnte der Kleine, und der Vater erinnerte
sich, daß Hans ihn ganz unerwartet mit dem Kopfe in den Bauch
gestoßen, worauf er ihm wie reflektorisch einen Schlag mit der
Hand gegeben. Es war bemerkenswert, daß er dieses Detail nicht
in den Zusammenhang der Neurose aufgenommen hatte; er verstand es aber jetzt als Ausdruck der feindseligen Disposition des
Kleinen gegen ihn, vielleicht auch als Äußerung des Bedürfnisses,
sich dafür eine Bestrafung zu holen.[1]

---

[1] Der Knabe wiederholte diese Reaktion gegen den Vater später in deutlicherer
und vollständigerer Weise, indem er dem Vater zuerst einen Schlag auf die Hand
gab und dann dieselbe Hand zärtlich küßte.

Auf dem Heimgange fragte Hans den Vater: „Spricht denn der Professor mit dem lieben Gott, daß er das alles vorher wissen kann?" Ich wäre auf diese Anerkennung aus Kindermund außerordentlich stolz, wenn ich sie nicht durch meine scherzhaften Prahlereien selbst provoziert hätte. Ich erhielt von dieser Konsultation an fast täglich Berichte über die Veränderungen im Befinden des kleinen Patienten. Es stand nicht zu erwarten, daß er durch meine Mitteilung mit einem Schlage angstfrei werden könnte, aber es zeigte sich, daß ihm nun die Möglichkeit gegeben war, seine unbewußten Produktionen vorzubringen und seine Phobie abzuwickeln. Er führte von da an ein Programm aus, das ich seinem Vater im vorhinein mitteilen konnte.

„Am 2. April ist die erste wesentliche Besserung festzustellen. Während er bisher nie zu bewegen war, für längere Zeit vors Haustor zu gehen, und immer, wenn Pferde kamen, mit allen Zeichen des Schreckens zurück ins Haus rannte, bleibt er diesmal eine Stunde vor dem Haustore, auch wenn Wagen vorüberfahren, was bei uns ziemlich häufig vorkommt. Hie und da läuft er, wenn er von ferne einen Wagen kommen sieht, ins Haus, kehrt jedoch sofort um, als ob er sich anders besinnen würde. Es ist jedenfalls nur ein Rest von Angst vorhanden und der Fortschritt seit der Aufklärung nicht zu verkennen."

„Abends sagt er: „Wenn wir schon vors Haustor gehen, werden wir auch in den Stadtpark gehen."

„Am 3. April kommt er früh zu mir ins Bett, während er die letzten Tage nicht mehr gekommen war und sogar stolz auf diese Enthaltung schien. Ich frage: „Weshalb bist du denn heute gekommen?"

Hans: „Bis ich mich nicht fürchten werde, werde ich nicht mehr kommen."

Ich: „Du kommst also zu mir, weil du dich fürchtest?"

Hans: „Wenn ich nicht bei dir bin, fürchte ich mich; wenn ich nicht bei dir im Bette bin, da fürcht' ich mich. Bis ich mich nicht mehr fürchten werde, komme ich nicht mehr."

Ich: „Du hast mich also gern und dir ist bange, wenn du früh in deinem Bette bist, deshalb kommst du zu mir?"

Hans: „Ja. Warum hast du mir gesagt, ich hab' die Mammi gern, und ich fürcht' mich deshalb, wenn ich dich gern hab'?"

Der Kleine zeigt hier eine wirklich überlegene Klarheit. Er gibt zu erkennen, daß in ihm die Liebe zum Vater mit der Feindseligkeit gegen den Vater infolge seiner Nebenbuhlerrolle bei der Mutter ringt, und macht dem Vater den Vorwurf, daß er ihn bisher auf dieses Kräftespiel, das in Angst auslaufen mußte, nicht aufmerksam gemacht hat. Der Vater versteht ihn noch nicht ganz, denn er holt sich erst während dieser Unterhaltung die Überzeugung von der Feindseligkeit des Kleinen gegen ihn, die ich bei unserer Konsultation behauptet hatte. Das Folgende, das ich doch unverändert mitteile, ist eigentlich bedeutsamer für die Aufklärung des Vaters als für den kleinen Patienten.

„Diesen Einwand habe ich leider nicht sofort nach seiner Bedeutung aufgefaßt. Weil Hans die Mutter gerne hat, will er mich offenbar weghaben, dann ist er an Vaters Stelle. Dieser unterdrückte feindliche Wunsch wird zur Angst um den Vater, und er kommt früh zu mir, um zu sehen, ob ich fort bin. Ich habe das leider in diesem Momente noch nicht verstanden und sage ihm:

„Wenn du allein bist, ist dir halt bange nach mir und du kommst zu mir."

Hans: „Wenn du weg bist, fürcht' ich mich, daß du nicht nach Hause kommst."

Ich: „Hab' ich dir denn einmal gedroht, daß ich nicht nach Hause komme?"

Hans: „Du nicht, aber die Mammi. Die Mammi hat mir gesagt, daß sie nicht mehr kommt." (Wahrscheinlich war er schlimm, und sie hat ihm mit dem Weggehen gedroht.)

Ich: „Das hat sie gesagt, weil du schlimm warst."

Hans: „Ja."

Ich: „Du fürchtest dich also, ich geh' weg, weil du schlimm warst, deshalb kommst du zu mir."

„Beim Frühstücke stehe ich vom Tische auf, worauf Hans sagt: Vatti, renn mir nicht davon! Daß er „renn" anstatt „lauf" sagt, fällt mir auf und ich repliziere: „Oha, du fürchtest dich, das Pferd rennt dir davon." Wozu er lacht.

Wir wissen, daß dieses Stück der Angst Hansens doppelt gefügt ist: Angst vor dem Vater und Angst um den Vater. Die erstere stammt von der Feindseligkeit gegen den Vater, die andere von dem Konflikte der Zärtlichkeit, die hier reaktionsweise übertrieben wird, mit der Feindseligkeit.

Der Vater setzt fort: „Das ist zweifellos der Anfang eines wichtigen Stückes. Daß er sich höchstens vors Haus traut, vom Hause aber nicht weggeht, daß er beim ersten Anfalle der Angst auf der Hälfte des Weges umkehrt, ist motiviert durch die Furcht, die Eltern nicht zu Hause zu treffen, weil sie weggegangen sind. Er klebt am Hause aus Liebe zur Mutter, er fürchtet sich, daß ich weggehe, aus feindlichen Wünschen gegen mich, dann wäre er der Vater."

„Im Sommer bin ich wiederholt von Gmunden nach Wien weggefahren, weil es der Beruf erforderte, dann war er der Vater. Ich erinnere daran, daß die Pferdeangst an das Erlebnis in Gmunden anknüpft, als ein Pferd das Gepäck der Lizzi auf den Bahnhof bringen sollte. Der verdrängte Wunsch, ich solle auf den Bahnhof fahren, dann ist er mit der Mutter allein („das Pferd soll wegfahren"), wird dann zur Angst vor dem Wegfahren der Pferde, und tatsächlich versetzt ihn nichts in größere Angst, als wenn aus dem unserer Wohnung gegenüberliegenden Hofe des Hauptzollamtes ein Wagen wegfährt, Pferde sich in Bewegung setzen."

„Dieses neue Stück (feindselige Gesinnungen gegen den Vater) konnte erst herauskommen, nachdem er weiß, daß ich nicht böse bin, weil er die Mama so gerne hat."

„Nachmittags gehe ich wieder mit ihm vors Haustor; er geht wieder vors Haus und bleibt auch daselbst, wenn Wagen fahren, nur bei einzelnen Wagen hat er Angst und läuft in den Hausflur. Er erklärt mir auch: „Nicht alle weißen Pferde beißen;" d. h.: durch die Analyse sind bereits einige weiße Pferde als ‚Vatti' erkannt worden, die beißen nicht mehr, allein es bleiben noch andere zum Beißen."

„Die Situation vor unserem Haustore ist folgende: Gegenüber ist das Lagerhaus des Verzehrungssteueramtes mit einer Verladungsrampe, wo den ganzen Tag über Wagen vorfahren, um Kisten u. dgl. abzuholen. Gegen die Straße sperrt ein Gitter diesen Hofraum. Vis-à-vis von unserer Wohnung ist das Einfahrtstor des Hofraumes (Fig. 2). Ich bemerke schon seit einigen Tagen,

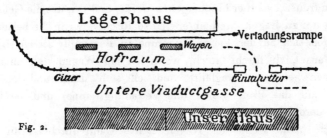

Fig. 2.

daß Hans sich besonders fürchtet, wenn Wagen aus dem Hofe heraus- oder hineinfahren, wobei sie eine Schwenkung machen müssen. Ich habe seinerzeit gefragt, warum er sich so fürchtet, worauf er sagt: „Ich fürcht' mich, daß die Pferde umfallen, wenn der Wagen umwendet (A)." Ebensosehr fürchtet er sich, wenn Wagen, die bei der Verladungsrampe stehen, sich plötzlich in Bewegung setzen, um fortzufahren (B). Er fürchtet sich ferner (C) vor großen Lastpferden mehr als vor kleinen Pferden, vor bäuerischen Pferden mehr als vor eleganten (wie z. B. Fiaker-)Pferden. Auch fürchtet er sich mehr, wenn ein Wagen schnell vorüberfährt (D), als wenn die Pferde langsam dahertrotten. Diese Differenzierungen sind natürlich erst in den letzten Tagen deutlich hervorgetreten."

Ich möchte sagen, infolge der Analyse hat nicht nur der Patient, sondern auch seine Phobie mehr Courage bekommen und wagt es sich zu zeigen.

„Am 5. April kommt Hans wieder ins Schlafzimmer und wird in sein Bett zurückgeschickt. Ich sage ihm: „Solange du früh ins Zimmer kommst, wird die Pferdeangst nicht besser werden." Er trotzt aber und antwortet: „Ich werde doch kommen, auch wenn ich mich fürchte." Er will sich also den Besuch bei der Mama nicht verbieten lassen."

„Nach dem Frühstück sollen wir hinuntergehen. Hans freut sich sehr darauf und plant, anstatt wie gewöhnlich vor dem Haustore zu bleiben, über die Gasse in den Hofraum zu gehen, wo er oft genug Gassenbuben spielen sah. Ich sage ihm, es werde mich freuen, wenn er hinübergehen werde, und benütze die Gelegenheit, um zu fragen, weshalb er sich so fürchte, wenn die beladenen Wagen sich an der Verladungsrampe in Bewegung setzen (B)."

Hans: „Ich fürcht' mich, wenn ich am Wagen steh' und der Wagen geschwind wegfährt, und ich steh' drauf und ich will dort auf das Brett gehen (die Verladungsrampe) und ich fahre mit dem Wagen weg."

Ich: „Und wenn der Wagen steht? Dann fürchtest du dich nicht? Weshalb nicht?"

Hans: „Wenn der Wagen steht, geh' ich geschwind auf den Wagen und geh' auf das Brett."

„(Hans plant also, über einen Wagen auf die Verladungsrampe zu klettern und fürchtet sich, daß der Wagen davonfährt, wenn er auf dem Wagen oben ist.)"

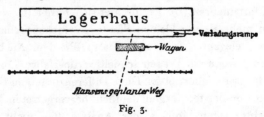

Fig. 3.

Ich: „Fürchtest du dich vielleicht, daß du nicht mehr nach Hause kommst, wenn du mit dem Wagen davonfährst?"

Hans: „O nein; ich kann ja immer noch zur Mama kommen, mit dem Wagen oder mit einem Fiaker. Ich kann ihm ja auch die Hausnummer sagen."

Ich: „Also weshalb fürchtest du dich eigentlich?"

Hans: „Das weiß ich nicht, der Professor wird's aber wissen. Glaubst du, daß er es wissen wird?"

Ich: „Warum willst du eigentlich hinüber aufs Brett?"

Hans: „Weil ich noch nie drüben war, und da hab' ich so gern wollen dort sein, und weißt du, warum ich hab' wollen hingehen? Weil ich hab' wollen Gepäck aufladen und einladen und auf dem Gepäcke dort hab' ich wollen herumklettern. Da mag ich so gerne herumklettern. Weißt du, von wem ich das Herumklettern gelernt habe? Buben haben auf dem Gepäcke geklettert und das hab' ich auch gesehen und das will ich auch machen."

„Sein Wunsch ging nicht in Erfüllung, denn wenn Hans sich auch wieder vors Haustor getraute, die wenigen Schritte über die Gasse in den Hofraum wecken in ihm zu große Widerstände, weil im Hofe fortwährend Wagen fahren."

Der Professor weiß auch nur, daß dieses beabsichtigte Spiel Hansens mit den beladenen Wagen in eine symbolische, ersetzende Beziehung zu einem andern Wunsche geraten sein muß, von dem er noch nichts geäußert hat. Aber dieser Wunsch ließe sich, wenn es nicht zu kühn schiene, schon jetzt konstruieren.

„Nachmittags gehen wir wieder vors Haustor und zurückgekehrt frage ich Hans:

„Vor welchen Pferden fürchtest du dich eigentlich am meisten?"

Hans: „Vor allen."

Ich: „Das ist nicht wahr."

Hans: „Am meisten fürcht' ich mich vor den Pferden, die am Munde so etwas haben."

Ich: „Was meinst du? Das Eisen, das sie im Munde haben?"

Hans: „Nein, sie haben etwas Schwarzes am Munde (deckt seinen Mund mit der Hand zu)."

Ich: „Was, vielleicht einen Schnurrbart?"
Hans (lacht): „O nein."
Ich: „Haben das alle?"
Hans: „Nein, nur einige."
Ich: „Was ist das, was sie am Munde haben?"

Hans: „So etwas Schwarzes." — „Ich glaube, es ist in der Realität das dicke Riemenzeug der Lastpferde über der Schnauze."
„Auch vor einem Möbelwagen fürcht' ich mich am meisten."

Fig. 4.

Ich: „Warum?"
Hans: „Ich glaub', wenn die Möbelpferde einen schweren Wagen ziehen, fallen sie um."
Ich: „Bei einem kleinen Wagen fürchtest du dich also nicht?"
Hans: „Nein, bei einem kleinen Wagen und einem Postwagen fürcht' ich mich nicht. Auch wenn ein Stellwagen kommt, fürcht' ich mich am meisten."
Ich: „Warum, weil er so groß ist?"
Hans: „Nein, weil einmal bei so einem Wagen ein Pferd umgefallen ist."
Ich: „Wann?"
Hans: „Einmal, wie ich mit der Mammi gegangen bin trotz der „Dummheit", wie ich die Weste gekauft hab'."
„(Dies wird nachträglich von der Mutter bestätigt.)"
Ich: „Was hast du dir gedacht, wie das Pferd umgefallen ist?"
Hans: „Das wird jetzt immer sein. Alle Pferde werden beim Stellwagen umfallen."
Ich: „Bei jedem Stellwagen?"
Hans: „Ja! Und auch beim Möbelwagen. Beim Möbelwagen nicht so oft."
Ich: „Du hast damals die Dummheit schon gehabt?"

Hans: „Nein, ich hab' sie erst gekriegt. Wie das Pferd vom Stellwagen umgefallen ist, hab' ich mich so sehr erschrocken, wirklich! Wie ich gegangen bin, hab' ich sie gekriegt."

Ich: „Die Dummheit war doch, daß du dir gedacht hast, ein Pferd wird dich beißen, und jetzt sagst du, du hast dich gefürchtet, daß ein Pferd umfallen wird."

Hans: „Umfallen und beißen wird."[1]

Ich: „Weshalb bist du so erschrocken?"

Hans: „Weil das Pferd mit den Füßen so gemacht hat (legt sich auf die Erde hin und macht mir das Zappeln vor). Ich hab' mich erschrocken, weil es einen ‚Krawall' gemacht hat mit den Füßen."

Ich: „Wo warst du damals mit der Mammi?"

Hans: „Zuerst am Eislaufplatze, dann im Kaffeehause, dann eine Weste kaufen, dann beim Zuckerbäcker mit der Mammi und dann nach Hause am Abend; da sind wir durch den Stadtpark durchgegangen."

„(Das alles wird von meiner Frau bestätigt, auch daß unmittelbar nachher die Angst ausgebrochen ist)."

Ich: „War das Pferd tot, wie es umgefallen ist?"

Hans: „Ja!"

Ich: „Woher weißt du das?"

Hans: „Weil ich's gesehen hab' (lacht). Nein, es war gar nicht tot."

Ich: „Vielleicht hast du dir gedacht, daß es tot ist."

Hans: „Nein, gewiß nicht. Ich hab's nur im Spaße gesagt."

„(Seine Miene war aber damals ernst.)"

„Da er müde ist, lasse ich ihn laufen. Er erzählt mir nur noch, daß er sich zuerst vor Stellwagenpferden, dann vor allen anderen und zuletzt erst vor Möbelwagenpferden gefürchtet habe."

Auf dem Rückwege nach Lainz noch einige Fragen:

---

[1] Hans hat recht, so unwahrscheinlich diese Vereinigung auch klingt. Der Zusammenhang ist nämlich, wie sich zeigen wird, daß das Pferd (der Vater) ihn beißen werde wegen seines Wunsches, daß es (der Vater) umfallen möge.

Ich: „Wie das Stellwagenpferd gefallen ist, was für Farbe hat es gehabt? Weiß, rot, braun, grau?"
Hans: „Schwarz, beide Pferde waren schwarz."
Ich: „War es groß oder klein?"
Hans: „Groß."
Ich: „Dick oder dünn?"
Hans: „Dick, sehr groß und dick."
Ich: „Hast du, wie das Pferd gefallen ist, an den Vatti gedacht?"
Hans: „Vielleicht. Ja. Es ist möglich."
Der Vater mag. an manchen Stellen ohne Erfolg geforscht haben; aber es schadet nichts, eine solche Phobie, die man gerne nach ihrem neuen Objekte benennen möchte, aus der Nähe kennen zu lernen. Wir erfahren so, wie diffus sie eigentlich ist. Sie geht auf Pferde und auf Wagen, darauf, daß Pferde fallen, und daß sie beißen, auf Pferde besonderer Beschaffenheit, auf Wagen, die schwer beladen sind. Verraten wir gleich, daß alle diese Eigentümlichkeiten daher rühren, daß die Angst ursprünglich gar nicht den Pferden galt, sondern sekundär auf sie transponiert wurde und sich nun an den Stellen des Pferdekomplexes fixierte, die sich zu gewissen Übertragungen geeignet zeigten. Ein wesentliches Ergebnis der Inquisition des Vaters müssen wir besonders anerkennen. Wir haben den aktuellen Anlaß erfahren, nach welchem die Phobie ausbrach. Dies war, als der Knabe ein großes schweres Pferd fallen sah, und wenigstens eine der Deutungen dieses Eindruckes scheint die vom Vater betonte zu sein, daß Hans damals den Wunsch verspürte, der Vater möge so fallen — und tot sein. Die ernste Miene bei der Erzählung galt wohl diesem unbewußten Sinne. Ob nicht noch anderer Sinn sich dahinter verbirgt? Und was soll das Krawallmachen mit den Beinen bedeuten?

„Hans spielt seit einiger Zeit im Zimmer Pferd, rennt herum, fällt nieder, zappelt mit den Füßen, wiehert. Einmal bindet er sich ein Sackerl wie einen Futtersack um. Wiederholt läuft er auf mich zu und beißt mich."

Er akzeptiert so die letzten Deutungen entschiedener als er es mit Worten kann, natürlich aber mit Rollenvertauschung, da das Spiel im Dienste einer Wunschphantasie steht. Also er ist das Pferd, er beißt den Vater, übrigens identifiziert er sich dabei mit dem Vater.

„Seit zwei Tagen bemerke ich, daß Hans sich in entschiedenster Weise gegen mich auflehnt, nicht frech, sondern ganz lustig. Ist es, weil er sich vor mir, dem Pferde, nicht mehr fürchtet?"

„6. April. Am Nachmittage mit Hans vor dem Hause. Ich frage ihn bei allen Pferden, ob er bei ihnen das „Schwarze am Munde" sieht; er verneint es bei allen. Ich frage ihn, wie das Schwärze eigentlich ausschaut; er sagt, es ist schwarzes Eisen. Meine erste Vermutung, er meine die dicken Lederriemen des Geschirres bei den Lastpferden, bestätigt sich also nicht. Ich frage, ob das „Schwarze" an einen Schnurrbart erinnert; er sagt: nur durch die Farbe. Was es in Wirklichkeit ist, weiß ich bis jetzt also nicht."

„Die Furcht ist geringer; er wagt sich diesmal schon bis zum Nachbarhause, kehrt aber schnell um, wenn er in der Ferne Pferdetraben hört. Als ein Wagen bei unserem Haustore vorfährt und hält, gerät er in Angst und läuft ins Haus, da das Pferd mit dem Fuße scharrt. Ich frage ihn, weshalb er sich fürchte, ob er sich vielleicht ängstige, weil es so gemacht habe (stampfe mit dem Fuße auf). Er sagt: „Mach' doch keinen solchen Krawall mit den Füßen!" Vergleiche dazu die Äußerung über das gefallene Stellwagenpferd."

„Besonders schreckt ihn das Vorüberfahren eines Möbelwagens. Er läuft dann ins Hausinnere. Ich frage ihn gleichgültig: „Sieht so ein Möbelwagen eigentlich nicht wie ein Stellwagen aus?"

Er sagt nichts. Ich wiederhole die Frage. Er sagt dann: „Na natürlich, sonst würde ich mich nicht so vor einem Möbelwagen fürchten."

„7. April. Heute frage ich wieder, wie das „Schwarze am Munde" der Pferde aussieht. Hans sagt: wie ein Maulkorb. Das Merkwürdige ist, daß seit 3 Tagen kein Pferd vorüberkommt, an dem er diesen „Maulkorb" konstatieren kann; ich selbst habe bei keinem Spaziergange ein solches Pferd gesehen, obzwar Hans beteuert, daß es solche gebe. Ich vermute, daß ihn wirklich eine Art von Kopfzäumung der Pferde — das dicke Riemenzeug um den Mund etwa — an einen Schnurrbart erinnert hat, und daß mit meiner Andeutung auch diese Furcht verschwunden ist."

„Die Besserung Hansens ist konstant, der Radius seines Aktionskreises mit dem Haustore als Zentrum größer; er unternimmt sogar das für ihn bisher unmögliche Kunststück, aufs Trottoir vis-à-vis hinüberzulaufen. Alle Furcht, die übrig ist, hängt mit der Stellwagenszene zusammen, deren Sinn mir allerdings noch nicht klar ist."

„9. April. Heute früh kommt Hans dazu, wie ich mich mit entblößtem Oberkörper wasche."

Hans: „Vatti, du bist aber schön, so weiß!"

Ich: „Nicht wahr, wie ein weißes Pferd."

Hans: „Nur der Schnurrbart ist schwarz (fortfahrend). Oder ist es vielleicht der schwarze Maulkorb?"

Ich erzähle ihm dann, daß ich am Abende vorher beim Professor war, und sage: „Der will einiges wissen," worauf Hans: „Da bin ich aber neugierig."

Ich sage ihm, ich weiß, bei welcher Gelegenheit er mit den Füßen Krawall macht. Er unterbricht mich: „Nicht wahr, wenn ich einen „Zurn" habe oder wenn ich Lumpf machen soll und lieber spielen will. (Im Zorne hat er allerdings die Gewohnheit, mit den Füßen Krawall zu machen, d. h.: aufzustampfen. —

„Lumpf machen" bedeutet auf die große Seite gehen. Als Hans

klein war, sagte er eines Tages, vom Topfe aufstehend: „Schau den Lumpf". [Er meinte: Strumpf wegen der Form und der Farbe]. Diese Bezeichnung ist geblieben bis heute. — In ganz frühen Zeiten, wenn er auf den Topf gesetzt werden sollte und sich weigerte, das Spiel stehen zu lassen, stampfte er wütend mit den Füßen auf, zappelte und warf sich eventuell auch auf den Boden).

„Du zappelst auch mit den Füßen, wenn du Wiwimachen sollst und nicht gehen willst, weil du lieber spielen möchtest."

Er: „Du, ich muß Wiwi machen" — und geht hinaus, wohl als Bestätigung."

Der Vater hatte bei seinem Besuche die Frage an mich gerichtet, woran wohl das Zappeln mit den Füßen beim gefallenen Pferde Hans erinnert haben möchte, und ich hatte vorgebracht, daß dies wohl seine eigene Reaktion bei zurückgehaltenem Harndrange gewesen sein könnte. Das bestätigt nun Hans durch das Wiederauftreten des Harndranges im Gespräche und fügt noch andere Bedeutungen des Krawallmachens mit den Füßen hinzu.

„Dann gehen wir vors Haustor. Er sagt mir, als ein Kohlenwagen kommt: „Du, vor einem Kohlenwagen fürchte ich mich auch stark." Ich: „Vielleicht, weil er auch so groß ist wie ein Stellwagen." Hans: „Ja, und weil er so schwer beladen ist und die Pferde haben soviel zu ziehen und können leicht fallen. Wenn ein Wagen leer ist, fürcht' ich mich nicht." Tatsächlich versetzt ihn, wie schon früher konstatiert, nur Schwerfuhrwerk in Angst."

Bei alledem ist die Situation recht undurchsichtig. Die Analyse macht wenig Fortschritte; ihre Darstellung fürchte ich, wird dem Leser bald langweilig werden. Indes, es gibt in jeder Psychoanalyse solche dunklen Zeiten. Hans begibt sich jetzt bald auf ein von uns nicht in Erwartung gezogenes Gebiet.

„Ich komme nach Hause und spreche mit meiner Frau, die verschiedene Einkäufe gemacht hat und sie mir zeigt. Darunter ist eine gelbe Unterhose. Hans sagt einige Male: „Pfui!", wirft sich auf die Erde und spuckt aus. Meine Frau sagt, er habe das schon einige Male getan, sowie er die Hose gesehen habe."

„Ich frage: „Warum sagst du Pfui?"

Hans: „Wegen der Hose."

Ich: „Warum, wegen der Farbe, weil sie gelb ist und an Wiwi oder an Lumpf erinnert?"

Hans: „Lumpf ist ja nicht gelb, er ist weiß oder schwarz." — Unmittelbar darauf: „Du, macht man leicht Lumpf, wenn man Käse ißt? (Das hatte ich einmal gesagt, als er mich fragte, wozu ich Käse esse)."

Ich: „Ja."

Hans: „Deshalb gehst du immer früh gleich Lumpf machen? Ich möchte so gerne Käse auf Butterbrot essen."

„Gestern schon fragte er mich, als er auf der Gasse herumsprang: „Du, nicht wahr, wenn man soviel herumspringt, macht man leicht Lumpf?" — Seit jeher macht sein Stuhlgang Schwierigkeiten, Kindermeth und Klystiere werden häufig gebraucht. Einmal war seine habituelle Verstopfung so stark, daß meine Frau Dr. L. um Rat fragte. Dieser meinte, Hans werde überfüttert, was ja auch stimmte, und empfahl mäßigere Kost, was den Zustand auch sofort behob. In der letzten Zeit trat Verstopfung wieder häufiger auf."

„Nach dem Essen sage ich: „Wir werden dem Professor wieder schreiben", und er diktierte mir: „Wie ich die gelbe Hose gesehen habe, habe ich gesagt: Pfui, da spei' ich, hab' mich niedergeworfen, hab' die Augen zugemacht und hab' nicht geschaut."

Ich: „Warum?"

Hans: „Weil ich die gelbe Hose gesehen habe, und bei der schwarzen Hose[1] habe ich auch so etwas gemacht. Die schwarze

---

1) „Meine Frau ist seit einigen Wochen im Besitze einer schwarzen Reformhose für Radfahrpartien."

ist auch so eine Hose, nur schwarz war sie." (Sich unterbrechend). „Du, ich bin froh; wenn ich dem Professor schreiben kann, bin ich immer so froh."
Ich: „Weshalb hast du Pfui gesagt? Hast du dich geekelt?"
Hans: „Ja, weil ich das gesehen hab'. Ich hab' geglaubt, ich muß Lumpf machen."
Ich: „Warum?"
Hans: „Ich weiß nicht."
Ich: „Wann hast du die schwarze Hose gesehen?"
Hans: „Einmal, wie die Anna (unser Mädchen) längst da war — bei der Mama — sie hat sie erst vom Kaufen nach Hause gebracht." (Diese Angabe wird von meiner Frau bestätigt.)"
Ich: „Hast du dich auch geekelt?"
Hans: „Ja."
Ich: „Hast du die Mammi in einer solchen Hose gesehen?"
Hans: „Nein."
Ich: „Wenn sie sich angezogen hat?"
Hans: „Die gelbe hab ich' schon einmal gesehen, wie sie sie gekauft hat (Widerspruch! Wie die Mama die gelbe gekauft hat, hat er sie zum erstenmal gesehen). Die schwarze hat sie heute auch an (richtig!), weil ich gesehen hab' wie sie in der Früh sie sich ausgezogen hat."
Ich: „Was? In der Früh hat sie sich die schwarze Hose ausgezogen?"
Hans: „In der Früh', wie sie weggegangen ist, hat sie sich die schwarze Hose ausgezogen, und wie sie gekommen ist, hat sie sich noch einmal die schwarze angezogen."

„Ich frage meine Frau, weil mir dies unsinnig vorkommt. Sie sagt auch, das ist gar nicht wahr; sie hat beim Weggehen natürlich nicht die Hose gewechselt."

„Ich frage Hans sofort: „Du hast doch erzählt, die Mammi hat sich eine schwarze Hose angezogen, und wie sie weggegangen ist, hat sie sie ausgezogen, und wie sie gekommen ist, hat sie sie noch einmal angezogen. Die Mammi sagt aber, das ist nicht wahr."

Hans: „Mir scheint, ich hab' vielleicht vergessen, daß sie sie nicht ausgezogen hat. (Unwillig.) Laß' mich endlich in Ruh'."

Zur Erläuterung dieser Hosengeschichte bemerke ich nun: Hans heuchelt offenbar, wenn er sich so froh stellt, daß er nun über diese Angelegenheit Rede stehen darf. Am Ende wirft er die Maske ab und wird grob gegen seinen Vater. Es handelt sich um Dinge, die ihm früher viel Lust bereitet haben, und deren er sich jetzt nach eingetretener Verdrängung sehr schämt, zu ekeln vorgibt. Er lügt geradezu, um dem beobachteten Hosenwechsel der Mama andere Veranlassungen unterzuschieben; in Wirklichkeit gehört das An- und Ausziehen der Hose in den „Lumpf"-Zusammenhang. Der Vater weiß genau, worauf es hier ankommt, und was Hans verbergen will.

„Ich frage meine Frau, ob Hans öfter dabei war, wenn sie sich aufs Klosett begab. Sie sagt: Ja, oft, er „penzt" so lange, bis sie es ihm erlaubt; das täten alle Kinder."

Wir wollen uns aber die heute bereits verdrängte Lust, die Mama beim Lumpfmachen zu sehen, gut merken.

„Wir gehen vors Haus. Er ist sehr lustig, und wie er fortwährend gleichsam als Pferd herumhopst, frage ich: „Du, wer ist eigentlich ein Stellwagenpferd? Ich, du oder die Mammi?"

Hans (sofort): „Ich, ich bin ein junges Pferd."

„Als er in der stärksten Angstzeit Pferde springen sah, Angst hatte und mich fragte, warum sie das täten, sagte ich, um ihn zu beruhigen: „Weißt du, das sind junge Pferde, die springen halt wie die jungen Buben. Du springst ja auch und bist ein Bub." Seither, wenn er Pferde springen sieht, sagt er: „Das ist wahr, das sind junge Pferde!"

„Auf der Treppe frage ich beim Heraufgehen fast gedankenlos: „Hast du in Gmunden mit den Kindern Pferdl gespielt?"

Er: „Ja! (Nachdenklich.) Mir scheint, da hab' ich die Dummheit gekriegt."

Ich: „Wer war das Pferdl?"
Er: „Ich, und die Berta war der Kutscher."
Ich: „Bist du vielleicht gefallen, wie du Pferdl warst?"
Hans: „Nein! Wenn die Berta gesagt hat: Hüh, bin ich schnell gelaufen, sogar gerannt."[1]
Ich: „Stellwagen habt ihr nie gespielt?"
Hans: „Nein, gewöhnlichen Wagen und Pferd ohne Wagen. Wenn das Pferd einen Wagen hat, kann es ja auch ohne Wagen gehen und der Wagen kann ja zu Hause sein."
Ich: „Habt ihr oft Pferdl gespielt?"
Hans: „Sehr oft. Der Fritzl (wie bekannt auch ein Hausherrnkind) ist auch einmal Pferdl gewesen und der Franzl Kutscher, und der Fritzl ist so stark gelaufen und auf einmal ist er auf einen Stein getreten und hat geblutet."
Ich: „Ist er vielleicht gefallen?"
Hans: „Nein, er hat den Fuß in ein Wasser hineingegeben und dann hat er sich ein Tuch daraufgegeben."[2]
Ich: „Warst du oft Pferd?"
Hans: „O ja."
Ich: „Und da hast du die Dummheit gekriegt."
Hans: „Weil sie immer gesagt haben: „wegen dem Pferd" und „wegen dem Pferd" (er betont das „wegen"), und so hab' ich vielleicht, weil sie so geredet haben „wegen dem Pferd", hab ich vielleicht die Dummheit gekriegt."[3]

---

1) „Er hatte auch ein Pferdchenspiel mit Glöckchen."

2) Siehe darüber später. Der Vater vermutet ganz richtig, daß Fritzl damals gefallen ist.

3) Ich erläutere, Hans will nicht behaupten, daß er damals die Dummheit gekriegt hat, sondern im Zusammenhange damit. Es muß ja wohl so zugehen, die Theorie fordert es, daß dasselbe einmal Gegenstand einer hohen Lust war, was heute das Objekt der Phobie ist. Und dann ergänze ich für ihn, was das Kind ja nicht zu sagen weiß, daß das Wörtchen „wegen" der Ausbreitung der Phobie vom Pferde auf die Wagen (oder wie Hans zu hören und zu sprechen gewohnt ist: Wägen) den Weg eröffnet hat. Man darf nie daran vergessen, um wieviel dinglicher das Kind die Worte behandelt als der Erwachsene, wie bedeutungsvoll ihm darum Wortgleichklänge sind.

Der Vater forscht eine Weile fruchtlos auf anderen Pfaden.
Ich: „Haben sie was erzählt vom Pferde?"
Hans: „Ja!"
Ich: „Was?"
Hans: „Ich hab's vergessen."
Ich: „Haben sie vielleicht erzählt vom Wiwimacher?"
Hans: „O nein!"
Ich: „Hast du dich dort schon vor dem Pferde gefürchtet?"
Hans: „O nein, ich hab' mich gar nicht gefürchtet."
Ich: „Hat vielleicht die Berta davon gesprochen, daß ein Pferd . . ."
Hans: (unterbrechend) „Wiwi macht? Nein!"

„Am 10. April knüpfe ich an das gestrige Gespräch an und will wissen, was das „wegen dem Pferde" bedeutet habe. Hans weiß sich nicht zu erinnern, er weiß nur, daß früh mehrere Kinder vor dem Haustore gestanden sind und „wegen dem Pferde, wegen dem Pferde" gesagt haben. Er selbst war dabei. Wie ich dringender werde, erklärt er, sie hätten gar nicht „wegen dem Pferde" gesagt, er habe sich falsch erinnert."

Ich: „Ihr waret doch auch oft im Stalle, da habt ihr gewiß vom Pferde gesprochen." — „Wir haben nicht gesprochen. — „Wovon habt ihr gesprochen?" — „Von nichts." — „Soviel Kinder waret ihr und ihr habt von nichts gesprochen?" — „Etwas haben wir schon gesprochen, aber nicht vom Pferde." — „Was denn?" — „Das weiß ich jetzt nicht mehr."

„Ich lasse das fallen, weil die Widerstände offenbar zu groß sind,¹ und frage: „Mit der Berta hast du gern gespielt?"
Er: „Ja, sehr gern, mit der Olga nicht; weißt, was die Olga getan hat? Die Grete droben hat mir einmal einen Papierball geschenkt und die Olga hat ihn ganz zerrissen. Die Berta hätt'

---

1) Es ist da nämlich nichts anderes zu holen als die Wortanknüpfung, die dem Vater entgeht. Ein gutes Beispiel von den Bedingungen, unter denen die analytische Bemühung fehlschlägt.

mir den Ball nie zerrissen. Mit der Berta hab' ich sehr gern gespielt."

Ich: „Hast du gesehen, wie der Wiwimacher von der Berta aussieht?"

Er: „Nein, vom Pferde aber, weil ich immer im Stalle war, und da hab' ich vom Pferde den Wiwimacher gesehen."

Ich: „Und da warst du neugierig, wie sieht der Wiwimacher von der Berta und von der Mammi aus?"

Er: „Ja!"

„Ich erinnere ihn daran, daß er mir einmal geklagt hat, die Mäderl wollen immer zuschauen, wenn er Wiwi macht."

Er: „Die Berta hat mir auch immer zugeschaut (durchaus nicht gekränkt, sondern sehr befriedigt), öfters. Wo der kleine Garten ist, wo die Rettige sind, hab' ich Wiwi gemacht, und sie ist vor dem Haustore gestanden und hat hergeschaut."

Ich: „Und wenn sie Wiwi gemacht hat, hast du zugeschaut?"

Er: „Sie ist ja aufs Klosett gegangen."

Ich: „Und du warst neugierig?"

Er: „Ich war ja im Klosett drinnen, wenn sie drin war."

„(Das stimmt; die Hausleute haben es uns einmal erzählt, und ich erinnere mich, wir haben es Hans verboten.)"

Ich: „Hast du ihr gesagt, du willst hineingehen?"

Er: „Ich bin allein hineingegangen und weil die Berta erlaubt hat. Es ist ja keine Schande."

Ich: „Und du hättest gerne den Wiwimacher gesehen."

Er: „Ja, ich hab' ihn aber nicht gesehen."

„Ich erinnere ihn an den Gmundner Traum: Was soll das Pfand in meiner Hand usw., und frage: Hast du in Gmunden gewünscht, daß dich die Berta Wiwi machen lassen soll?"

Er: „Gesagt hab' ich ihr nie."

Ich: „Warum hast du's ihr nie gesagt?"

Er: „Weil ich nicht daran gedenkt hab'. (Sich unterbrechend.) Wenn ich alles dem Professor schreib', wird die Dummheit sehr bald vorüber sein, nicht wahr?"

Ich: „Warum hast du gewünscht, daß die Berta dich Wiwi machen lassen soll?"
Er: „Ich weiß nicht. Weil sie zugeschaut hat."
Ich: „Hast du dir gedacht, sie soll die Hand zum Wiwimacher geben?"
Er: „Ja. (Ablenkend). In Gmunden war's sehr lustig. In dem kleinen Garten, wo die Rettige drin sind, ist ein kleiner Sandhaufen, dort spiel' ich mit der Schaufel."
„(Das ist der Garten, wo er immer Wiwi gemacht hat.)"
Ich: „Hast du in Gmunden, wenn du im Bette gelegen bist, die Hand zum Wiwimacher gegeben?"
Er: „Nein, noch nicht. In Gmunden hab' ich so gut geschlafen, daß ich gar nicht daran gedenkt hab'. Nur in der —gasse[1] und jetzt hab ich's getan."
Ich: „Die Berta hat aber nie die Hand zu deinem Wiwimacher gegeben?"
Er: „Sie hat es nie getan, nein, weil ich ihr's nie gesagt hab'."
Ich: „Wann hast du dir's denn gewünscht?"
Er: „Einen Tag halt in Gmunden."
Ich: „Nur einmal?"
Er: „Ja, öfters."
Ich: „Immer wenn du Wiwi gemacht hast, hat sie hergeschaut; sie war vielleicht neugierig, wie du Wiwi machen tust."
Er: „Vielleicht war sie neugierig, wie mein Wiwimacher aussieht."
Ich: „Du warst aber auch neugierig; nur auf die Berta?"
Er: „Auf die Berta, auf die Olga."
Ich: „Auf wen noch?"
Er: „Auf niemand andern."
Ich: „Das ist ja nicht wahr. Auf die Mammi auch."
Er: „Auf die Mammi schon."

---

[1] In der früheren Wohnung vor dem Umzuge.

Ich: „Jetzt bist du doch nicht mehr neugierig. Du weißt doch wie der Wiwimacher der Hanna ausschaut?"

Er: „Er wird aber wachsen, nicht?"[1]

Ich: „Ja gewiß, aber wann er wächst, wird er nicht ausschaun wie deiner."

Er: „Das weiß ich. Er wird so sein [sc. wie er jetzt ist], nur größer."

Ich: „Warst du neugierig in Gmunden, wenn die Mama sich ausgezogen hat?"

Er: „Ja, auch bei der Hanna beim Baden hab ich den Wiwimacher gesehen."

Ich: „Bei der Mammi auch?"

Er: „Nein!"

Ich: „Du hast dich geekelt, wenn du die Hose von der Mammi gesehen hast."

Er: „Nur wenn ich die schwarze gesehen hab', wenn sie sie gekauft hat, dann spei ich, aber wenn sie sich die Hose anzieht oder auszieht, dann spei ich nicht. Dann spei ich, weil die schwarze Hose doch schwarz ist wie ein Lumpf und die gelbe wie ein Wiwi, und da glaub' ich, ich muß Wiwi machen. Wenn die Mammi die Hose trägt, dann seh' ich sie nicht, dann hat sie doch die Kleider vor."

Ich: „Und wenn sie sich die Kleider auszieht?"

Er: „Dann spei ich nicht. Wenn sie aber neu ist, dann sieht sie aus wie ein Lumpf. Wenn sie alt ist, geht die Farbe herunter und sie wird schmutzig. Wenn man sie gekauft hat, ist sie ganz rein, zu Hause hat man sie schon schmutzig gemacht. Wenn sie gekauft ist, ist sie neu, und wenn sie nicht gekauft ist, ist sie alt."

Ich: „Vor der alten ekelt dich also nicht?"

---

[1] Er will die Sicherheit haben, daß sein eigener Wiwimacher wachsen wird.

Er: „Wenn sie alt ist, ist sie ja viel schwärzer als ein Lumpf nicht wahr? Ein bissel schwärzer ist sie."[1]
Ich: „Mit der Mammi warst du oft im Klosett?"
Er: „Sehr oft."
Ich: „Da hast du dich geekelt?"
Er: „Ja . . . Nein!"
Ich: „Du bist gerne dabei, wenn die Mammi Wiwi oder Lumpf macht?"
Er: „Sehr gerne."
Ich: „Warum so gerne?"
Er: „Das weiß ich nicht."
Ich: „Weil du glaubst, daß du den Wiwimacher sehen wirst."
Er: „Ja, das glaub' ich auch."
Ich: „Warum willst du aber in Lainz nie ins Klosett gehen?"
„(Er bittet in Lainz immer, ich soll ihn nicht ins Klosett führen; er fürchtete sich einmal vor dem Lärme, den das herabstürzende Spülwasser macht.)"
Er: „Vielleicht, weil es einen Krawall macht, wenn man herunterzieht."
Ich: „Da fürchtest du dich."
Er: „Ja!"
Ich: „Und in unserem Klosett hier?"
Er: „Hier nicht. In Lainz erschreck ich, wenn du herunterläßt. Wenn ich drin bin und es geht herunter, dann erschrecke ich auch."
Um mir zu zeigen, daß er sich in unserer Wohnung nicht fürchte, fordert er mich auf, ins Klosett zu gehen und die Wasserspülung in Bewegung zu setzen. Dann erklärt er mir:
„Zuerst ist ein starker, dann ein lockerer Krawall (wenn das Wasser herabstürzt). Wenn es einen starken Krawall macht, bleib'

---

[1] Unser Hans ringt da mit einem Thema, das er nicht darzustellen weiß, und wir haben es schwer, ihn zu verstehen. Vielleicht meint er, daß die Hosen die Ekelerinnerung nur dann erwecken, wenn er sie für sich sieht; sobald sie am Leibe der Mutter sind, bringt er sie nicht mehr mit Lumpf oder Wiwi in Zusammenhang, dann interessieren sie ihn in anderer Weise.

ich lieber drin, wenn es einen schwachen macht, geh' ich lieber hinaus."

Ich: „Weil du dich fürchtest?"

Er: „Weil ich immer so gerne mag einen starken Krawall sehen (korrigiert sich), hören, und da bleib' ich lieber drin, daß ich ihn fest hör'."

Ich: „Woran erinnert dich ein starker Krawall?"

Er: „Daß ich im Klosett Lumpf machen muß. (Also dasselbe wie die schwarze Hose.)"

Ich: „Warum?"

Er: „Ich weiß nicht. Ich weiß es, ein starker Krawall hört sich so an, wie wenn man Lumpf macht. Ein großer Krawall erinnert am Lumpf, ein kleiner an Wiwi (vgl. die schwarze und die gelbe Hose)."

Ich: „Du, hat das Stellwagenpferd nicht dieselbe Farbe gehabt wie ein Lumpf?" (Es war nach seiner Angabe schwarz.)

Er (sehr betroffen): „Ja!"

Ich muß da einige Worte einschalten. Der Vater fragt zu viel und forscht nach eigenen Vorsätzen, anstatt den Kleinen sich äußern zu lassen. Dadurch wird die Analyse undurchsichtig und unsicher. Hans geht seinen eigenen Weg und leistet nichts, wenn man ihn von diesem ablocken will. Sein Interesse ist jetzt offenbar bei Lumpf und Wiwi, wir wissen nicht, weshalb. Die Krawallgeschichte ist so wenig befriedigend aufgeklärt wie die mit der gelben und schwarzen Hose. Ich vermute, sein scharfes Ohr hat die Verschiedenheit der Geräusche, wenn ein Mann oder ein Weib uriniert, sehr wohl bemerkt. Die Analyse hat das Material aber etwas künstlich in den Gegensatz der beiden Bedürfnisse gepresst. Dem Leser, der noch selbst keine Analyse gemacht hat, kann ich nur den Rat geben, nicht alles sogleich verstehen zu wollen, sondern allem, was kommt, eine gewisse unparteiische Aufmerksamkeit zu schenken und das Weitere abzuwarten.

„11. April. Heute früh kommt Hans wieder ins Zimmer und wird, wie in allen den letzten Tagen, hinausgewiesen."

„Später erzählt er: „Du, ich hab mir was gedacht: „**Ich bin in der Badewanne**,[1] **da kommt der Schlosser und schraubt sie los.**[2] **Da nimmt er einen großen Bohrer und stoßt mich in den Bauch.**"

Der Vater übersetzt sich diese Phantasie. „Ich bin im Bette bei der Mama. Da kommt der Papa und treibt mich weg. Mit seinem großen Penis verdrängt er mich von der Mama."

Wir wollen unser Urteil noch aufgeschoben halten.

„Ferner erzählt er etwas zweites, was er sich ausgedacht: „Wir fahren im Zuge nach Gmunden. In der Station ziehen wir die Kleider an, werden damit aber nicht fertig und der Zug fährt mit uns davon."

„Später frage ich: „Hast du schon einmal ein Pferd Lumpf machen gesehen?"

Hans: „Ja, sehr oft."

Ich: „Macht es einen starken Krawall beim Lumpfmachen?"

Hans: „Ja!"

Ich: „An was erinnert dich der Krawall?"

Hans: „Wie wenn der Lumpf in den Topf fällt."

„Das Stellwagenpferd, das umfällt und Krawall mit den Füßen macht, ist wohl — ein Lumpf, der herabfällt und dabei Geräusch macht. Die Furcht vor der Defäkation, die Furcht vor schwer beladenen Wagen ist überhaupt gleich der Furcht vor schwerbeladenem Bauche."

Auf diesen Umwegen dämmert dem Vater der richtige Sachverhalt.

———

„11. April. Hans sagt beim Mittagessen: „Wenn wir nur in Gmunden eine Badewanne hätten, damit ich nicht in die Bade-

---

1) „Hans wird von der Mama gebadet."
2) „Um sie in Reparatur zu nehmen."

anstalt gehen muß." Er wurde in Gmunden nämlich, um ihn warm zu baden, immer in die nahe gelegene Badeanstalt geführt, wogegen er mit heftigem Weinen zu protestieren pflegte. Auch in Wien schreit er immer, wenn er zum Baden in die große Wanne gesetzt oder gelegt wird. Er muß knieend oder stehend gebadet werden."

Diese Rede Hansens, der nun anfängt, der Analyse durch selbständige Äußerungen Nahrung zu geben, stellt die Verbindung zwischen seinen beiden letzten Phantasien (vom Schlosser, der die Badewanne abschraubt, und von der mißglückten Reise nach Gmunden) her. Der Vater hatte mit Recht aus letzterer eine Abneigung gegen Gmunden erschlossen. Übrigens wieder eine gute Mahnung daran, daß man das aus dem Unbewußten Auftauchende nicht mit Hilfe des Vorhergegangenen, sondern des Nachkommenden zu verstehen hat.

„Ich frage ihn, ob und wovor er sich fürchtet."
Hans: „Weil ich hineinfall'."
Ich: „Warum hast du dich aber nie gefürchtet, wenn du in der kleinen Badewanne gebadet worden bist?"
Hans: „Da bin ich ja gesessen, da hab' ich mich nicht legen können, die war ja zu klein."
Ich: „Wenn du in Gmunden Schinakel gefahren bist, hast du dich nicht gefürchtet, daß du ins Wasser fällst?"
Hans: „Nein, weil ich mich angehalten hab', und da kann ich nicht hineinfallen. Ich fürcht' mich nur in der großen Badewanne, daß ich hineinfall."
Ich: „Da badet dich doch die Mama. Fürchtest du dich, daß dich die Mammi ins Wasser werfen wird?"
Hans: „Daß sie die Hände weggeben wird und ich falle ins Wasser mit dem Kopf."
Ich: „Du weißt doch, die Mammi hat dich lieb, sie wird doch nicht die Hände weggeben."
Hans: „Ich hab's halt geglaubt."

Ich: „Warum?"
Hans: „Das weiß ich bestimmt nicht."
Ich: „Vielleicht weil du schlimm warst und du geglaubt hast, daß sie dich nicht mehr gerne hat?"
Hans: „Ja!"
Ich: „Wenn du dabei warst, wie die Mammi die Hanna gebadet hat, hast du vielleicht gewünscht, sie soll die Hand loslassen, damit die Hanna hineinfällt?"
Hans: „Ja."
Wir glauben, dies hat der Vater sehr richtig erraten.

---

12. April. „Auf der Rückfahrt von Lainz in der zweiten Klasse sagt Hans, wie er die schwarzen Lederpölster sieht: „Pfui, da spei ich, bei den schwarzen Hosen und den schwarzen Pferden spei ich auch, weil ich muß Lumpf machen."
Ich: „Hast du vielleicht bei der Mammi etwas Schwarzes gesehen, was dich erschreckt hat?"
Hans: „Ja!"
Ich: „Was denn?"
Hans: „Ich weiß nicht. Eine schwarze Bluse oder schwarze Strümpfe."
Ich: „Vielleicht beim Wiwimacher schwarze Haare, wenn du neugierig warst und hingeschaut hast."
Hans (entschuldigend): „Aber den Wiwimacher hab' ich nicht gesehen."
Als er sich wieder einmal fürchtete, wie aus dem Hoftor vis-à-vis ein Wagen fuhr, fragte ich: „Sieht dieses Tor nicht aus wie ein Podl?"
Er: „Und die Pferde sind die Lumpfe!" Seitdem sagt er immer, wenn er einen Wagen herausfahren sieht: „Schau, ein ‚Lumpfi' kommt." Die Form Lumpfi ist ihm sonst ganz fremd, sie klingt wie ein Kosewort. Meine Schwägerin heißt ihr Kind immer „Wumpfi".

„Am 13. April sieht er in der Suppe ein Stück Leber und sagt: „Pfui, ein Lumpf". Auch faschiertes Fleisch ißt er sichtlich ungern wegen der Form und Farbe, die ihn an einen Lumpf erinnern."

„Abends erzählt meine Frau, Hans sei auf dem Balkon gewesen und habe dann gesagt: „Ich hab' gedacht, die Hanna ist am Balkon gewesen und ist hinuntergefallen." Ich hatte ihm öfter gesagt, er soll, wenn die Hanna auf dem Balkon ist, achtgeben, daß sie nicht zu nah ans Geländer kommt, das von einem sezessionistischen Schlosser höchst ungeschickt — mit großen Öffnungen, die ich erst mit einem Drahtnetz verkleinern lassen mußte — konstruiert worden ist. Der verdrängte Wunsch Hansens ist sehr durchsichtig. Die Mama fragt ihn, ob es ihm lieber wäre, wenn die Hanna nicht da wäre, was er bejaht."

„14. April. Das Thema Hanna steht im Vordergrund. Er hatte, wie aus früheren Aufzeichnungen erinnerlich, gegen das neugeborene Kind, das ihm einen Teil der Liebe der Eltern raubte, eine große Aversion, die auch jetzt noch nicht ganz geschwunden und durch übergroße Zärtlichkeit nur zum Teil überkompensiert ist.[1] Er äußerte sich öfter schon, der Storch solle kein Kind mehr bringen, wir sollen ihm Geld geben, daß er keines mehr aus der großen Kiste, worin die Kinder sind, bringe. (Vgl. die Furcht vor dem Möbelwagen. Sieht nicht ein Stellwagen wie ein große Kiste aus?) Die Hanna mache soviel Geschrei, das sei ihm lästig."

„Einmal sagt er plötzlich: „Kannst du dich erinnern, wie die Hanna gekommen ist? Sie ist bei der Mammi im Bette gelegen, so lieb und brav." (Dieses Lob hat verdächtig falsch geklungen!)"

„Dann unten vor dem Hause. Es ist abermals ein großer Fortschritt zu bemerken. Selbst Lastwagen flößen ihm geringere Furcht ein. Einmal ruft er fast freudig: „Da kommt ein Pferd

---

[1] Wenn das Thema „Hanna" das Thema „Lumpf" direkt ablöst, so leuchtet uns der Grund dafür endlich ein. Die Hanna ist selbst ein „Lumpf", Kinder sind Lumpfe!

mit was Schwarzem am Munde" und ich kann endlich konstatieren, daß es ein Pferd mit einem Maulkorbe aus Leder ist. Hans hat aber gar keine Angst vor diesem Pferde."

„Einmal schlägt er mit seinem Stocke auf das Pflaster und fragt: „Du, ist da ein Mann unten ... einer, der begraben ist ..., oder gibt's das nur am Friedhofe?" Ihn beschäftigt also nicht nur das Rätsel des Lebens, sondern auch das des Todes."

„Zurückgekehrt sehe ich eine Kiste im Vorzimmer stehen und Hans sagt: „Hanna ist in so einer Kiste nach Gmunden mitgefahren. Immer wenn wir nach Gmunden gefahren sind, ist sie mitgefahren in der Kiste. Du glaubst mir schon wieder nicht? Wirklich, Vatti. Glaub' mir. Wir haben eine große Kiste gekriegt und da sind lauter Kinder drin, in der Badewanne sitzen sie drin. (In der Kiste ist eine kleine Badewanne eingepackt worden.) Ich hab' sie hineingesetzt, wirklich. Ich kann mich gut erinnern."[1]

Ich: „Was kannst du dich erinnern?"

Hans: „Daß die Hanna in der Kiste gefahren ist, weil ich's nicht vergessen hab'. Mein Ehrenwort!"

Ich: „Aber voriges Jahr ist doch die Hanna im Coupé mitgefahren."

Hans: „Aber immer früher ist sie in der Kiste mitgefahren."

Ich: „Hat die Mammi nicht die Kiste gehabt?"

Hans: „Ja, die Mammi hat sie gehabt!"

Ich: „Wo denn?"

Hans: „Zu Hause am Boden."

Ich: „Hat sie sie vielleicht mit sich herumgetragen?"[2]

---

1) Er beginnt nun zu phantasieren. Wir erfahren, daß Kiste und Badewanne ihm das gleiche bedeuten, Vertretungen des Raumes, in dem sich die Kinder befinden. Beachten wir seine wiederholten Beteuerungen!

2) Die Kiste ist natürlich der Mutterleib. Der Vater will Hans andeuten, daß er dies versteht. Auch das Kästchen, in dem die Helden des Mythus ausgesetzt werden, von König Sargon von Agade an, ist nichts anderes. — [Zusatz 1923:] Vgl. Rank's Studie: Der Mythus von der Geburt des Helden 1909 (zweite Auflage 1922).

Hans: „Nein! Wenn wir jetzt nach Gmunden fahren, wird die Hanna auch in der Kiste fahren."
Ich: „Wie ist sie denn aus der Kiste herausgekommen?"
Hans: „Man hat sie herausgenommen."
Ich: „Die Mammi?"
Hans: „Ich und die Mammi, dann sind wir in den Wagen eingestiegen und die Hanna ist am Pferde geritten und der Kutscher hat ‚Hüöh' gesagt. Der Kutscher war am Bocke. Warst du mit? Die Mammi weiß es sogar. Die Mammi weiß es nicht, sie hat es schon wieder vergessen, aber nichts ihr sagen!"
„Ich lasse mir alles wiederholen."
Hans: „Dann ist die Hanna ausgestiegen."
Ich: „Sie hat noch gar nicht gehen können."
Hans: „Wir haben sie dann heruntergehoben."
Ich: „Wie hat sie denn am Pferde sitzen können, sie hat ja voriges Jahr noch gar nicht sitzen können."
Hans: „O ja, sie hat schon gesessen und hat gerufen ‚Hüöh' und gepeitscht ‚Hüöh, hüöh' mit der Peitsche, die ich früher gehabt hab'. Das Pferd hat gar keinen Steigbügel gehabt und die Hanna hat geritten; Vatti, aber nicht im Spaße vielleicnt."

Was soll dieser hartnäckig festgehaltene Unsinn? Oh, es ist kein Unsinn, es ist Parodie und Hansens Rache an seinem Vater. Es heißt soviel als: Kannst du mir zumuten, daß ich glauben soll, der Storch habe die Hanna im Oktober gebracht, wo ich doch den großen Leib der Mutter schon im Sommer, wie wir nach Gmunden gefahren sind, bemerkt hab', so kann ich verlangen, daß du mir meine Lügen glaubst. Was kann die Behauptung, daß die Hanna schon im vorigen Sommer „in der Kiste" nach Gmunden mitgefahren ist, anderes bedeuten als sein Wissen um die Gravidität der Mutter? Daß er die Wiederholung dieser Fahrt in der Kiste für jedes folgende Jahr in Aussicht stellt, entspricht einer häufigen Form des Auftauchens eines unbewußten Gedankens aus der

Vergangenheit, oder es hat spezielle Gründe und drückt seine Angst aus, eine solche Gravidität zur nächsten Sommerreise wiederholt zu sehen. Wir haben jetzt auch erfahren, durch welchen Zusammenhang ihm die Reise nach Gmunden verleidet war, was seine zweite Phantasie andeutete.

„Später frage ich ihn, wie die Hanna nach ihrer Geburt eigentlich ins Bett der Mama gekommen ist."

Da kann er nun loslegen und den Vater „frotzeln."

Hans: „Die Hanna ist halt gekommen. Die Frau Kraus (die Hebamme) hat sie ins Bett gelegt. Sie hat ja nicht gehen können. Aber der Storch hat sie im Schnabel getragen. Gehen hat sie ja nicht können. (In einem Zuge fortfahrend). Der Storch ist bis im Gang gegangen auf der Stiegen und dann hat er geklopft und da haben alle geschlafen und er hat den richtigen Schlüssel gehabt und hat aufgesperrt und hat die Hanna in dein[1] Bett gelegt und die Mammi hat geschlafen — nein, der Storch hat sie in ihr Bett gelegt. Es war schon ganz Nacht, und dann hat sie der Storch ganz ruhig ins Bett gelegt, hat gar nicht gestrampelt, und dann hat er sich den Hut genommen, und dann ist er wieder weggegangen. Nein, Hut hat er nicht gehabt."

Ich: „Wer hat sich den Hut genommen? Der Doktor vielleicht?"

Hans: „Dann ist der Storch weggegangen, nach Hause gegangen und dann hat er angeläutet und alle Leute im Hause haben nicht mehr geschlafen. Aber erzähl' das nicht der Mammi und der Tinni (der Köchin). Das ist Geheimnis!"

Ich: „Hast du die Hanna gerne?"

Hans: „O ja, sehr gerne."

Ich: „Wäre es dir lieber, wenn die Hanna nicht auf die Welt gekommen wäre, oder ist es dir lieber, daß sie auf der Welt ist?"

---

[1] Hohn natürlich! Sowie die spätere Bitte, der Mama nichts von dem Geheimnis zu verraten.

Hans: „Mir wär' lieber, daß sie nicht auf die Welt gekommen wär'."
Ich: „Warum?"
Hans: „Wenigstens schreit sie nicht so und ich kann das Schreien nicht aushalten."
Ich: „Du schreist ja selbst."
Hans: „Die Hanna schreit ja auch."
Ich: „Warum kannst du es nicht aushalten?"
Hans: „Weil sie so stark schreit."
Ich: „Aber sie schreit ja gar nicht."
Hans: „Wenn man sie am nackten Popo haut, dann schreit sie."
Ich: „Hast du sie einmal gehaut?"
Hans: „Wenn die Mammi sie auf den Popo haut, dann schreit sie."
Ich: „Das hast du nicht gerne?"
Hans: „Nein ... Warum? Weil sie so einen Krawall macht mit dem Schreien."
Ich: „Wenn du lieber hättest, daß sie nicht auf der Welt wär,' hast du sie ja gar nicht gern."
Hans: „Hm, hm (zustimmend)."
Ich: „Deshalb hast du gedacht, wenn die Mammi sie badet, wenn sie die Hände weggeben möcht', dann möchte sie ins Wasser fallen ..."
Hans (ergänzt): — „und sterben."
Ich: „Und du wärst dann allein mit der Mammi. Und ein braver Bub' wünscht das doch nicht."
Hans: „Aber denken darf er's."
Ich: „Das ist aber nicht gut."
Hans: „Wenn er's denken tut, ist es doch gut, damit man's dem Professor schreibt."[1]

---

[1] Wacker, kleiner Hans! Ich wünschte mir bei keinem Erwachsenen ein besseres Verständnis der Psychoanalyse.

„Später sag' ich ihm: "Weißt du, wenn die Hanna größer sein wird und wird sprechen können, wirst du sie schon lieber haben."

Hans: "O nein. Ich hab' sie ja lieb. Wenn sie im Herbst groß sein wird, werd' ich mit ihr ganz allein in den Stadtpark gehen und werd' ihr alles erklären."

„Wie ich mit einer weiteren Aufklärung anfangen will, unterbricht er mich, wahrscheinlich, um mir zu erklären, daß es nicht so schlimm ist, wenn er der Hanna den Tod wünscht."

Hans: "Du, sie war doch schon längst auf der Welt, auch wie sie noch nicht da war. Beim Storche war sie doch auch auf der Welt."

Ich: "Nein, beim Storche war sie vielleicht doch nicht."

Hans: "Wer hat sie denn gebracht? Der Storch hat sie gehabt."

Ich: "Woher hat er sie denn gebracht?"

Hans: "Na, von ihm."

Ich: "Wo hat er sie denn gehabt?"

Hans: "In der Kiste, in der Storchenkiste."

Ich: "Wie sieht denn die Kiste aus?"

Hans: "Rot. Rot angestrichen." (Blut?)

Ich: "Wer hat dir's denn gesagt?"

Hans: "Die Mammi — ich hab' mir's gedacht — im Buche steht's."

Ich: "In welchem Buche?"

Hans: "Im Bilderbuche." (Ich lasse mir sein erstes Bilderbuch bringen. Dort ist ein Storchennest mit Störchen abgebildet auf einem roten Kamin. Das ist die Kiste; sonderbarerweise ist auf demselben Blatt ein Pferd zu sehen, das beschlagen wird. In die Kiste verlegt Hans die Kinder, da er sie im Neste nicht findet).

Ich: "Was hat denn der Storch mit ihr gemacht?"

Hans: "Dann hat er die Hanna hergebracht. Im Schnabel. Weißt, der Storch, der in Schönbrunn ist, der in den Schirm beißt." (Reminiszenz an einen kleinen Vorfall in Schönbrunn).

Ich: „Hast du gesehen, wie der Storch die Hanna gebracht hat?"

Hans: „Du, da hab' ich doch noch geschlafen. In der Früh kann kein Storch ein Mäderl oder einen Buben bringen."

Ich: „Warum?"

Hans: „Das kann er nicht. Das kann ein Storch nicht. Weißt warum? Daß die Leute nicht sehen, und auf einmal, wenn Früh ist, ist ein Mädel da."[1]

Ich: „Du ·warst aber damals doch neugierig, wie das der Storch gemacht hat?"

Hans: „O ja!"

Ich: „Wie hat die Hanna ausgesehen, wie sie gekommen ist?"

Hans (falsch): „Ganz weiß und lieb. Wie goldig."

Ich: „Wie du sie aber das erstemal gesehen hast, hat sie dir aber nicht gefallen."

Hans: „O sehr!"

Ich: „Du warst doch überrascht, daß sie so klein ist?"

Hans: „Ja!"

Ich: „Wie klein war sie?"

Hans: „Wie ein junger Storch."

Ich: „Wie war's noch? Wie ein Lumpf vielleicht?"

Hans: „O nein, ein Lumpf ist viel größer... bissel kleiner, wie die Hanna wirklich."

Ich hatte dem Vater vorhergesagt, daß die Phobie des Kleinen sich auf die Gedanken und Wünsche aus Anlaß der Geburt des Schwesterchens werde zurückführen lassen, aber ich hatte versäumt, ihn aufmerksam zu machen, daß ein Kind ein „Lumpf" für die infantile Sexualtheorie sei, so daß Hans den Exkremental-

---

[1] Man halte sich über Hansens Inkonsequenz nicht auf. Im vorigen Gespräch ist der Unglaube an den Storch aus seinem Unbewußten zum Vorschein gekommen, der mit seiner Erbitterung gegen den geheimtuerischen Vater verknüpft war. Jetzt ist er ruhiger geworden und antwortet mit offiziellen Gedanken, in denen er sich für die vielen mit der Storchhypothese verbundenen Schwierigkeiten Erklärungen zurecht gemacht hat.

komplex passieren werde. Aus dieser meiner Nachlässigkeit entsprang die zeitweise Verdunkelung der Kur. Jetzt nach erfolgter Klärung versucht der Vater, Hans über diesen wichtigen Punkt ein zweitesmal zu vernehmen.

„Am nächsten Tage lasse ich mir die gestern erzählte Geschichte nochmals wiederholen. Hans erzählt: „Die Hanna ist in der großen Kiste nach Gmunden gefahren, und die Mammi im Coupé und die Hanna ist im Lastzuge mit der Kiste gefahren, und dann, wie wir in Gmunden waren, haben ich und die Mammi die Hanna herausgehoben, haben sie aufs Pferd gesetzt. Der Kutscher war am Bocke und die Hanna hat die vorige (vorjährige) Peitsche gehabt und hat das Pferd gepeitscht und hat immer gesagt: „Hüoh", und das war immer lustig, und der Kutscher hat auch gepeitscht. — Der Kutscher hat gar nicht gepeitscht, weil die Hanna die Peitsche gehabt hat. — Der Kutscher hat die Zügel gehabt — auch die Zügel hat die Hanna gehabt (wir sind jedesmal mit einem Wagen von der Bahn zum Hause gefahren; Hans sucht hier Wirklichkeit und Phantasie in Übereinstimmung zu bringen). In Gmunden haben wir die Hanna vom Pferde heruntergehoben, und sie ist allein über die Stiege gegangen." (Als Hanna voriges Jahr in Gmunden war, war sie 8 Monate alt. Ein Jahr früher, worauf sich offenbar Hans' Phantasie bezieht, waren bei der Ankunft in Gmunden 5 Monate der Gravidität verstrichen.)

Ich: „Das vorige Jahr war die Hanna schon da."

Hans: „Voriges Jahr ist sie im Wagen gefahren, aber ein Jahr vorher, wie sie bei uns auf der Welt war ..."

Ich: „Bei uns war sie schon?"

Hans: „Ja, du bist doch schon immer gekommen, mit mir Schinakel zu fahren, und die Anna hat dich bedient."

Ich: „Das war aber nicht voriges Jahr, da war die Hanna noch gar nicht auf der Welt."

Hans: „Ja, da war sie auf der Welt. Wie sie erst in der Kiste gefahren ist, hat sie schon laufen können, schon ‚Anna' sagen." (Das kann sie erst seit 4 Monaten).

Ich: „Aber da war sie doch noch gar nicht bei uns."

Hans: „O ja, da war sie doch beim Storche."

Ich: „Wie alt ist denn die Hanna?"

Hans: „Sie wird im Herbste 2 Jahre. Die Hanna war doch da, du weißt es doch."

Ich: „Und wann war sie beim Storche in der Storchenkiste?"

Hans: „Schon lange, bevor sie in der Kiste gefahren ist. Schon sehr lange."

Ich: „Wie lange kann denn die Hanna gehen? Wie sie in Gmunden war, hat sie noch nicht gehen können."

Hans: „Voriges Jahr nicht, sonst schon."

Ich: „Die Hanna war doch nur einmal in Gmunden."

Hans: „Nein! Sie war zweimal; ja, das ist richtig. Ich kann mich sehr gut erinnern. Frag' nur die Mammi. die wird dir's schon sagen."

Ich: „Das ist doch nicht wahr."

Hans: „Ja, das ist wahr. Wie sie in Gmunden das erstemal war, hat sie gehen und reiten können und später hat man sie tragen müssen. — Nein, später ist sie erst geritten und voriges Jahr hat man sie tragen müssen."

Ich: „Sie geht aber doch erst ganz kurze Zeit. In Gmunden hat sie nicht gehen können."

Hans: „Ja, schreib's nur auf. Ich kann mich ganz gut erinnern. — Warum lachst du?"

Ich: „Weil du ein Schwindler bist, weil du ganz gut weißt, daß die Hanna nur einmal in Gmunden war."

Hans: „Nein, das ist nicht wahr. Das erstemal ist sie auf dem Pferde geritten ... und das zweitemal (wird offenbar unsicher)."

Ich: „War das Pferd vielleicht die Mammi?"

Hans: „Nein, ein wirkliches Pferd, beim Einspänner."

Ich: „Wir sind doch immer mit einem Zweispänner gefahren."

Hans: „So war's halt ein Fiaker."
Ich: „Was hat die Hanna in der Kiste gegessen?"
Hans: „Man hat ihr ein Butterbrot und Hering und Rettig (ein Gmundner Nachtmahl) hineingegeben, und daweil die Hanna gefahren ist, hat sie sich das Butterbrot aufgeschmiert und hat 50mal gegessen."
Ich: „Hat die Hanna nicht geschrien?"
Hans: „Nein!"
Ich: „Was hat sie denn gemacht?"
Hans: „Ganz ruhig d'rin gesessen."
Ich: „Hat sie nicht gestoßen?"
Hans: „Nein, sie hat fortwährend gegessen und hat sich nicht einmal gerührt. Zwei große Häfen Kaffee hat sie ausgetrunken — bis in der Früh war alles weg und den Mist hat sie in der Kiste gelassen, die Blätter von den zwei Rettigen und ein Messer zum Rettigschneiden; sie hat alles zusammengeputzt wie ein Has', in einer Minute und sie war fertig. Das war eine Hetz'. Ich und die Hanna bin sogar mitgefahren in der Kiste, ich hab' in der Kiste geschlafen die ganze Nacht (wir sind vor 2 Jahren tatsächlich in der Nacht nach Gmunden gefahren) und die Mammi ist im Coupé gefahren. Immer haben wir gegessen auch im Wagen, das war eine Gaude. — Sie ist gar nicht am Pferde geritten (er ist jetzt unsicher geworden, weil er weiß, daß wir im Zweispänner gefahren sind) ... sie ist im Wagen gesessen. Das ist das Richtige, aber ganz allein bin ich und die Hanna gefahren ... die Mammi ist auf dem Pferde geritten, die Karolin' (unser Mädchen vom vorigen Jahre) auf dem andern ... Du, was ich dir da erzähl', ist nicht einmal wahr."
Ich: „Was ist nicht wahr?"
Hans: „Alles nicht. Du, wir setzen sie und mich in die Kiste[1] und ich werde in die Kiste Wiwi machen. Ich werd'

---

[1] Die Kiste für das Gmundner Gepäck, die im Vorzimmer steht.

halt in die Hosen Wiwi machen, liegt mir gar nichts d'ran, ist gar keine Schand'. Du, das ist aber kein Spaß, aber lustig ist es schon!"

„Er erzählt dann die Geschichte, wie der Storch gekommen ist, wie gestern, nur nicht, daß er beim Weggehen den Hut genommen hat."

Ich: „Wo hat der Storch den Türschlüssel gehabt?"

Hans: „In der Tasche."

Ich: „Wo hat denn der Storch eine Tasche?"

Hans: „Im Schnabel."

Ich: „Im Schnabel hat er ihn gehabt! Ich hab' noch keinen Storch gesehen, der einen Schlüssel im Schnabel gehabt hat."

Hans: „Wie hat er denn hineinkommen können? Wie kommt denn der Storch von der Tür hinein? Das ist ja nicht wahr, ich hab' mich nur geirrt, der Storch läutet an und jemand macht auf."

Ich: „Wie läutet er denn?"

Hans: „Auf der Glocke."

Ich: „Wie macht er das?"

Hans: „Er nimmt den Schnabel und drückt mit dem Schnabel an."

Ich: „Und er hat die Tür wieder zugemacht?"

Hans: „Nein, ein Dienstmädchen hat sie zugemacht Die war ja schon auf, die hat ihm aufgemacht und zugemacht."

Ich: „Wo ist der Storch zu Hause?"

Hans: „Wo? In der Kiste, wo er die Mäderl hat. In Schönbrunn vielleicht."

Ich: „Ich hab' in Schönbrunn keine Kiste gesehen."

Hani: „Die wird halt weiter weg sein. — Weißt, wie der Storch die Kiste aufmacht? Er nimmt den Schnabel — die Kiste hat auch einen Schlüssel — er nimmt den Schabel und eins (eine Schnabelhälfte) läßt er auf und sperrt so auf (demonstriert es mir am Schreibtischschlosse). Das ist ja auch ein Henkel."

Ich: „Ist so ein Mäderl nicht zu schwer für ihn?"
Hans: „O nein!"
Ich: „Du, sieht ein Stellwagen nicht wie eine Storchenkiste aus?"
Hans: „Ja!"
Ich: „Und ein Möbelwagen?"
Hans: „Ein Gsindelwerkwagen (Gsindelwerk: Schimpfwort für unartige Kinder) auch."

„17. April. Gestern hat Hans seinen lange geplanten Vorsatz ausgeführt und ist in den Hof vis-à-vis hinübergegangen. Heute wollte er es nicht tun, weil gerade gegenüber dem Einfahrtstore ein Wagen an der Ausladerampe stand. Er sagte mir: „Wenn dort ein Wagen steht, so fürcht' ich mich, daß ich die Pferde necken werde und sie fallen um und machen mit den Füßen Krawall."
Ich: „Wie neckt man denn Pferde?"
Hans: „Wenn man mit ihnen schimpft, dann neckt man sie, wenn man Hühü schreit."[1]
Ich: „Hast du Pferde schon geneckt?"
Hans: „Ja, schon öfter. Fürchten tu ich mich, daß ich's tu, aber wahr ist es nicht."
Ich: „Hast du schon in Gmunden Pferde geneckt?"
Hans: „Nein!"
Ich: „Du neckst aber gerne Pferde?"
Hans: „O ja, sehr gerne!"
Ich: „Möchtest du sie gerne peitschen?"
Hans: „Ja!"
Ich: „Möchtest du die Pferde so schlagen, wie die Mammi die Hanna? Das hast du ja auch gerne."

---

[1] „Es hat ihm oft große Furcht eingejagt, wenn Kutscher die Pferde schlugen und Hü schrien."

Hans: „Den Pferden schadet es ja nichts, wenn man sie schlägt. (So hab' ich ihm seinerzeit gesagt, um seine Furcht vor dem Peitschen der Pferde zu mäßigen). Ich hab's einmal wirklich getan. Ich hab' einmal die Peitsche gehabt und hab' das Pferd gepeitscht und es ist umgefallen und hat mit den Füßen Krawall gemacht."
Ich: „Wann?"
Hans: „In Gmunden."
Ich: „Ein wirkliches Pferd? Das am Wagen angespannt war?"
Hans: „Es war außer'm Wagen."
Ich: „Wo war's denn?"
Hans: „Ich hab's halt gehalten, daß es nicht davonrennen soll." (Das klang natürlich alles unwahrscheinlich)."
Ich: „Wo war das?"
Hans: „Beim Brunnen."
Ich: „Wer hat's dir erlaubt? Hat's der Kutscher dort stehen lassen?"
Hans: „Halt ein Pferd vom Stalle."
Ich: „Wie ist es zum Brunnen gekommen?"
Hans: „Ich hab's hingeführt."
Ich: „Woher? Aus dem Stalle?"
Hans: „Ich hab's herausgeführt, weil ich es hab' wollen peitschen."
Ich: „War im Stalle niemand?"
Hans: „O ja, der Loisl (der Kutscher in Gmunden)."
Ich: „Hat er dir's erlaubt?"
Hans: „Ich hab' mit ihm lieb geredet und er hat gesagt, ich darf es tun."
Ich: „Was hast du ihm gesagt?"
Hans: „Ob ich das Pferd nehmen darf und peitschen und schreien. Er hat gesagt, ja."
Ich: „Hast du's viel gepeitscht?"
Hans: „Was ich dir da erzähl', ist gar nicht wahr."

Ich: „Was ist davon wahr?"
Hans: „Nix ist davon wahr, das hab' ich dir nur im Spaße erzählt."
Ich: „Du hast nie ein Pferd aus dem Stalle geführt?"
Hans: „O nein!"
Ich: „Gewünscht hast du dir's."
Hans: „O, gewünscht schon, gedacht hab' ich mir's."
Ich: „In Gmunden?"
Hans: „Nein, erst hier. In der Früh hab' ich mir's schon gedacht, wie ich ganz angezogen war; nein, in der Früh im Bette."
Ich: „Warum hast du mir's nie erzählt?"
Hans: „Ich hab' nicht d'ran gedacht."
Ich: „Du hast dir's gedacht, weil du auf die Straßen gesehen hast."
Hans: „Ja!"
Ich: „Wen möchtest du eigentlich gerne schlagen, die Mammi, die Hanna oder mich?"
Hans: „Die Mammi."
Ich: „Warum?"
Hans: „Ich möcht' sie halt schlagen."
Ich: „Wann hast du gesehen, daß jemand eine Mammi schlägt?"
Hans: „Ich hab's noch nie gesehen, in meinem Leben nie."
Ich: „Und du möchtest es halt doch machen. Wie möchtest du das tun?"
Hans: „Mit dem Pracker." (Mit dem Pracker droht die Mama öfter ihn zu schlagen).

„Für heute mußte ich das Gespräch abbrechen."

„Auf der Gasse erklärte mir Hans: Stellwagen, Möbelwagen, Kohlenwagen seien Storchkistenwagen."

Das heißt also: gravide Frauen. Die sadistische Anwandlung unmittelbar vorher kann nicht außer Zusammenhang mit unserem Thema sein.

„21. April. Heute Früh erzählt Hans, er habe sich gedacht: „Ein Zug war in Lainz und ich bin mit der Lainzer Großmama nach Hauptzollamt gefahren. Du warst noch nicht herunter von der Brücke und der zweite Zug war schon in St. Veit. Wie du heruntergekommen bist, war der Zug schon da und da sind wir eingestiegen."

„(Gestern war Hans in Lainz. Um auf den Einsteigeperron zu kommen, muß man über eine Brücke gehen. Von dem Perron sieht man die Schienen entlang bis zur Station St. Veit. Die Sache ist etwas undeutlich. Ursprünglich hat sich Hans wohl gedacht: er ist mit dem ersten Zuge, den ich versäumt habe, davongefahren, dann ist aus Unter-St. Veit ein zweiter Zug gekommen, mit dem ich nachgefahren bin. Ein Stück dieser Ausreißerphantasie hat er entstellt, so daß er schließlich sagt: Wir sind beide erst mit dem zweiten Zuge weggefahren."

„Diese Phantasie steht in Beziehung zu der letzten ungedeuteten, die davon handelt, wir hätten in Gmunden zuviel Zeit verbraucht, um die Kleider in der Bahn anzuziehen, und der Zug wäre davongefahren)."

„Nachmittag vor dem Haus. Hans läuft plötzlich ins Haus, als ein Wagen mit zwei Pferden kommt, an dem ich nichts Außergewöhnliches bemerken kann. Ich frage ihn, was er hat. Er sagt: „Ich fürchte mich, weil die Pferde so stolz sind, daß sie umfallen." (Die Pferde wurden vom Kutscher scharf am Zügel gehalten, so daß sie in kurzem Schritte gingen, die Köpfe hochhaltend — sie hatten wirklich einen stolzen Gang)."

„Ich frage ihn, wer denn eigentlich so stolz sei."

Er: „Du, wenn ich ins Bett zur Mammi komm'."

Ich: „Du wünschest also, ich soll umfallen?"

Er: „Ja, du sollst als Nackter (er meint: barfüßig wie seinerzeit Fritzl) auf einen Stein anstoßen und da soll Blut fließen und wenigstens kann ich mit der Mammi ein bißchen allein sein. Wenn du in die Wohnung heraufkommst, kann ich geschwind weglaufen von der Mammi, daß du's nicht siehst."

Ich: „Kannst du dich erinnern, wer sich am Steine angestoßen hat?"
Er: „Ja, der Fritzl."
Ich: „Wie der Fritzl hingefallen ist, was hast du dir gedacht?"[1]
Er: „Daß du am Steine hinfliegen sollst."
Ich: „Du möchtest also gerne zur Mammi?"
Er: „Ja!"
Ich: „Weshalb schimpf' ich denn eigentlich?"
Er: „Das weiß ich nicht." (!!)
Ich: „Warum?"
Er: „Weil du eifern tust."
Ich: „Das ist doch nicht wahr!"
Er: „Ja, das ist wahr, du tust eifern, das weiß ich. Das muß wahr sein."

„Meine Erklärung, daß nur kleine Buben zur Mammi ins Bett kommen, große in ihrem eigenen Bett schlafen, hat ihm also nicht sehr imponiert."

„Ich vermute, daß der Wunsch, das Pferd zu „necken" i. e. schlagen, anschreien, nicht, wie er angab, auf die Mama, sondern auf mich geht. Er hat die Mama wohl nur vorgeschoben, weil er mir das andere nicht eingestehen wollte. In den letzten Tagen ist er von besonderer Zärtlichkeit gegen mich."

Mit der Überlegenheit, die man „nachträglich" so leicht erwirbt, wollen wir den Vater korrigieren, daß der Wunsch Hansens, das Pferd zu „necken", doppelt gefügt ist, zusammengesetzt aus einem dunkeln, sadistischen Gelüste auf die Mutter und einem klaren Rachedrange gegen den Vater. Der letztere konnte nicht eher reproduziert werden, als bis im Zusammenhange des Graviditätskomplexes das erstere an die Reihe gekommen war. Bei der Bildung der Phobie aus den unbewußten

---

[1] Fritzl ist also tatsächlich gefallen, was er seinerzeit geleugnet hat.

Gedanken findet ja eine Verdichtung statt; darum kann der Weg der Analyse niemals den Entwicklungsgang der Neurose wiederholen.

„22. April. Heute Früh hat sich Hans wieder etwas gedacht: „Ein Gassenbube ist auf dem Wagerl gefahren und der Kondukteur ist gekommen und hat den Buben ganz nackt ausgezogen und bis in der Früh dort stehen lassen und in der Früh hat der Bub dem Kondukteur 50.000 Gulden gegeben, damit er mit dem Wagerl fahren darf."

„(Vis-à-vis von uns fährt die Nordbahn. Auf einem Stockgeleise steht eine Draisine, auf der Hans einmal einen Gassenbuben fahren sah, was er auch tun wollte. Ich habe ihm gesagt, das dürfe man nicht, sonst käme der Kondukteur. Ein zweites Element der Phantasie ist der verdrängte Nacktheitswunsch)."

Wir merken schon seit einiger Zeit, daß Hansens Phantasie „im Zeichen des Verkehres" schafft und konsequenterweise vom Pferde, das den Wagen zieht, zur Eisenbahn fortschreitet. So gesellt sich ja auch zu jeder Straßenphobie mit der Zeit die Eisenbahnangst hinzu.

„Mittags höre ich, daß Hans den ganzen Vormittag mit einer Gummipuppe gespielt habe, die er Grete nannte. Er hat durch die Öffnung, in der einmal das kleine Blechpfeifchen befestigt war, ein kleines Taschenmesser hineingesteckt und ihr dann die Füße voneinandergerissen, um das Messer herausfallen zu lassen. Dem Kindermädchen sagte er, zwischen die Füße der Puppe zeigend: „Schau, hier ist der Wiwimacher!"

Ich: „Was hast du denn heute eigentlich mit der Puppe gespielt?"

Er: „Ich hab' die Füße auseinandergerissen, weißt warum? Weil ein Messerl drin war, was die Mammi gehabt hat. Das

hab' ich hineingegeben, wo der Kopf quietscht, und dann hab' ich die Füß' auseinandergerissen und dort ist es hinausgegangen."
Ich: „Weshalb hast du die Füße auseinandergerissen? Damit du den Wiwimacher sehen kannst?"
Er: „Er war ja auch zuerst da, da hab' ich ihn auch sehen können."
Ich: „Weshalb hast du das Messer hineingegeben?"
Er: „Ich weiß es nicht."
Ich: „Wie sieht denn das Messerl aus?"
„Er bringt es mir."
Ich: „Hast du dir gedacht, es ist vielleicht ein kleines Kind?"
Er: „Nein, ich hab' mir gar nichts gedacht, aber der Storch hat, mir scheint, einmal ein kleines Kind gekriegt — oder wer."
Ich: „Wann?"
Er: „Einmal. Ich hab's gehört, oder hab' ichs gar nicht gehört, oder hab' ich mich verredet?"
Ich: „Was heißt verredet?"
Er: „Es ist nicht wahr."
Ich: „Alles, was man sagt, ist ein bissel wahr."
Er: „No ja, ein bißchen."
Ich (nach einem Übergange): „Wie hast du dir gedacht, kommen die Hendl auf die Welt?"
Er: „Der Storch laßt sie halt wachsen, der Storch laßt die Hendl wachsen, — nein, der liebe Gott."
„Ich erkläre ihm, daß die Hendl Eier legen und aus den Eiern wieder Hendl kommen."
„Hans lacht."
Ich: „Warum lachst du?"
Er: „Weil mir's gefällt, was du mir da erzählst."
„Er sagt, er habe das bereits gesehen."
Ich: „Wo denn?"
Hans: „Bei dir!"
Ich: „Wo hab' ich ein Ei gelegt?"

Hans: „In Gmunden, ins Gras hast du ein Ei gelegt und auf einmal ist ein Hendl außigsprungen. Du hast einmal ein Ei gelegt, das weiß ich, das weiß ich ganz bestimmt. Weil mir's die Mammi gesagt hat."
Ich: „Ich werde die Mammi fragen, ob das wahr ist."
Hans: „Das ist gar nicht wahr, aber ich hab' schon einmal ein Ei gelegt, da ist ein Hendl außigsprungen."
Ich: „Wo?"
Hans: „In Gmunden habe ich mich ins Gras gelegt, nein gekniet und da haben die Kinder gar nicht hergeschaut und auf einmal in der Früh hab' ich gesagt: Suchts, Kinder, gestern hab' ich ein Ei gelegt! Und auf einmal haben sie geschaut und auf einmal haben sie ein Ei gesehen und aus dem ist ein kleiner Hans gekommen. Was lachst du denn? Die Mammi weiß es nicht und die Karolin' weiß es nicht, weil niemand zugeschaut hat und auf einmal hab' ich ein Ei gelegt und auf einmal war's da. Wirklich. Vatti, wann wächst ein Hendl aus dem Ei? Wenn man es stehen läßt? Muß man das essen?"
„Ich erkläre ihm das."
Hans: „No ja, lassen's wir bei der Henne, dann wächst ein Hendl. Packen wir's in die Kiste und lassen wir's nach Gmunden fahren."

Hans hat die Leitung der Analyse mit einem kühnen Griffe an sich gerissen, da die Eltern mit den längst berechtigten Aufklärungen zögerten, und in einer glänzenden Symptomhandlung mitgeteilt: „Seht ihr, so stelle ich mir eine Geburt vor." Was er dem Dienstmädchen über den Sinn seines Spieles mit der Puppe gesagt, war nicht aufrichtig; dem Vater gegenüber weist er es direkt ab, daß er nur den Wiwimacher sehen wollte. Nachdem ihm der Vater gleichsam als Abschlagszahlung die Entstehung der Hühnchen aus dem Ei erzählt hat, vereinigen sich seine Unbefriedigung, sein Mißtrauen und sein Besserwissen zu einer herrlichen Persiflage, die sich in seinen letzten Worten zu einer deutlichen Anspielung auf die Geburt der Schwester steigert.

Ich: „Was hast du mit der Puppe gespielt?"
Hans: „Ich hab' ihr Grete gesagt."
Ich: „Warum?"
Hans: „Weil ich ihr Grete gesagt hab'."
Ich: „Wie hast du dich gespielt?"
Hans: „Ich hab' sie halt so gepflegt wie ein wirkliches Kind."
Ich: „Möchtest du gerne ein kleines Mäderl haben?"
Hans: „O ja. Warum nicht? Ich mag eins kriegen, aber die Mammi darf keines kriegen, ich mag's nicht."
„(Er hat sich schon oft so ausgesprochen. Er fürchtet durch ein drittes Kind noch weiter verkürzt zu werden)."
Ich: „Es bekommt doch nur eine Frau ein Kind."
Hans: „Ich krieg ein Mäderl."
Ich: „Wo kriegst du es denn her?"
Hans: „No, vom Storch. Er nimmt das Mäderl heraus und das Mäderl legt auf einmal ein Ei und aus dem Ei kommt dann noch eine Hanna heraus, noch eine Hanna. Aus der Hanna kommt noch eine Hanna. Nein, es kommt eine Hanna heraus."
Ich: „Du möchtest gerne ein Mäderl haben."
Hans: „Ja, nächstes Jahr krieg' ich eins, das wird auch Hanna heißen."
Ich: „Warum soll denn die Mammi kein Mäderl bekommen?"
Hans: „Weil ich einmal ein Mäderl mag."
Ich: „Du kannst aber kein Mäderl bekommen."
Hans: „O ja, ein Bub kriegt ein Mäderl und ein Mäderl kriegt einen Buben."[1]
Ich: „Ein Bub bekommt keine Kinder. Kinder bekommen nur Frauen, Mammis."
Hans: „Warum denn ich nicht?"

---

[1] Wiederum ein Stück infantiler Sexualtheorie mit ungeahntem Sinne.

Ich: „Weil der liebe Gott es so eingerichtet hat."
Hans: „Warum kriegst denn du keines? O ja, du wirst schon eins kriegen, nur warten."
Ich: „Da kann ich lang warten."
Hans: „Ich gehör' doch dir."
Ich: „Aber die Mammi hat dich auf die Welt gebracht. Du gehörst dann der Mammi und mir."
Hans: „Gehört die Hanna mir oder der Mammi?"
Ich: „Der Mammi."
Hans: „Nein, mir. Warum denn nicht mir und der Mammi?"
Ich: „Die Hanna gehört mir, der Mammi und dir."
Hans: „Na also!"
Ein wesentliches Stück fehlt natürlich dem Kinde im Verständnisse der Sexualbeziehungen, solange das weibliche Genitale unentdeckt ist.

„Am 24. April wird Hans von mir und meiner Frau soweit aufgeklärt, daß Kinder in der Mammi wachsen und dann, was große Schmerzen bereite, mittels Drückens wie ein „Lumpf" in die Welt gesetzt werden."

„Nachmittags sind wir vor dem Haus. Es ist bei ihm eine sichtliche Erleichterung eingetreten, er läuft Wagen nach und nur der Umstand, daß er sich aus der Nähe des Haupttores nicht wegtraut, respektive zu keinem größeren Spaziergange zu bewegen ist, verrät den Rest von Angst."

„Am 25. April rennt mir Hans mit dem Kopfe in den Bauch, was er schon früher einmal getan hat. Ich frage ihn, ob er eine Ziege ist."

Er sagt: „Ja ein Wieder (Widder)." — „Wo er einen Widder gesehen hat?"

Er: „In Gmunden, der Fritzl hat einen gehabt." (Der Fritzl hat ein kleines, lebendes Schaf zum Spielen gehabt.)

Ich: „Von dem Lamperl mußt du mir erzählen, was hat es gemacht?"

Hans: „Du weißt, das Fräulein Mizzi (eine Lehrerin, die im Hause wohnte) hat immer die Hanna auf das Lamperl gesetzt, da hat es aber nicht aufstehen können, da hat es nicht stoßen können. Wenn man hingeht, stößt es schon, weil es Hörner hat. Der Fritzl tut's halt an der Schnur führen und an einen Baum anbinden. Er bindet's immer an einen Baum an."

Ich: „Hat das Lamperl dich gestoßen?"

Hans: „Hinaufgesprungen ist es auf mich, der Fritzl hat mich einmal hingegeben ... ich bin einmal hingegangen und hab's nicht gewußt, und auf einmal ist es auf mich hinaufgesprungen. Das war so lustig — erschrocken bin ich nicht."

„Das ist gewiß unwahr."

Ich: „Hast du den Vatti gern?"

Hans: „O ja."

Ich: „Vielleicht auch nicht?"

Hans (spielt mit einem kleinen Pferderl. In diesem Moment fällt das Pferdl um. Er schreit:) „Das Pferdl ist umgefallen! Siehst du, wie's Krawall macht!"

Ich: „Etwas ärgert dich am Vatti, daß ihn die Mammi gern hat."

Hans: „Nein."

Ich: „Weshalb weinst du also immer, wenn die Mammi mir einen Kuß gibt? Weil du eifersüchtig bist."

Hans: „Das schon."

Ich: „Was möchtest du denn machen, wenn du der Vatti wärst."

Hans: „Und du der Hans? — Da möcht ich dich jeden Sonntag nach Lainz fahren, nein, auch jeden Wochentag. Wenn ich der Vatti wär', wär' ich gar brav."

Ich: „Was möchtest du mit der Mammi machen?"

Hans: „Auch nach Lainz mitnehmen."

Ich: „Was sonst noch?"

Hans: „Nix."
Ich: „Weshalb bist du denn eifersüchtig?"
Hans: „Das weiß ich nicht."
Ich: „In Gmunden warst du auch eifersüchtig?"
Hans: „In Gmunden nicht (das ist nicht wahr). In Gmunden hab' ich meine Sachen gehabt, einen Garten hab' ich in Gmunden gehabt und auch Kinder."
Ich: „Kannst du dich erinnern, wie die Kuh das Kalberl bekommen hat?"
Hans: „O ja. Es ist mit einem Wagen dahergekommen (— das hat man ihm wohl damals in Gmunden gesagt; auch ein Stoß gegen die Storchtheorie —) und eine andere Kuh hat es aus dem Podl herausgedrückt." (Das ist bereits die Frucht der Aufklärung, die er mit der „Wagerltheorie" in Einklang bringen will.)
Ich: „Das ist ja nicht wahr, daß es mit einem Wagerl gekommen ist; es ist aus der Kuh gekommen, die im Stalle war."

„Hans bestreitet es, sagt, er habe den Wagen in der Früh gesehen. Ich mache ihn aufmerksam, daß man ihm das wahrscheinlich erzählt hat, daß das Kalberl im Wagen gekommen sei. Er gibt es schließlich zu: „Es hat mir's wahrscheinlich die Berta gesagt oder nein — oder vielleicht der Hausherr. Er war dabei und es war doch Nacht, deshalb ist es doch wahr, wie ich's dir sage, oder mir scheint, es hat mir's niemand gesagt, ich hab' mir's in der Nacht gedacht."

„Das Kalberl wurde, wenn ich nicht irre, im Wagen weggeführt; daher die Verwechslung."

Ich: „Warum hast du dir nicht gedacht, der Storch hat's gebracht?"

Hans: „Das hab' ich mir nicht denken wollen."

Ich: „Aber, daß die Hanna der Storch gebracht hat, hast du dir gedacht?"

Hans: „In der Früh (der Entbindung) hab' ich mir's gedacht.
— Du Vatti, war der Herr Reisenbichler (der Hausherr) dabei,
wie das Kalberl von der Kuh gekommen ist?"[1]
Ich: „Ich weiß nicht. Glaubst du?"
Hans: „Ich glaub' schon ... Vatti hast du schon öfter gesehen,
wie ein Pferd etwas Schwarzes am Mund hat?"
Ich: „Ich hab's schon öfter gesehen auf der Straße in Gmunden."[2]
Ich: „In Gmunden warst du oft im Bett bei der Mammi?"
Hans: „Ja.'
Ich: „Und dann hast dir gedacht, du bist der Vatti?"
Hans: „Ja."
Ich: „Und dann hast du dich vor dem Vatti gefürchtet?"
Hans: „Du weißt ja alles, ich hab' nichts gewußt."

Ich: „Wie der Fritzl gefallen ist, hast du dir gedacht, wenn der Vatti so fallen möchte, und wie dich das Lamperl gestoßen hat, wenn es den Vatti stoßen möcht'. Kannst du dich an das Begräbnis in Gmunden erinnern?" (Das erste Begräbnis, das Hans sah. Er erinnert sich öfter daran, eine zweifellose Deckerinnerung.)
Hans: „Ja, was war da?"
Ich: „Da hast du gedacht, wenn der Vatti sterben möcht', wärst du der Vatti."
Hans: „Ja."
Ich: „Vor welchen Wagen fürchtest du dich eigentlich noch?"
Hans: „Vor allen."
Ich: „Das ist doch nicht wahr."
Hans: „Vor Fiakern, Einspännern nicht. Vor Stellwagen, vor Gepäckwagen, aber nur, wenn sie aufgeladen haben, wenn sie aber leer sind, nicht. Wenn es ein Pferd ist und voll aufgeladen

---

[1] Hans, der Grund hat, gegen die Mitteilungen der Erwachsenen mißtrauisch zu sein, erwägt hier, ob der Hausherr glaubwürdiger sei als der Vater.

[2] Der Zusammenhang ist der: Das mit dem Schwarzen am Munde der Pferde hat ihm der Vater lange nicht glauben wollen, bis es sich endlich hat verifizieren lassen.

hat, da fürcht' ich mich, und wenn's zwei Pferde sind und voll aufgeladen haben, da fürcht' ich mich nicht."

Ich: „Vor den Stellwagen fürchtest du dich, weil drin soviel Leute sind?"

Hans: „Weil am Dach soviel Gepäck ist."

Ich: „Hat die Mammi, wie sie die Hanna bekommen hat, nicht auch voll aufgeladen?"

Hans: „Die Mammi wird wieder voll aufgeladen sein, wenn sie wieder einmal eins haben wird, bis wieder eins wachsen wird, bis wieder eins drin sein wird."

Ich: „Das möchtest du halt gern."

Hans: „Ja."

Ich: „Du hast gesagt, du willst nicht, daß die Mammi noch ein Kind bekommen soll."

Hans: „So wird sie halt nicht mehr aufgeladen sein. Die Mammi hat gesagt, wenn die Mammi keins will, will's der liebe Gott auch nicht. Wird die Mammi auch keins wollen, so wird sie keins bekommen." (Hans hat natürlich gestern auch gefragt, ob in der Mammi noch Kinder sind. Ich habe ihm gesagt, nein, wenn der liebe Gott nicht will, wird's in ihr auch nicht wachsen).

Hans: „Aber die Mammi hat mir gesagt, wenn sie nicht will, wird keins mehr wachsen, und du sagst, wenn der liebe Gott nicht will."

„Ich sagte ihm also, daß es so ist, wie ich gesagt habe, worauf er bemerkt: „Du warst doch dabei? Du weißt es gewiß besser." — Er stellte also die Mama zur Rede, und die stellte die Konkordanz her, indem sie erklärte, wenn sie nicht wolle, wolle auch der liebe Gott nicht.¹

Ich: „Mir scheint, du wünschest doch, die Mammi soll ein Kind bekommen?"

Hans: „Aber haben will ich's nicht."

---

1) *Ce que femme veut Dieu veut.* Hans hat hier in seinem Scharfsinne wieder ein sehr ernsthaftes Problem entdeckt.

Ich: „Aber du wünschest es?"
Hans: „Wünschen schon."
Ich: „Weißt du, warum du es wünschest? Weil du gern der Vatti sein möchst."
Hans: „Ja... Wie ist die Geschicht'?"
Ich: „Welche Geschicht'?"
Hans: „Ein Vatti kriegt doch kein Kind, wie ist die Geschicht' dann, wenn ich gern der Vatti sein möcht'?"
Ich: „Du möchtest der Vatti sein und mit der Mammi verheiratet sein, möchtest so groß sein wie ich und einen Schnurrbart haben und möchtest, daß die Mammi ein Kind bekommen soll."
Hans: „Vatti, und bis ich verheiratet sein werde, werde ich nur eines kriegen, wenn ich will, wenn ich mit der Mammi verheiratet sein werde, und wenn ich kein Kind will, will der liebe Gott auch nicht, wenn ich geheiratet hab'."
Ich: „Möchtest du gern mit der Mammi verheiratet sein?"
Hans: „O ja."

Man merkt es deutlich, wie das Glück in der Phantasie noch durch die Unsicherheit über die Rolle des Vaters und die Zweifel an der Beherrschung des Kinderkriegens gestört wird.

„Am Abend desselben Tages sagt Hans, wie er ins Bett gelegt wird, zu mir: „Du, weißt du, was ich jetzt mach'? Jetzt sprech' ich noch bis 10 Uhr mit der Grete, die ist bei mir im Bett. Immer sind meine Kinder bei mir im Bett. Kannst du mir sagen, wie das ist?" — Da er schon sehr schläfrig ist, verspreche ich ihm, wir würden das morgen aufschreiben, und er schläft ein."
„Aus den früheren Aufzeichnungen ergibt sich, daß Hans seit seiner Rückkehr von Gmunden immer von seinen „Kindern" phantasiert, er führt mit ihnen Gespräche usw."[1]

---

[1] Es ist keine Nötigung, hier bei Hans einen femininen Zug von Sehnsucht nach Kinderhaben anzunehmen. Da er seine beseligenden Erlebnisse als Kind bei der Mutter gehabt hat, wiederholt er diese nun in aktiver Rolle, wobei er selbst die Mutter spielen muß.

„Am 26. April frage ich ihn also, warum er denn immer von seinen Kindern spricht."

Hans: „Warum? Weil ich so gerne Kinder haben mag, aber ich wünsch' mir's nie, haben mag ich sie nicht."[1]

Ich: „Hast du dir immer vorgestellt, die Berta, die Olga usw. sind deine Kinder?"

Hans: „Ja, der Franzl, der Fritzl und der Paul (sein Gespiele in Lainz) auch und die Lodi." Ein fingierter Name. Sein Lieblingskind, von dem er am öftesten spricht. — Ich betone hier, daß die Persönlichkeit der Lodi nicht erst seit einigen Tagen, seit dem Datum der letzten Aufklärung (24. April) besteht."

Ich: „Wer ist die Lodi? Ist sie in Gmunden?"

Hans: „Nein."

Ich: „Gibts eine Lodi?"

Hans: „Ja, ich kenn' sie schon."

Ich: „Welche denn?"

Hans: „Die da, die ich hab'."

Ich: „Wie sieht sie denn aus?"

Hans: „Wie? Schwarze Augen, schwarze Haare ... ich hab' sie einmal mit der Mariedl (in Gmunden) getroffen, wie ich in die Stadt gegangen bin."

„Wie ich Näheres wissen will, stellt sich heraus, daß dies erfunden ist."[2]

Ich: „Du hast also gedacht, du bist die Mammi?"

Hans: „Ich war auch wirklich die Mammi."

Ich: „Was hast du denn mit den Kindern gemacht?"

Hans: „Bei mir hab' ich sie schlafen lassen, Mädeln und Buben."

Ich: „Jeden Tag?"

---

1) Der so auffällige Widerspruch ist der zwischen Phantasie und Wirklichkeit — wünschen und haben. Er weiß, daß er in Wirklichkeit Kind ist, da würden ihn andere Kinder nur stören, in der Phantasie ist er Mutter und braucht Kinder, mit denen er die selbst erlebten Zärtlichkeiten wiederholen kann.

2) Es könnte doch sein, daß Hans eine zufällige Begegnung in Gmunden zum Ideal erhoben hat, das übrigens in der Farbe von Augen und Haaren der Mutter nachgebildet ist.

Hans: „Na freilich."

Ich: „Hast du mit ihnen gesprochen?"

Hans: „Wenn alle Kinder nicht ins Bett hineingegangen sind, habe ich welche Kinder aufs Sofa gelegt und welche in den Kinderwagen gesetzt, wenn noch übrig geblieben sind, hab' ich sie am Boden getragen und in die Kiste gelegt, da waren noch Kinder und ich hab' sie in die andere Kiste gelegt."

Ich: „Also die Storchenkinderkisten sind am Boden gestanden?"

Hans: „Ja."

Ich: „Wann hast du die Kinder bekommen? War die Hanna schon auf der Welt?"

Hans: „Ja, schon lange."

Ich: „Aber von wem hast du dir gedacht, daß du die Kinder bekommen hast?"

Hans: „No, von mir."[1]

Ich: „Damals hast du aber noch gar nicht gewußt, daß die Kinder von einem kommen."

Hans: „Ich hab' mir gedacht, der Storch hat sie gebracht."

(Offenbar Lüge und Ausflucht).[2]

Ich: „Gestern war die Grete bei dir, aber du weißt doch schon, daß ein Bub keine Kinder haben kann."

Hans: „No ja, ich glaub's aber doch."

Ich: „Wie bist du auf den Namen Lodi gekommen? So heißt doch kein Mäderl. Vielleicht Lotti?"

Hans: „O nein, Lodi. Ich weiß nicht, aber ein schöner Name ist es doch."

Ich (scherzend): „Meinst du vielleicht eine Schokolodi?"

Hans (sofort): „Nein, eine Saffalodi[3] ... weil ich so gern Wurst essen tu, Salami auch."

---

1) Hans kann nicht anders als vom Standpunkte des Autoerotismus antworten.

2) Es sind Phantasie-, d. h. Onaniekinder.

3) „Saffaladi = Zervelatwurst. Meine Frau erzählt gern, daß ihre Tante immer Soffilodi sagt, das mag er gehört haben."

Ich: „Du, sieht eine Saffalodi nicht wie ein Lumpf aus?"
Hans: „Ja!"
Ich: „Wie sieht denn ein Lumpf aus?"
Hans: „Schwarz. Weißt (zeigt auf meine Augenbrauen und Schnurrbart) wie das und das."
Ich: „Wie noch? Rund wie eine Saffaladi?"
Hans: „Ja."
Ich: „Wenn du am Topf gesessen bist und ein Lumpf gekommen ist, hast du dir gedacht, daß du ein Kind bekommst?"
Hans (lachend): „Ja, in der **gasse schon und auch hier."
Ich: „Weißt du, wie die Stellwagenpferde umgefallen sind? Der Wagen sieht doch wie eine Kinderkiste aus, und wenn das schwarze Pferd umgefallen ist, war es so . . ."
Hans (ergänzend): „Wie wenn man ein Kind bekommt."
Ich: „Und was hast du dir gedacht, wie es mit den Füßen Krawall gemacht hat?"
Hans: „Na, wenn ich mich nicht will am Topf setzen und lieber spielen, dann mach' ich so mit den Füßen Krawall." (Er stampft mit den Füßen auf.)

„Daher interessierte es ihn so sehr, ob man gern oder ungern Kinder bekommt."

„Hans spielt heute fortwährend Gepäckkisten auf- und abladen, wünscht sich auch einen Leiterwagen mit solchen Kisten als Spielzeug. Im Hofe des Hauptzollamtes gegenüber interessierte ihn am meisten das Auf- und Abladen der Wagen. Er erschrak auch am heftigsten, wenn ein Wagen aufgeladen hatte und fortfahren sollte. „Die Pferde werden fallen¹". Die Türen des Hauptzollamtsschuppens nannte er „Loch" (das erste, zweite, dritte . . . Loch). Jetzt sagt er „Podlloch".

„Die Angst ist fast gänzlich geschwunden, nur will er in der Nähe des Hauses bleiben, um einen Rückzug zu haben, wenn er

---

1) Heißt man es nicht „niederkommen", wenn eine Frau gebärt?

sich fürchten sollte. Er flüchtet aber nie mehr ins Haus hinein, bleibt immer auf der Straße. Bekanntlich hat das Kranksein damit begonnen, daß er auf dem Spaziergange weinend umkehrte, und als man ihn ein zweites Mal zwang, spazieren zu gehen, nur bis zur Stadtbahnstation „Hauptzollamt" ging, von der aus man unsere Wohnung noch sieht. Bei der Entbindung der Frau war er natürlich von ihr getrennt, und die jetzige Angst, die ihn hindert, die Nähe des Hauses aufzugeben, ist noch die damalige Sehnsucht."

„30. April. Da Hans wieder mit seinen imaginären Kindern spielt, sage ich ihm: „Wieso leben denn deine Kinder noch? Du weißt ja, daß ein Bub keine Kinder bekommen kann."

Hans: „Das weiß ich. Früher war ich die Mammi, jetzt bin ich der Vatti."

Ich: „Und wer ist die Mammi zu den Kindern?"

Hans: „No, die Mammi, und du bist der Großvatti."

Ich: „Also du möchtest so groß sein wie ich, mit der Mammi verheiratet sein, und sie soll dann Kinder bekommen."

Hans: „Ja, das möcht' ich und die Lainzerin (meine Mutter) ist dann die Großmammi."

Es geht alles gut aus. Der kleine Ödipus hat eine glücklichere Lösung gefunden, als vom Schicksal vorgeschrieben ist. Er gönnt seinem Vater, anstatt ihn zu beseitigen, dasselbe Glück, das er für sich verlangt; er ernennt ihn zum Großvater und verheiratet auch ihn mit der eigenen Mutter.

„Am 1. Mai kommt Hans mittags zu mir und sagt: „Weißt was? Schreiben wir was für den Professor auf."

Ich: „Was denn?"

Hans: „Vormittag war ich mit allen meinen Kindern auf dem Klosett. Zuerst hab' ich Lumpf gemacht und Wiwi und sie haben zugeschaut. Dann hab' ich sie aufs Klosett gesetzt und sie haben Wiwi und Lumpf gemacht und ich hab' ihnen den Podl mit

Papier ausgewischt. Weißt warum? Weil ich so gerne Kinder haben möcht', dann möcht' ich ihnen alles tun, sie aufs Klosett führen, ihnen den Podl abputzen, halt alles, was man mit Kindern tut."
Es wird nach dem Geständnisse dieser Phantasie wohl kaum angehen, die an die exkrementellen Funktionen geknüpfte Lust bei Hans in Abrede zu stellen.

„Nachmittags wagt er sich zum erstenmal in den Stadtpark. Da es 1. Mai ist, fahren wohl weniger Wagen als sonst, immerhin genug, die ihn bisher abgeschreckt haben. Er ist sehr stolz auf seine Leistung, und ich muß mit ihm nach der Jause noch einmal in den Stadtpark gehen. Auf dem Wege treffen wir einen Stellwagen, den er mir zeigt: „Schau, einen Storchenkistenwagen!" Wenn er, wie geplant ist, morgen mit mir wieder in den Stadtpark geht, kann man die Krankheit wohl als geheilt ansehen."

„Am 2. Mai früh kommt Hans: „Du, ich hab' mir heute was gedacht." Zuerst hat er's vergessen, später erzählt er unter beträchtlichen Widerständen: „Es ist der Installateur gekommen und hat mir mit einer Zange zuerst den Podl weggenommen und hat mir dann einen andern gegeben und dann den Wiwimacher. Er hat gesagt: Laß den Podl sehen und ich hab' mich umdrehen müssen, und er hat ihn weggenommen und dann hat er gesagt: Laß den Wiwimacher sehen."

Der Vater erfaßt den Charakter der Wunschphantasie und zweifelt keinen Moment an der einzig gestatteten Deutung.

Ich: „Er hat dir einen größeren Wiwimacher und einen größeren Podl gegeben."

Hans: „Ja."

Ich: „Wie der Vatti sie hat, weil du gerne der Vatti sein möchtest?"

Hans: „Ja, und so einen Schnurrbart wie du möcht' ich auch haben und solche Haare." (Deutet auf die Haare an meiner Brust.)

„Die Deutung der vor einiger Zeit erzählten Phantasie: Der Installateur ist gekommen und hat die Badewanne abgeschraubt und hat mir dann einen Bohrer in den Bauch eingesetzt, rektifiziert sich demnach: Die große Badewanne bedeutet den „Podl", der Bohrer oder Schraubenzieher, wie damals schon gedeutet, den Wiwimacher.[1] Es sind identische Phantasien. Es eröffnet sich auch ein neuer Zugang zu Hansens Furcht vor der großen Badewanne, die übrigens auch bereits abgenommen hat. Es ist ihm unlieb, daß sein „Podl" zu klein ist für die große Wanne."

In den nächsten Tagen nimmt die Mutter wiederholt das Wort, um ihrer Freude über die Herstellung des Kleinen Ausdruck zu geben.

―――――

Nachtrag des Vaters eine Woche später:

„Geehrter Herr Professor! Ich möchte die Krankengeschichte Hansens noch durch folgendes ergänzen:

1) Die Remission nach der ersten Aufklärung war nicht so vollständig, wie ich sie vielleicht dargestellt habe. Hans ging allerdings spazieren, aber nur gezwungen und mit großer Angst. Einmal ging er mit mir bis zur Station „Hauptzollamt", von wo man noch die Wohnung sieht, und war nicht weiter zu bringen."

2) Ad: Himbeersaft, Schießgewehr. Himbeersaft bekommt Hans bei der Verstopfung. Schießen und Scheißen ist eine auch ihm geläufige Wortvertauschung."

3) Als Hans aus unserem Schlafzimmer in ein eigenes Zimmer separiert wurde, war er ungefähr 4 Jahre alt."

4) Ein Rest ist noch jetzt da, der sich nicht mehr in Furcht, sondern in normalem Fragetrieb äußert. Die Fragen beziehen sich meist darauf, woraus die Dinge verfertigt sind (Tramways, Maschinen

―――――

[1] Vielleicht darf man hinzusetzen, daß der „Bohrer" nicht ohne Beziehung auf das Wort „geboren", „Geburt" gewählt worden ist. Das Kind würde so zwischen „gebohrt" und „geboren" keinen Unterschied machen. Ich akzeptiere diese mir von einem kundigen Kollegen mitgeteilte Vermutung, weiß aber nicht zu sagen, ob hier ein tieferer allgemeiner Zusammenhang oder die Ausnützung eines dem Deutschen eigentümlichen Sprachzufalles vorliegt. Auch Prometheus (Pramantha), der Menschenschöpfer, ist etymologisch der „Bohrer". Vgl. Abraham, Traum und Mythus. 4. Heft der „Schriften zur angewandten Seelenkunde", 1908.

usw.), wer die Dinge macht usw. Charakteristisch für die meisten Fragen ist, daß Hans fragt, obzwar er sich die Antwort bereits selbst gegeben hat. Er will sich nur vergewissern. Als er mich einmal mit Fragen zu sehr ermüdet hatte und ich ihm sagte: „Glaubst du denn, daß ich dir auf alles antworten kann, was du fragst?", meinte er: „No, ich hab' geglaubt, weil du das vom Pferd gewußt hast, daß du das auch weißt."

5) Von der Krankheit spricht Hans nur mehr historisch: „Damals, wie ich die Dummheit gehabt hab'."

6) Der ungelöste Rest ist der, daß Hans sich den Kopf zerbricht, was der Vater mit dem Kinde zu tun hat, da doch die Mutter das Kind zur Welt bringt. Man kann das aus den Fragen schließen, wie: „Nicht wahr, ich gehör' auch dir" (Er meint, nicht nur der Mutter.) Das: wieso er mir gehört, ist ihm nicht klar. Dagegen habe ich keinen direkten Beweis, daß er, wie Sie meinen, einen Koitus der Eltern belauscht hätte."

7) Bei einer Darstellung müßte vielleicht doch auf die Heftigkeit der Angst aufmerksam gemacht werden, da man sonst sagen würde: „Hätte man ihn nur ordentlich durchgeprügelt, so wäre er schon spazieren gegangen."

Ich setze abschließend hinzu: Mit der letzten Phantasie Hansens war auch die vom Kastrationskomplex stammende Angst überwunden, die peinliche Erwartung ins Beglückende gewendet. Ja, der Arzt, Installateur usw. kommt, er nimmt den Penis ab, aber nur um einen größeren dafür zu geben. Im übrigen mag unser kleiner Forscher nur frühzeitig die Erfahrung machen, daß alles Wissen Stückwerk ist, und daß auf jeder Stufe ein ungelöster Rest bleibt.

III

EPIKRISE

Nach drei Richtungen werde ich nun diese Beobachtung von der Entwicklung und Lösung einer Phobie bei einem noch nicht fünfjährigen Knaben zu prüfen haben: erstens, inwieweit sie die Behauptungen unterstützt, die ich in den „Drei Abhandlungen zur Sexualtheorie", 1905, aufgestellt habe; zweitens, was sie zum Verständnis der so häufigen Krankheitsform zu leisten vermag; drittens, was sich ihr etwa zur Aufklärung des kindlichen Seelenlebens und zur Kritik unserer Erziehungsabsichten abgewinnen läßt.

1

Mein Eindruck geht dahin, daß das Bild des kindlichen Sexuallebens, wie es aus der Beobachtung des kleinen Hans hervortritt, in sehr guter Übereinstimmung mit der Schilderung steht, die ich in meiner Sexualtheorie nach psychoanalytischen Untersuchungen an Erwachsenen entworfen habe. Aber ehe ich daran gehe, die Einzelheiten dieser Übereinstimmung zu verfolgen, werde ich zwei Einwendungen erledigen müssen, welche sich gegen die Verwertung dieser Analyse erheben. Die erste lautet: Der kleine Hans sei kein normales Kind, sondern, wie die Folge, eben die Erkrankung, lehrt, ein zur Neurose disponiertes, ein kleiner „Hereditarier", und es sei darum unstatthaft, Schlüsse, die vielleicht für ihn Geltung haben, auf andere, normale Kinder zu übertragen. Ich werde diesen Einwand, da er den Wert der Beobachtung bloß einschränkt, nicht völlig aufhebt, später berücksichtigen. Der zweite und strengere Einspruch wird behaupten, daß die Analyse eines Kindes durch seinen Vater, der, in meinen theoretischen Anschauungen befangen, mit meinen Vorurteilen behaftet an die Arbeit geht, überhaupt eines objektiven Wertes entbehre. Ein Kind sei selbstverständlich in hohem Grade suggerierbar, vielleicht gegen keine Person mehr als gegen seinen Vater; es lasse sich alles dem Vater zuliebe aufdrängen zum Dank dafür, daß er sich soviel mit ihm beschäftige, seine Aussagen hätten keine Beweiskraft und seine Produktionen in Einfällen, Phantasien und Träumen erfolgten natürlich in der Richtung, nach welcher man es mit allen Mitteln gedrängt habe. Kurz, es sei wieder einmal alles „Suggestion" und deren Entlarvung beim Kinde nur sehr erleichtert im Vergleiche mit dem Erwachsenen.

Sonderbar; ich weiß mich zu erinnern, als ich mich vor 22 Jahren in den Streit der wissenschaftlichen Meinungen einzumengen begann, mit welchem Spotte damals von der älteren Generation der Neurologen und Psychiater die Aufstellung der Suggestion und ihrer Wirkungen empfangen wurde. Seither hat sich die Situation gründlich geändert; der Widerwille ist in allzu entgegenkommende Bereitwilligkeit umgeschlagen, und dies nicht allein infolge der Wirkung, welche die Arbeiten Liébeaults, Bernheims und ihrer Schüler im Laufe dieser Dezennien entfalten mußten, sondern auch, weil unterdes die Entdeckung gemacht wurde, welche Denkersparnis mit der Anwendung des Schlagwortes „Suggestion" verbunden werden kann. Weiß doch niemand und bekümmert sich auch niemand zu wissen, was die Suggestion ist, woher sie rührt und wann sie sich einstellt; genug, daß man alles im Psychischen Unbequeme „Suggestion" heißen darf.

Ich teile nicht die gegenwärtig beliebte Ansicht, daß Kinderaussagen durchwegs willkürlich und unverläßlich seien. Willkür gibt es im Psychischen überhaupt nicht; die Unverläßlichkeit in den Aussagen der Kinder rührt her von der Übermacht ihrer Phantasie, wie die Unverläßlichkeit der Aussagen Erwachsener von der Übermacht ihrer Vorurteile. Sonst lügt auch das Kind nicht ohne Grund und hat im ganzen mehr Neigung zur Wahrheitsliebe als die Großen. Mit einer Verwerfung der Angaben unseres kleinen Hans in Bausch und Bogen täte man ihm gewiß schweres Unrecht; man kann vielmehr ganz deutlich unterscheiden, wo er unter dem Zwange eines Widerstandes fälscht oder zurückhält, wo er, selbst unentschieden, dem Vater beipflichtet, was man nicht als beweisend gelten lassen muß, und wo er, vom Drucke befreit, übersprudelnd mitteilt, was seine innere Wahrheit ist, und was er bisher allein gewußt hat. Größere Sicherheiten bieten auch die Angaben der Erwachsenen nicht. Bedauerlich bleibt, daß keine Darstellung einer Psychoanalyse die Eindrücke wiedergeben kann, die man während ihrer Ausführung empfängt, daß die endgültige Überzeugung nie durchs Lesen, sondern nur durchs Erleben vermittelt werden kann. Aber dieser Mangel haftet den Analysen mit Erwachsenen in gleichem Maße an.

Den kleinen Hans schildern seine Eltern als ein heiteres, aufrichtiges Kind, und so dürfte er auch durch die Erziehung geworden sein, die ihm die Eltern schenkten, die wesentlich in der Unterlassung unserer gebräuchlichen Erziehungssünden bestand. Solange er in fröhlicher Naivität seine Forschungen pflegen konnte, ohne Ahnung der aus ihnen bald erwachsenden Konflikte, teilte er sich auch rückhaltlos mit, und die Beobachtungen aus der Zeit vor seiner Phobie unterliegen auch keinem Zweifel und keiner Beanstandung. In der Zeit der Krankheit und während der Analyse beginnen für ihn die Inkongruenzen zwischen dem, was er sagt, und dem, was er denkt, zum Teil darin begründet, daß sich ihm unbewußtes Material aufdrängt, das er nicht mit einem Male zu bewältigen weiß, zum andern Teil infolge der inhaltlichen Abhaltungen, die aus seinem Verhältnisse zu den Eltern stammen. Ich behaupte, daß ich unparteiisch bleibe, wenn ich das Urteil ausspreche, daß auch diese Schwierigkeiten nicht größer ausgefallen sind als in soviel anderen Analysen mit Erwachsenen. Während der Analyse allerdings muß ihm vieles gesagt werden, was er selbst nicht zu sagen weiß, müssen ihm Gedanken eingegeben werden, von denen sich noch nichts bei ihm gezeigt hat, muß seine Aufmerksamkeit die Einstellung nach jenen Richtungen erfahren, von denen her der Vater das Kommende erwartet. Das schwächt die Beweiskraft der Analyse; aber in jeder verfährt man so. Eine Psychoanalyse ist eben keine tendenzlose, wissenschaftliche Untersuchung, sondern ein therapeutischer Eingriff; sie will an sich nichts beweisen, sondern nur etwas ändern. Jedesmal gibt der Arzt in der Psychoanalyse dem Patienten die bewußten Erwartungsvorstellungen, mit deren Hilfe er imstande sein soll, das Unbewußte zu erkennen und zu erfassen, das eine Mal in reichlicherem, das andere in bescheidenerem Ausmaße. Es gibt eben Fälle, die mehr, und andere, die weniger Nachhilfe brauchen. Ohne solche Hilfe kommt niemand aus. Was man etwa bei sich allein zu Ende bringen kann, sind leichte Störungen, niemals eine Neurose, die sich dem Ich wie etwas Fremdes entgegengestellt hat; zur Bewältigung einer solchen braucht es den andern, und soweit der andere helfen kann, soweit ist die Neurose heilbar. Wenn es im Wesen einer Neurose liegt, sich vom „andern" abzuwenden, wie es die Charakteristik der als Dementia praecox zusammengefaßten Zustände zu enthalten scheint, so sind eben darum diese Zustände für unsere Bemühung unheilbar. Es ist nun zugegeben, daß das Kind wegen der geringen Entwicklung seiner intellektuellen Systeme einer besonders intensiven Nachhilfe bedarf. Aber was der Arzt dem Patienten mitteilt, stammt doch selbst wieder aus analytischen Erfahrungen, und es ist wirklich beweisend genug, wenn mit dem Aufwande dieser ärztlichen Einmengung der Zusammenhang und die Lösung des pathogenen Materials erreicht wird.

Und doch hat unser kleiner Patient auch während der Analyse Selbständigkeit genug bewiesen, um ihn von dem Verdikte der „Suggestion" freisprechen zu können. Seine kindlichen Sexualtheorien wendet er auf sein Material an wie alle Kinder, ohne dazu eine Anregung zu erhalten. Dieselben sind dem Erwachsenen so überaus ferne gerückt; ja, in diesem Falle hatte ich es geradezu versäumt, den Vater darauf vorzubereiten, daß der Weg zum Thema der Geburt für Hans über den Exkretionskomplex führen müsse. Was infolge meiner Flüchtigkeit zu einer dunkeln Partie der Analyse wurde, ergab dann wenigstens ein gutes Zeugnis für die Echtheit und Selbständigkeit in Hansens Gedankenarbeit. Er war auf einmal mit dem „Lumpf" beschäftigt, ohne daß der angeblich suggerierende Vater verstehen konnte, wie er dazu kam und was daraus werden sollte. Ebensowenig Anteil kann man dem Vater an der Entwicklung der beiden Phantasien vom Installateur zuschreiben, die von dem frühzeitig erworbenen „Kastraktionskomplexe" ausgehen. Ich muß hier das Geständnis ablegen, daß ich dem Vater die Erwartung dieses Zusammenhanges völlig verschwiegen habe, aus theoretischem Interesse, um nur die Beweiskraft eines sonst schwer erreichbaren Beleges nicht verkümmern zu lassen.

Bei weiterer Vertiefung in das Detail der Analyse würden sich noch reichlich neue Beweise für die Unabhängigkeit unseres Hans von der „Suggestion" ergeben, aber ich breche hier die Behandlung des ersten Einwandes ab. Ich weiß, daß ich auch durch diese Analyse keinen überzeugen werde, der sich nicht überzeugen lassen will, und ich setze die Bearbeitung dieser Beobachtung für jene Leser fort, die sich eine Überzeugung von der Objektivität des unbewußten pathogenen Materials bereits erworben haben, nicht ohne die angenehme Gewißheit zu betonen, daß die Anzahl der letzteren in beständiger Zunahme begriffen ist.

Der erste dem Sexualleben zuzurechnende Zug bei dem kleinen Hans ist ein ganz besonders lebhaftes Interesse für seinen „Wiwimacher", wie dies Organ nach der kaum minder wichtigen seiner beiden Funktionen und nach jener, die in der Kinderstube nicht zu umgehen ist, genannt wird. Dieses Interesse macht ihn zum Forscher; er entdeckt so, daß man auf Grund des Vorhandenseins oder Fehlens des Wiwimachers Lebendes und Lebloses unterscheiden könne. Bei allen Lebewesen, die er als sich ähnlich beurteilt, setzt er diesen bedeutsamen Körperteil voraus, studiert ihn an den großen Tieren, vermutet ihn bei beiden Eltern und läßt sich auch durch den Augenschein nicht abhalten, ihn bei seiner neugeborenen Schwester zu statuieren. Es wäre eine zu gewaltige Erschütterung seiner „Weltanschauung", könnte man sagen, wenn er sich entschließen sollte, bei einem ihm ähnlichen Wesen auf ihn zu verzichten; es wäre so, als würde er ihm selbst entrissen. Eine Drohung der Mutter, die nichts geringeres als den Verlust des Wiwimachers zum Inhalte hat, wird darum wahrscheinlich eiligst zurückgedrängt und darf erst in späteren Zeiten ihre Wirkung äußern. Die Einmengung der Mutter war erfolgt, weil er sich durch Berührung dieses Gliedes Lustgefühle zu verschaffen liebte; der Kleine hat die gewöhnlichste und — normalste Art der autoerotischen Sexualtätigkeit begonnen.

In einer Weise, die Alf. Adler sehr passend als „Triebverschränkung" bezeichnet hat,[1] verknüpft sich die Lust am eigenen Geschlechtsgliede mit der Schaulust in ihrer aktiven und ihrer passiven Ausbildung. Der Kleine sucht den Wiwimacher anderer Personen zu Gesicht zu bekommen, er entwickelt sexuelle Neugierde und liebt es, seinen eigenen zu zeigen. Einer seiner Träume aus der ersten Zeit der Verdrängung hat den Wunsch zum Inhalte, daß eine seiner kleinen

---

[1] „Der Aggressionstrieb im Leben und in der Neurose". Fortschritte der Medizin. 1908. Nr. 19.

Freundinnen ihm beim Wiwimachen behilflich sein, also dieses
Anblickes teilhaftig werden solle. Der Traum bezeugt so, daß
der Wunsch bis dahin unverdrängt bestanden hat, sowie spätere
Mitteilungen bestätigen, daß er seine Befriedigung zu finden
pflegte. Die aktive Richtung der sexuellen Schaulust verbindet
sich bei ihm bald mit einem bestimmten Motiv. Wenn er sowohl
dem Vater wie der Mutter wiederholt sein Bedauern zu
erkennen gibt, daß er deren Wiwimacher noch nie gesehen
habe, so drängt ihn dazu wahrscheinlich das Bedürfnis zu vergleichen. Das Ich bleibt der Maßstab, mit dem man die Welt
ausmißt; durch beständiges Vergleichen mit der eigenen Person
lernt man sie verstehen. Hans hat beobachtet, daß die großen
Tiere soviel größere Wiwimacher haben als er; darum vermutet
er das gleiche Verhältnis auch bei seinen Eltern und
möchte sich davon überzeugen. Die Mama, meint er, hat gewiß
einen Wiwimacher „wie ein Pferd". Er hat dann den Trost
bereit, daß der Wiwimacher mit ihm wachsen werde; es ist, als
ob der Größenwunsch des Kindes sich aufs Genitale geworfen
hätte.

In der Sexualkonstitution des kleinen Hans ist also die
Genitalzone von vornherein die am intensivsten lustbetonte unter
den erogenen Zonen. Neben ihr ist nur noch die exkrementelle,
an die Orifizien der Harn- und Stuhlentleerung geknüpfte Lust
bei ihm bezeugt. Wenn er in seiner letzten Glücksphantasie,
mit der sein Kranksein überwunden ist, Kinder hat, die er
aufs Klosett führt, sie Wiwi machen läßt und ihnen den Podl
auswischt, kurz, „alles mit ihnen tut, was man mit Kindern tun
kann", so scheint es unabweisbar anzunehmen, daß diese selben
Verrichtungen während seiner Kinderpflege eine Quelle der
Lustempfindung für ihn waren. Diese Lust von erogenen Zonen
wurde für ihn mit Hilfe der ihn pflegenden Person, der Mutter,
gewonnen, führt also bereits zur Objektwahl; es bleibt aber
möglich, daß er in noch früheren Zeiten gewohnt war, sich die-

selbe autoerotisch zu verschaffen, daß er zu jenen Kindern gehört hat, die die Exkrete zurückzuhalten lieben, bis ihnen deren Entleerung einen Wollustreiz bereiten kann. Ich sage nur, es ist möglich, denn es ist in der Analyse nicht klargestellt worden; das „Krawallmachen mit den Beinen" (Zappeln), vor dem er sich später so sehr fürchtet, deutet nach dieser Richtung. Eine auffällige Betonung, wie bei anderen Kindern so häufig, haben diese Lustquellen bei ihm übrigens nicht. Er ist bald rein geworden, Bettnässen und tägliche Inkontinenz haben keine Rolle in seinen ersten Jahren gespielt; von der am Erwachsenen so häßlichen Neigung, mit den Exkrementen zu spielen, die am Ausgange der psychischen Rückbildungsprozesse wieder aufzutreten pflegt, ist an ihm nichts beobachtet worden.

Heben wir gleich an dieser Stelle hervor, daß während seiner Phobie die Verdrängung dieser beiden bei ihm gut ausgebildeten Komponenten der Sexualtätigkeit unverkennbar ist. Er schämt sich, vor anderen zu urinieren, klagt sich an, daß er den Finger zum Wiwimacher gebe, bemüht sich, auch die Onanie aufzugeben, und ekelt sich vor „Lumpf", „Wiwi" und allem, was daran erinnert. In der Phantasie von der Kinderpflege nimmt er diese letztere Verdrängung wieder zurück.

Eine Sexualkonstitution wie die unseres kleinen Hans scheint die Disposition zur Entwicklung von Perversionen oder ihrem Negativ (beschränken wir uns hier auf die Hysterie) nicht zu enthalten. Soviel ich erfahren habe (es ist hier wirklich noch Zurückhaltung geboten), zeichnet sich die angeborene Konstitution der Hysteriker — bei den Perversen versteht es sich beinahe von selbst — durch das Zurücktreten der Genitalzonen gegen andere erogene Zonen aus. Eine einzige „Abirrung" des Sexuallebens muß von dieser Regel ausdrücklich ausgenommen werden. Bei den später Homosexuellen, die nach meiner Erwartung und nach den Beobachtungen von J. Sadger alle in der Kindheit eine amphigene Phase durchmachen, trifft man auf die nämliche infantile Präponderanz der Genitalzone, speziell des Penis. Ja, diese Hochschätzung des männlichen Gliedes wird zum Schicksal für die Homosexuellen. Sie wählen das Weib zum Sexualobjekt in ihrer Kindheit, solange sie auch beim Weibe die Existenz dieses ihnen unentbehrlich dünkenden Körperteiles voraussetzen; mit der Überzeugung, daß das Weib sie in diesem Punkte getäuscht hat, wird das Weib für sie als Sexualobjekt unannehmbar. Sie können den Penis bei der Person, die sie zum Sexualverkehre reizen soll, nicht entbehren und fixieren ihre Libido im günstigen Falle auf „das Weib mit dem Penis", den feminin erscheinenden Jüngling. Die Homosexuellen sind also Personen, welche durch die erogene Bedeutung des eigenen Genitales gehindert worden sind, bei ihrem Sexualobjekt auf diese Übereinstimmung mit der eigenen Person zu verzichten. Sie sind in der Entwicklung vom Autoerotismus zur Objektliebe an einer Stelle, dem Autoerotismus näher, fixiert geblieben.

Es ist ganz und gar unzulässig, einen besonderen homosexuellen Trieb zu unterscheiden; es ist nicht eine Besonderheit des Trieblebens, sondern der Objektwahl, die den Homosexuellen ausmacht. Ich verweise darauf, was ich in der „Sexualtheorie" ausgeführt habe, daß wir uns irrigerweise die Vereinigung von Trieb und Objekt im Sexualleben als eine zu innige vorgestellt haben. Der Homosexuelle kommt mit seinen — vielleicht normalen — Trieben von einem, durch eine bestimmte Bedingung ausgezeichneten Objekt nicht mehr los; in seiner Kindheit kann er sich, weil diese Bedingung überall als selbstverständlich erfüllt gilt, benehmen wie unser kleiner Hans, der unterschiedslos zärtlich ist mit Buben wie mit Mädchen und gelegentlich seinen Freund Fritzl für „sein liebstes Mäderl" erklärt. Hans ist homosexuell, wie es alle Kinder sein können, ganz im Einklange mit der nicht zu übersehenden Tatsache, daß er nur

eine Art von Genitale kennt, ein Genitale wie das
seinige.¹

Die weitere Entwickelung unseres kleinen Erotikers geht aber
nicht zur Homosexualität, sondern zu einer energischen, sich polygam
gebärdenden Männlichkeit, die sich je nach ihren wechselnden weiblichen Objekten anders zu benehmen weiß, hier dreist zugreift
und dort sehnsüchtig und verschämt schmachtet. In einer Zeit
der Armut an anderen Objekten zur Liebe geht diese Neigung
auf die Mutter zurück, von der her sie sich zu anderen gewendet
hatte, um bei der Mutter in der Neurose zu scheitern. Erst dann
erfahren wir, zu welcher Intensität die Liebe zur Mutter sich entwickelt und welche Schicksale sie durchgemacht hatte. Das Sexualziel,
das er bei seinen Gespielinnen verfolgte, bei ihnen zu schlafen,
rührte bereits von der Mutter her; es ist in die Worte gefaßt,
die es auch im reifen Leben beibehalten kann, wenngleich der
Inhalt dieser Worte eine Bereicherung erfahren wird. Der Knabe
hatte auf dem gewöhnlichen Wege, von der Kinderpflege aus,
den Weg zur Objektliebe gefunden und ein neues Lusterlebnis
war für ihn bestimmend geworden, das Schlafen neben der Mutter,
auf dessen Zusammensetzung wir die Berührungslust der Haut,
die uns allen konstitutionell eignet, herausheben würden, während
es nach der uns artifiziell erscheinenden Nomenklatur von Moll
als Befriedigung des Kontrektationstriebes zu bezeichnen wäre.

In seinem Verhältnisse zu Vater und Mutter bestätigt Hans
aufs grellste und greifbarste alles, was ich in der „Traumdeutung"
und in der „Sexualtheorie" über die Sexualbeziehungen der Kinder
zu den Eltern behauptet habe. Er ist wirklich ein kleiner Ödipus,
der den Vater „weg", beseitigt haben möchte, um mit der schönen
Mutter allein zu sein, bei ihr zu schlafen. Dieser Wunsch entstand

---

1) [Zusatz 1923:] Ich habe später (1923) hervorgehoben, daß die Periode der Sexualentwicklung, in der sich auch unser kleiner Patient befindet, ganz allgemein dadurch ausgezeichnet ist, daß sie nur ein Genitale, das männliche, kennt; zum Unterschied von der späteren Periode der Reife besteht in ihr nicht ein Genitalprimat, sondern das Primat des Phallus.

im Sommeraufenthalte, als die Abwechslungen von Anwesenheit
und Abwesenheit des Vaters ihn auf die Bedingung hinwiesen,
an welche die ersehnte Intimität mit der Mutter gebunden war.
Er begnügte sich damals mit der Fassung, der Vater solle „wegfahren", an welche später die Angst, von einem weißen Pferde
gebissen zu werden, unmittelbar anknüpfen konnte, dank einem
akzidentellen Eindrucke bei einer anderen Abreise. Er erhob sich
später, wahrscheinlich erst in Wien, wo auf Verreisen des Vaters
nicht mehr zu rechnen war, zum Inhalte, der Vater solle dauernd
weg, solle „tot" sein. Die aus diesem Todeswunsche gegen den
Vater entspringende, also normal zu motivierende Angst vor dem
Vater bildete das größte Hindernis der Analyse, bis sie in der
Aussprache in meiner Ordination beseitigt wurde.[1]

Unser Hans ist aber wahrlich kein Bösewicht, nicht einmal ein
Kind, bei welchem die grausamen und gewalttätigen Neigungen
der menschlichen Natur um diese Zeit des Lebens noch ungehemmt
entfaltet sind. Er ist im Gegenteil von ungewöhnlich gutmütigem
und zärtlichem Wesen; der Vater hat notiert, daß sich die Verwandlung der Aggressionsneigung in Mitleiden bei ihm sehr frühzeitig vollzogen hat. Lange vor der Phobie wurde er unruhig,
wenn er im Ringelspiele die Pferde schlagen sah, und er blieb
nie ungerührt, wenn jemand in seiner Gegenwart weinte. An
einer Stelle der Analyse kommt in einem gewissen Zusammenhange ein unterdrücktes Stück Sadismus bei ihm zum Vorschein;[2]
aber es war unterdrückt, und wir werden später aus dem Zusammenhange zu erraten haben, wofür es steht und was es ersetzen soll.
Hans liebt auch den Vater innig, gegen den er diese Todeswünsche
hegt, und während seine Intelligenz den Widerspruch beanständet,[3]

---

[1] Die beiden Einfälle Hansens: Himbeersaft und Gewehr zum Totschießen werden
gewiß nicht nur einseitig determiniert gewesen sein. Sie haben wahrscheinlich mit dem
Hasse gegen den Vater ebensoviel zu tun wie mit dem Verstopfungskomplex. Der Vater,
der die letztere Zurückführung selbst errät, denkt bei „Himbeersaft" auch an „Blut".

[2] Die Pferde schlagen und necken wollen.

[3] Vgl. die kritischen Fragen an den Vater (oben p. 279).

muß er dessen tatsächliches Vorhandensein demonstrieren, indem er den Vater schlägt und sofort darauf die geschlagene Stelle küßt. Auch wir wollen uns hüten, diesen Widerspruch anstößig zu finden; aus solchen Gegensatzpaaren ist das Gefühlsleben der Menschen überhaupt zusammengesetzt;[1] ja, es käme vielleicht nicht zur Verdrängung und zur Neurose, wenn es anders wäre. Diese Gefühlsgegensätze, die dem Erwachsenen gewöhnlich nur in der höchsten Liebesleidenschaft gleichzeitig bewußt werden, sonst einander zu unterdrücken pflegen, bis es dem einen gelingt, das andere verdeckt zu halten, finden im Seelenleben des Kindes eine ganze Weile über friedlich nebeneinander Raum.

Die größte Bedeutung für die psychosexuelle Entwicklung unseres Knaben hat die Geburt einer kleinen Schwester gehabt, als er $3^{1}/_{2}$ Jahre alt war. Dieses Ereignis hat seine Beziehungen zu den Eltern verschärft, seinem Denken unlösliche Aufgaben gestellt, und das Zuschauen bei der Kinderpflege hat dann die Erinnerungsspuren seiner eigenen frühesten Lusterlebnisse wiederbelebt. Auch dieser Einfluß ist ein typischer; in einer unerwartet großen Anzahl von Lebens- und Krankengeschichten muß man dieses Aufflammen der sexuellen Lust und der sexuellen Wißbegierde, das an die Geburt des nächsten Kindes anknüpft, zum Ausgangspunkte nehmen. Hansens Benehmen gegen den Ankömmling ist das in der „Traumdeutung"[2] geschilderte. Im Fieber wenige Tage nachher verrät er, wie wenig er mit diesem Zuwachs einverstanden ist. Hier ist die Feindseligkeit das zeitlich Vorangehende, die Zärtlichkeit mag nachfolgen.[3] Die Angst, daß noch ein neues Kind nachkommen könne, hat seither eine Stelle in seinem bewußten Denken. In der Neurose ist die bereits unterdrückte Feindseligkeit durch eine

---

1) „Das macht, ich bin kein ausgeklügelt Buch.
   Ich bin ein Mensch mit seinem Widerspruch."
                  C. F. Meyer, Huttens letzte Tage.
2) p. 172, 8. Aufl.
3) Vgl. seine Vorsätze, wenn die Kleine erst sprechen kann (oben p. 308).

besondere Angst, die vor der Badewanne, vertreten; in der Analyse
bringt er den Todeswunsch gegen die Schwester unverhohlen
zum Ausdrucke, nicht bloß in Anspielungen, die der Vater ver-
vollständigen muß. Seine Selbstkritik läßt ihm diesen Wunsch
nicht so arg erscheinen wie den analogen gegen den Vater; aber
er hat offenbar beide Personen in gleicher Weise im Unbewußten
behandelt, weil sie beide ihm die Mammi wegnehmen, ihn im
Alleinsein mit ihr stören.

Dies Ereignis und die mit ihm verknüpften Erweckungen haben
übrigens seinen Wünschen eine neue Richtung gegeben. In der
sieghaften Schlußphantasie zieht er dann die Summe aller seiner
erotischen Wunschregungen, der aus der autoerotischen Phase
stammenden und der mit der Objektliebe zusammenhängenden.
Er ist mit der schönen Mutter verheiratet und hat ungezählte
Kinder, die er nach seiner Weise pflegen kann.

2

Hans erkrankt eines Tages an Angst auf der Straße.· Er kann
noch nicht sagen, wovor er sich fürchtet, aber zu Beginn seines
Angstzustandes verrät er auch dem Vater das Motiv seines Krankseins,
den Krankheitsgewinn. Er will bei der Mutter bleiben, mit ihr
schmeicheln; die Erinnerung, daß er auch von ihr getrennt war
zur Zeit, als das Kind kam, mag, wie der Vater meint, zu dieser
Sehnsucht beitragen. Bald erweist sich, daß diese Angst nicht mehr
in Sehnsucht zurückzuübersetzen ist, er fürchtet sich auch, wenn
die Mutter mit ihm geht. Unterdes erhalten wir Anzeichen von
dem, woran sich die zur Angst gewordene Libido fixiert hat. Er
äußert die ganz spezialisierte Furcht, daß ihn ein weißes Pferd
beißen wird.

Wir benennen einen solchen Krankheitszustand eine „Phobie"
und könnten den Fall unseres Kleinen der Agoraphobie zurechnen,
wenn diese Affektion nicht dadurch ausgezeichnet wäre, daß die
sonst unmögliche Leistung im Raume jedesmal durch die Begleitung

einer gewissen dazu auserwählten Person, im äußersten Falle des Arztes, leicht möglich wird. Hansens Phobie hält diese Bedingung nicht ein, sieht bald vom Raume ab und nimmt immer deutlicher das Pferd zum Objekte; in den ersten Tagen äußert er auf der Höhe des Angstzustandes die Befürchtung: „Das Pferd wird ins Zimmer kommen", die mir das Verständnis seiner Angst so sehr erleichtert hat.

Die Stellung der „Phobien" im System der Neurosen ist bisher eine unbestimmte gewesen. Sicher scheint, daß man in den Phobien nur Syndrome erblicken darf, die verschiedenen Neurosen angehören können, ihnen nicht die Bedeutung besonderer Krankheitsprozesse einzuräumen braucht. Für die Phobien von der Art wie die unseres kleinen Patienten, die ja die häufigsten sind, scheint mir die Bezeichnung „Angsthysterie" nicht unzweckmäßig; ich habe sie Herrn Dr. W. Stekel vorgeschlagen, als er die Darstellung der nervösen Angstzustände unternahm, und ich hoffe, daß sie sich einbürgern wird.[1] Sie rechtfertigt sich durch die vollkommene Übereinstimmung im psychischen Mechanismus dieser Phobien mit der Hysterie bis auf einen, aber entscheidenden und zur Sonderung geeigneten Punkt. Die aus dem pathogenen Material durch die Verdrängung entbundene Libido wird nämlich nicht konvertiert, aus dem Seelischen heraus zu einer körperlichen Innervation verwendet, sondern wird als Angst frei. In den vorkommenden Krankheitsfällen kann sich diese „Angsthysterie" mit der „Konversionshysterie" in beliebigem Ausmaße vermengen. Es gibt auch reine Konversionshysterie ohne jede Angst sowie bloße Angsthysterie, die sich in Angstempfindungen und Phobien äußert, ohne Konversionszusatz; ein Fall letzterer Art ist der unseres kleinen Hans.

Die Angsthysterien sind die häufigsten aller psychoneurotischen Erkrankungen, vor allem aber die zuerst im Leben auftretenden, es sind geradezu die Neurosen der Kinderzeit. Wenn eine Mutter

---

[1] W. Stekel. Nervöse Angstzustände und ihre Behandlung. 1908.

etwa von ihrem Kind erzählt, es sei sehr „nervös", so kann man in 9 unter 10 Fällen darauf rechnen, daß das Kind irgend eine Art von Angst oder viele Ängstlichkeiten zugleich hat. Leider ist der feinere Mechanismus dieser so bedeutsamen Erkrankungen noch nicht genügend studiert; es ist noch nicht festgestellt, ob die Angsthysterie zum Unterschiede von der Konversionshysterie und von anderen Neurosen ihre einzige Bedingung in konstitutionellen Momenten oder im akzidentellen Erleben hat, oder in welcher Vereinigung von beiden sie sie findet.¹ Es scheint mir, daß es diejenige neurotische Erkrankung ist, welche die geringsten Ansprüche auf eine besondere Konstitution erhebt und im Zusammenhange damit am leichtesten zu jeder Lebenszeit akquiriert werden kann.

Ein wesentlicher Charakter der Angsthysterien läßt sich leicht hervorheben. Die Angsthysterie entwickelt sich immer mehr zur „Phobie"; am Ende kann der Kranke angstfrei geworden sein, aber nur auf Kosten von Hemmungen und Einschränkungen, denen er sich unterwerfen mußte. Es gibt bei der Angsthysterie eine von Anfang an fortgesetzte psychische Arbeit, um die frei gewordene Angst wieder psychisch zu binden, aber diese Arbeit kann weder die Rückverwandlung der Angst in Libido herbeiführen noch an dieselben Komplexe anknüpfen, von denen die Libido herrührt. Es bleibt ihr nichts anderes übrig, als jeden der möglichen Anlässe zur Angstentwicklung durch einen psychischen Vorbau von der Art einer Vorsicht, einer Hemmung, eines Verbots zu sperren, und diese Schutzbauten sind es, die uns als Phobien erscheinen und für unsere Wahrnehmung das Wesen der Krankheit ausmachen.

Man darf sagen, daß die Behandlung der Angsthysterie bisher eine rein negative gewesen ist. Die Erfahrung hat gezeigt, daß

---

1) [*Zusatz 1923:*] Die hier aufgeworfene Frage ist zwar nicht weiter verfolgt worden. Es besteht aber kein Grund, für die Angsthysterie eine Ausnahme von der Regel anzunehmen, daß Anlage und Erleben für die Ätiologie einer Neurose zusammenwirken müssen. Ein besonderes Licht auf die in der Kindheit so starke Disposition zur Angsthysterie scheint die Auffassung Rank's von der Wirkung des Geburtstraumas zu werfen.

es unmöglich, ja unter Umständen gefährlich ist, die Heilung der Phobie auf gewalttätige Art zu erreichen, indem man den Kranken in eine Situation bringt, in welcher er die Angstentbindung durchmachen muß, nachdem man ihm seine Deckung entzogen hat. So läßt man ihn notgedrungen Schutz suchen, wo er ihn zu finden glaubt, und bezeugt ihm eine wirkungslose Verachtung wegen seiner „unbegreiflichen Feigheit".

Für die Eltern unseres kleinen Patienten stand von Beginn der Erkrankung an fest, daß man ihn weder auslachen noch brutalisieren dürfe, sondern den Zugang zu seinen verdrängten Wünschen auf psychoanalytischem Wege suchen müsse. Der Erfolg belohnte die außerordentliche Bemühung seines Vaters, dessen Mitteilungen uns Gelegenheit geben werden, in das Gefüge einer solchen Phobie einzudringen und den Weg der bei ihr vorgenommenen Analyse zu verfolgen.

Es ist mir nicht unwahrscheinlich, daß die Analyse durch ihre Ausdehnung und Ausführlichkeit dem Leser einigermaßen undurchsichtig geworden ist. Ich will darum zuerst ihren Verlauf verkürzt wiederholen mit Weglassung alles störenden Beiwerks und Hervorhebung der Ergebnisse, die sich schrittweise erkennen lassen.

Wir erfahren zunächst, daß der Ausbruch des Angstzustandes kein so plötzlicher war, wie es auf den ersten Blick erschien. Einige Tage vorher war das Kind aus einem Angsttraum erwacht, dessen Inhalt war, die Mama sei weg und er habe jetzt keine Mama zum Schmeicheln. Schon dieser Traum weist auf einen Verdrängungsvorgang von bedenklicher Intensität. Seine Aufklärung kann nicht lauten, wie bei vielen Angstträumen sonst, daß das Kind aus irgend welchen somatischen Quellen im Traume Angst verspürt und diese Angst nun zur Erfüllung eines sonst intensiv verdrängten Wunsches aus dem Unbewußten benutzt hat (vgl. Traumdeutung 8. Aufl., p. 399), sondern es ist ein echter Straf- und Verdrängungstraum, bei dem auch die Funktion des Traumes fehlschlägt, da das Kind mit Angst aus dem Schlaf erwacht. Der eigentliche Vorgang im Unbewußten läßt sich leicht rekonstruieren. Das Kind hat von Zärtlichkeiten mit der Mutter geträumt, bei ihr geschlafen, alle Lust ist in Angst und aller Vorstellungsinhalt in sein Gegenteil verwandelt worden. Die Verdrängung hat den Sieg über den Traummechanismus davongetragen.

Aber die Anfänge dieser psychologischen Situation gehen noch weiter zurück. Schon im Sommer gab es ähnliche sehnsüchtigängstliche Stimmungen, in denen er ähnliches äußerte, und die ihm damals den Vorteil brachten, daß ihn die Mutter zu sich ins Bett nahm. Seit dieser Zeit etwa dürften wir den Bestand einer gesteigerten sexuellen Erregung bei Hans annehmen, deren Objekt die Mutter ist, deren Intensität sich in zwei Verführungsversuchen an der Mutter äußert — der letzte ganz kurz vor dem Ausbruche der Angst —, und die sich nebenbei in allabendlicher masturbatorischer Befriedigung entlädt. Ob dann der Umschlag dieser Erregung sich spontan vollzieht oder infolge der Abweisung der Mutter oder durch die zufällige Erweckung früherer Eindrücke bei der später zu erfahrenden „Veranlassung" der Erkrankung, das ist nicht zu entscheiden, ist wohl auch gleichgültig, da die drei verschiedenen Fälle nicht als Gegensätze aufgefaßt werden können. Die Tatsache ist die des Umschlags der sexuellen Erregung in die Angst.

Von dem Benehmen des Kindes in der ersten Zeit der Angst haben wir schon gehört, auch daß der erste Inhalt, den es seiner Angst gibt, lautet: Ein Pferd wird es beißen. Hier findet nun die erste Einmengung der Therapie statt. Die Eltern weisen darauf hin, daß die Angst die Folge der Masturbation sei, und leiten ihn zur Entwöhnung von derselben an. Ich sorge dafür, daß die Zärtlichkeit für die Mutter, die er gegen die Angst vor den Pferden vertauschen möchte, kräftig vor ihm betont werde. Eine geringfügige Besserung nach dieser ersten Einflußnahme geht bald in einer Zeit körperlichen Krankseins unter. Der Zustand ist unverändert.

Bald darauf findet Hans die Ableitung der Furcht, daß ihn ein Pferd beißen wird, von der Reminiszenz eines Eindruckes in Gmunden. Ein Vater warnte damals sein Kind bei der Abreise: Gib den Finger nicht zum Pferde, sonst wird es dich beißen. Der Wortlaut, in den Hans die Warnung des Vaters kleidet, erinnert an die Wortfassung der Onanieverwarnung (den Finger hingeben). Die Eltern scheinen so zuerst recht zu behalten, daß Hans sich vor seiner onanistischen Befriedigung schreckt. Der Zusammenhang ist aber noch ein loser und das Pferd scheint zu seiner Schreckensrolle recht zufällig geraten zu sein.

Ich hatte die Vermutung geäußert, daß sein verdrängter Wunsch jetzt lauten könnte. er wolle durchaus den Wiwimacher der Mutter sehen. Da sein Benehmen gegen ein neu eingetretenes Hausmädchen dazu stimmt, wird ihm vom Vater die erste Aufklärung erteilt: Frauen haben keinen Wiwimacher. Er reagiert auf diese erste Hilfeleistung mit der Mitteilung einer Phantasie, er habe die Mama gesehen, wie sie ihren Wiwimacher gezeigt habe.[1] Diese Phantasie und eine im Gespräch geäußerte Bemerkung, sein Wiwimacher sei doch angewachsen, gestatten den ersten Einblick in die unbewußten Gedankengänge des Patienten. Er stand wirklich unter dem nachträglichen Eindruck der Kastrationsdrohung der Mutter, die 1¼ Jahre früher vorgefallen war, denn die Phantasie, daß die Mutter das gleiche tue, die gewöhnliche „Retourkutsche" beschuldigter Kinder, soll ja seiner Entlastung dienen; sie ist eine Schutz- und Abwehrphantasie. Indes müssen wir uns sagen, daß es die Eltern waren, welche aus dem in Hans wirksamen pathogenen Material das Thema der Beschäftigung mit dem Wiwimacher hervorgeholt haben. Er ist ihnen darin gefolgt, hat aber noch nicht selbsttätig in die Analyse eingegriffen. Ein therapeutischer Erfolg ist nicht zu beobachten. Die Analyse ist weit weg von den Pferden, und die Mitteilung, daß Frauen keinen Wiwimacher haben, ist durch

---

1) Aus dem Zusammenhange ist zu ergänzen: und dabei berührt habe (S. 267). Er kann ja seinen Wiwimacher nicht zeigen, ohne ihn zu berühren.

ihren Inhalt eher geeignet, seine Besorgnis um die Erhaltung des eigenen Wiwimachers zu steigern.

Es ist aber nicht der therapeutische Erfolg, den wir an erster Stelle anstreben, sondern wir wollen den Patienten in den Stand setzen, seine unbewußten Wunschregungen bewußt zu erfassen. Dies erreichen wir, indem wir auf Grund der Andeutungen, die er uns macht, mit Hilfe unserer Deutekunst den unbewußten Komplex mit unseren Worten vor sein Bewußtsein bringen. Das Stück Ähnlichkeit zwischen dem, was er gehört hat, und dem, was er sucht, das sich selbst, trotz aller Widerstände, zum Bewußtsein durchdrängen will, setzt ihn in den Stand, das Unbewußte zu finden. Der Arzt ist ihm im Verständnisse um ein Stück voraus; er kommt auf seinen eigenen Wegen nach, bis sie sich am bezeichneten Ziel treffen. Anfänger in der Psychoanalyse pflegen diese beiden Momente zu verschmelzen und den Zeitpunkt, in dem ihnen ein unbewußter Komplex des Kranken kenntlich geworden ist, auch für den zu halten, in dem der Kranke ihn erfaßt. Sie erwarten zu viel, wenn sie mit der Mitteilung dieser Erkenntnis den Kranken heilen wollen, während er das Mitgeteilte nur dazu verwenden kann, mit dessen Hilfe den unbewußten Komplex in seinem Unbewußten, dort wo er verankert ist, aufzufinden. Einen ersten Erfolg dieser Art erzielen wir nun bei Hans. Er ist jetzt nach der partiellen Bewältigung des Kastrationskomplexes imstande, seine Wünsche auf die Mutter mitzuteilen, und er tut dies in noch entstellter Form durch die Phantasie von den beiden Giraffen, von denen die eine erfolglos schreit, weil er von der anderen Besitz ergreift. Die Besitzergreifung stellt er unter dem Bilde des Sichdaraufsetzens dar. Der Vater erkennt in dieser Phantasie eine Reproduktion einer Szene, die sich morgens im Schlafzimmer zwischen den Eltern und dem Kinde abgespielt hat, und versäumt nicht, dem Wunsche die ihm noch anhaftende Entstellung abzustreifen. Er und die Mutter sind die beiden Giraffen. Die

Einkleidung in die Giraffenphantasie ist hinreichend determiniert durch den Besuch bei diesen großen Tieren in Schönbrunn wenige Tage vorher, durch die Giraffenzeichnung, die der Vater aus früheren Zeiten aufbewahrt hat, vielleicht auch durch eine unbewußte Vergleichung, die an den langen und steifen Hals der Giraffe anknüpft.[1] Wir merken, daß die Giraffe als großes und durch seinen Wiwimacher interessantes Tier ein Konkurrent der Pferde in ihrer Angstrolle hätte werden können, und auch daß Vater und Mutter beide als Giraffen vorgeführt werden, gibt einen vorläufig noch nicht verwerteten Wink für die Deutung der Angstpferde.

Zwei kleinere Phantasien, die Hans unmittelbar nach der Giraffendichtung bringt, daß er in Schönbrunn sich in einen verbotenen Raum drängt, daß er in der Stadtbahn ein Fenster zerschlägt, wobei beide Male das Strafbare der Handlung betont ist und der Vater als Mitschuldiger erscheint, entziehen sich leider der Deutung des Vaters. Ihre Mitteilung bringt darum auch Hans keinen Nutzen. Aber was so unverstanden geblieben ist, das kommt wieder; es ruht nicht, wie ein unerlöster Geist, bis es zur Lösung und Erlösung gekommen ist.

Das Verständnis der beiden verbrecherischen Phantasien bietet uns keine Schwierigkeiten. Sie gehören zum Komplex des Besitzergreifens von der Mutter. In dem Kinde ringt es wie eine Ahnung von etwas, was er mit der Mutter machen könnte, womit die Besitzergreifung vollzogen wäre, und er findet für das Unfaßbare gewisse bildliche Vertretungen, denen das Gewalttätige, Verbotene gemeinsam ist, deren Inhalt uns so merkwürdig gut zur verborgenen Wirklichkeit zu stimmen scheint. Wir können nur sagen, es sind symbolische Koitusphantasien, und es ist keineswegs nebensächlich, daß der Vater dabei mittut: „Ich möchte mit der Mama etwas tun, etwas Verbotenes, ich weiß nicht was, aber ich weiß, du tust es auch."

---

[1] Dazu stimmt die spätere Bewunderung Hansens für den Hals seines Vaters.

Die Giraffenphantasie hatte bei mir eine Überzeugung verstärkt, die sich bereits bei der Äußerung des kleinen Hans: „Das Pferd wird ins Zimmer kommen", geregt hatte, und ich fand den Moment geeignet, ihm als ein wesentlich zu postulierendes Stück seiner unbewußten Regungen mitzuteilen: seine Angst vor dem Vater wegen seiner eifersüchtigen und feindseligen Wünsche gegen ihn. Damit hatte ich ihm teilweise die Angst vor den Pferden gedeutet, der Vater mußte das Pferd sein, vor dem er sich mit guter innerer Begründung fürchtete. Gewisse Einzelheiten, das Schwarze am Munde und das vor den Augen (Schnurrbart und Augengläser als Vorrechte des erwachsenen Mannes), vor denen Hans Angst äußerte, schienen mir direkt vom Vater auf die Pferde versetzt zu sein.

Mit dieser Aufklärung hatte ich den wirksamsten Widerstand gegen die Bewußtmachung der unbewußten Gedanken bei Hans beseitigt, da ja der Vater selbst die Rolle des Arztes bei ihm spielte. Die Höhe des Zustandes war von da an überschritten, das Material floß reichlich, der kleine Patient zeigte Mut, die Einzelheiten seiner Phobie mitzuteilen, und griff bald selbständig in den Ablauf der Analyse ein.[1]

Man erfährt erst jetzt, vor welchen Objekten und Eindrücken Hans Angst hat. Nicht allein vor Pferden und daß Pferde ihn beißen, davon wird es bald stille, sondern auch vor Wagen, Möbelwagen und Stellwagen, als deren Gemeinsames sich alsbald die schwere Belastung herausstellt, vor Pferden, die sich in Bewegung setzen, Pferden, die groß und schwer aussehen, Pferden, die schnell fahren. Den Sinn dieser Bestimmungen gibt Hans dann selbst an; er hat Angst, daß die Pferde umfallen, und

---

1) Die Angst vor dem Vater spielt noch in den Analysen, die man als Arzt mit Fremden vornimmt, eine der bedeutsamsten Rollen als Widerstand gegen die Reproduktion des unbewußten pathogenen Materials. Die Widerstände sind zum Teil von der Natur der „Motive", überdies ist, wie in diesem Beispiel, ein Stück des unbewußten Materials inhaltlich befähigt, als Hemmung gegen die Reproduktion eines andern Stückes zu dienen.

macht so alles zum Inhalte seiner Phobie, was dies Umfallen der Pferde zu erleichtern scheint.

Es ist gar nicht selten, daß man den eigentlichen Inhalt einer Phobie, den richtigen Wortlaut eines Zwangsimpulses u. dgl. erst nach einem Stücke psychoanalytischer Bemühung zu hören bekommt. Die Verdrängung hat nicht nur die unbewußten Komplexe getroffen, sie richtet sich auch noch fortwährend gegen deren Abkömmlinge und hindert den Kranken an der Wahrnehmung seiner Krankheitsprodukte selbst. Man ist da in der seltsamen Lage, als Arzt der Krankheit zu Hilfe zu kommen, um Aufmerksamkeit für sie zu werben, aber nur wer das Wesen der Psychoanalyse völlig verkennt, wird diese Phase der Bemühung hervorheben und darob eine Schädigung durch die Analyse erwarten. Die Wahrheit ist, daß die Nürnberger keinen henken, den sie nicht zuvor in die Hand bekommen haben, und daß es einiger Arbeit bedarf, um der krankhaften Bildungen, die man zerstören will, habhaft zu werden.

Ich erwähnte schon in den die Krankengeschichte begleitenden Glossen, daß es sehr instruktiv ist, sich so in das Detail einer Phobie zu vertiefen und sich den sicheren Eindruck einer sekundär hergestellten Beziehung zwischen der Angst und ihren Objekten zu holen. Daher das eigentümlich diffuse und dann wiederum so streng bedingte Wesen einer Phobie. Das Material zu diesen Speziallösungen hat sich unser kleiner Patient offenbar aus den Eindrücken geholt, die er infolge der Lage der Wohnung gegenüber dem Hauptzollamte tagsüber vor Augen haben kann. Er verrät auch in diesem Zusammenhang eine jetzt durch die Angst gehemmte Regung, mit den Ladungen der Wagen, dem Gepäcke, den Fässern und Kisten wie die Buben der Gasse zu spielen.

In diesem Stadium der Analyse findet er das an sich nicht bedeutsame Erlebnis wieder, welches dem Ausbruche der Krankheit unmittelbar vorausgegangen ist, und das wohl als die Veranlassung für diesen Ausbruch angesehen werden darf. Er ging mit der Mama spazieren und sah ein Stellwagenpferd umfallen und mit den Füßen zappeln. Dies machte auf ihn einen großen Eindruck. Er erschrak heftig, meinte, das Pferd sei tot; von jetzt ab würden alle Pferde umfallen. Der Vater weist ihn darauf hin, daß er bei dem fallenden Pferde an ihn, den Vater, gedacht und gewünscht haben muß, er solle so fallen und tot sein. Hans sträubt sich nicht gegen diese Deutung; eine Weile später ákzeptiert er durch ein Spiel, das er aufführt, indem er den Vater beißt, die Identifizierung des Vaters mit dem gefürchteten Pferde und benimmt sich von da ab frei und furchtlos, ja, selbst ein wenig übermütig gegen seinen Vater. Die Angst vor Pferden hält aber noch an, und infolge welcher Verkettung das fallende Pferd seine unbewußten Wünsche aufgerührt hat, ist uns noch nicht klar.

Fassen wir zusammen, was sich bisher ergeben hat: Hinter der erst geäußerten Angst, das Pferd werde ihn beißen, ist die tiefer liegende Angst, die Pferde werden umfallen, aufgedeckt worden, und beide, das beißende wie das fallende Pferd, sind der Vater, der ihn strafen wird, weil er so böse Wünsche gegen ihn hegt. Von der Mutter sind wir unterdes in der Analyse abgekommen.

Ganz unerwartet und gewiß ohne Dazutun des Vaters beginnt nun Hans sich mit dem „Lumpfkomplex" zu beschäftigen und Ekel vor Dingen zu zeigen, die ihn an die Stuhlentleerung erinnern. Der Vater, der hier nur ungern mitgeht, setzt mittendrin die Fortsetzung der Analyse durch, wie er sie leiten möchte, und bringt Hans zur Erinnerung eines Erlebnisses in Gmunden, dessen Eindruck sich hinter dem des fallenden Stellwagenpferdes verbarg. Fritzl, sein geliebter Spielgenosse, vielleicht auch sein Konkurrent bei den vielen Gespielinnen, hatte im Pferdespiele mit dem Fuße an einen Stein gestoßen, war umgefallen und der Fuß hatte geblutet. An diesen Unfall hatte das Erlebnis mit dem fallenden Stellwagenpferd erinnert. Es ist bemerkenswert, daß Hans, der zurzeit mit anderen Dingen beschäftigt ist, das Umfallen Fritzls, das den Zusammenhang herstellt, zuerst leugnet, erst in einem späteren Stadium der Analyse zugesteht. Für uns mag es aber interessant sein hervorzuheben, wie sich die Verwandlung von Libido in Angst auf das Hauptobjekt der Phobie, das Pferd, projiziert. Pferde waren ihm die interessantesten großen Tiere, Pferdespiel das liebste Spiel mit seinen kindlichen Genossen. Die Vermutung, daß der Vater ihm zuerst als Pferd gedient hat, wird durch Erkundigung beim Vater bestätigt, und so konnte sich bei dem Unfalle in Gmunden der Person des Vaters die Fritzls substituieren. Nach eingetretenem Verdrängungsumschwunge mußte er sich nun vor den Pferden fürchten, an die er vorher soviel Lust geknüpft hatte.

Aber wir sagten schon, daß wir diese letzte bedeutsame Aufklärung über die Wirksamkeit des Krankheitsanlasses dem Eingreifen des Vaters verdanken. Hans ist bei seinen Lumpfinteressen und wir müssen ihm endlich dorthin folgen. Wir erfahren, daß er sich früher der Mutter als Begleiter aufs Klosett aufzudrängen pflegte, und daß er dies bei der damaligen Stellvertreterin der Mutter, seiner Freundin Berta, wiederholte, bis es bekannt und verboten wurde. Die Lust, bei den Verrichtungen einer geliebten Person zuzuschauen, entspricht auch einer „Triebverschränkung", von der wir bei Hans bereits ein Beispiel bemerkt hatten. Endlich geht auch der Vater auf die Lumpfsymbolik ein und anerkennt eine Analogie zwischen einem schwer beladenen Wagen und einem mit Stuhlmassen belasteten Leibe, der Art, wie der Wagen aus dem Tore hinausfährt, und wie man den Stuhl aus dem Leib entläßt u. dgl.

Die Stellung Hansens in der Analyse hat sich aber gegen frühere Stadien wesentlich geändert. Konnte ihm der Vater früher voraussagen, was kommen würde, bis Hans, der Andeutung folgend, nachgetrabt war, so eilt er jetzt mit sicherem

Schritte voraus und der Vater hat Mühe ihm zu folgen. Hans bringt wie unvermittelt eine neue Phantasie: Der Schlosser oder Installateur hat die Badewanne losgeschraubt, in welcher Hans sich befindet, und ihm dann mit seinem großen Bohrer in den Bauch gestoßen. Von jetzt an hinkt unser Verständnis dem Materiale nach. Wir können erst später erraten, daß dies die angstentstellte Umarbeitung einer Zeugungsphantasie ist. Die große Badewanne, in der Hans im Wasser sitzt, ist der Mutterleib; der „Bohrer", der schon dem Vater als ein großer Penis kenntlich wird, dankt seine Erwähnung dem Geborenwerden. Es klingt natürlich sehr merkwürdig, wenn wir der Phantasie die Deutung geben müssen: Mit deinem großen Penis hast du mich „gebohrt" (zur Geburt gebracht) und mich in den Mutterleib hineingesetzt. Aber vorläufig entgeht die Phantasie der Deutung und dient Hans nur als Anknüpfung zur Fortführung seiner Mitteilungen.

Vor dem Baden in der großen Wanne zeigt Hans eine Angst, die wiederum zusammengesetzt ist. Ein Anteil derselben entgeht uns noch, der andere wird durch eine Beziehung zum Baden der kleinen Schwester alsbald aufgeklärt. Hans gibt den Wunsch zu, daß die Mutter die Kleine beim Baden fallen lassen möge, so daß sie sterbe; seine eigene Angst beim Baden war die vor der Vergeltung für diesen bösen Wunsch, vor der Strafe, daß es ihm so ergehen werde. Er verläßt nun das Thema des Lumpfes und übergeht unmittelbar darauf auf das der kleinen Schwester. Aber wir können ahnen, was diese Aneinanderreihung bedeutet. Nichts anderes, als daß die kleine Hanna selbst ein Lumpf ist, daß alle Kinder Lumpfe sind und wie Lumpfe geboren werden. Wir verstehen nun, daß alle Möbel-, Stell- und Lastwagen nur Storchenkistenwagen sind, auch nur als symbolische Vertretungen der Gravidität Interesse für ihn hatten, und daß er im Umfallen der schweren oder schwer belasteten Pferde nichts anderes gesehen haben kann als eine — Entbindung, ein Nieder-

kommen. Das fallende Pferd war also nicht nur der sterbende
Vater, sondern auch die Mutter in der Niederkunft.

Und nun bringt Hans die Überraschung, auf welche wir in der
Tat nicht vorbereitet waren. Er hat die Gravidität der Mutter, die
ja mit der Geburt der Kleinen endigte, als er $3\,^1/_2$ Jahre war,
bemerkt und sich den richtigen Sachverhalt, wenigstens nach der
Entbindung, konstruiert, wohl ohne ihn zu äußern, vielleicht ohne
ihn äußern zu können; es war damals nur zu beobachten, daß
er unmittelbar nach der Entbindung sich so sehr skeptisch gegen
alle Zeichen, die auf die Anwesenheit des Storches deuten sollten,
benahm. Aber daß er im Unbewußten und ganz im Gegensatze zu seinen offiziellen Reden gewußt, woher das Kind
kam und wo es früher verweilt hatte, das wird durch diese
Analyse gegen jeden Zweifel sicher dargetan; es ist vielleicht das
unerschütterlichste Stück derselben.

Den zwingenden Beweis dafür erbringt die hartnäckig festgehaltene, mit soviel Einzelheiten ausgeschmückte Phantasie, daß
Hanna schon im Sommer vor ihrer Geburt mit ihnen in Gmunden
war, wie sie hingereist ist und damals soviel mehr leisten konnte
als ein Jahr später, nach ihrer Geburt. Die Frechheit, mit der Hans
diese Phantasie vorträgt, die ungezählten tollen Lügen, die er in
sie einflicht, sind beileibe nicht sinnlos; das alles soll seiner Rache
am Vater dienen, dem er wegen der Irreführung durch das Storch-
märchen grollt. Es ist ganz so, als ob er sagen wollte: hast du
mich für so dumm gehalten und mir zugemutet zu glauben, daß
der Storch die Hanna gebracht hat, so kann ich dafür von dir
verlangen, daß du meine Erfindungen für Wahrheit nimmst. In
durchsichtigem Zusammenhange mit diesem Racheakte des kleinen
Forschers an seinem Vater reiht sich nun die Phantasie vom Necken
und Schlagen der Pferde an. Sie ist wiederum doppelt gefügt,
lehnt sich einerseits an die Neckerei an, der er eben den Vater
unterzogen hat, und bringt anderseits jene dunkeln sadistischen
Gelüste gegen die Mutter wieder, die sich, zuerst von uns noch

unverstanden, in den Phantasien vom verbotenen Tun geäußert hatten. Bewußt gesteht er auch die Lust, die Mammi zu schlagen, ein. Nun haben wir nicht mehr viel Rätsel zu erwarten. Eine dunkle Phantasie vom Zugversäumen scheint eine Vorläuferin der späteren Unterbringung des Vaters bei der Großmutter in Lainz zu sein, da sie eine Reise nach Lainz behandelt und die Großmutter in ihr vorkommt. Eine andere Phantasie, in der ein Bub dem Kondukteur 50.000 fl. gibt, damit er ihn mit dem Wagen fahren läßt, klingt fast wie ein Plan, dem Vater, dessen Stärke ja zum Teil in seinem Reichtume liegt, die Mutter abzukaufen. Dann gesteht er den Wunsch, den Vater zu beseitigen, und die Begründung desselben, weil er seine Intimität mit der Mutter störe, mit einer Offenheit ein, zu welcher er es bisher noch nicht gebracht hatte. Wir dürfen uns nicht verwundern, wenn dieselben Wunschregungen im Laufe der Analyse wiederholt auftreten; die Monotonie entsteht nämlich erst durch die angeknüpften Deutungen; für Hans sind es nicht bloße Wiederholungen, sondern fortschreitende Entwicklungen von der schüchternen Andeutung bis zur vollbewußten, von jeder Entstellung freien Klarheit.

Was nun noch folgt, sind solche von Hans ausgehende Bestätigungen der für unsere Deutung bereits gesicherten analytischen Ergebnisse. Er zeigt in einer unzweideutigen Symptomhandlung, die er nur vor dem Hausmädchen, nicht vor dem Vater, leicht verkleidet, wie er sich eine Geburt vorstellt; aber wenn wir genauer zusehen, zeigt er noch mehr, deutet auf etwas hin, was in der Analyse nicht mehr zur Sprache kommt. Durch die runde Lücke im Gummileibe einer Puppe steckt er ein kleines Messerchen hinein, das der Mama gehört, und läßt es wieder herausfallen, indem er ihr die Beine auseinanderreißt. Die darauffolgende Aufklärung durch die Eltern, daß Kinder tatsächlich im Leibe der Mutter wachsen und wie ein Lumpf herausbefördert werden, kommt zu spät; sie kann ihm nichts mehr Neues sagen. Durch eine andere, wie zufällig erfolgende Symptomhandlung gibt er zu, daß er den

Vater tot gewünscht hat, indem er ein Pferd, mit dem er spielt, umfallen läßt, d. h. umwirft, in dem Momente, da der Vater von diesem Todeswunsche spricht. Mit Worten bekräftigt er, daß die schwer beladenen Wagen ihm die Gravidität der Mutter vorstellten, und daß das Umfallen des Pferdes so war, wie wenn man ein Kind bekommt. Die köstlichste Bestätigung in diesem Zusammenhange, der Beweis, daß Kinder „Lumpfe" sind, durch die Erfindung des Namens „Lodi" für sein Lieblingskind kommt nur verspätet zu unserer Kenntnis, denn wir hören, daß er mit diesem Wurstkinde schon die längste Zeit gespielt hat.[1]

Die beiden abschließenden Phantasien Hansens, mit denen seine Herstellung vollkommen wird, haben wir bereits gewürdigt. Die eine, vom Installateur, der ihm einen neuen und, wie der Vater errät, größeren Wiwimacher ansetzt, ist doch nicht bloß die Wiederholung der früheren, die sich mit dem Installateur und der Badewanne beschäftigte. Sie ist eine siegreiche Wunschphantasie und enthält die Überwindung der Kastrationsangst. Die zweite Phantasie, die den Wunsch eingesteht, mit der Mutter verheiratet zu sein und viele Kinder mit ihr zu haben, erschöpft nicht bloß den Inhalt jener unbewußten Komplexe, die sich beim Anblicke des fallenden Pferdes gerührt und Angst entwickelt hatten, — sie korrigiert auch, was an jenen Gedanken schlechterdings unannehmbar war, indem sie, anstatt den Vater zu töten, ihn durch Erhöhung zur Ehe mit der Großmutter unschädlich macht. Mit dieser Phantasie schließen Krankheit und Analyse berechtigterweise ab.

Während der Analyse eines Krankheitsfalles kann man einen anschaulichen Eindruck von der Struktur und Entwicklung der Neurose nicht gewinnen. Es ist das die Sache einer synthetischen

---

1) Ein zunächst befremdender Einfall des genialen Zeichners Th. Th. Heine, der auf einem Blatte im Simplizissimus darstellt, wie das Kind des Selchermeisters in die Wurstmaschine gerät und dann als Würstchen von den Eltern betrauert, eingesegnet wird und gen Himmel fliegt, findet durch die Lodiepisode unserer Analyse seine Zurückführung auf eine infantile Wurzel.

Arbeit, der man sich nachher unterziehen muß. Wenn wir diese Synthese bei der Phobie unseres kleinen Hans unternehmen, so knüpfen wir an die Schilderung seiner Konstitution, seiner leitenden sexuellen Wünsche und seiner Erlebnisse bis zur Geburt der Schwester an, die wir auf früheren Seiten dieser Abhandlung gegeben haben.

Die Ankunft dieser Schwester brachte ihm mehrerlei, was ihn von nun an nicht zur Ruhe kommen ließ. Zunächst ein Stück Entbehrung, zu Anfang eine zeitweilige Trennung von der Mutter und dann später eine dauernde Verminderung ihrer Fürsorge und Aufmerksamkeit, die er mit der Schwester zu teilen sich gewöhnen mußte. Zuzweit eine Wiederbelebung seiner Lusterlebnisse aus der Kinderpflege, hervorgerufen durch all das, was er die Mutter mit der kleinen Schwester vornehmen sah. Aus beiden Einflüssen ergab sich eine Steigerung seiner erotischen Bedürftigkeit, der es an Befriedigung zu mangeln begann. Für den Verlust, den ihm die Schwester gebracht hatte, entschädigt er sich durch die Phantasie, daß er selbst Kinder habe, und solange er (bei seinem zweiten Aufenthalte) in Gmunden mit diesen Kindern wirklich spielen konnte, fand seine Zärtlichkeit genügende Ableitung. Aber nach Wien zurückgekehrt, war er wieder einsam, heftete alle seine Ansprüche an die Mutter und litt weitere Entbehrung, da er seit dem Alter von $4^1/_2$ Jahren aus dem Schlafzimmer der Eltern verbannt worden war. Seine gesteigerte erotische Erregbarkeit äußerte sich nun in Phantasien, welche die Sommergespielen in seine Einsamkeit beschworen, und in regelmäßigen autoerotischen Befriedigungen durch masturbatorische Reizung des Genitales.

Drittens brachte ihm aber die Geburt der Schwester die Anregung zu einer Denkarbeit, die einerseits nicht zur Lösung zu bringen war, anderseits ihn in Gefühlskonflikte verstrickte. Das große Rätsel stellte sich für ihn ein, woher die Kinder kommen, das erste Problem vielleicht, dessen Lösung die Geisteskräfte des Kindes in Anspruch nimmt, von dem das Rätsel der thebanischen

Sphinx wahrscheinlich nur eine Entstellung wiedergibt. Die ihm gebotene Aufklärung, der Storch habe die Hanna gebracht, wies er ab. Er hatte doch bemerkt, daß die Mutter Monate vor der Geburt der Kleinen einen großen Leib bekommen hatte, daß sie dann zu Bett gelegen, bei der Geburt gestöhnt hatte und dann schlank aufgestanden war. Er schloß also, die Hanna sei im Leibe der Mutter gewesen und dann herausgekommen wie ein „Lumpf". Dieses Gebären konnte er sich lustvoll vorstellen, unter Anknüpfung an eigene früheste Lustempfindungen beim Stuhlgange, konnte sich also mit doppelter Motivierung wünschen, selbst Kinder zu haben, um sie mit Lust zu gebären und dann (mit Vergeltungslust gleichsam) zu pflegen. In all dem lag nichts, was ihn zu Zweifel oder zu Konflikt geführt hätte.

Aber es war noch etwas anderes da, was ihn stören mußte. Der Vater mußte etwas mit der Geburt der kleinen Hanna zu tun haben, denn er behauptete, Hanna und er selbst, Hans, seien seine Kinder. Er hatte sie aber gewiß nicht in die Welt gesetzt, sondern die Mama. Dieser Vater war ihm bei der Mutter im Wege. Wenn er da war, konnte er nicht bei der Mutter schlafen, und wenn die Mutter Hans ins Bett nehmen wollte, schrie der Vater. Hans hatte erfahren, wie gut er's bei Abwesenheit des Vaters haben könnte, und der Wunsch, den Vater zu beseitigen, war nur gerechtfertigt. Nun erhielt diese Feindseligkeit eine Verstärkung. Der Vater hatte ihm die Lüge vom Storch erzählt, und es ihm damit unmöglich gemacht, ihn in diesen Dingen um Aufklärung zu bitten. Er hinderte ihn nicht nur, bei der Mutter im Bette zu sein, sondern vorenthielt ihm auch das Wissen, nach dem er strebte. Er benachteiligte ihn nach beiden Richtungen, und dies offenbar zu seinem eigenen Vorteile.

Daß er nun diesen selben Vater, den er als Konkurrenten hassen mußte, seit jeher geliebt hatte und weiter lieben mußte, daß er ihm Vorbild war, sein erster Spielgenosse und gleichfalls sein Pfleger aus den ersten Jahren, das ergab den ersten, zunächst nicht lösbaren Gefühlskonflikt. Wie Hansens Natur sich entwickelt hatte, mußte die Liebe vorläufig die Oberhand behalten und den Haß unterdrücken, ohne ihn aufheben zu können, denn er wurde von der Liebe zur Mutter her immer von neuem gespeist.

Der Vater wußte aber nicht nur, woher die Kinder kommen, er übte es auch wirklich aus, das, was Hans nur dunkel ahnen konnte. Der Wiwimacher mußte etwas damit zu tun haben, dessen Erregung all diese Gedanken begleitete, und zwar ein großer, größer als Hans seinen fand. Folgte man den Empfindungsandeutungen, die sich da ergaben, so mußte es sich um eine Gewalttätigkeit handeln, die man an der Mama verübte, um ein Zerschlagen, ein Öffnungschaffen, ein Eindringen in einen abgeschlossenen Raum, den Impuls dazu konnte das Kind in sich verspüren; aber obwohl es auf dem Wege war, von seinen Penissensationen aus, die Vagina zu postulieren, so konnte es doch das Rätsel nicht lösen, denn so etwas, wie der Wiwimacher es brauchte, bestand ja in seiner Kenntnis nicht; vielmehr stand der Lösung die Überzeugung im Wege, daß die Mama einen Wiwimacher wie er besitze. Der Lösungsversuch, was man mit der Mama anfangen müßte, damit sie Kinder bekomme, versank im Unbewußten, und beiderlei aktive Impulse, der feindselige gegen den Vater wie der sadistisch-zärtliche gegen die Mutter, blieben verwendungslos, der eine infolge der neben dem Hasse vorhandenen Liebe, der andere vermöge der Ratlosigkeit, die sich aus den infantilen Sexualtheorien ergab.

Nur in dieser Weise vermag ich, auf die Resultate der Analyse gestützt, die unbewußten Komplexe und Wunschregungen zu konstruieren, deren Verdrängung und Wiedererweckung die Phobie des kleinen Hans zum Vorscheine brachte. Ich weiß, daß damit dem Denkvermögen eines Kindes zwischen 4 und 5 Jahren viel zugemutet ist, aber ich lasse mich von dem leiten, was wir neu erfahren haben, und halte mich durch die Vorurteile unserer Unwissenheit nicht für gebunden. Vielleicht hätte man die Angst vor dem „Krawallmachen mit den Beinen" benutzen können, um noch Lücken in unserem Beweisverfahren auszufüllen. Hans gab zwar an, es erinnere ihn an das Zappeln mit den Beinen, wenn er gezwungen werden sollte, sein Spiel zu unterbrechen, um Lumpf zu machen, so daß dieses Element der Neurose in Beziehung zu dem Problem gerät, ob die Mama gerne oder nur gezwungen Kinder bekomme, aber ich habe nicht den Eindruck, daß hiemit die volle Aufklärung für das „Krawallmachen mit den Beinen" gegeben ist. Meine Vermutung, daß sich bei dem Kinde eine Reminiszenz an einen von ihm im Schlafzimmer beobachteten sexuellen Verkehr der Eltern geregt habe, konnte der Vater nicht bestätigen. Begnügen wir uns also mit dem, was wir erfahren haben.

Durch welchen Einfluß es in der geschilderten Situation bei Hans zum Umkippen, zur Verwandlung der libidinösen Sehnsucht in Angst gekommen ist, an welchem Ende da die Verdrängung eingesetzt hat, das ist schwer zu sagen und könnte wohl nur durch die Vergleichung mit mehreren ähnlichen Analysen zu entscheiden sein; ob das intellektuelle Unvermögen des Kindes, das schwierige Problem der Kinderzeugung zu lösen und die durch die Annäherung an die Lösung entbundenen aggressiven Impulse zu verwerten, den Ausschlag gab oder ein somatisches Unvermögen, eine Intoleranz seiner Konstitution gegen die regelmäßig geübte masturbatorische Befriedigung, ob die bloße Fortdauer der sexuellen Erregung in so hoher Intensität zum Umschlage führen mußte, das stelle ich als fraglich hin, bis uns weitere Erfahrung zu Hilfe kommt.

Dem Gelegenheitsanlasse für den Ausbruch der Krankheit zu viel Einfluß zuzuschreiben, verbieten die zeitlichen Verhältnisse, denn Andeutungen von Ängstlichkeit waren bei Hans lange vorher, ehe er das Stellwagenpferd auf der Straße umfallen sah, zu beobachten.

Immerhin knüpfte die Neurose direkt an dieses akzidentelle Erlebnis an und bewahrte die Spur desselben in der Erhebung des Pferdes zum Angstobjekt. Eine „traumatische Kraft" kommt diesem Eindrucke an und für sich nicht zu; nur die frühere Bedeutung des Pferdes als Gegenstand der Vorliebe und des Interesses und die Anknüpfung an das traumatisch geeignetere Erlebnis in Gmunden, wie Fritzl beim Pferdespiele umfiel, sowie der leichte Assoziationsweg von Fritzl zum Vater, haben den zufällig beobachteten Unfall mit so großer Wirksamkeit ausgestattet. Ja, wahrscheinlich hätten auch diese Beziehungen nicht ausgereicht, wenn nicht dank der Schmiegsamkeit und der Vieldeutigkeit der Assoziationsverknüpfungen der gleiche Eindruck sich auch geeignet erwiesen hätte, an den zweiten der im Unbewußten bei Hans lauernden Komplexe, an den von der Niederkunft der graviden Mutter, zu rühren. Von da an war der Weg zur Wiederkehr des Verdrängten eröffnet, und nun wurde er in der Weise beschritten, daß das **pathogene Material auf den Pferdekomplex umgearbeitet (transponiert) und die begleitenden Affekte uniform in Angst verwandelt erschienen.**

Bemerkenswerterweise mußte sich der nunmehrige Vorstellungsinhalt der Phobie noch eine Entstellung und Ersetzung gefallen lassen, ehe das Bewußtsein Kenntnis von ihm nahm. Der erste Wortlaut der Angst, den Hans äußerte, war: das Pferd wird mich beißen; er rührt aus einer anderen Szene in Gmunden her, die einerseits Beziehung zum feindseligen Wunsche gegen den Vater hat, anderseits an die Onanieverwarnung erinnert. Es hat sich da ein ablenkender Einfluß geltend gemacht, der vielleicht von den Eltern ausging; ich bin nicht sicher, ob die Berichte über Hans damals sorgfältig genug abgefaßt wurden, um uns entscheiden zu lassen, ob er seiner Angst diesen Ausdruck gegeben, **ehe oder erst nachdem** ihn die Mutter wegen seiner Masturbation zur Rede gestellt hatte. Im Gegensatze zur Darstellung der Krankengeschichte möchte ich das letztere vermuten. Im übrigen ist unverkennbar, daß der feindselige Komplex gegen den Vater bei Hans überall den lüsternen gegen die Mutter verdeckt, sowie er auch in der Analyse zuerst aufgedeckt und erledigt wurde.

In anderen Krankheitsfällen fände sich weit mehr über die Struktur einer Neurose, ihre Entwicklung und Ausbreitung zu sagen, aber die Krankheitsgeschichte unseres kleinen Hans ist sehr kurz; sie wird alsbald nach ihrem Beginne von der Behandlungsgeschichte abgelöst. Wenn die Phobie sich während der Behandlung dann weiter zu entwickeln schien, neue Objekte und neue Bedingungen in ihren Bereich zog, so war der selbst behandelnde Vater natürlich einsichtsvoll genug, darin nur ein Zumvorscheinkommen des bereits Fertigen und nicht eine Neuproduktion, die man der Behandlung zur Last legen könnte, zu erblicken. Auf solche Einsicht darf man dann in anderen Fällen von Behandlung nicht immer rechnen.

Ehe ich diese Synthese für beendigt erkläre, muß ich noch einen andern Gesichtspunkt würdigen, bei dem wir mitten in die Schwierigkeiten der Auffassung neurotischer Zustände geraten werden. Wir sehen, wie unser kleiner Patient von einem wichtigen Verdrängungsschube befallen wird, der gerade seine herrschenden sexuellen Komponenten betrifft.[1] Er entäußert sich der Onanie, er weist mit Ekel von sich, was an Exkremente und an Zuschauen bei den Verrichtungen erinnert. Es sind aber nicht diese Komponenten, welche beim Krankheitsanlasse (beim Anblicke des fallenden Pferdes) angeregt werden, und die das Material für die Symptome, den Inhalt der Phobie, liefern.

Man hat also da Anlaß, eine prinzipielle Unterscheidung aufzustellen. Wahrscheinlich gelangt man zu einem tieferen Verständnisse des Krankheitsfalles, wenn man sich jenen anderen Komponenten zuwendet, welche die beiden letztgenannten Bedingungen erfüllen. Dies sind bei Hans Regungen, die bereits

---

[1] Der Vater hat sogar beobachtet, daß gleichzeitig mit dieser Verdrängung ein Stück Sublimierung bei ihm eintritt. Er zeigt vom Beginne der Ängstlichkeit an ein gesteigertes Interesse für Musik und entwickelt seine hereditäre musikalische Begabung.

vorher unterdrückt waren und sich, soviel wir erfahren, niemals ungehemmt äußern konnten, feindselig-eifersüchtige Gefühle gegen den Vater und sadistische, Koitusahnungen entsprechende, Antriebe gegen die Mutter. In diesen frühzeitigen Unterdrückungen liegt vielleicht die Disposition für die spätere Erkrankung. Diese aggressiven Neigungen haben bei Hans keinen Ausweg gefunden, und sobald sie in einer Zeit der Entbehrung und gesteigerten sexuellen Erregung verstärkt hervorbrechen wollen, entbrennt jener Kampf, den wir die „Phobie" nennen. Während derselben dringt ein Teil der verdrängten Vorstellungen als Inhalt der Phobie, entstellt und auf einen anderen Komplex überschrieben, ins Bewußtsein; aber kein Zweifel, daß dies ein kümmerlicher Erfolg ist. Der Sieg verbleibt der Verdrängung, die bei dieser Gelegenheit auf andere als die vordringliche Komponente übergreift. Das ändert nichts daran, daß das Wesen des Krankheitszustandes durchaus an die Natur der zurückzuweisenden Triebkomponenten gebunden bleibt. Absicht und Inhalt der Phobie ist eine weitgehende Einschränkung der Bewegungsfreiheit, sie ist also eine machtvolle Reaktion gegen die dunklen Bewegungsimpulse, die sich besonders gegen die Mutter wenden wollten. Das Pferd war für den Knaben immer das Vorbild der Bewegungslust („Ich bin ein junges Pferd", sagt Hans im Herumspringen), aber da diese Bewegungslust den Koitusimpuls einschließt, wird die Bewegungslust von der Neurose eingeschränkt und das Pferd zum Sinnbild des Schreckens erhoben. Es scheint, daß den verdrängten Trieben in der Neurose nichts anderes verbleibt als die Ehre, der Angst im Bewußtsein die Vorwände zu liefern. Aber so deutlich auch der Sieg der Sexualablehnung in der Phobie ist, so läßt doch die Kompromißnatur der Krankheit nicht zu, daß das Verdrängte nichts anderes erreiche. Die Phobie vor dem Pferde ist doch wieder ein Hindernis, auf die Gasse zu gehen, und kann als Mittel dienen, um bei der geliebten Mutter im Hause zu bleiben. Darin hat sich also die Zärtlichkeit für die

Mutter siegreich durchgesetzt; der Liebhaber klammert sich infolge der Phobie an sein geliebtes Objekt, aber freilich ist nun dafür gesorgt, daß er unschädlich bleibt. In diesen beiden Wirkungen offenbart sich die eigentliche Natur einer neurotischen Erkrankung.

Alf. Adler hat kürzlich in einer gedankenreichen Arbeit,[1] der ich vorhin die Bezeichnung Triebverschränkung entnommen habe, ausgeführt, daß die Angst durch die Unterdrückung des von ihm sogenannten „Aggressionstriebes" entstehe, und in weitumfassender Synthese diesem Triebe die Hauptrolle im Geschehen, „im Leben und in der Neurose" zugewiesen. Wenn wir zum Schlusse gelangt sind, daß in unserem Falle von Phobie die Angst durch die Verdrängung jener Aggressionsneigungen, der feindseligen gegen den Vater und der sadistischen gegen die Mutter, zu erklären sei, scheinen wir eine eklatante Bestätigung für die Anschauung Adlers erbracht zu haben. Und doch kann ich derselben, die ich für eine irreführende Verallgemeinerung halte, nicht beipflichten. Ich kann mich nicht entschließen, einen besonderen Aggressionstrieb neben und gleichberechtigt mit den uns vertrauten Selbsterhaltungs- und Sexualtrieben anzunehmen.[2] Es scheint mir, daß Adler einen allgemeinen und unerläßlichen Charakter aller Triebe, eben das „Triebhafte", Drängende in ihnen, was wir als die Fähigkeit, der Motilität Anstoß zu geben, beschreiben können, zu einem besonderen Triebe mit Unrecht hypostasiert habe. Von den anderen Trieben erübrigte dann nichts anderes als die Beziehung zu einem Ziele, nachdem ihnen die Beziehung zu den

---

1) S. o.
2) [*Zusatz 1923:*] Das im Text Stehende ist zu einer Zeit geschrieben worden, da Adler noch auf dem Boden der Psychoanalyse zu stehen schien, vor seiner Aufstellung des männlichen Protests und seiner Verleugnung der Verdrängung. Ich habe seither auch einen „Aggressionstrieb" statuieren müssen, der nicht mit dem Adler'schen zusammenfällt. Ich ziehe es vor, ihn „Destruktions- oder „Todestrieb" zu heißen („Jenseits des Lustprinzips", „Das Ich und das Es"). Sein Gegensatz zu den libidinösen Trieben kommt in der bekannten Polarität von Lieben und Hassen zum Ausdruck. Auch mein Widerspruch gegen die Adler'sche Aufstellung, die einen allgemeinen Charakter der Triebe überhaupt zu Gunsten eines einzigen beeinträchtigt, bleibt aufrecht.

Mitteln, dieses Ziel zu erreichen, durch den „Aggressionstrieb"
abgenommen wird; trotz all der Unsicherheit und Ungeklärtheit
unserer Trieblehre, möchte ich vorläufig an der gewohnten Auffassung festhalten, welche jedem Triebe sein eigenes Vermögen,
aggressiv zu werden, beläßt, und in den beiden bei unserem Hans
zur Verdrängung gelangenden Trieben würde ich altbekannte
Komponenten der sexuellen Libido erkennen.

3

Ehe ich nun in die voraussichtlich kurz gehaltenen Erörterungen eintrete, was aus der Phobie des kleinen Hans allgemein Wertvolles für Kinderleben und Kindererziehung zu
entnehmen ist, muß ich dem lange aufgesparten Einwande begegnen, der uns mahnt, daß Hans ein Neurotiker, Hereditarier,
Dégénéré ist, kein normales Kind, von dem aus auf andere
Kinder übertragen werden darf. Es tut mir lange schon leid,
daran zu denken, wie alle die Bekenner des „Normalmenschen"
unseren armen kleinen Hans mißhandeln werden, nachdem sie
erst erfahren haben, daß ihm tatsächlich hereditäre Belastung
nachgewiesen werden kann. Seiner schönen Mutter, die in einem
Konflikte ihrer Mädchenzeit neurotisch erkrankte, hatte ich
damals Hilfe geleistet, und dies war sogar der Anfang meiner
Beziehungen zu seinen Eltern. Ich getraue mich nur ganz
schüchtern, einiges zu seinen Gunsten vorzubringen.

Zunächst, daß Hans nicht das ist, was man sich nach der
strengen Observanz unter einem degenerierten, zur Nervosität
erblich bestimmten Kinde vorstellen würde, sondern vielmehr
ein körperlich wohlgebildeter, heiterer, liebenswürdiger und geistig
reger Geselle, an dem nicht nur der eigene Vater seine Freude
haben kann. An seiner sexuellen Frühreife freilich ist kein
Zweifel, aber es fehlt da viel Vergleichsmaterial zum richtigen
Urteile. Aus einer Sammeluntersuchung aus amerikanischer Quelle
habe ich z. B. ersehen, daß ähnlich frühe Objektwahl und Liebes-

empfinden bei Knaben nicht gar so selten angetroffen wird, und aus der Kindergeschichte von später als „groß" erkannten Männern weiß man das nämliche, so daß ich meinen möchte, die sexuelle Frühreife sei ein selten fehlendes Korrelat der intellektuellen, und darum bei begabten Kindern häufiger anzutreffen, als man erwarten sollte.

Ferner mache ich in meiner eingestandenen Parteilichkeit für den kleinen Hans geltend, daß er nicht das einzige Kind ist, das zu irgend einer Zeit seiner Kinderjahre von Phobien befallen wird. Solche Erkrankungen sind bekanntlich ganz außerordentlich häufig, auch bei Kindern, deren Erziehung an Strenge nichts zu wünschen übrig läßt. Die betreffenden Kinder werden später entweder neurotisch, oder sie bleiben gesund. Ihre Phobien werden in der Kinderstube niedergeschrien, weil sie der Behandlung unzugänglich und gewiß sehr unbequem sind. Sie lassen dann im Laufe von Monaten oder Jahren nach, heilen anscheinend; welche psychischen Veränderungen eine solche Heilung bedingt, welche Charakterveränderungen mit ihr verknüpft sind, darin hat niemand Einsicht. Wenn man dann einmal einen erwachsenen Neurotiker in psychoanalytische Behandlung nimmt, der, nehmen wir an, erst in reifen Jahren manifest erkrankt ist, so erfährt man regelmäßig, daß seine Neurose an jene Kinderangst anknüpft, die Fortsetzung derselben darstellt, und daß also eine unausgesetzte, aber auch ungestörte psychische Arbeit sich von jenen Kinderkonflikten an durchs Leben fortgesponnen hat, ohne Rücksicht darauf, ob deren erstes Symptom Bestand hatte oder unter dem Drange der Verhältnisse zurückgezogen wurde. Ich meine also, unser Hans ist vielleicht nicht stärker erkrankt gewesen als so viele andere Kinder, die nicht als „Degenerierte" gebrandmarkt werden; aber da er ohne Einschüchterung, mit möglichster Schonung und möglichst geringem Zwang erzogen wurde, hat sich seine Angst kühner hervorgewagt. Die Motive des schlechten Gewissens und der Furcht vor der Strafe haben ihr gefehlt, die sonst gewiß zu ihrer Verkleinerung beitragen. Mir will scheinen, wir geben zu viel auf Symptome und kümmern uns zu wenig um das, woraus sie hervorgehen. In der Kindererziehung gar wollen wir nichts anderes als in Ruhe gelassen werden, keine Schwierigkeiten erleben, kurz, das brave Kind züchten und achten sehr wenig darauf, ob dieser Entwicklungsgang dem Kinde auch frommt Ich könnte mir also vorstellen, daß es heilsam für unseren Hans war, diese Phobie produziert zu haben, weil sie die Aufmerksamkeit der Eltern auf die unvermeidlichen Schwierigkeiten lenkte, welche die Überwindung der angeborenen Triebkomponenten in der Kulturerziehung dem Kinde bereiten muß, und weil diese seine Störung die Hilfeleistung des Vaters nach sich zog. Vielleicht hat er nun vor anderen Kindern das voraus, daß er nicht mehr jenen Keim verdrängter Komplexe in sich trägt, der fürs spätere Leben jedesmal etwas bedeuten muß, der gewiß Charakterverbildung in irgend einem Ausmaße mit sich bringt, wenn nicht die Disposition zu einer späteren Neurose. Ich bin geneigt, so zu denken, aber ich weiß nicht, ob noch viele andere mein Urteil teilen werden, weiß auch nicht, ob die Erfahrung mir recht geben wird.

Ich muß aber fragen, was hat nun bei Hans das Anslichtziehen der nicht nur von den Kindern verdrängten, sondern auch von den Eltern gefürchteten Komplexe geschadet? Hat der Kleine nun etwa Ernst gemacht mit seinen Ansprüchen auf die Mutter, oder sind an Stelle der bösen Absichten gegen den Vater Tätlichkeiten getreten? Sicherlich werden das viele befürchtet haben, die das Wesen der Psychoanalyse verkennen und meinen, man verstärke die bösen Triebe, wenn man sie bewußt mache. Diese Weisen handeln dann nur konsequent, wenn sie um Gotteswillen von jeder Beschäftigung mit den bösen Dingen abraten, die hinter den Neurosen stecken. Sie vergessen dabei allerdings, daß sie Ärzte sind, und geraten in eine fatale Ähnlichkeit mit Shakespeares Holzapfel in „Viel Lärm um nichts", der der ausgeschickten Wache gleichfalls den Rat gibt, sich von jeder Berührung mit den etwa angetroffenen Dieben, Einbrechern recht fernzuhalten. Solches Gesindel sei kein Umgang für ehrliche Leute.[1]

Die einzigen Folgen der Analyse sind vielmehr, daß Hans gesund wird, sich vor Pferden nicht mehr fürchtet, und daß er mit seinem Vater, wie dieser belustigt mitteilt, eher familär verkehrt. Aber was der Vater an Respekt etwa einbüßt, das gewinnt er an Vertrauen zurück: „Ich hab' geglaubt, du weißt alles, weil du das vom Pferd gewußt hast." Die Analyse macht nämlich den Erfolg der Verdrängung nicht rückgängig; die Triebe, die damals unterdrückt wurden, bleiben die unterdrückten, aber sie erreicht diesen Erfolg auf anderem Weg, ersetzt den Prozeß der Verdrängung, der ein automatischer und exzessiver ist, durch die maß- und zielvolle Bewältigung mit Hilfe der höchsten seelischen Instanzen, mit einem Worte: sie ersetzt die Verdrängung durch die Verurteilung. Sie scheint uns den lang gehegten Beweis zu erbringen, daß das Bewußtsein eine biologische Funktion hat, daß mit seinem Insspieltreten ein bedeutsamer Vorteil verbunden ist.[2]

Hätte ich allein die Verfügung darüber gehabt, so hätte ich's gewagt, dem Kinde auch noch die eine Aufklärung zu geben, welche ihm von den Eltern vorenthalten wurde. Ich hätte seine triebhaften Ahnungen bestätigt, indem ich ihm von der Existenz

---

[1] Ich kann die verwunderte Frage hier nicht unterdrücken, woher diese Gegner meiner Anschauungen ihr so sicher vorgetragenes Wissen beziehen, ob die verdrängten Sexualtriebe eine Rolle in der Ätiologie der Neurosen spielen und welche, wenn sie den Patienten den Mund verschließen, sobald sie von ihren Komplexen und deren Abkömmlingen zu reden beginnen? Meine und meiner Anhänger Mitteilungen sind ja dann die einzige Wissenschaft, die ihnen zugänglich bleibt.

[2] [Zusatz 1923:] Ich gebrauche hiedurch das Wort Bewußtsein in einem Sinne, den ich später vermieden habe, für unser normales bewußtseinsfähiges Denken. Wir wissen, daß auch solche Denkprozesse vorbewußt vor sich gehen können und tun gut, deren „Bewußtsein" rein phänomenologisch zu werten. Natürlich wird der Erwartung, auch das Bewußtwerden erfülle eine biologische Funktion, hiemit nicht widersprochen.

der Vagina und des Koitus erzählt hätte, so den ungelösten Rest um ein weiteres Stück verkleinert und seinem Fragedrang ein Ende gemacht. Ich bin überzeugt, er hätte weder die Liebe zur Mutter noch sein kindliches Wesen infolge dieser Aufklärungen verloren und hätte eingesehen, daß seine Beschäftigung mit diesen wichtigen, ja imposanten Dingen nun ruhen muß, bis sich sein Wunsch, groß zu werden, erfüllt hat. Aber das pädagogische Experiment wurde nicht so weit geführt.

Daß man zwischen „nervösen" und „normalen" Kindern und Erwachsenen keine scharfe Grenze ziehen darf, daß „Krankheit" ein rein praktischer Summationsbegriff ist, daß Disposition und Erleben zusammentreffen müssen, um die Schwelle für die Erreichung dieser Summation überschreiten zu lassen, daß infolgedessen fortwährend viele Individuen aus der Klasse der Gesunden in die der nervös Kranken übertreten und eine weit geringere Anzahl den Weg auch in umgekehrter Richtung macht, das sind Dinge, die so oft gesagt worden sind und soviel Anklang gefunden haben, daß ich mit ihrer Behauptung gewiß nicht allein stehe. Daß die Erziehung des Kindes einen mächtigen Einfluß geltend machen kann, zugunsten oder ungunsten der bei dieser Summation in Betracht kommenden Krankheitsdisposition, ist zum mindesten sehr wahrscheinlich, aber was die Erziehung anzustreben und wo sie einzugreifen hat, das erscheint noch durchaus fragwürdig. Sie hat sich bisher immer nur die Beherrschung, oft richtiger Unterdrückung der Triebe zur Aufgabe gestellt; der Erfolg war kein befriedigender und dort, wo es gelang, geschah es zum Vorteil einer kleinen Anzahl bevorzugter Menschen, von denen Triebunterdrückung nicht gefordert wird. Man fragte auch nicht danach, auf welchem Wege und mit welchen Opfern die Unterdrückung der unbequemen Triebe erreicht wurde. Substituiert man dieser Aufgabe eine andere, das Individuum mit der geringsten Einbuße an seiner Aktivität kulturfähig und sozial verwertbar zu machen, so haben die durch die Psychoanalyse gewonnenen Aufklärungen über die Herkunft der pathogenen Komplexe und über den Kern einer jeden Neurose eigentlich den Anspruch, vom Erzieher als unschätzbare Winke für sein Benehmen gegen das Kind gewürdigt zu werden. Welche praktischen Schlüsse sich hieraus ergeben, und inwieweit die Erfahrung die Anwendung derselben innerhalb unserer sozialen Verhältnisse rechtfertigen kann, dies überlasse ich anderen zur Erprobung und Entscheidung.

Ich kann von der Phobie unseres kleinen Patienten nicht Abschied nehmen, ohne die Vermutung auszusprechen, welche mir deren zur Heilung führende Analyse besonders wertvoll macht. Ich habe aus dieser Analyse, streng genommen, nichts Neues erfahren, nichts, was ich nicht schon, oft in weniger deutlicher und mehr vermittelter Weise, bei anderen im reifen Alter behandelten Patienten hatte erraten können. Und da die Neurosen dieser anderen Kranken jedesmal auf die nämlichen infantilen Komplexe zurückzuführen waren, die sich hinter der Phobie Hansens aufdecken ließen, bin ich versucht, für diese Kinderneurose eine typische und vorbildliche Bedeutung in Anspruch zu nehmen, als ob die Mannigfaltigkeit der neurotischen Verdrängungserscheinungen und die Reichhaltigkeit des pathogenen Materials einer Ableitung von sehr wenigen Prozessen an den nämlichen Vorstellungskomplexen nicht im Wege stünden.

BEMERKUNGEN ÜBER EINEN FALL VON ZWANGSNEUROSE

Die nachstehenden Blätter werden zweierlei enthalten: erstens fragmentarische Mitteilungen aus der Krankengeschichte eines Falles von Zwangsneurose, welcher nach seiner Dauer, seinen Schädigungsfolgen und nach subjektiver Wertung zu den ziemlich schweren gezählt werden konnte, und dessen Behandlung durch etwa ein Jahr zunächst die völlige Herstellung der Persönlichkeit und die Aufhebung ihrer Hemmungen erzielte. Zweitens aber in Anknüpfung an diesen und in Anlehnung an andere früher analysierte Fälle einzelne aphoristische Angaben über die Genese und den feineren Mechanismus der seelischen Zwangsvorgänge, durch welche meine im Jahre 1896 veröffentlichten ersten Darstellungen weitergeführt werden sollen.[1]

Eine derartige Inhaltsangabe scheint mir selbst einer Rechtfertigung bedürftig, damit man nicht etwa glaube, ich hielte diese Art und Weise der Mitteilung für untadelhaft und nachahmenswert, während ich in Wirklichkeit nur Hemmungen äußerlicher und inhaltlicher Natur Rechnung trage und gerne mehr gegeben hätte, wenn ich nur dürfte und könnte. Die vollständige Behandlungsgeschichte kann ich nämlich nicht mitteilen, weil sie ein Eingehen auf die Lebensverhältnisse meines Patienten im einzelnen erfordern würde. Die belästigende Aufmerksamkeit einer Großstadt, die sich auf meine ärztliche Tätigkeit ganz besonders richtet, verbietet mir eine wahrheitsgetreue Darstellung; Entstellungen aber, mit denen man sich sonst zu behelfen pflegt,

---

[1] Weitere Bemerkungen über die Abwehr-Neuropsychosen. (II. Wesen und Mechanismus der Zwangsneurose.) Enthalten in Bd. I dieser Gesamtausgabe.

finde ich immer mehr unzweckmäßig und verwerflich. Sind sie geringfügig, so erfüllen sie den Zweck nicht, den Patienten vor indiskreter Neugierde zu schützen, und gehen sie weiter, so kosten sie zu große Opfer, indem sie das Verständnis der gerade an die kleinen Realien des Lebens geknüpften Zusammenhänge zerstören. Aus diesem letzteren Umstand ergibt sich dann der paradoxe Sachverhalt, daß man weit eher die intimsten Geheimnisse eines Patienten der Öffentlichkeit preisgeben darf, bei denen er doch unerkannt bleibt, als die harmlosesten und banalsten Bestimmungen seiner Person, mit denen er allen bekannt ist, und die ihn für alle kenntlich machen würden.

Entschuldige ich so die arge Verkürzung der Kranken- und Behandlungsgeschichte, so steht mir für die Beschränkung auf einzelne Ergebnisse aus der psychoanalytischen Untersuchung der Zwangsneurose eine noch triftigere Aufklärung zu Gebote. Ich bekenne, daß es mir bisher noch nicht gelungen ist, das komplizierte Gefüge eines schweren Falles von Zwangsneurose restlos zu durchschauen, und daß ich es nicht zustande brächte, diese analytisch erkannte oder geahnte Struktur durch die Auflagerungen der Behandlung hindurch anderen in der Wiedergabe der Analyse sichtbar zu machen. Es sind die Widerstände der Kranken und die Formen von deren Äußerung, welche letztere Aufgabe so sehr erschweren; aber man muß sagen, daß das Verständnis einer Zwangsneurose an und für sich nichts leichtes ist, viel schwerer als das eines Falles von Hysterie. Eigentlich sollte man das Gegenteil erwarten. Die Mittel, durch welche die Zwangsneurose ihre geheimen Gedanken zum Ausdruck bringt, die Sprache der Zwangsneurose ist gleichsam nur ein Dialekt der hysterischen Sprache, aber ein Dialekt, in welchen uns die Einfühlung leichter gelingen müßte, weil er dem Ausdrucke unseres bewußten Denkens verwandter ist als der hysterische. Er enthält vor allem nicht jenen Sprung aus dem Seelischen in die somatische Innervation, — die hysterische Konversion, — den wir mit unserem Begreifen doch niemals mitmachen können.

Vielleicht trägt auch nur unsere geringere Vertrautheit mit der Zwangsneurose die Schuld daran, daß die Wirklichkeit jene Erwartung nicht bestätigt. Die Zwangsneurotiker schweren Kalibers stellen sich der analytischen Behandlung weit seltener als die Hysteriker. Sie dissimulieren auch im Leben ihre Zustände, so lange es angeht, und kommen zum Arzt häufig erst in so vorgeschrittenen Stadien des Leidens, wie sie bei der Lungentuberkulose z. B. die Aufnahme in eine Heilstätte ausschließen würden. Ich ziehe aber diesen Vergleich heran, weil wir bei den leichten und den schweren, aber frühzeitig bekämpften Fällen der Zwangsneurose, ganz ähnlich wie bei jener chronischen Infektionskrankheit, auf eine Reihe glänzender Heilerfolge hinweisen können.

Unter solchen Umständen bleibt nichts anderes möglich, als die Dinge so unvollkommen und so unvollständig mitzuteilen, wie man sie weiß und weiter sagen darf. Die hier gebotenen, mühselig genug zutage geförderten Brocken von Erkenntnis mögen an sich wenig befriedigend wirken, aber die Arbeit anderer Untersucher mag an sie anschließen, und der gemeinsamen Bemühung kann die Leistung gelingen, die für den einzelnen vielleicht zu schwer ist.

I

AUS DER KRANKENGESCHICHTE

Ein jüngerer Mann von akademischer Bildung führt sich mit der Angabe ein, er leide an Zwangsvorstellungen schon seit seiner Kindheit, besonders stark aber seit vier Jahren. Hauptinhalt seines Leidens seien Befürchtungen, daß zwei Personen, die er sehr liebe, etwas geschehen werde, dem Vater und einer Dame, die er verehre. Außerdem verspüre er Zwangsimpulse, wie z. B. sich mit einem Rasiermesser den Hals abzuschneiden, und produziere Verbote, die sich auch auf gleichgültige Dinge beziehen. Er habe durch den Kampf gegen seine Ideen Jahre verloren und sei darum im Leben zurückgeblieben. Von den versuchten Kuren habe ihm nichts genützt als eine Wasserbehandlung in einer Anstalt bei **; diese aber wohl nur darum, weil er dort eine Bekanntschaft machte, die zu regelmäßigem Sexualverkehr führte. Hier habe er keine solche Gelegenheit, verkehre selten und in unregelmäßigen Intervallen. Vor Prostituierten empfinde er Ekel. Sein Sexualleben sei überhaupt kümmerlich gewesen, Onanie habe nur eine geringe Rolle gespielt, im 16. oder 17. Jahre. Seine Potenz sei normal; erster Koitus mit 26 Jahren.

Er macht den Eindruck eines klaren, scharfsinnigen Kopfes. Von mir befragt, was ihn veranlasse, die Auskünfte über sein Sexualleben in den Vordergrund zu rücken, antwortet er, das sei dasjenige, was er von meinen Lehren wisse. Er habe sonst nichts von meinen Schriften gelesen, aber vor kurzem beim Blättern in einem Buche von mir die Aufklärung sonderbarer Wortverknüpfungen gefunden,[1] die ihn so sehr an seine eigenen „Denkarbeiten" mit seinen Ideen gemahnt hätten, daß er beschlossen habe, sich mir anzuvertrauen.

a) Die Einleitung der Behandlung

Nachdem ich ihn am nächsten Tage auf die einzige Bedingung der Kur verpflichtet, alles zu sagen, was ihm durch den Kopf gehe, auch wenn es ihm **unangenehm** sei, auch wenn es ihm **unwichtig, nicht dazu gehörig** oder **unsinnig** erscheine, und ihm freigestellt, mit welchem Thema er seine Mitteilungen eröffnen wolle, beginnt er wie folgt:[2]

Er habe einen Freund, den er außerordentlich hochstelle. Zu dem gehe er immer, wenn ihn ein verbrecherischer Impuls plage, und frage ihn, ob er ihn als Verbrecher verachte. Der Freund halte ihn aufrecht, indem er ihm versichere, daß er ein tadelloser Mensch sei, der sich wahrscheinlich von Jugend auf gewöhnt habe, sein Leben unter solchen Gesichtspunkten zu betrachten. Einen ähnlichen Einfluß habe früher einmal ein anderer auf ihn geübt, ein Student, der 19 Jahre alt war, während er 14 oder 15 Jahre war, der Gefallen an ihm fand und sein Selbstgefühl außerordentlich hob, so daß er sich als Genie vorkommen durfte. Dieser Student wurde später sein Hauslehrer und änderte dann plötzlich sein Benehmen, indem er ihn zum Trottel herabsetzte. Er merkte endlich, daß jener sich für eine seiner Schwestern interessierte und sich mit ihm nur eingelassen habe, um Zutritt ins Haus zu gewinnen. Es war dies die erste große Erschütterung seines Lebens.

---

1) Zur Psychopathologie des Alltagslebens (1905, 10. Aufl. 1924; enthalten in Bd. IV dieser Gesamtausgabe).

2) Redigiert nach der Niederschrift am Abend des Behandlungstages in möglichster Anlehnung an die erinnerten Reden des Patienten. — Ich kann nur davor warnen, die Zeit der Behandlung selbst zur Fixierung des Gehörten zu verwenden. Die Ablenkung der Aufmerksamkeit des Arztes bringt dem Kranken mehr Schaden, als durch den Gewinn an Reproduktionstreue in der Krankengeschichte entschuldigt werden kann.

Er fährt dann wie unvermittelt fort:

b) Die infantile Sexualität

„Mein Sexualleben hat sehr früh begonnen. Ich erinnere mich einer Szene aus meinem 4. bis 5. Jahre (vom 6. Jahre an ist meine Erinnerung überhaupt vollständig), die mir Jahre später klar aufgetaucht ist. Wir hatten eine sehr schöne, junge Gouvernante, Fräulein Peter.[1] Die lag eines Abends leicht bekleidet auf dem Sofa und las; ich lag neben ihr und bat sie um die Erlaubnis, unter ihre Röcke zu kriechen. Sie erlaubte es, wenn ich niemand etwas davon sagen würde. Sie hatte wenig an und ich betastete sie an den Genitalien und am Leibe, der mir kurios vorkam. Seitdem blieb mir eine brennende, peinigende Neugierde, den weiblichen Körper zu sehen. Ich weiß noch, mit welcher Spannung ich im Bade, wohin ich noch mit dem Fräulein und den Schwestern gehen durfte, darauf wartete, bis das Fräulein ausgekleidet ins Wasser stieg. An mehr erinnere ich mich vom 6. Jahre an. Wir hatten dann ein anderes Fräulein, auch jung und schön, die Abszesse am Gesäß hatte, welche sie abends auszudrücken pflegte. Ich lauerte auf diesen Moment, um meine Neugierde zu stillen. Ebenso im Bade, obwohl Fräulein Lina zurückhaltender war als die erste. (Auf eine Zwischenfrage: Ich schlief nicht regelmäßig in ihrem Zimmer, meist bei den Eltern.) Ich erinnere eine Szene, bei der ich 7 Jahre gewesen sein muß.[2] Wir saßen am Abend, das Fräulein, die Köchin, ein

---

[1] Der frühere Analytiker Dr. Alfred Adler gedachte einmal in einem privaten Vortrag der besonderen Bedeutung, welche den allerersten Mitteilungen der Patienten zukommt. Hier ein Beleg dafür. Die einleitenden Worte des Patienten betonen den Einfluß, den Männer auf ihn ausüben, die Rolle der homosexuellen Objektwahl in seinem Leben, und lassen gleich darauf ein zweites Motiv anklingen, welches später bedeutsam hervortreten wird, den Konflikt und Interessengegensatz zwischen Mann und Weib. Auch daß er die erste schöne Gouvernante mit ihrem Familiennamen erinnert, welcher zufällig einem männlichen Vornamen gleicht, ist in diesen Zusammenhang aufzunehmen. In Wiener Bürgerkreisen pflegt man eine Gouvernante häufiger bei ihrem Vornamen zu nennen und behält eher diesen im Gedächtnis.

[2] Er gibt später die Wahrscheinlichkeit zu, daß diese Szene 1 bis 2 Jahre später vorfiel.

anderes Mädchen, ich und mein um 1½ Jahre jüngerer Bruder beisammen. Ich vernahm plötzlich aus dem Gespräch der Mädchen, wie Fräulein Lina sagte: Mit dem Kleinen könne man das schon machen, aber der Paul (ich) sei zu ungeschickt, er werde gewiß daneben fahren. Ich verstand nicht klar, was gemeint war, verstand aber die Zurücksetzung und begann zu weinen. Lina tröstete mich und erzählte mir, daß ein Mädchen, welches etwas derartiges mit einem ihr anvertrauten Buben gemacht hatte, für mehrere Monat eingesperrt worden sei. Ich glaube nicht, daß sie etwas Unrechtes mit mir angestellt hat, aber ich nahm mir viel Freiheiten gegen sie heraus. Wenn ich zu ihr ins Bett kam, deckte ich sie auf und rührte sie an, was sie sich ruhig gefallen ließ. Sie war nicht sehr intelligent und offenbar geschlechtlich sehr bedürftig. 23 Jahre alt, hatte sie schon ein Kind gehabt, dessen Vater sie später heiratete, so daß sie heute Frau Hofrat heißt. Ich sehe sie noch oft auf der Straße."

„Ich habe schon mit 6 Jahren an Erektionen gelitten und weiß, daß ich einmal zur Mutter ging, um mich darüber zu beklagen. Ich weiß auch, daß ich dabei Bedenken zu überwinden hatte, denn ich ahnte den Zusammenhang mit meinen Vorstellungen und meiner Neugierde und hatte damals eine Zeitlang die krankhafte Idee, die Eltern wüßten meine Gedanken, was ich mir so erklärte, daß ich sie ausgesprochen, ohne es aber selbst zu hören. Ich sehe hierin den Beginn meiner Krankheit. Es gab Personen, Mädchen, die mir sehr gefielen, und die ich mir dringendst nackt zu sehen wünschte. Ich hatte aber bei diesen Wünschen ein unheimliches Gefühl, als müßte etwas geschehen, wenn ich das dächte, und ich müßte allerlei tun, um es zu verhindern."

(Als Probe dieser Befürchtungen gibt er auf Befragen an: Z. B. mein Vater würde sterben.) „Gedanken an den Tod des Vaters haben mich frühzeitig und durch lange Zeit beschäftigt und sehr traurig gestimmt."

Ich vernehme bei dieser Gelegenheit mit Erstaunen, daß sein Vater, um den sich doch seine heutigen Zwangsbefürchtungen kümmern, schon vor mehreren Jahren gestorben ist. Was unser Patient in der ersten Stunde der Behandlung aus seinem 6. oder 7. Jahre schildert, ist nicht nur, wie er meint, der Beginn der Krankheit, sondern bereits die Krankheit selbst. Eine vollständige Zwangsneurose, der kein wesentliches Element mehr abgeht, zugleich der Kern und das Vorbild des späteren Leidens, der Elementarorganismus gleichsam, dessen Studium allein uns das Verhältnis der komplizierten Organisation der heutigen Erkrankung vermitteln kann. Wir sehen das Kind unter der Herrschaft einer sexuellen Triebkomponente, der Schaulust, deren Ergebnis der mit großer Intensität immer wieder von neuem auftretende Wunsch ist, weibliche Personen, die ihm gefallen, nackt zu sehen. Dieser Wunsch entspricht der späteren Zwangsidee; wenn er den Zwangscharakter noch nicht hat, so kommt dies daher, daß das Ich sich noch nicht in vollen Widerspruch zu ihm gesetzt hat, ihn nicht als fremd verspürt, doch regt sich bereits von irgendwoher ein Widerspruch gegen diesen Wunsch, denn ein peinlicher Affekt begleitet regelmäßig das Auftauchen desselben.[1] Ein Konflikt ist offenbar in dem Seelenleben des kleinen Lüsternen vorhanden; neben dem Zwangswunsch steht eine Zwangsbefürchtung innig an den Wunsch geknüpft: so oft er so etwas denkt, muß er fürchten, es werde etwas Schreckliches geschehen. Dies Schreckliche kleidet sich bereits in eine charakteristische Unbestimmtheit, die fortan in den Äußerungen der Neurose niemals fehlen wird. Doch ist es beim Kinde nicht schwer, das durch solche Unbestimmtheit Verhüllte aufzufinden. Kann man für irgend eine der verschwommenen Allgemeinheiten der Zwangsneurose ein Beispiel erfahren, so sei man sicher, dies Beispiel ist das Ursprüngliche

---

[1] Es sei daran erinnert, daß man den Versuch gemacht hat, Zwangsvorstellungen ohne Rücksicht auf die Affektivität zu erklären!

und Eigentliche selbst, das durch die Verallgemeinerung versteckt werden sollte. Die Zwangsbefürchtung lautete also, ihrem Sinne nach wiederhergestellt: Wenn ich den Wunsch habe, eine Frau nackt zu sehen, muß mein Vater sterben. Der peinliche Affekt nimmt deutlich die Färbung des Unheimlichen, Abergläubischen an und gibt bereits Impulsen den Ursprung, etwas zur Abwendung des Unheiles zu tun, wie sie sich in den späteren Schutzmaßregeln durchsetzen werden.

Also: ein erotischer Trieb und eine Auflehnung gegen ihn, ein (noch nicht zwanghafter) Wunsch und eine (bereits zwanghafte) ihr widerstrebende Befürchtung, ein peinlicher Affekt und ein Drang zu Abwehrhandlungen; das Inventar der Neurose ist vollzählig. Ja, es ist noch etwas anderes vorhanden, eine Art von Delir- oder Wahnbildung sonderbaren Inhalts: die Eltern wüßten seine Gedanken, weil er sie ausspreche, ohne sie selbst zu hören. Wir werden kaum irregehen, wenn wir in diesem kindlichen Erklärungsversuch eine Ahnung jener merkwürdigen seelischen Vorgänge vernehmen, die wir unbewußte heißen und deren wir zur wissenschaftlichen Aufhellung des dunklen Sachverhaltes nicht entraten können. „Ich spreche meine Gedanken aus, ohne sie zu hören" klingt wie eine Projektion nach außen unserer eigenen Annahme, daß er Gedanken hat, ohne etwas von ihnen zu wissen, wie eine endopsychische Wahrnehmung des Verdrängten.

Wir erkennen es nämlich klar: Diese infantile Elementarneurose hat bereits ihr Problem und ihre scheinbare Absurdität wie jede komplizierte Neurose eines Erwachsenen. Was soll es heißen, daß der Vater sterben muß, wenn im Kinde jener lüsterne Wunsch rege wird? Ist das barer Unsinn, oder gibt es Wege, diesen Satz zu verstehen, ihn als notwendiges Ergebnis früherer Vorgänge und Voraussetzungen zu erfassen?

Wenn wir anderswo gewonnene Einsichten auf diesen Fall von Kinderneurose anwenden, so müssen wir vermuten, daß auch hier, also vor dem 6. Jahre, traumatische Erlebnisse, Konflikte und Verdrängungen vorgefallen sind, die selbst der Amnesie verfielen, aber als Residuum diesen Inhalt der Zwangsbefürchtung zurückgelassen haben. Wir werden späterhin erfahren, wieweit es uns möglich ist, diese vergessenen Erlebnisse wieder aufzufinden oder mit einiger Sicherheit zu konstruieren. Unterdes wollen wir noch als ein wahrscheinlich nicht gleichgültiges Zusammentreffen betonen, daß die Kindheitsamnesie unseres Patienten gerade mit dem 6. Jahre ihr Ende erreicht.

Einen derartigen Beginn einer chronischen Zwangsneurose in der frühen Kindheit mit solch lüsternen Wünschen, an die unheimliche Erwartungen und Neigung zu Abwehrhandlungen geknüpft sind, kenne ich von mehreren anderen Fällen. Er ist absolut typisch, wenn auch wahrscheinlich nicht der einzig mögliche Typus. Noch ein Wort über die sexuellen Früherlebnisse des Patienten, ehe wir zum Inhalte der zweiten Sitzung übergehen. Man wird sich kaum sträuben, sie als besonders reichhaltig und wirkungsvoll zu bezeichnen. So ist es aber auch in den andern Fällen von Zwangsneurose, die ich analysieren konnte. Der Charakter der vorzeitigen sexuellen Aktivität wird im Gegensatze zur Hysterie hier niemals vermißt. Die Zwangsneurose läßt viel deutlicher als die Hysterie erkennen, daß die Momente, welche die Psychoneurose formen, nicht im aktuellen, sondern im infantilen Sexualleben zu suchen sind. Das gegenwärtige Sexualleben der Zwangsneurotiker kann dem oberflächlichen Erforscher oft völlig normal erscheinen; es bietet häufig weit weniger pathogene Momente und Abnormitäten als gerade bei unserem Patienten.

c) Die große Zwangsbefürchtung

„Ich denke, heute will ich mit dem Erlebnisse beginnen, welches der direkte Anlaß für mich war, Sie aufzusuchen. Es war im August während der Waffenübung in **. Ich war vorher elend und hatte mich mit allerlei Zwangsgedanken gequält, die aber während der Übung bald zurücktraten. Es hat mich interessiert, den Berufsoffizieren zu zeigen, daß man nicht nur etwas gelernt hat, sondern auch etwas aushalten kann. Eines Tages machten wir einen kleinen Marsch von * aus. Auf der Rast verlor ich meinen Zwicker, und obwohl ich ihn leicht hätte finden können, wollte ich doch den Aufbruch nicht verzögern und verzichtete auf ihn, telegraphierte aber an meinen Optiker nach Wien, er solle mir umgehend einen Ersatz schicken. Auf derselben Rast nahm ich Platz zwischen zwei Offizieren, von denen einer, ein Hauptmann mit tschechischem Namen, für mich bedeutungsvoll werden sollte. Ich hatte eine gewisse Angst vor dem Manne, denn er liebte offenbar das Grausame. Ich will nicht behaupten, daß er schlecht war, aber er war während der Offiziersmenage wiederholt für die Einführung der Prügelstrafe eingetreten, so daß ich ihm energisch hatte widersprechen müssen. Auf dieser Rast nun kamen wir ins Gespräch und der Hauptmann erzählte, daß er von einer besonders schrecklichen Strafe im Orient gelesen habe . . ."

Hier unterbricht er sich, steht auf und bittet mich, ihm die Schilderung der Details zu erlassen. Ich versichere ihm, daß ich selbst gar keine Neigung zur Grausamkeit habe, ihn gewiß nicht gerne quälen wolle, daß ich ihm natürlich aber nichts schenken könne, worüber ich keine Verfügung habe. Ebensogut könne er mich bitten, ihm zwei Kometen zu schenken. Die Überwindung von Widerständen sei ein Gebot der Kur, über das wir uns unmöglich hinwegsetzen könnten. (Den Begriff „Widerstand" hatte ich ihm zu Anfang dieser Stunde vorgetragen, als er sagte, er habe vieles in sich zu überwinden, wenn er sein Erlebnis mitteilen solle.) Ich fuhr fort: Was ich aber tun könnte, um etwas von ihm Angedeutetes voll zu erraten, das solle geschehen. Ob er etwa die Pfählung meine? — Nein, das nicht, sondern der Verurteilte werde angebunden — (er drückte sich so undeutlich aus, daß ich nicht sogleich erraten konnte, in welcher Stellung) — über sein Gesäß ein Topf gestülpt, in diesen dann Ratten eingelassen, die sich — er war wieder aufgestanden und gab alle Zeichen des Grausens und Widerstandes von sich — einbohrten. In den After, durfte ich ergänzen.

Bei allen wichtigeren Momenten der Erzählung merkt man an ihm einen sehr sonderbar zusammengesetzten Gesichtsausdruck, den ich nur als Grausen vor seiner ihm selbst unbekannten Lust auflösen kann. Er fährt mit allen Schwierigkeiten fort: „In dem Momente durchzuckte mich die Vorstellung, daß dies mit einer mir teuren Person geschehe."[1] Auf direktes Befragen gibt er an, daß nicht etwa er selbst diese Strafe vollziehe, sondern daß sie unpersönlich an ihr vollzogen werde. Nach kurzem Raten weiß ich, daß es die von ihm verehrte Dame war, auf die sich jene „Vorstellung" bezog.

Er unterbricht die Erzählung, um mir zu versichern, wie fremd und feindselig sich diese Gedanken ihm gegenüberstellen, und mit welch außerordentlicher Raschheit alles in ihm abläuft, was sich weiter an sie knüpft. Mit der Idee gleichzeitig ist auch stets die „Sanktion" da, d. h. die Abwehrmaßregel, der er folgen muß, damit sich eine solche Phantasie nicht erfülle. Als der Hauptmann von jener gräßlichen Strafe sprach und jene Ideen in ihm aufstiegen, gelang es ihm, sich beider noch mit seinen gewöhnlichen Formeln zu erwehren, mit einem „aber", das von einer wegwerfenden Handbewegung begleitet ist, und mit der Rede „Was fällt dir denn ein".

Der Plural machte mich stutzig, sowie er auch dem Leser unverständlich geblieben sein wird. Wir haben ja bisher nur von der einen Idee gehört, daß an der Dame die Rattenstrafe vollzogen werde. Nun muß er zugestehen, daß gleichzeitig die

---

[1] Er sagt: Vorstellung; die stärkere und wichtigere Bezeichnung Wunsch respektive Befürchtung ist offenbar durch Zensur gedeckt. Die eigentümliche Unbestimmtheit aller seiner Reden kann ich leider nicht wiedergeben

andere Idee in ihm auftauchte, die Strafe treffe auch seinen
Vater. Da sein Vater vor vielen Jahren gestorben ist, diese
Zwangsbefürchtung also noch viel unsinniger ist als die erste, versuchte sie sich noch eine Weile vor dem Eingeständnis zu bergen.

Am nächsten Abend überreichte ihm derselbe Hauptmann ein
mit der Post angelangtes Paket und sagte: Der Oberleutnant A.[1]
hat die Nachnahme für dich ausgelegt. Du mußt sie ihm
zurückgeben. In dem Paket befand sich der telegraphisch bestellte Zwicker. In dem Moment aber gestaltete sich ihm eine
„Sanktion": Nicht das Geld zurückgeben, sonst geschieht das
(d. h. die Phantasie von den Ratten verwirkliche sich an Vater
und Dame). Und nach einem ihm bekannten Typus erhob sich
sofort zur Bekämpfung dieser Sanktion ein Gebot wie ein Eidschwur: Du mußt dem Oberleutnant A. die Kronen 3·80
zurückgeben, was er beinahe halblaut vor sich hinsagte.

Zwei Tage später hatte die Waffenübung ihr Ende gefunden.
Die Zeit bis dahin füllte er mit Bemühungen aus, dem Oberleutnant A. die kleine Summe zurückzustellen, wogegen sich
immer mehr Schwierigkeiten anscheinend objektiver Natur erhoben. Zunächst versuchte er die Zahlung durch einen andern
Offizier zu leisten, der zur Post ging, war aber sehr froh, als
dieser ihm das Geld mit der Erklärung zurückbrachte, er habe
den Oberleutnant A. nicht auf der Post angetroffen, denn dieser
Modus der Eiderfüllung befriedigte ihn nicht, weil er dem
Wortlaute: Du mußt dem Oberleutnant A. das Geld zurückgeben, nicht entsprach. Endlich traf er die gesuchte Person A.,
die aber das Geld mit dem Bemerken zurückwies, sie habe
nichts für ihn ausgelegt, sie habe überhaupt nicht die Post,
sondern Oberleutnant B. Er war nun sehr betroffen, daß er
seinen Eid nicht halten könne, weil dessen Voraussetzung falsch
sei, und klügelte sich sehr sonderbare Auskünfte aus: Er werde
mit beiden Herren A. und B. zur Post gehen, dort werde A.

---

[1] Die Namen sind hier fast indifferent.

dem Postfräulein Kronen 3·80 geben, das Postfräulein diese dem
B., und er werde nach dem Wortlaute des Eides dann dem A.
die Kronen 3·80 zurückgeben.

Ich werde mich nicht verwundern, wenn das Verständnis der
Leser an dieser Stelle versagt, denn auch die ausführliche Darstellung, die mir der Patient von den äußeren Vorgängen dieser
Tage und seiner Reaktionen auf sie gab, litt an inneren Widersprüchen und klang heillos verworren. Erst bei einer dritten
Erzählung gelang es, ihn zur Einsicht in diese Unklarheiten
zu bringen, und die Erinnerungstäuschungen und Verschiebungen
bloßzulegen, in die er sich begeben hatte. Ich erspare mir die
Wiedergabe dieser Details, von denen wir das Wesentliche bald
nachholen können, und bemerke noch, daß er sich am Ende
dieser zweiten Sitzung wie betäubt und verworren benahm. Er
sprach mich wiederholt „Herr Hauptmann" an, wahrscheinlich,
weil ich zu Eingang der Stunde bemerkt hatte, ich sei selbst
kein Grausamer wie der Hauptmann M. und habe nicht die
Absicht ihn unnötigerweise zu quälen.

Ich erhielt von ihm in dieser Stunde nur noch die Aufklärung,
daß er von Anfang an, auch bei allen früheren Befürchtungen,
daß seinen Lieben etwas geschehen werde, diese Strafen nicht
allein in die Zeitlichkeit, sondern auch in die Ewigkeit, ins Jenseits
verlegt habe. Er war bis zum 14. oder 15. Jahre sehr gewissenhaft religiös gewesen, von wo an er sich bis zu seinem heutigen
Freidenkertum entwickelt hatte. Er gleiche den Widerspruch aus,
indem er sich sage: Was weißt du vom Leben im Jenseits? Was
wissen die anderen davon? Man kann ja doch nichts wissen, du
riskierst ja nichts, also tu's. Diese Schlußweise hält der sonst so
scharfsinnige Mann für einwandfrei und nutzt die Unsicherheit
der Vernunft in dieser Frage solcher Art zugunsten der überwundenen frommen Weltanschauung aus.

In der dritten Sitzung beendigt er die sehr charakteristische
Erzählung seiner Bemühungen, den Zwangseid zu erfüllen: Am

Abende fand die letzte Zusammenkunft der Offiziere vor dem
Schlusse der Waffenübung statt. Ihm fiel es zu, für den Toast
auf „die Herren von der Reserve" zu danken. Er sprach gut,
aber wie im Schlafwandel, denn im Hintergrunde plagte ihn
immer sein Eid. Die Nacht war entsetzlich; Argumente und
Gegenargumente bekämpften einander; Hauptargument war natürlich, daß die Voraussetzung seines Eides, Oberleutnant A. habe
das Geld für ihn gezahlt, ja nicht zuträfe. Aber er tröstete sich
damit, daß es ja noch nicht vorüber sei, da A. den morgigen
Ritt zur Bahnstation P. bis zu einer gewissen Stelle mitmachen
werde, so daß er Zeit haben werde, ihn um die Gefälligkeit anzusprechen. Er tat es nun nicht, ließ A. abschwenken, gab aber
doch seinem Burschen den Auftrag, ihm seinen Besuch für den
Nachmittag anzukündigen. Er selbst gelangte um $^1/_2 10$ Uhr vormittags zum Bahnhofe, legte sein Gepäck ab, machte in der
kleinen Stadt allerlei Besorgungen und nahm sich vor, darauf
den Besuch bei A. zu machen. Das Dorf, in dem A. stationiert
war, lag etwa eine Stunde mit dem Wagen von der Stadt P.
entfernt. Die Eisenbahnfahrt nach dem Orte, wo sich das Postamt
befand, hätte drei Stunden betragen; so meinte er, es würde
noch gerade gelingen, nach Ausführung seines komplizierten Planes
den von P. nach Wien abgehenden Abendzug zu erreichen. Die
Ideen, die sich bekämpften, lauteten einerseits: es sei doch eine
Feigheit von ihm, er wolle sich offenbar nur die Unbequemlichkeit
ersparen, von A. dieses Opfer zu verlangen und vor ihm als Narr
dazustehen, und setze sich deshalb über seinen Eid hinweg;
anderseits: es sei im Gegenteile eine Feigheit, wenn er den Eid
ausführe, da er sich dadurch nur Ruhe vor den Zwangsvorstellungen schaffen wolle. Wenn in einer Überlegung die Argumente
einander so die Wage hielten, so lasse er sich gewöhnlich von
zufälligen Ereignissen wie von Gottesurteilen treiben. Darum sagte
er: Ja, als ein Gepäckträger ihn auf dem Bahnhofe fragte: Zum
Zug um 10 Uhr, Herr Leutnant?, fuhr um 10 Uhr ab und

hatte so ein *fait accompli* geschaffen, das ihn sehr erleichterte.
Beim Kondukteur des Speisewagens nahm er noch eine Marke
für die Table d'hôte. In der ersten Station fiel ihm plötzlich ein,
jetzt könne er noch aussteigen, den Gegenzug abwarten, mit
diesem nach P. und an den Ort, wo Oberleutnant A. sich aufhielt,
fahren, mit ihm dann die dreistündige Bahnfahrt zum Postamt
machen usf. Nur die Rücksicht auf die Zusage, die er dem Kellner
gegeben, hielt ihn von der Ausführung dieser Absicht ab; er gab
sie aber nicht auf, sondern verschob das Aussteigen auf eine
spätere Station. So schlug er sich von Station zu Station durch,
bis er zu einer gelangte, in welcher ihm das Aussteigen unmöglich
erschien, weil er dort Verwandte hatte, und er beschloß nach
Wien durchzufahren, dort seinen Freund aufzusuchen, ihm die
Sache vorzutragen und nach dessen Entscheidung noch mit dem
Nachtzug nach P. zurückzufahren. Meinem Zweifel, ob das zu-
sammengegangen wäre, begegnet er mit der Versicherung, er
hätte zwischen der Ankunft des einen und der Abfahrt des
anderen Zuges eine halbe Stunde frei gehabt. In Wien angelangt,
traf er den Freund aber nicht in dem Gasthause, wo er ihn zu
treffen erwartet hatte, kam erst um 11 Uhr abends in die
Wohnung seines Freundes und trug ihm noch in der Nacht seine
Sache vor. Der Freund schlug die Hände zusammen, daß er noch
immer zweifeln könne, ob es eine Zwangsvorstellung gewesen
sei, beruhigte ihn für diese Nacht, so daß er ausgezeichnet schlief,
und ging mit ihm am nächsten Vormittag zur Post, um die
Kronen 3·80 — an die Adresse des Postamtes, woselbst das
Zwickerpaket angekommen war, aufzugeben.

Letztere Mitteilung gab mir den Anhaltspunkt, die Entstellungen
seiner Erzählung zu entwirren. Wenn er, durch den Freund zur
Besinnung gebracht, die kleine Summe nicht an Oberleutnant A.
und nicht an Oberleutnant B., sondern ans Postamt direkt ab-
sandte, so mußte er ja wissen und schon bei seiner Abreise gewußt
haben, daß er niemand anderem als dem Postbeamten die

Nachnahmegebühr schuldig geblieben sei. Es ergab sich wirklich, daß er dies schon vor der Aufforderung des Hauptmanns und vor seinem Eide gewußt hatte, denn er erinnerte sich jetzt, daß er einige Stunden vor der Begegnung mit dem grausamen Hauptmanne Gelegenheit hatte, sich einem andern Hauptmann vorzustellen, der ihm den richtigen Sachverhalt mitgeteilt hatte. Dieser Offizier erzählte ihm, als er seinen Namen hörte, er sei vor kurzem auf dem Postamt gewesen und vom Postfräulein befragt worden, ob er einen Leutnant H. (eben unseren Patienten) kenne, für den ein Paket mit Nachnahme angekommen sei. Er erwiderte verneinend, aber das Fräulein meinte, sie habe Zutrauen zu dem unbekannten Leutnant und werde unterdes die Gebühr selbst erlegen. Auf diese Weise kam unser Patient in den Besitz des von ihm bestellten Zwickers. Der grausame Hauptmann beging einen Irrtum, als er bei der Einhändigung des Pakets mahnte, die Kronen 3·80 dem A. zurückzugeben. Unser Patient mußte wissen, daß dies ein Irrtum sei. Trotzdem leistete er den auf diesen Irrtum gegründeten Schwur, der ihm zur Qual werden mußte. Die Episode des andern Hauptmannes und die Existenz des vertrauensvollen Postfräuleins hatte er dabei sich und in der Wiedergabe auch mir unterschlagen. Ich gebe zu, daß sein Benehmen nach dieser Richtigstellung noch unsinniger und unverständlicher wird als vorher.

Nachdem er seinen Freund verlassen hatte und zu seiner Familie zurückgekehrt war, befielen ihn die Zweifel von neuem. Die Argumente seines Freundes seien ja keine anderen gewesen als seine eigenen, und er täuschte sich nicht darüber, daß die zeitweilige Beruhigung nur auf den persönlichen Einfluß des Freundes zurückzuführen war. Der Entschluß, einen Arzt aufzusuchen, wurde auf folgende geschickte Art in das Delir verwoben. Er werde sich von einem Arzte ein Zeugnis ausstellen lassen, daß er eines solchen Aktes, wie er ihn mit Oberleutnant A. ausgedacht, zu seiner Herstellung bedürfe, und dieser werde sich

durch das Zeugnis gewiß bewegen lassen, die Kronen 3·80 von
ihm anzunehmen. Der Zufall, der ihm gerade damals ein Buch
von mir in die Hand spielte, lenkte seine Wahl auf mich. Bei
mir war aber von jenem Zeugnis nicht die Rede, er forderte
sehr verständig nur die Befreiung von seinen Zwangsvorstellungen.
Viele Monate später tauchte auf der Höhe des Widerstandes
wieder einmal die Versuchung auf, doch nach P. zu fahren, den
Oberleutnant A. aufzusuchen und mit ihm die Komödie des
Geldzurückgebens aufzuführen.

d) Die Einführung ins Verständnis der Kur

Man erwarte nicht, so bald zu hören, was ich zur Aufhellung
dieser sonderbar unsinnigen Zwangsvorstellungen (von den Ratten)
vorzubringen habe; die richtige psychoanalytische Technik heißt
den Arzt seine Neugierde unterdrücken und läßt dem Patienten
die freie Verfügung über die Reihenfolge der Themata in der
Arbeit. Ich empfing also den Patienten in der vierten Sitzung
mit der Frage: Wie werden Sie nun fortfahren?

„Ich habe mich entschlossen, Ihnen mitzuteilen, was ich für
sehr bedeutsam halte und was mich von Anbeginn an quält."
Er erzählt nun sehr breit die Krankengeschichte seines Vaters,
der vor 9 Jahren an Emphysem verstarb. Eines Abends fragte
er in der Meinung, es sei ein krisenhafter Zustand, den Arzt,
wann die Gefahr als beseitigt gelten könnte. Die Antwort lautete:
Übermorgen abends. Es kam ihm nicht in den Sinn, daß der
Vater diesen Termin nicht erleben könnte. Er legte sich um
$^1/_2$12 Uhr nachts für eine Stunde zu Bette, und als er um 1 Uhr
erwachte, hörte er von einem ärztlichen Freunde, der Vater sei
gestorben. Er machte sich den Vorwurf, daß er beim Tode nicht
zugegen gewesen sei, der sich verstärkte, als ihm die Pflegerin
mitteilte, der Vater habe in den letzten Tagen einmal seinen
Namen genannt und an sie, als sie zu ihm trat, die Frage gerichtet: Sind Sie der Paul? Er glaubte bemerkt zu haben, daß

die Mutter und die Schwestern sich ähnliche Vorwürfe machen wollten; sie sprachen aber nicht darüber. Der Vorwurf war aber zunächst kein quälender; er realisierte lange Zeit die Tatsache seines Todes nicht; es passierte ihm immer wieder, daß er sich, wenn er einen guten Witz gehört hatte, sagte: Das muß ich dem Vater erzählen. Auch spielte seine Phantasie mit dem Vater, so daß er häufig, wenn es an die Türe klopfte, meinte: Jetzt kommt der Vater, wenn er ein Zimmer betrat, erwartete, den Vater darin zu finden, und wiewohl er die Tatsache seines Todes nie vergaß, hatte die Erwartung solcher Geistererscheinung nichts Schreckhaftes, sondern etwas höchst Erwünschtes für ihn. Erst $1^{1}/_{2}$ Jahre später erwachte die Erinnerung an sein Versäumnis und begann ihn entsetzlich zu quälen, so daß er sich als Verbrecher behandelte. Veranlassung war der Tod einer angeheirateten Tante und sein Besuch im Trauerhause. Von da an fügte er seinem Gedankengebäude die Fortsetzung ins Jenseits an. Schwere Arbeitsunfähigkeit war die nächste Folge dieses Anfalles.[1] Da er erzählt, nur die Tröstungen seines Freundes hätten ihn damals aufrecht gehalten, der diese Vorwürfe immer als arg übertrieben zurückgewiesen, bediene ich mich dieses Anlasses, um ihm den ersten Einblick in die Voraussetzungen der psychoanalytischen Therapie zu geben. Wenn eine Mesalliance zwischen Vorstellungsinhalt und Affekt, also zwischen Größe des Vorwurfs und Anlaß des Vorwurfs vorliegt, so würde der Laie sagen, der Affekt sei zu groß für den Anlaß, also übertrieben, die aus dem Vorwurfe gezogene Folgerung, ein Verbrecher zu sein, sei also falsch. Der Arzt sagt im Gegenteile: Nein, der Affekt ist berechtigt, das Schuldbewußtsein ist nicht weiter zu kritisieren, aber es gehört

---

[1] Ein Verständnis dieser Einwirkung ergibt sich später aus der genaueren Beschreibung des Anlasses. Der verwitwete Onkel hatte jammernd ausgerufen: „Andere Männer vergönnen sich alles mögliche, und ich habe nur für diese Frau gelebt!" Unser Patient nahm an, der Onkel spiele auf den Vater an und verdächtige dessen eheliche Treue, und obwohl der Onkel diese Deutung seiner Worte aufs entschiedenste bestritt, war deren Wirkung nicht mehr aufzuheben.

zu einem andern Inhalte, der nicht bekannt (unbewußt) ist
und der erst gesucht werden muß. Der bekannte Vorstellungsinhalt ist nur durch falsche Verknüpfung an diese Stelle geraten.
Wir sind aber nicht gewohnt, starke Affekte ohne Vorstellungsinhalt in uns zu verspüren, und nehmen daher bei fehlendem
Inhalt einen irgendwie passenden anderen als Surrogat auf, etwa
wie unsere Polizei, wenn sie den richtigen Mörder nicht erwischen
kann, einen unrechten an seiner Stelle verhaftet. Die Tatsache
der falschen Verknüpfung erklärt auch allein die Ohnmacht der
logischen Arbeit gegen die peinigende Vorstellung. Ich schließe
dann mit dem Zugeständnisse, daß sich aus dieser neuen Auffassung zunächst große Rätsel ableiten, denn wie solle er seinem
Vorwurf, ein Verbrecher gegen den Vater zu sein, recht geben,
wenn er doch wissen müsse, daß er eigentlich nie etwas Ver-
brecherisches gegen ihn begangen habe.

Er zeigt dann in der nächsten Sitzung großes Interesse für
meine Darlegungen, gestattet sich aber einige Zweifel vorzubringen: Wie eigentlich die Mitteilung, daß der Vorwurf, das
Schuldbewußtsein, recht habe, heilend wirken könne? —
Nicht diese Mitteilung hat die Wirkung, sondern die Auffindung
des unbekannten Inhaltes, zu dem der Vorwurf gehört. — Ja,
gerade darauf beziehe sich seine Frage. — Ich erläutere meine
kurzen Angaben über die psychologischen Unterschiede des
Bewußten vom Unbewußten, über die Usur, der alles Bewußte unterliegt, während das Unbewußte relativ unveränderlich
ist, durch einen Hinweis auf die in meinem Zimmer aufgestellten Antiquitäten. Es seien eigentlich nur Grabfunde, die
Verschüttung habe für sie die Erhaltung bedeutet. Pompeji gehe
erst jetzt zugrunde, seitdem es aufgedeckt sei. — Ob es eine
Garantie gebe, fragt er weiter, wie man sich gegen das Ge-
fundene verhalten werde. Der eine, meint er, wohl so, daß er
dann den Vorwurf überwinde, der andere aber nicht. — Nein,
es liege in der Natur der Verhältnisse, daß der Affekt dann

jedesmal meist schon während der Arbeit überwunden werde. Pompeji bestrebe man sich eben zu erhalten, solche peinigende Ideen wolle man durchaus los werden. — Er habe sich gesagt, ein Vorwurf kann ja nur durch Verletzung der eigensten persönlichen Sittengesetze, nicht der äußerlichen, entstehen. (Ich bestätige, wer bloß die verletzt, fühle sich ja oft als Held.) Ein solcher Vorgang sei also nur möglich bei einem Zerfalle der Persönlichkeit, der von Anfang an gegeben sei. Ob er die Einheit der Persönlichkeit wiedergewinnen werde? In diesem Falle getraue er sich vieles zu leisten, vielleicht mehr als andere. — Ich darauf: Ich sei mit dieser Spaltung der Persönlichkeit durchaus einverstanden, er möge diesen neuen Gegensatz zwischen der sittlichen Person und dem Bösen nur mit dem vorigen, dem Gegensatze zwischen Bewußtem und Unbewußtem, zusammenlöten. Die sittliche Person sei das Bewußte, das Böse unbewußt.[1] — Er könne sich erinnern, daß er, obwohl er sich für eine sittliche Person halte, doch ganz bestimmt in seiner Kindheit Dinge getan habe, die von der andern Person ausgegangen seien. — Ich meine, er habe da so nebenbei einen Hauptcharakter des Unbewußten entdeckt, die Beziehung zum Infantilen. Das Unbewußte sei das Infantile, und zwar jenes Stück der Person, das sich damals von ihr abgesondert, die weitere Entwicklung nicht mitgemacht habe und darum verdrängt worden sei. Die Abkömmlinge dieses verdrängten Unbewußten seien die Elemente, welche das unwillkürliche Denken unterhalten, in dem sein Leiden bestehe. Er könne jetzt noch einen Charakter des Unbewußten entdecken; das wolle ich ihm gerne überlassen. — Er findet direkt nichts Weiteres, dafür äußert er den Zweifel, ob so lange bestehende Veränderungen rückgängig zu machen seien. Was wolle man speziell gegen die Idee vom Jenseits tun, die doch logisch nicht widerlegt werden könne? — Ich

---

[1] Das ist alles zwar nur im gröbsten richtig, reicht aber zur Einführung zunächst hin.

bestreite die Schwere seines Falles und die Bedeutung seiner Konstruktionen nicht, aber sein Alter sei ein sehr günstiges, und günstig sei auch die Intaktheit seiner Persönlichkeit, wobei ich ein anerkennendes Urteil über ihn ausspreche, das ihn sichtlich erfreut.

In der nächsten Sitzung beginnt er, er müsse etwas Tatsächliches aus seiner Kindheit erzählen. Nach 7 Jahren hatte er, wie schon erzählt, die Angst, daß die Eltern seine Gedanken erraten, die ihm eigentlich durch das weitere Leben verblieben sei. Mit 12 Jahren liebte er ein kleines Mädchen, Schwester eines Freundes (auf Befragen: nicht sinnlich, er wollte sie nicht nackt sehen, sie war zu klein), die aber mit ihm nicht so zärtlich war, wie er es wünschte. Und da kam ihm die Idee, daß sie liebevoll mit ihm sein würde, wenn ihn ein Unglück träfe; als solches drängte sich ihm der Tod des Vaters auf. Er wies diese Idee sofort energisch zurück, wehrt sich auch jetzt gegen die Möglichkeit, es könne sich ein „Wunsch" so geäußert haben. Es war eben nur eine „Denkverbindung".[1] — Ich wende ein: wenn es kein Wunsch war, wozu das Sträuben? — Ja, nur wegen des Inhaltes der Vorstellung, daß der Vater sterben könne. — Ich: Er behandle diesen Wortlaut wie den einer Majestätsbeleidigung, wobei es bekanntlich ebenso bestraft wird, wenn jemand sagt: Der Kaiser ist ein Esel, wie wenn er diese verpönten Worte einkleidet: Wenn jemand sagt . . . . . ., so hat er es mit mir zu tun. Ich könnte ihm ohne weiteres den Vorstellungsinhalt, gegen den er sich so sträubte, in einen Zusammenhang bringen, der dies Sträuben ausschließen würde; z. B.: Wenn mein Vater stirbt, töte ich mich auf seinem Grabe.

— Er ist erschüttert, ohne seinen Widerspruch aufzugeben, so daß ich den Streit mit der Bemerkung abbreche, die Idee vom Tode des Vaters sei ja in diesem Falle nicht zum ersten Male aufgetreten, sie stamme offenbar von früher her, und wir würden

---

[1] Mit solchen Wortabschwächungen gibt sich nicht allein der Zwangsneurotiker zufrieden.

ihrer Herkunft einmal nachspüren müssen. — Er erzählt weiter, ein zweites Mal sei ihm ein ganz ähnlicher Gedanke blitzähnlich ein halbes Jahr vor dem Tode des Vaters gekommen. Er war bereits in jene Dame verliebt,[1] konnte aber wegen materieller Hindernisse nicht an eine Verbindung denken. Da habe die Idee gelautet: Durch den Tod des Vaters werde er vielleicht so reich werden, daß er sie heiraten könne. In seiner Abwehr ging er dann so weit, daß er wünschte, der Vater solle gar nichts hinterlassen, damit kein Gewinn diesen für ihn entsetzlichen Verlust kompensiere. Ein drittes Mal kam dieselbe Idee, aber sehr gemildert, am Tage vor dem Tode des Vaters. Er dachte: Ich kann jetzt mein Liebstes verlieren und dagegen kam der Widerspruch: Nein, es gibt noch eine andere· Person, deren Verlust dir noch schmerzlicher wäre.[2] Er verwundere sich sehr über diese Gedanken, da er ja ganz sicher sei, der Tod des Vaters könne nie Gegenstand seines Wunsches gewesen sein, immer nur einer Befürchtung. — Nach dieser mit voller Stärke ausgesprochenen Rede halte ich es für zweckmäßig, ihm ein neues Stückchen der Theorie vorzuführen. Die Theorie behaupte, daß solche Angst einem ehemaligen, nun verdrängten Wunsch entspreche, so daß man das gerade Gegenteil von seiner Beteuerung annehmen müsse. Es stimmt dies auch zur Forderung, daß das unbewußte der kontradiktorische Gegensatz des Bewußten sein solle. Er ist sehr bewegt, sehr ungläubig und wundert sich, wie dieser Wunsch bei ihm möglich gewesen sein solle, wenn ihm der Vater doch der liebste aller Menschen war. Es leide keinen Zweifel, daß er auf jedes persönliche Glück verzichtet hätte, wenn er dadurch des Vaters Leben hätte retten können. Ich antworte, gerade diese intensive Liebe sei die Bedingung des verdrängten Hasses. Bei indifferenten Personen werde es ihm

---

[1] Vor zehn Jahren.
[2] Ein Gegensatz zwischen den beiden geliebten Personen, Vater und „Dame", ist hier unverkennbar angezeigt.

gewiß leicht gelingen, die Motive zu einer mäßigen Neigung
und ebensolchen Abneigung nebeneinander zu halten, etwa wenn
er Beamter sei und von seinem Bureauchef denke, er sei ein
angenehmer Vorgesetzter, aber ein kleinlicher Jurist und in-
humaner Richter. Ähnlich sage doch Brutus über Cäsar bei
Shakespeare (III, 2): „Weil Cäsar mich liebte, wein' ich um
ihn; weil er glücklich war, freue ich mich; weil er tapfer war,
ehr' ich ihn; aber weil er herrschsüchtig war, erschlug ich ihn."
Und diese Rede wirke bereits befremdend, weil wir uns des
Brutus Affektion für Cäsar intensiver vorgestellt haben. Bei einer
Person, die ihm näher stehe, seiner Frau etwa, werde er das
Bestreben nach einer einheitlichen Empfindung haben und darum,
wie allgemein menschlich, ihre Fehler, die seine Abneigung
hervorrufen könnten, vernachlässigen, wie verblendet übersehen.
Also gerade die große Liebe lasse es nicht zu, daß der Haß
(karikiert so bezeichnet), der wohl irgend eine Quelle haben
müsse, bewußt bleibe. Ein Problem sei es allerdings, woher
dieser Haß stamme; seine Aussagen deuteten selbst auf die Zeit
hin, in welcher er gefürchtet, daß die Eltern seine Gedanken
erraten. Anderseits könne man auch fragen, warum die große
Liebe nicht den Haß habe auslöschen können, wie man es so
von gegensätzlichen Regungen gewohnt sei. Man könne nur annehmen, daß der Haß doch mit einer Quelle, einem Anlaß in
einer Verbindung stehe, die ihn unzerstörbar mache. Also einerseits schütze ein solcher Zusammenhang den Haß gegen den
Vater vor dem Untergange, anderseits hindere die große Liebe
ihn am Bewußtwerden, so daß ihm eben nur die Existenz im
Unbewußten übrig bleibe, aus der er sich doch in einzelnen
Momenten blitzähnlich vordrängen könne.

Er gibt zu, daß dies alles ganz plausibel anzuhören ist, hat
aber natürlich keine Spur von Überzeugung.[1] Er möchte sich

---

[1] Es ist niemals die Absicht solcher Diskussionen, Überzeugung hervorzurufen.
Sie sollen nur die verdrängten Komplexe ins Bewußtsein einführen, den Streit um

die Frage erlauben, wie es zugehe, daß eine solche Idee Pausen machen könne, mit 12 Jahren für einen Moment komme, dann mit 20 Jahren wieder und zwei Jahre später von neuem, um von da an anzuhalten. Er könne doch nicht glauben, daß inzwischen die Feindseligkeit erloschen gewesen sei, und doch habe sich in den Pausen nichts von Vorwürfen gezeigt. Ich darauf: Wenn jemand so eine Frage stellt, so hat er auch schon die Antwort bereit. Man braucht ihn nur weitersprechen zu lassen. Er setzt nun in anscheinend lockerem Zusammenhange fort: Er sei der beste Freund des Vaters gewesen, wie dieser seiner; bis auf wenige Gebiete, auf denen Vater und Sohn einander auszuweichen pflegen (was meint er wohl?), sei die Intimität zwischen ihnen größer gewesen als jetzt mit seinem besten Freunde. Jene Dame, um deren wegen er den Vater in der Idee zurückgesetzt, habe er zwar sehr geliebt, aber eigentlich sinnliche Wünsche, wie sie seine Kindheit erfüllten, hätten sich in Bezug auf sie nie geregt; seine sinnlichen Regungen seien in der Kindheit überhaupt viel stärker gewesen als zur Zeit der Pubertät. — Ich meine nun, er habe jetzt die Antwort gegeben, auf die wir warteten, und gleichzeitig den dritten großen Charakter des Unbewußten aufgefunden. Die Quelle, aus welcher die Feindseligkeit gegen den Vater ihre Unzerstörbarkeit beziehe, sei offenbar von der Natur sinnlicher Begierden, dabei habe er den Vater irgendwie als störend empfunden. Ein solcher Konflikt zwischen Sinnlichkeit und Kindesliebe sei ein durchaus typischer. Die Pausen habe es bei ihm gegeben, weil infolge der vorzeitigen Explosion seiner Sinnlichkeit zunächst eine so erhebliche Dämpfung derselben eingetreten sei. Erst als sich wieder intensive verliebte Wünsche bei ihm eingestellt hätten, sei diese Feindseligkeit aus der analogen Situation heraus wieder aufgetreten. Ich lasse mir

---

sie auf dem Boden bewußter Seelentätigkeit anfachen und das Auftauchen neuen Materials aus dem Unbewußten erleichtern. Die Überzeugung stellt sich erst nach der Bearbeitung des wiedergewonnenen Materials durch den Kranken her, und solange sie schwankend ist, darf man das Material als nicht erschöpft beurteilen.

übrigens von ihm bestätigen, daß ich ihn weder auf das infantile
noch auf das sexuelle Thema gelenkt habe, sondern daß er selbständig auf beide gekommen sei. — Er fragt nun weiter, warum
er nicht zur Zeit der Verliebtheit in die Dame einfach bei sich
die Entscheidung gefällt, die Störung dieser Liebe durch den
Vater könne gegen seine Liebe zum Vater nicht in Betracht
kommen. — Ich antwortete: Es ist schwer möglich, jemand in
absentia zu erschlagen. Um jene Entscheidung zu ermöglichen,
hätte ihm der beanständete Wunsch damals zum ersten Male
kommen müssen; es war aber ein altverdrängter, gegen den
er sich nicht anders benehmen konnte als vorher, und der darum
der Vernichtung entzogen blieb. Der Wunsch (den Vater als
Störer zu beseitigen) müßte in Zeiten entstanden sein, in denen
die Verhältnisse ganz anders lagen, etwa daß er den Vater damals
nicht stärker liebte als die sinnlich begehrte Person, oder daß
er einer klaren Entscheidung nicht fähig war, also in sehr früher
Kindheit, vor 6 Jahren, ehe seine kontinuierliche Erinnerung
einsetzte, und das sei eben für alle Zeiten so geblieben. — Mit
dieser Konstruktion schließt die Erörterung vorläufig ab.

In der nächsten, der siebenten Sitzung, greift er dasselbe Thema
wieder auf. Er könne nicht glauben, daß er je den Wunsch
gegen den Vater gehabt habe. Er erinnere sich einer Novelle
von Sudermann, die ihm einen tiefen Eindruck gemacht, in
welcher eine Schwester am Krankenbette der andern diesen
Todeswunsch gegen sie verspüre, um deren Mann heiraten zu
können. Sie töte sich dann, weil sie nach solcher Gemeinheit
nicht verdiene zu leben. Er verstehe das, und es sei ihm ganz
recht, wenn er an seinen Gedanken zugrunde gehe, denn er
verdiene es nicht anders.[1] Ich bemerke, es sei uns wohl bekannt,
daß den Kranken ihr Leiden eine gewisse Befriedigung gewähre,

---

1) Dies Schuldbewußtsein enthält den offenbarsten Widerspruch gegen sein anfängliches Nein, er habe den bösen Wunsch gegen den Vater nie gehabt. Es ist ein
häufiger Typus in der Reaktion gegen das bekannt gewordene Verdrängte, daß sich
an das erste Nein der Ablehnung alsbald die zunächst indirekte Bestätigung anschließt.

so daß sie sich eigentlich alle partiell sträuben, gesund zu werden. Er möge nicht aus den Augen verlieren, daß eine Behandlung wie die unserige unter beständigem Widerstande vor sich gehe; ich werde ihn immer wieder daran erinnern.

Er will jetzt von einer verbrecherischen Handlung sprechen, in der er sich nicht erkenne, an die er sich aber ganz bestimmt erinnere. Er zitiert ein Wort von Nietzsche: „Das habe ich getan," sagt mein Gedächtnis, „das kann ich nicht getan haben" — sagt mein Stolz und bleibt unerbittlich. Endlich — gibt das Gedächtnis nach.[2] „Darin hat also mein Gedächtnis nicht nachgegeben." — Eben weil Sie zur Selbstbestrafung aus Ihren Vorwürfen Lust ziehen. — „Mit meinem jüngeren Bruder — ich bin ihm jetzt wirklich gut, er bereitet mir gerade große Sorge, indem er eine Heirat machen will, die ich für einen Unsinn halte; ich hab' schon die Idee gehabt, hinzureisen und die Person umzubringen, damit er sie nicht heiraten kann — habe ich als Kind viel gerauft. Daneben hatten wir einander sehr lieb und waren unzertrennlich, aber mich beherrschte offenbar Eifersucht, denn er war der stärkere, schönere und darum beliebtere." — Sie haben ja schon eine solche Eifersuchtsszene mit Fräulein Lina mitgeteilt. — „Also nach einer solchen Gelegenheit, gewiß vor 8 Jahren, denn ich ging noch nicht in die Schule, in die ich mit 8 Jahren gekommen bin, tat ich folgendes: Wir hatten Kindergewehre von der bekannten Konstruktion; ich lud meines mit dem Ladstock, sagte ihm, er solle in den Lauf hineinschauen, er werde etwas sehen, und als er hineinschaute, drückte ich los. Es traf ihn auf die Stirne und machte ihm nichts, aber es war meine Absicht gewesen, ihm sehr wehe zu tun. Ich war dann ganz außer mir, warf mich auf den Boden und fragte mich: Wie habe ich das nur tun können? — Aber ich habe es getan." — Ich benutze die Gelegenheit, um für meine Sache zu plaidieren. Wenn er eine

---

[2] **Jenseits von Gut und Böse**, IV, 68.

solche, ihm so fremde Tat im Gedächtnis bewahrt habe, so könne
er doch nicht die Möglichkeit in Abrede stellen, daß in noch
früheren Jahren etwas Ähnliches, was er heute nicht mehr
erinnere, gegen den Vater vorgekommen sei. — Er wisse noch
von anderen Regungen der Rachsucht gegen jene Dame, die er
so sehr verehre, und von deren Charakter er eine begeisterte
Schilderung gibt. Sie könne vielleicht nicht leicht lieben, sie spare
sich ganz für den einen auf, dem sie einmal angehören werde;
ihn liebe sie nicht. Als er dessen sicher wurde, gestaltete sich
ihm eine bewußte Phantasie, er werde sehr reich werden, eine
andere heiraten und dann mit ihr einen Besuch bei der Dame
machen, um sie zu kränken. Aber da versagte ihm die Phantasie,
denn er mußte sich eingestehen, daß ihm die andere, die Frau,
ganz gleichgültig sei, seine Gedanken verwirrten sich und am
Ende wurde ihm klar, daß diese andere sterb solle. Auch in
dieser Phantasie findet er, wie in dem Anschlag gegen den Bruder,
den Charakter der Feigheit, der ihm so entsetzlich ist.[1] — Im
weiteren Gespräche mit ihm mache ich geltend, daß er sich ja
logischerweise für ganz unverantwortlich für alle diese Charakterzüge erklären müsse, denn all diese verwerflichen Regungen
stammten aus dem Kinderleben, entsprächen den im Unbewußten
fortlebenden Abkömmlingen des Kindercharakters, und er wisse
doch, daß für das Kind die ethische Verantwortlichkeit nicht gelten
könne. Aus der Summe der Anlagen des Kindes entstehe der
ethisch verantwortliche Mensch erst im Laufe der Entwicklung.[2]
Er bezweifelt aber, daß alle seine bösen Regungen von dieser Herkunft sind. Ich verspreche, es ihm im Laufe der Kur zu beweisen.

Er führt noch an, daß sich die Krankheit seit dem Tode des
Vaters so enorm gesteigert hat, und ich gebe ihm insofern recht,

---

1) Was späterhin seine Erklärung finden soll.

2) Ich bringe diese Argumente nur vor, um mir wieder von neuem bestätigen zu
lassen, wie ohnmächtig sie sind. Ich kann es nicht begreifen, wenn andere Psychotherapeuten berichten, daß sie mit solchen Waffen die Neurosen erfolgreich bekämpfen.

als ich die Trauer um den Vater als Hauptquelle der Krankheitsintensität anerkenne. Die Trauer hat in der Krankheit gleichsam einen pathologischen Ausdruck gefunden. Während eine normale Trauer in 1 bis 2 Jahren ihren Ablauf erreicht, ist eine pathologische wie seine in ihrer Dauer unbegrenzt.

Soweit reicht, was ich aus dieser Krankengeschichte ausführlich und in der Reihenfolge erzählen kann. Es deckt sich ungefähr mit der Exposition der über 11 Monate verlaufenden Behandlung.

e) Einige Zwangsvorstellungen und deren Übersetzung

Zwangsvorstellungen erscheinen bekanntlich entweder unmotiviert oder unsinnig, ganz wie der Wortlaut unserer nächtlichen Träume, und die nächste Aufgabe, die sie stellen, geht dahin, ihnen Sinn und Halt im Seelenleben des Individuums zu geben, so daß sie verständlich, ja eigentlich selbstverständlich werden. Man lasse sich in dieser Aufgabe der Übersetzung niemals durch den Anschein der Unlösbarkeit beirren; die tollsten oder absonderlichsten Zwangsideen lassen sich durch gebührende Vertiefung lösen. Zu dieser Lösung gelangt man aber, wenn man die Zwangsideen in zeitlichen Zusammenhang mit dem Erleben des Patienten bringt, also indem man erforscht, wann die einzelne Zwangsidee zuerst aufgetreten ist, und unter welchen äußeren Umständen sie sich zu wiederholen pflegt. Bei Zwangsideen, die es, wie so häufig, zu keiner Dauerexistenz gebracht haben, vereinfacht sich dementsprechend auch die Lösungsarbeit. Man kann sich leicht überzeugen, daß nach der Aufdeckung des Zusammenhanges der Zwangsidee mit dem Erleben des Kranken alles andere Rätselhafte und Wissenswerte an dem pathologischen Gebilde, seine Bedeutung, der Mechanismus seiner Entstehung, seine Abkunft von den maßgebenden psychischen Triebkräften unserer Einsicht leicht zugänglich wird.

Ich beginne mit einem besonders durchsichtigen Beispiel des bei unserem Patienten so häufigen Selbstmordimpulses, welches sich in der Darstellung beinahe von selbst analysiert: Er verlor einige Wochen im Studium infolge der Abwesenheit seiner Dame, welche abgereist war, um ihre schwer erkrankte Großmutter zu pflegen. „Mitten im eifrigsten Studium fiel ihm da ein: Das Gebot, sich den ersten möglichen Prüfungstermin im Semester zu nehmen, könne man sich ja gefallen lassen. Wie aber, wenn dir das Gebot käme, dir den Hals mit dem Rasiermesser abzuschneiden? Er merkte sofort, daß dieses Gebot bereits erflossen war, eilte zum Schrank, um das Rasiermesser zu holen, da fiel ihm ein: Nein, so einfach ist das nicht. Du mußt[1] hinreisen und die alte Frau umbringen. Da fiel er vor Entsetzen auf den Boden."

Der Zusammenhang dieser Zwangsidee mit dem Leben ist hier im Eingange des Berichtes enthalten. Seine Dame war abwesend, während er angestrengt für eine Prüfung studierte, um die Verbindung mit ihr eher zu ermöglichen. Da überfiel ihn während des Studiums die Sehnsucht nach der Abwesenden und der Gedanke an den Grund ihrer Abwesenheit. Und nun kam etwas, was bei einem normalen Menschen etwa eine unmutige Regung gegen die Großmutter gewesen wäre: Muß die alte Frau gerade jetzt krank werden, wo ich mich nach ihr so schrecklich sehne! Etwas Ähnliches, aber weit Intensiveres muß man nun bei unserem Patienten supponieren, einen unbewußten Wutanfall, der sich gleichzeitig mit der Sehnsucht in den Ausruf kleiden könnte: Oh, ich möchte hinreisen und die alte Frau umbringen, die mich meiner Geliebten beraubt! Darauf folgt das Gebot: Bring dich selbst um, als Selbstbestrafung für solche Wut- und Mordgelüste, und der ganze Vorgang tritt unter heftigstem Affekt in umgekehrter Reihenfolge — das Strafgebot voran, am Ende die Erwähnung des strafbaren Gelüstes — in das Bewußtsein des Zwangskranken. Ich glaube nicht, daß dieser Erklärungsversuch gezwungen erscheinen kann oder viel hypothetische Elemente aufgenommen hat.

---

[1] Ich ergänze hier: „vorher"

Ein anderer, länger anhaltender Impuls zum gleichsam indirekten Selbstmord war nicht so leicht aufzuklären, weil er seine Beziehung zum Erleben hinter einer der äußerlichen Assoziationen, wie sie unserem Bewußtsein so sehr anstößig erscheinen, verbergen konnte. Eines Tages kam ihm im Sommeraufenthalte plötzlich die Idee, er sei zu dick, er müsse abmagern. Er begann nun, noch vor der Mehlspeise vom Tische aufzustehen, ohne Hut in der Sonnenglut des Augusts auf die Straße zu rennen und dann im Laufschritt auf die Berge zu steigen, bis er schweißüberströmt Halt machen mußte. Hinter dieser Abmagerungssucht kam auch die Selbstmordabsicht einmal unverhüllt zum Vorschein, als ihm auf einem scharfen Abhang plötzlich das Gebot laut wurde, da herunterzuspringen, was sicherer Tod gewesen wäre. Die Lösung dieses unsinnigen Zwangshandelns ergab sich unserem Patienten erst, als ihm plötzlich einfiel, zu jener Zeit sei auch die geliebte Dame in dem Sommeraufenthalte gewesen, aber in Begleitung eines englischen Vetters, der sich sehr um sie bemühte, und auf den er sehr eifersüchtig war. Der Vetter hieß Richard und wurde, wie in England allgemein üblich, Dick genannt. Diesen Dick wollte er nun umbringen, er war auf ihn viel eifersüchtiger und wütender, als er sich eingestehen konnte, und darum legte er sich zur Selbstbestrafung die Pein jener Abmagerungskur auf. So verschieden dieser Zwangsimpuls auch vom vorigen direkten Selbstmordgebot zu sein scheint, ein bedeutsamer Zug ist den beiden gemeinsam, die Entstehung als Reaktion auf eine ungeheure, vom Bewußtsein nicht zu erfassende Wut gegen eine Person, die als Störerin der Liebe auftritt.[1]

---

[1] Die Verwendung von Namen und Worten zur Herstellung der Verknüpfung zwischen den unbewußten Gedanken (Regungen, Phantasien) und den Symptomen geschieht bei der Zwangsneurose lange nicht so häufig und so rücksichtslos wie bei Hysterie. Doch habe ich gerade für den Namen Richard ein anderes Beispiel bei einem vor langer Zeit analysierten Kranken in Erinnerung. Nach einem Zwiste mit seinem Bruder begann er zu grübeln, wie er sich seines Reichtums entledigen könne, er wolle nichts mehr mit Geld zu tun haben usf. Sein Bruder hieß Richard *(richard* im französischen: ein Reicher).

Andere Zwangsvorstellungen, wiederum nach der Geliebten orientiert, lassen doch anderen Mechanismus und andere Triebabkunft erkennen. Zur Zeit der Anwesenheit seiner Dame in seinem Sommeraufenthalte produzierte er außer jener Abmagerungssucht eine ganze Reihe von Zwangstätigkeiten, die sich wenigstens teilweise direkt auf ihre Person bezogen. Als er einmal mit ihr auf einem Schiffe fuhr, während ein scharfer Wind ging, mußte er sie nötigen, seine Kappe aufzusetzen, weil sich bei ihm das Gebot gebildet hatte, es dürfe ihr nichts geschehen.[1] Es war eine Art von Schutzzwang, der auch andere Blüten trieb. Ein andermal stellte sich bei ihm während eines Zusammenseins im Gewitter der Zwang ein, zwischen Blitz und Donner bis 40 oder 50 gezählt zu haben, wofür ihm jedes Verständnis abging. Am Tage, als sie abreiste, stieß er mit dem Fuße gegen einen auf der Straße liegenden Stein und mußte ihn nun auf die Seite räumen, weil ihm die Idee kam, in einigen Stunden werde ihr Wagen auf derselben Straße fahren und vielleicht an diesem Stein zu Schaden kommen, aber einige Minuten später fiel ihm ein, das sei doch ein Unsinn, und er mußte nun zurückgehen und den Stein wieder an seine frühere Stelle mitten auf der Straße legen. Nach ihrer Abreise bemächtigte sich seiner ein Verstehzwang, der ihn allen den Seinigen unausstehlich machte. Er nötigte sich, jede Silbe, die irgend jemand zu ihm sprach, genau zu verstehen, als ob ihm sonst ein großer Schatz entginge. So fragte er immer: Was hast du jetzt gesagt? Und wenn man es ihm wiederholte, meinte er, es habe doch das erste Mal anders gelautet, und blieb unbefriedigt.

Alle diese Erzeugnisse der Krankheit hängen von einer Begebenheit ab, welche damals sein Verhältnis zur Geliebten dominierte. Als er sich vor dem Sommer von ihr in Wien verabschiedete, legte er eine ihrer Reden so aus, als ob sie ihn vor der anwesenden Gesellschaft verleugnen wollte, und war darüber sehr unglücklich.

---

1) Zu ergänzen: woran er Schuld haben könnte.

Im Sommeraufenthalte gab es Gelegenheit zur Aussprache, und da konnte die Dame ihm nachweisen, daß sie mit jenen von ihm mißverstandenen Worten ihn vielmehr vor Lächerlichkeit bewahren wollte. Er war nun wiederum sehr glücklich. Den deutlichsten Hinweis auf diesen Vorfall enthält der Verstehzwang, der so gebildet ist, als ob er sich gesagt hätte: Nach dieser Erfahrung darfst du jetzt nie wieder jemanden mißverstehen, wenn du dir überflüssige Pein ersparen willst. Aber dieser Vorsatz ist nicht nur von dem einen Anlaß her verallgemeinert, er ist auch — vielleicht wegen der Abwesenheit der Geliebten — von ihrer hochgeschätzten Person auf alle anderen minderwertigen Personen verschoben. Der Zwang kann auch nicht allein aus der Befriedigung über die von ihr empfangene Aufklärung hervorgegangen sein, er muß noch etwas anderes ausdrücken, denn er läuft ja in den unbefriedigenden Zweifel an der Wiedergabe des Gehörten aus.

Die anderen Zwangsgebote leiten auf die Spur dieses andern Elementes. Der Schutzzwang kann nichts anderes bedeuten als die Reaktion — Reue und Buße — gegen eine gegensätzliche, also feindselige Regung, die sich vor der Aufklärung gegen die Geliebte gerichtet hatte. Der Zählzwang beim Gewitter deutet sich durch das beigebrachte Material als eine Abwehrmaßregel gegen Befürchtungen, welche Lebensgefahr bedeuteten. Durch die Analysen der ersterwähnten Zwangsvorstellungen sind wir bereits darauf vorbereitet, die feindseligen Regungen unseres Patienten für besonders heftig, von der Art der sinnlosen Wut zu schätzen, und dann finden wir, daß diese Wut gegen die Dame auch nach der Versöhnung ihren Beitrag zu den Zwangsbildungen stellt. In der Zweifelsucht, ob er richtig gehört, ist der fortwirkende Zweifel dargestellt, ob er wohl diesmal die Geliebte richtig verstanden hat und ihre Worte mit Recht als Beweis ihrer zärtlichen Neigung auffassen darf. Der Zweifel des Verstehzwanges ist Zweifel an ihrer Liebe. Es tobt in unserem Verliebten ein Kampf zwischen Liebe und Haß, die der gleichen Person gelten, und dieser Kampf wird plastisch dargestellt in der zwanghaften, auch symbolisch bedeutsamen Handlung, den Stein von dem Wege, den sie befahren soll, wegzuräumen und dann diese Liebestat wieder rückgängig zu machen, den Stein wieder hinzulegen, wo er lag, damit ihr Wagen an ihm scheitere und sie zu Schaden komme. Wir verstehen diesen zweiten Teil der Zwangshandlung nicht richtig, wenn wir ihn nur als kritische Abwendung vom krankhaften Tun auffassen, wofür er sich selbst ausgeben möchte. Daß auch er sich unter der Empfindung des Zwanges vollzieht, verrät, daß er selbst ein Stück des krankhaften Tuns ist, welches aber von dem Gegensatz zum Motiv des ersten Stückes bedingt wird.

Solche zweizeitige Zwangshandlungen, deren erstes Tempo vom zweiten aufgehoben wird, sind ein typisches Vorkommnis bei der Zwangsneurose. Sie werden vom bewußten Denken des Kranken natürlich mißverstanden und mit einer sekundären Motivierung versehen — rationalisiert.[1] Ihre wirkliche Bedeutung liegt aber in der Darstellung des Konfliktes zweier annähernd gleich großer gegensätzlicher Regungen, soviel ich bisher erfahren konnte, stets des Gegensatzes von Liebe und Haß. Sie beanspruchen ein besonderes theoretisches Interesse, weil sie einen neuen Typus der Symptombildung erkennen lassen. Anstatt, wie es bei Hysterie regelmäßig geschieht, ein Kompromiß zu finden, welches beiden Gegensätzen in einer Darstellung genügt, zwei Fliegen mit einem Schlag trifft,[2] werden hier die beiden Gegensätze, jeder einzeln, befriedigt, zuerst der eine und dann der andere, natürlich nicht ohne daß der Versuch gemacht würde, zwischen den beiden einander feindseligen eine Art von logischer Verknüpfung — oft mit Beugung aller Logik — herzustellen.[3]

---

1) Vgl. Ernest Jones, Rationalisation in every-day life. Journal of abnormal psychology, 1908.
2) Vgl. Hysterische Phantasien und ihre Beziehung zur Bisexualität. (Enthalten in Bd. VII dieser Gesamtausgabe.)
3) Ein anderer Zwangskranker berichtete mir einmal, er sei im Parke von Schönbrunn mit dem Fuße auf einen im Wege liegenden Ast gestoßen, den er nun in die

Der Konflikt zwischen Liebe und Haß tat sich bei unserem Patienten auch durch andere Anzeichen kund. Zur Zeit seiner wiedererwachenden Frömmigkeit richtete er sich Gebete ein, die allmählich bis zu 1½ Stunden in Anspruch nahmen, weil sich ihm — ein umgekehrter Bileam — in die frommen Formeln immer etwas einmengte, was sie ins Gegenteil verkehrte. Sagte er z. B. Gott schütze ihn — so gab der böse Geist schnell ein „nicht" dazu.[1] Einmal kam ihm dabei die Idee zu fluchen; da werde sich doch gewiß ein Widerspruch einschleichen; in diesem Einfalle brach sich die ursprüngliche, durch das Gebet verdrängte Intention Bahn. In solcher Bedrängnis fand er den Ausweg, die Gebete abzustellen und sie durch eine kurze Formel zu ersetzen, die aus den Anfangsbuchstaben oder Anfangssilben verschiedener Gebete zusammengebraut war. Diese sprach er dann so rasch aus, daß ihm nichts dazwischen fahren konnte.

Er brachte mir einmal einen Traum, der die Darstellung desselben Konfliktes in der Übertragung auf den Arzt enthielt: Meine Mutter ist gestorben. Er will kondolieren, fürchtet aber, daß er dabei das impertinente Lachen produzieren wird, das er schon wiederholt bei Todesfällen gezeigt hat. Er schreibt darum lieber eine Karte mit *p. c.*, aber diese Buchstaben verwandeln sich ihm beim Schreiben in *p. f.*[2]

Der Widerstreit seiner Gefühle gegen seine Dame war zu deutlich, als daß er sich seiner bewußten Wahrnehmung gänzlich

den Weg begrenzende Hecke schleuderte. Auf dem Heimwege überkam ihn plötzlich die Sorge, in der neuen Lage könnte der jetzt vielleicht etwas vorragende Ast zum Anlasse eines Unfalles für jemand werden, der nach ihm an derselben Stelle vorbeigehe. Er mußte von der Trambahn abspringen, in den Park zurückeilen, die Stelle aufsuchen und den Ast in die frühere Lage zurückbringen, obwohl es jedem anderen als dem Kranken einleuchten würde, daß die frühere Lage doch für einen Passanten gefährlicher sein müßte als die neue im Gebüsche. Die zweite feindselige Handlung, die sich als Zwang durchsetzte, hatte sich vor dem bewußten Denken mit der Motivierung der ersten, menschenfreundlichen, geschmückt.

1) Vergleiche den ähnlichen Mechanismus der bekannten sakrilegischen Einfälle der Frommen.

2) Dieser Traum gibt die Aufklärung des so häufigen und als rätselhaft betrachteten Zwangslachens bei Traueranlässen.

hätte entziehen können, wenngleich wir aus den Zwangsäußerungen
desselben schließen dürfen, daß er für die Tiefe seiner negativen
Regungen die richtige Schätzung nicht besaß. Die Dame hatte
seine erste Werbung vor zehn Jahren mit einem Nein beantwortet.
Seither wechselten Zeiten, in denen er sie intensiv zu lieben
glaubte, mit anderen, in welchen er gleichgültig gegen sie fühlte,
auch in seinem Wissen miteinander ab. Wenn er im Laufe der
Behandlung einen Schritt tun sollte, welcher ihn dem Ziele der
Bewerbung näher brachte, so äußerte sich sein Widerstand gewöhnlich zuerst in der Überzeugung, er habe sie eigentlich gar
nicht so lieb, die freilich bald überwunden wurde. Als sie einmal
in schwerer Krankheit zu Bette lag, was seine äußerste Teilnahme
hervorrief, brach bei ihrem Anblicke der Wunsch bei ihm durch:
so soll sie immer liegen bleiben. Er deutete sich diesen Einfall
durch das spitzfindige Mißverständnis, er wünsche nur darum ihr
beständiges Kranksein, damit er die Angst vor wiederholten
Krankheitsanfällen los werde, die er nicht ertragen könne![1] Gelegentlich beschäftigte er seine Phantasie mit Tagträumen, die er
selbst als „Rachephantasien" erkannte und deren er sich schämte.
Weil er meinte, daß sie einen großen Wert auf die soziale
Stellung eines Bewerbers legen würde, phantasierte er, daß sie
einen solchen Mann in amtlicher Position geheiratet habe. Er tritt
nun in dasselbe Amt ein, bringt es dort viel weiter als jener,
der zu seinem Untergebenen wird. Eines Tages hat dieser Mann
eine unlautere Handlung begangen. Die Dame fällt ihm zu Füßen,
beschwört ihn, ihren Mann zu retten. Er verspricht es, eröffnet
ihr, daß er nur aus Liebe zu ihr in das Amt eingetreten sei, weil
er einen solchen Moment vorausgesehen habe. Jetzt sei mit der
Rettung ihres Mannes seine Mission erfüllt; er lege sein Amt nieder.

In anderen Phantasien, des Inhaltes, daß er ihr einen großen
Dienst leiste u. dgl., ohne daß sie erfahre, daß er es sei, aner-

---

[1] Ein Beitrag eines andern Motivs zu diesem Zwangseinfalle ist nicht abzuweisen:
des Wunsches, sie wehrlos gegen seine Absichten zu wissen.

kannte er bloß die Zärtlichkeit, ohne den zur Verdrängung der Rachsucht bestimmten Edelmut nach Muster des Dumasschen Grafen von Monte Christo nach dieser seiner Herkunft und Tendenz zu würdigen. Übrigens gestand er zu, daß er gelegentlich unter sehr deutlichen Impulsen stehe, der von ihm verehrten Dame etwas anzutun. Diese Impulse schwiegen meist in ihrer Gegenwart und träten in ihrer Abwesenheit hervor.

f) Die Krankheitsveranlassung

Eines Tages erwähnte unser Patient flüchtig eine Begebenheit, in welcher ich sofort die Krankheitsveranlassung, wenigstens den rezenten Anlaß des noch heute anhaltenden Krankheitsausbruches vor etwa 6 Jahren erkennen mußte. Er selbst hatte keine Ahnung, daß er etwas Bedeutsames vorgebracht hatte; er konnte sich nicht erinnern, der Begebenheit, die er übrigens niemals vergessen hatte, einen Wert beigelegt zu haben. Dieses Verhalten fordert eine theoretische Würdigung heraus.

Bei Hysterie ist es Regel, daß die rezenten Anlässe der Erkrankung der Amnesie ebenso verfallen wie die infantilen Erlebnisse, mit deren Hilfe jene ihre Affektenergie in Symptome umsetzen. Wo ein völliges Vergessen unmöglich ist, da wird die rezente traumatische Veranlassung doch der Amnesie angenagt und zum mindesten ihrer bedeutsamsten Bestandteile beraubt. Wir sehen in solcher Amnesie den Erweis der stattgehabten Verdrängung. Anders ist es in der Regel bei der Zwangsneurose. Die infantilen Voraussetzungen der Neurose mögen einer — oft nur unvollständigen — Amnesie verfallen sein; die rezenten Anlässe der Erkrankung finden sich dagegen im Gedächtnis erhalten. Die Verdrängung hat sich hier eines andern, eigentlich einfacheren Mechanismus bedient; anstatt das Trauma zu vergessen, hat sie ihm die Affektbesetzung entzogen, so daß im Bewußtsein ein indifferenter, für unwesentlich erachteter Vorstellungsinhalt erübrigt. Der Unterschied liegt im psychischen

Geschehen, das wir hinter den Phänomenen konstruieren dürfen; der Erfolg des Vorganges ist fast der nämliche, denn der indifferente Erinnerungsinhalt wird nur selten reproduziert und spielt in der bewußten Gedankentätigkeit der Person keine Rolle. Zur Unterscheidung der beiden Arten der Verdrängung können wir zunächst nur die Versicherung des Patienten verwenden, er habe die Empfindung, daß er das eine immer gewußt, das andere seit langer Zeit vergessen habe.[1]

Es ist darum kein seltenes Vorkommnis, daß Zwangskranke, die an Selbstvorwürfen leiden und ihre Affekte an falsche Veranlassungen geknüpft haben, dem Arzt auch von den richtigen Mitteilung machen, ohne zu ahnen, daß ihre Vorwürfe nur von diesen letzteren abgetrennt sind. Sie äußern dabei gelegentlich verwundert oder selbst wie prahlerisch: Daraus mache ich mir aber gar nichts. So war es auch in dem ersten Falle von Zwangsneurose, der mir vor vielen Jahren das Verständnis des Leidens eröffnete. Der Patient, ein Staatsbeamter, der an ungezählten Bedenklichkeiten litt, derselbe, von dem ich die Zwangshandlung an dem Ast im Schönbrunner Park berichtet habe, fiel mir dadurch auf, daß er mir für den Besuch in der Sprechstunde stets reine und glatte Papiergulden überreichte. (Wir hatten damals in Österreich noch kein Silbergeld.) Als ich einmal bemerkte, man erkenne doch gleich den Staatsbeamten an den nagelneuen Gulden, die er von der Staatskasse beziehe, belehrte er mich, die Gulden seien keineswegs neu, sondern in seinem Hause gebügelt (geplättet) worden. Er mache sich ein Gewissen daraus,

---

[1] Man muß also zugeben, daß es für die Zwangsneurose zweierlei Wissen und Kennen gibt, und darf mit dem gleichen Rechte behaupten, der Zwangskranke „kenne" seine Traumen, wie, daß er sie nicht „kenne". Er kennt sie nämlich, insofern er sie nicht vergessen hat, er kennt sie nicht, da er nicht ihre Bedeutung erkennt. Es ist im normalen Leben oft auch nicht anders. Die Kellner, die den Philosophen Schopenhauer in seinem Stammgasthaus zu bedienen pflegten, „kannten" ihn in gewissem Sinne zu einer Zeit, da er sonst in und außerhalb Frankfurt unbekannt war, aber nicht in dem Sinne, den wir heute mit der „Kenntnis" von Schopenhauer verbinden.

jemand schmutzige Papiergulden in die Hand zu geben; da
klebten die gefährlichsten Bakterien daran, die dem Empfänger
Schaden bringen könnten. Mir dämmerte damals bereits in unsicherer Ahnung der Zusammenhang der Neurosen mit dem
Sexualleben, und so wagte ich es, den Patienten ein andermal
zu befragen, wie er es in diesem Punkte hielte. Oh, alles in
Ordnung, meinte er leichthin, ich leide keinen Mangel. Ich spiele
in vielen guten Bürgerhäusern die Rolle eines lieben alten Onkels
und die benütze ich, um mir von Zeit zu Zeit ein junges Mädchen
für eine Landpartie auszubitten. Ich richte es dann so ein, daß
wir den Zug versäumen und auf dem Lande übernachten müssen.
Ich nehme dann immer zwei Zimmer, ich bin sehr nobel; aber
wenn das Mädchen zu Bett ist, komme ich zu ihr und·masturbiere
sie mit meinen Fingern. — Ja, fürchten Sie denn nicht, daß
Sie ihr schaden, wenn Sie mit Ihrer schmutzigen Hand in ihren
Genitalien herumarbeiten? — Da brauste er aber auf: Schaden?
Was soll es ihr denn schaden? Keiner hat es noch geschadet
und jeder war es recht. Einige von ihnen sind jetzt schon verheiratet und es hat ihnen nicht geschadet. — Er nahm meine
Beanständung sehr übel auf und kam nie wieder. Ich konnte
mir aber den Kontrast zwischen seiner Bedenklichkeit bei den
Papiergulden und seine Rücksichtslosigkeit beim Mißbrauch der
ihm anvertrauten Mädchen nur durch eine **Verschiebung** des
Vorwurfsaffekts erklären. Die Tendenz dieser Verschiebung war
deutlich genug; wenn er den Vorwurf dort beließ, wohin er
gehörte, so mußte er auf eine sexuelle Befriedigung verzichten,
zu der er wahrscheinlich durch starke infantile Determinanten
gedrängt war. Er erzielte also durch die Verschiebung einen
namhaften **Krankheitsgewinn**.

Auf die Krankheitsveranlassung bei unserem Patienten muß
ich aber nun ausführlicher eingehen. Seine Mutter war als entfernte Verwandte in einer reichen Familie aufgezogen worden,
die ein großes industrielles Unternehmen betrieb. Sein Vater trat

gleichzeitig mit der Heirat in den Dienst dieses Unternehmens und gelangte so eigentlich infolge seiner Ehewahl zu ziemlichem Wohlstand. Durch Neckereien zwischen den in vortrefflicher Ehe lebenden Eltern hatte der Sohn erfahren, daß der Vater einem hübschen armen Mädchen aus bescheidener Familie den Hof gemacht hatte, eine Zeitlang bevor er die Mutter kennen lernte. Dies die Vorgeschichte. Nach dem Tode des Vaters teilte die Mutter eines Tages dem Sohne mit, es sei zwischen ihr und ihren reichen Verwandten die Rede von seiner Zukunft gewesen, und einer der Vettern habe seine Bereitwilligkeit ausgedrückt, ihm eine seiner Töchter zu geben, wenn er seine Studien beendigt habe; die geschäftliche Verbindung mit der Firma werde ihm dann auch in seinem Berufe glänzende Aussichten eröffnen. Dieser Plan der Familie entzündete in ihm den Konflikt, ob er seiner armen Geliebten treu bleiben oder in die Fußstapfen des Vaters treten und das schöne, reiche, vornehme Mädchen, das ihm bestimmt worden, zur Frau nehmen solle. Und diesen Konflikt, der eigentlich ein solcher zwischen seiner Liebe und dem fortwirkenden Willen des Vaters war, löste er durch Erkrankung, richtiger gesagt: er entzog sich durch die Erkrankung der Aufgabe, ihn in der Realität zu lösen.[1]

Der Beweis für diese Auffassung liegt in der Tatsache, daß hartnäckige Arbeitsunfähigkeit, die ihn die Beendigung seiner Studien um Jahre aufschieben ließ, der Haupterfolg der Erkrankung war. Was aber der Erfolg einer Krankheit ist, das lag in der Absicht derselben; die anscheinende Krankheitsfolge ist in Wirklichkeit die Ursache, das Motiv des Krankwerdens.

Meine Aufklärung fand begreiflicherweise bei dem Kranken zunächst keine Anerkennung. Er könne sich eine solche Wirkung des Heiratsplanes nicht vorstellen, derselbe habe ihm seinerzeit

---

[1] Es ist hervorzuheben, daß die Flucht in die Krankheit ihm durch die Identifizierung mit dem Vater ermöglicht wurde. Diese gestattete ihm die Regression der Affekte auf die Kindheitsreste.

nicht den mindesten Eindruck gemacht. Im weiteren Verlaufe der Kur mußte er sich aber auf einem eigentümlichen Wege von der Richtigkeit meiner Vermutung überzeugen. Er erlebte mit Hilfe einer Übertragungsphantasie als neu und gegenwärtig, was er aus der Vergangenheit vergessen hatte, oder was nur unbewußt bei ihm abgelaufen war. Aus einer dunkeln und schwierigen Periode der Behandlungsarbeit ergab sich endlich, daß er ein junges Mädchen, welches er einmal auf der Stiege meines Hauses angetroffen, zu meiner Tochter erhoben hatte. Sie erregte sein Wohlgefallen und er imaginierte, daß ich nur darum so liebenswürdig und unerhört geduldig mit ihm sei, weil ich ihn zum Schwiegersohne wünsche, wobei er den Reichtum und die Vornehmheit meines Hauses bis zu dem ihm zum Vorbild passenden Niveau erhöhte. Gegen diese Versuchung stritt aber in ihm die unauslöschliche Liebe zu seiner Dame. Nachdem wir eine Reihe der schwersten Widerstände und ärgsten Beschimpfungen überwunden hatten, konnte er sich der überzeugenden Wirkung der vollen Analogie zwischen der phantasierten Übertragung und der damaligen Realität nicht entziehen. Ich gebe einen seiner Träume aus dieser Zeit wieder, um den Stil seiner Darstellung an einer Probe zu zeigen. *Er sieht meine Tochter vor sich, aber sie hat zwei Dreckpatzen anstatt der Augen.* Für jeden, der die Sprache der Träume versteht, wird die Übersetzung leicht sein: **Er heiratet meine Tochter nicht ihrer schönen Augen, sondern ihres Geldes wegen.**

g) Der Vaterkomplex und die Lösung der Rattenidee

Von der Krankheitsveranlassung reiferer Jahre führte ein Faden zurück in die Kindheit unseres Patienten. Er fand sich in einer Situation, wie sie nach seinem Wissen oder Vermuten der Vater vor seiner eigenen Eheschließung bestanden hatte, und konnte sich mit dem Vater identifizieren. Noch in anderer

Weise spielte der verstorbene Vater in die rezente Erkrankung
hinein. Der Krankheitskonflikt war im Wesen ein Widerstreit
zwischen dem fortwirkenden Willen des Vaters und seiner
eigenen verliebten Neigung. Nehmen wir Rücksicht auf die
Mitteilungen, die der Patient in den ersten Stunden der Behandlung gemacht hatte, so können wir die Vermutung nicht abweisen,
daß dieser Widerstreit ein uralter gewesen sei und sich schon in
den Kinderjahren des Kranken ergeben habe.

Der Vater unseres Patienten war nach allen Auskünften ein
ganz vortrefflicher Mann. Er war vor der Heirat Unteroffizier
gewesen und hatte eine aufrichtige soldatische Art sowie eine
Vorliebe für derbe Ausdrücke als Niederschlag aus diesem Stücke
seines Lebens behalten. Außer den Tugenden, die der Leichenstein an jedermann zu rühmen pflegt, zeichnete ihn ein herzlicher Humor und eine gütige Nachsicht gegen seine Mitmenschen aus; es steht gewiß nicht im Widerspruche mit diesem
Charakter, stellt sich vielmehr als Ergänzung zu ihm dar, daß
er jäh und heftig sein konnte, was den Kindern, solange sie
klein und schlimm waren, gelegentlich zu sehr empfindlichen
Züchtigungen verhalf. Als die Kinder heranwuchsen, wich er
von anderen Vätern darin ab, daß er sich nicht zur unantastbaren Autorität emporheben wollte, sondern in gutmütiger Offenheit die kleinen Verfehlungen und Mißgeschicke seines Lebens
ihrer Mitwissenschaft preisgab. Der Sohn übertrieb gewiß nicht,
wenn er aussprach, sie hätten miteinander verkehrt wie die
besten Freunde, bis auf einen einzigen Punkt (vgl. S. 405). An
diesem einen Punkte mußte es wohl gelegen sein, wenn den
Kleinen der Gedanke an den Tod des Vaters mit ungewöhnlicher
und ungebührlicher Intensität beschäftigte (S. 387), wenn solche
Gedanken im Wortlaute seiner kindlichen Zwangsideen auftraten,
wenn er sich wünschen konnte, der Vater möge sterben, damit
ein gewisses Mädchen, durch Mitleid erweicht, zärtlicher gegen
ihn werde (S. 403).

Es ist nicht zu bezweifeln, daß auf dem Gebiete der Sexualität etwas zwischen Vater und Sohn stand, und daß der Vater in einen bestimmten Gegensatz zu der frühzeitig erwachten Erotik des Sohnes geraten war. Mehrere Jahre nach dem Tode des Vaters drängte sich dem Sohne, als er zum ersten Male die Lustempfindung eines Koitus erfuhr, die Idee auf: das ist doch großartig; dafür könnte man seinen Vater ermorden! Dies zugleich ein Nachklang und eine Verdeutlichung seiner kindlichen Zwangsideen. Kurz vor seinem Tode hatte der Vater übrigens direkt gegen die später dominierende Neigung unseres Patienten Stellung genommen. Er merkte, daß er die Gesellschaft jener Dame aufsuchte und riet ihm von ihr mit den Worten ab, es sei nicht klug und er werde sich nur blamieren.

Zu diesen vollkommen gesicherten Anhaltspunkten kommt anderes hinzu, wenn wir uns zur Geschichte der onanistischen Sexualbetätigung unseres Patienten wenden. Es besteht auf diesem Gebiete ein noch nicht verwerteter Gegensatz zwischen den Ansichten der Ärzte und der Kranken. Letztere sind alle darin einig, die Onanie, unter der sie die Pubertätsmasturbation verstehen, als Wurzel und Urquell all ihrer Leiden hinzustellen; die Ärzte wissen im allgemeinen nicht, wie sie darüber denken sollen, aber unter dem Eindrucke der Erfahrung, daß auch die meisten später Normalen in den Pubertätsjahren eine Weile onaniert haben, neigen sie in ihrer Mehrzahl dazu, die Angaben der Kranken als grobe Überschätzungen zu verurteilen. Ich meine, daß die Kranken auch hierin eher recht haben als die Ärzte. Den Kranken dämmert hier eine richtige Einsicht, während die Ärzte in Gefahr sind, etwas Wesentliches zu übersehen. Es verhält sich gewiß nicht so, wie die Kranken ihren Satz selbst verstehen wollen, daß die fast typisch zu nennende Pubertätsonanie für alle neurotischen Störungen verantwortlich zu machen sei. Der Satz bedarf der Deutung. Aber die Onanie der Pubertätsjahre ist in Wirklichkeit nichts anderes als die Auffrischung der bisher stets vernachlässigten Onanie der Kinderjahre, welche zumeist in den Jahren von 3 bis 4 oder 5 eine Art von Höhepunkt erreicht, und diese ist allerdings der deutlichste Ausdruck der sexuellen Konstitution des Kindes, in welcher auch wir die Ätiologie der späteren Neurosen suchen. Die Kranken beschuldigen unter solcher Verhüllung also eigentlich ihre infantile Sexualität, und darin haben sie vollauf recht. Das Problem der Onanie wird hingegen unlösbar, wenn man die Onanie als eine klinische Einheit auffassen will und daran vergißt, daß sie die Abfuhr der verschiedenartigsten Sexualkomponenten und der von ihnen gespeisten Phantasien darstellt. Die Schädlichkeit der Onanie ist nur zum geringen Anteil eine autonome, durch ihre eigene Natur bedingte. Der Hauptsache nach fällt sie mit der pathogenen Bedeutung des Sexuallebens überhaupt zusammen. Wenn soviele Individuen die Onanie, d. h. ein gewisses Ausmaß dieser Betätigung, ohne Schaden vertragen, so lehrt diese Tatsache nichts anderes, als daß bei ihnen die sexuelle Konstitution und der Ablauf der Entwicklungsvorgänge im Sexualleben die Ausübung der Funktion unter den kulturellen Bedingungen gestattet hat,[1] während andere infolge ungünstiger Sexualkonstitution oder gestörter Entwicklung an ihrer Sexualität erkranken, d. h. die Anforderungen zur Unterdrückung und Sublimierung der sexuellen Komponenten nicht ohne Hemmungen und Ersatzbildungen erfüllen können.

Unser Patient war in seinem Onanieverhalten recht auffällig; er entwickelte keine Pubertätsonanie und hätte also nach gewissen Erwartungen ein Anrecht darauf gehabt, frei von Neurose zu bleiben. Dagegen trat der Drang zur onanistischen Betätigung im 21. Jahre bei ihm auf, kurze Zeit nach dem Tode des Vaters. Er war sehr beschämt nach jeder Befriedigung und schwor ihr bald wieder ab. Von da an trat die Onanie nur bei

---

1) Vgl. Drei Abhandlungen zur Sexualtheorie. 1905. (Bd. V. dieser Gesamtausgabe.)

seltenen und sehr merkwürdigen Anlässen wieder auf. „Besonders schöne Momente, die er erlebte, oder besonders schöne Stellen, die er las, riefen sie hervor. So z. B. als er an einem schönen Sommernachmittag einen Postillon in der Innern Stadt so herrlich blasen hörte, bis ein Wachmann es ihm untersagte, weil in der Stadt das Blasen verboten sei! Oder ein andermal, als er in ‚Dichtung und Wahrheit' las, wie sich der junge Goethe in zärtlicher Aufwallung von der Wirkung eines Fluches befreite, den eine Eifersüchtige über die ausgesprochen, welche nach ihr seine Lippen küssen würde. Lange hatte er sich wie abergläubisch durch diesen Fluch abhalten lassen, jetzt aber zerriß er die Fessel und küßte sein Lieb herzlich ab."

Er verwunderte sich nicht wenig, daß er gerade bei solchen schönen und erhebenden Anlässen zur Masturbation gedrängt worden sei. Ich mußte aber aus diesen beiden Beispielen als das Gemeinsame das Verbot und das Sichhinaussetzen über ein Gebot herausheben.

In denselben Zusammenhang gehörte auch sein sonderbares Benehmen zu einer Zeit, da er für eine Prüfung studierte und mit der ihm liebgewordenen Phantasie spielte, der Vater lebe noch und könne jeden Moment wiederkommen. Er richtete es sich damals so ein, daß sein Studium auf die spätesten Nachtstunden fiel. Zwischen 12 und 1 Uhr nachts unterbrach er sich, öffnete die auf die Hausflur führende Tür, als ob der Vater davor stünde, und betrachtete dann, nachdem er zurückgekommen war, im Spiegel des Vorzimmers seinen entblößten Penis. Dies tolle Treiben wird unter der Voraussetzung verständlich, daß er sich so benahm, als ob er den Besuch des Vaters um die Geisterstunde erwartete. Zu seinen Lebzeiten war er eher ein fauler Student gewesen, worüber sich der Vater oft gekränkt hatte. Nun sollte er Freude an ihm haben, wenn er als Geist wiederkam und ihn beim Studieren traf. An dem andern Teile seines Tuns konnte der Vater aber unmöglich Freude haben;

damit trotzte er ihm also und brachte so in einer unverstandenen
Zwangshandlung die beiden Seiten seines Verhältnisses zum Vater
nebeneinander zum Ausdrucke, ähnlich wie in der späteren
Zwangshandlung vom Steine auf der Straße gegen die geliebte
Dame.

Auf diese und ähnliche Anzeichen gestützt, wagte ich die
Konstruktion, er habe als Kind im Alter von 6 Jahren irgend
eine sexuelle Missetat im Zusammenhange mit der Onanie begangen und sei dafür vom Vater empfindlich gezüchtigt worden.
Diese Bestrafung hätte der Onanie allerdings ein Ende gemacht,
aber anderseits einen unauslöschlichen Groll gegen den Vater
hinterlassen und dessen Rolle als Störer des sexuellen Genusses
für alle Zeiten fixiert. (Vgl. die ähnlichen Vermutungen in einer
der ersten Sitzungen S. 389). Zu meinem großen Erstaunen berichtete nun der Patient, ein solcher Vorfall aus seinen ersten
Kinderjahren sei ihm von der Mutter wiederholt erzählt worden
und offenbar darum nicht in Vergessenheit geraten, weil sich
so merkwürdige Dinge an ihn knüpften. Seine eigene Erinnerung
wisse allerdings nichts davon. Die Erzählung aber lautete: Als
er noch sehr klein war — die genauere Zeitbestimmung ließe
sich noch durch das Zusammentreffen mit der Todeskrankheit
einer älteren Schwester gewinnen — soll er etwas Arges angestellt haben, wofür ihn der Vater prügelte. Da sei der kleine
Knirps in eine schreckliche Wut geraten und habe noch unter
den Schlägen den Vater beschimpft. Da er aber noch keine
Schimpfwörter kannte, habe er ihm alle Namen von Gegenständen gegeben, die ihm einfielen, und gesagt: du Lampe, du
Handtuch, du Teller usw. Der Vater hielt erschüttert über diesen
elementaren Ausbruch im Schlagen inne und äußerte: Der Kleine
da wird entweder ein großer Mann oder ein großer Verbrecher![1]

---

1) Die Alternative war unvollständig. An den häufigsten Ausgang so vorzeitiger
Leidenschaftlichkeit, an den in Neurose, hatte der Vater nicht gedacht.

Er meint, der Eindruck dieser Szene sei sowohl für ihn wie für den Vater ein dauernd wirksamer gewesen. Der Vater habe ihn nie wieder geprügelt; er selbst leitet aber ein Stück seiner Charakterveränderung von dem Erlebnisse ab. Aus Angst vor der Größe seiner Wut sei er von da an feige geworden. Er hatte übrigens sein ganzes Leben über schreckliche Angst vor Schlägen und verkroch sich vor Entsetzen und Empörung, wenn eines seiner Geschwister geprügelt wurde.

Eine erneuerte Nachfrage bei der Mutter brachte außer der Bestätigung dieser Erzählung die Auskunft, daß er damals zwischen 3 und 4 Jahre alt war, und daß er die Strafe verdient, weil er jemanden gebissen hatte. Näheres erinnerte auch die Mutter nicht mehr; sie meinte recht unsicher, die von dem Kleinen beschädigte Person möge die Kinderfrau gewesen sein; von einem sexuellen Charakter des Delikts war in ihrer Mitteilung nicht die Rede.[1]

---

[1] Man hat es in den Psychoanalysen häufig mit solchen Begebenheiten aus den ersten Kinderjahren zu tun, in denen die infantile Sexualtätigkeit zu gipfeln scheint und häufig durch einen Unfall oder eine Bestrafung ein katastrophales Ende findet. Sie zeigen sich schattenhaft in Träumen an, werden oft so deutlich, daß man sie greifbar zu besitzen vermeint, aber sie entziehen sich doch der endgültigen Klarstellung, und wenn man nicht mit besonderer Vorsicht und mit Geschick verfährt, muß man es unentschieden lassen, ob eine solche Szene wirklich vorgefallen ist. Auf die richtige Spur der Deutung wird man durch die Erkenntnis geführt, daß von solchen Szenen mehr als eine Version, oft sehr verschiedenartige, in der unbewußten Phantasie des Patienten aufzuspüren sind. Wenn man in der Beurteilung der Realität nicht irregehen will, muß man sich vor allem daran erinnern, daß die „Kindheitserinnerungen" der Menschen erst in einem späteren Alter (meist zur Zeit der Pubertät) festgestellt und dabei einem komplizierten Umarbeitungsprozeß unterzogen werden, welcher der Sagenbildung eines Volkes über seine Urgeschichte durchaus analog ist. Es läßt sich deutlich erkennen, daß der heranwachsende Mensch in diesen Phantasiebildungen über seine erste Kindheit das Andenken an seine autoerotische Betätigung zu verwischen sucht, indem er seine Erinnerungsspuren auf die Stufe der Objektliebe hebt, also wie ein richtiger Geschichtschreiber die Vergangenheit im Lichte der Gegenwart erblicken will. Daher die Überfülle von Verführungen und Attentaten in diesen Phantasien, wo die Wirklichkeit sich auf autoerotische Betätigung und auf Anregung dazu durch Zärtlichkeiten und Strafen beschränkt. Ferner wird man gewahr, daß der über seine Kindheit Phantasierende seine Erinnerungen sexualisiert, d. h., daß er banale Erlebnisse mit seiner Sexualbetätigung in Beziehung bringt, sein Sexualinteresse über sie ausdehnt, wobei er wahrscheinlich den Spuren des wirklich vorhandenen Zusammenhanges nachfährt. Daß es nicht die Ab-

Indem ich die Diskussion dieser Kindheitsszene in die Fußnote verweise, führe ich an, daß durch deren Auftauchen seine Weigerung, an eine prähistorisch erworbene und später latent gewordene Wut gegen den geliebten Vater zu glauben, zuerst ins Wanken geriet. Ich hatte nur eine stärkere Wirkung er-

---

sicht dieser Bemerkungen ist, die von mir behauptete Bedeutung der infantilen Sexualität nachträglich durch die Reduktion auf das Sexualinteresse der Pubertät herabzusetzen, wird mir jeder glauben, der die von mir mitgeteilte „Analyse der Phobie eines fünfjährigen Knaben" im Gedächtnis hat. Ich beabsichtige nur, technische Anweisungen zur Auflösung jener Phantasiebildungen zu geben, welche dazu bestimmt sind, das Bild jener infantilen Sexualbetätigung zu verfälschen.

Nur selten ist man wie bei unserem Patienten in der glücklichen Lage, die tatsächliche Grundlage dieser Dichtungen über die Urzeit durch das unerschütterliche Zeugnis eines Erwachsenen festzustellen. Immerhin läßt die Aussage der Mutter den Weg für mehrfache Möglichkeiten offen. Daß sie die sexuelle Natur des Vergehens, für welches das Kind gestraft wurde, nicht proklamierte, mag seinen Grund in ihrer eigenen Zensur haben, welche bei allen Eltern gerade dieses Element aus der Vergangenheit ihrer Kinder auszuschalten bemüht ist. Es ist aber ebenso möglich, daß das Kind damals wegen einer banalen Unart nicht sexueller Natur von der Kinderfrau oder der Mutter selbst zurechtgewiesen und dann wegen seiner gewalttätigen Reaktion vom Vater gezüchtigt wurde. Die Kinderfrau oder eine andere dienende Person wird in solchen Phantasien regelmäßig durch die vornehmere der Mutter ersetzt. Wenn man sich in die Deutung der diesbezüglichen Träume des Patienten tiefer einließ, fand man die deutlichsten Hinweise auf eine episch zu nennende Dichtung, in welcher sexuelle Gelüste gegen Mutter und Schwester und der frühzeitige Tod dieser Schwester mit jener Züchtigung des kleinen Helden durch den Vater zusammengebracht wurden. Es gelang nicht, dieses Gewebe von Phantasieumhüllungen Faden für Faden abzuspinnen; gerade der therapeutische Erfolg war hier das Hindernis. Der Patient war hergestellt und das Leben forderte von ihm, mehrfache, ohnedies zu lange aufgeschobene, Aufgaben in Angriff zu nehmen, die mit der Fortsetzung der Kur nicht verträglich waren. Man mache mir also aus dieser Lücke in der Analyse keinen Vorwurf. Die wissenschaftliche Erforschung durch die Psychoanalyse ist ja heute nur ein Nebenerfolg der therapeutischen Bemühung, und darum ist die Ausbeute oft gerade bei unglücklich behandelten Fällen am größten.

Der Inhalt des kindlichen Sexuallebens besteht in der autoerotischen Betätigung der vorherrschenden Sexualkomponenten, in Spuren von Objektliebe und in der Bildung jenes Komplexes, den man den Kernkomplex der Neurosen nennen könnte, der die ersten zärtlichen wie feindseligen Regungen gegen Eltern und Geschwister umfaßt, nachdem die Wißbegierde des Kleinen, meist durch die Ankunft eines neuen Geschwisterchens, geweckt worden ist. Aus der Uniformität dieses Inhaltes und aus der Konstanz der späteren modifizierenden Einwirkungen erklärt es sich leicht, daß im allgemeinen stets die nämlichen Phantasien über die Kindheit gebildet werden, gleichgültig wieviel oder wie wenig Beiträge das wirkliche Erleben dazu gestellt hat. Es entspricht durchaus dem infantilen Kernkomplex, daß der Vater zur Rolle des sexuellen Gegners und des Störers der autoerotischen Sexualbetätigung gelangt, und die Wirklichkeit hat daran zumeist einen guten Anteil.

wartet, denn diese Begebenheit war ihm so oft auch vom Vater selbst erzählt worden, daß ihre Realität keinem Zweifel unterlag. Mit einer Fähigkeit, die Logik zu beugen, welche bei den sehr intelligenten Zwangskranken jedesmal höchst befremdend wirkt, machte er aber immer wieder gegen die Beweiskraft der Erzählung geltend, er erinnere sich doch nicht selbst daran. Er mußte sich also die Überzeugung, daß sein Verhältnis zum Vater wirklich jene unbewußte Ergänzung erforderte, erst auf dem schmerzhaften Wege der Übertragung erwerben. Es kam bald dazu, daß er mich und die Meinigen in Träumen, Tagesphantasien und Einfällen aufs gröblichste und unflätigste beschimpfte, während er mir doch mit Absicht niemals etwas anderes als die größte Ehrerbietung entgegenbrachte. Sein Benehmen während der Mitteilung dieser Beschimpfungen war das eines Verzweifelten. „Wie kommen Herr Professor dazu, sich von einem schmierigen, hergelaufenen Kerl wie ich so beschimpfen zu lassen? Sie müssen mich hinauswerfen; ich verdiene es nicht besser." Bei diesen Reden pflegte er vom Diwan aufzustehen und im Zimmer herumzulaufen, was er zuerst mit Feinfühligkeit motivierte; er bringe es nicht über sich, so gräßliche Dinge zu sagen, während er behaglich daliege. Er fand aber bald selbst die triftigere Erklärung, daß er sich meiner Nähe entziehe, aus Angst von mir geprügelt zu werden. Wenn er sitzen blieb, so benahm er sich wie einer, der sich in verzweifelter Angst vor maßlosen Züchtigungen schützen will; er stützte den Kopf in die Hände, deckte sein Gesicht mit dem Arme, lief plötzlich mit schmerzlich verzerrten Zügen davon usw. Er erinnerte, daß der Vater jähzornig gewesen war und in seiner Heftigkeit manchmal nicht mehr wußte, wieweit er gehen durfte. In solcher Schule des Leidens gewann er allmählich die ihm mangelnde Überzeugung, die sich jedem andern nicht persönlich Beteiligten wie selbstverständlich ergeben hätte; dann war aber auch der Weg zur Auflösung der Rattenvorstellung frei. Eine

Fülle von bisher zurückgehaltenen tatsächlichen Mitteilungen wurde nun auf der Höhe der Kur zur Herstellung des Zusammenhanges verfügbar. In der Darstellung desselben werde ich, wie angekündigt, aufs äußerste verkürzen und resümieren. Das erste Rätsel war offenbar, weshalb die beiden Reden des tschechischen Hauptmannes, die Rattenerzählung und die Aufforderung, dem Oberleutnant A. das Geld zurückzugeben, so aufregend auf ihn gewirkt und so heftige pathologische Reaktionen hervorgerufen hatten. Es war anzunehmen, daß hier „Komplexempfindlichkeit" vorlag, daß durch jene Reden hyperästhetische Stellen seines Unbewußten unsanft berührt worden waren. So war es auch; er befand sich, wie jedesmal im militärischen Verhältnisse, in einer unbewußten Identifizierung mit dem Vater, der selbst durch mehrere Jahre gedient hatte und vieles aus seiner Soldatenzeit zu erzählen pflegte. Nun gestattete der Zufall, der bei der Symptombildung mithelfen darf wie der Wortlaut beim Witz, daß eines der kleinen Abenteuer des Vaters ein wichtiges Element mit der Aufforderung des Hauptmannes gemeinsam hatte. Der Vater hatte einmal eine kleine Summe Geldes, über die er als Unteroffizier verfügen sollte, im Kartenspiele verloren (Spielratte) und wäre in arge Bedrängnis gekommen, wenn ein Kamerad sie ihm nicht vorgestreckt hätte. Nachdem er das Militär verlassen und wohlhabend geworden war, suchte er den hilfreichen Kameraden auf, um ihm das Geld zurückzugeben, fand ihn aber nicht mehr. Unser Patient war nicht sicher, ob ihm die Rückerstattung überhaupt je gelang; die Erinnerung an diese Jugendsünde des Vaters war ihm peinlich, da doch sein Unbewußtes von feindseligen Ausstellungen am Charakter des Vaters erfüllt war. Die Worte des Hauptmannes: Du mußt dem Oberleutnant A. die Kronen 3·80 zurückgeben, klangen ihm wie eine Anspielung an jene uneingelöste Schuld des Vaters.

Die Mitteilung aber, daß das Postfräulein in Z. die Nachnahme mit einigen für ihn schmeichelhaften Worten selbst erlegt hatte,[1] verstärkte die Identifizierung mit dem Vater auf einem andern Gebiete. Er trug jetzt nach, daß in dem kleinen Orte, wo sich auch das Postamt befand, die hübsche Wirtstochter dem schmucken jungen Offizier viel Entgegenkommen gezeigt hatte, so daß er sich vornehmen konnte, nach Schluß der Manöver dorthin zurückzukommen, um seine Chancen bei dem Mädchen zu verfolgen. Nun war ihr in dem Postfräulein eine Konkurrentin erstanden; er konnte, wie der Vater in seinem Eheroman, schwanken, welcher von beiden er nach dem Verlassen des Militärdienstes seine Gunst zuwenden sollte. Wir merken mit einem Male, daß seine sonderbare Unschlüssigkeit, ob er nach Wien reisen oder an den Ort des Postamtes zurückkehren solle, seine beständigen Versuchungen, auf der Reise umzukehren (vgl. S. 396), nicht so sinnlos waren, wie sie uns zuerst erscheinen mußten. Für sein bewußtes Denken war die Anziehung des Ortes Z., an dem sich das Postamt befand, durch das Bedürfnis motiviert, dort mit Hilfe des Oberleutnants A. seinen Eid zu erfüllen. In Wirklichkeit war das im nämlichen Ort befindliche Postfräulein der Gegenstand seiner Sehnsucht und der Oberleutnant nur ein guter Ersatz für sie, da er am selben Ort gewohnt und selbst den militärischen Postdienst versehen hatte. Als er dann hörte, nicht der Oberleutnant A., sondern ein anderer Offizier B. habe an dem Tage bei der Post amtiert, zog er auch diesen in seine Kombination und konnte sein Schwanken zwischen den beiden ihm gnädig gesinnten Mädchen nun in den Delirien mit den beiden Offizieren wiederholen.[2]

---

1) Vergessen wir nicht, daß er dies erfahren hatte, ehe der Hauptmann die (unberechtigte) Aufforderung der Rückzahlung an Oberleutnant A. an ihn richtete. Es ist dies der für das Verständnis unentbehrliche Punkt, durch dessen Unterdrückung er sich die heilloseste Verwirrung bereitete und mir eine Zeitlang den Einblick in den Sinn des Ganzen verwehrte.

2) [Zusatz 1923:] Nachdem der Patient alles dazu getan hatte, die kleine Begebenheit von der Rückzahlung der Nachnahme für den Zwicker zu verwirren, ist es vielleicht auch meiner Darstellung nicht gelungen, sie ohne Rückstand durchsichtig zu machen. Ich

Bei der Aufklärung der Wirkungen, welche von der Rattenerzählung des Hauptmannes ausgingen, müssen wir uns enger an den Ablauf der Analyse halten. Es ergab sich zunächst eine außerordentliche Fülle von assoziativem Material, ohne daß vorläufig die Situation der Zwangsbildung durchsichtiger wurde. Die Vorstellung der mit den Ratten vollzogenen Strafe hatte eine Anzahl von Trieben gereizt, eine Menge von Erinnerungen geweckt, und die Ratten hatten darum in dem kurzen Intervalle zwischen der Erzählung des Hauptmannes und seiner Mahnung, das Geld zurückzugeben, eine Reihe von symbolischen Bedeutungen erworben, zu welchen in der Folgezeit immer neue hinzutraten. Mein Bericht über all dies kann freilich nur sehr unvollständig ausfallen. Die Rattenstrafe rüttelte vor allem die Analerotik auf, die in seiner Kindheit eine große Rolle gespielt hatte und durch jahrelang fortgesetzten Wurmreiz unterhalten worden war. Die Ratten kamen so zur Bedeutung: Geld,[1] welcher Zusammenhang sich durch den Einfall Raten zu Ratten anzeigte. Er hatte sich in seinen Zwangs-

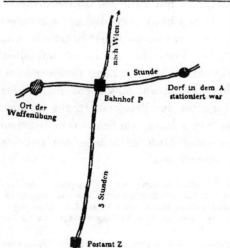

reproduziere darum hier eine kleine Karte, durch die Mr. und Mrs. Strachey die Situation zu Ende der Waffenübung verdeutlichen wollten. Meine Übersetzer haben mit Recht bemerkt, daß das Benehmen des Patienten noch immer unverständlich ist, so lange man nicht ausdrücklich anführt, daß Oblt. A. früher am Ort des Postamtes Z. gewohnt und dort die militärische Post versehen hatte, daß er aber in den letzten Tagen der Übung dieses Amt an Obtl. B. abgegeben und nach A. versetzt worden war. Der „grausame" Hauptmann wußte noch nichts von dieser Änderung daher sein Irrtum, die Nachnahme sei an Oblt. A. zurückzuzahlen.

[1]) Vgl. „Charakter und Analerotik" (Enthalten in Bd.VII dieser Gesamtausgabe).

delirien eine förmliche Rattenwährung eingesetzt; z. B. als ich ihm auf Befragen den Preis einer Behandlungsstunde mitteilte, hieß es bei ihm, was ich ein halbes Jahr später erfuhr: soviel Gulden soviel Ratten. In diese Sprache wurde allmählich der ganze Komplex der Geldinteressen, die sich an die Erbschaft nach dem Vater knüpften, umgesetzt, d. h. alle dahin gehörigen Vorstellungen wurden über diese Wortbrücke Raten — Ratten ins Zwanghafte eingetragen und dem Unbewußten unterworfen. Diese Geldbedeutung der Ratten stützte sich überdies auf die Mahnung des Hauptmannes, den Betrag der Nachnahme zurückzugeben, mit Hilfe der Wortbrücke Spielratte, von der aus der Zugang zur Spielverfehlung des Vaters aufzufinden war.

Die Ratte war ihm aber auch als Träger gefährlicher Infektionen bekannt und konnte darum als Symbol für die beim Militär so berechtigte Angst vor syphilitischer Infektion verwendet werden, wohinter allerlei Zweifel an der Lebensführung des Vaters während seiner militärischen Dienstzeit versteckt waren. In anderem Sinne: Träger der syphilitischen Infektion war der Penis selbst, und so wurde die Ratte zum Geschlechtsglied, für welche Verwendung sie noch ein anderes Anrecht geltend machen konnte. Der Penis, besonders der des kleinen Kindes, kann ohne weiteres als Wurm beschrieben werden, und in der Erzählung des Hauptmannes wühlten die Ratten im After, wie in seinen Kinderjahren die großen Spulwürmer. So ruhte die Penisbedeutung der Ratten wiederum auf der Analerotik. Die Ratte ist ohnedies ein schmutziges Tier, das sich von Exkrementen nährt und in Kanälen lebt, die den Abfall führen.[1] Es ist ziemlich überflüssig anzuführen, welcher Ausbreitung das Rattendelirium durch diese neue Bedeutung fähig wurde. „Soviel Ratten — soviel Gulden", konnte z. B. als eine treffliche Charakteristik eines ihm sehr verhaßten weiblichen

---

[1] Wer diese Sprünge der neurotischen Phantasie kopfschüttelnd ablehnen will, der sei an ähnliche Capriccios erinnert, in denen sich die Phantasie der Künstler gelegentlich ergeht, z. B. an die *Diableries érotiques* von Le Poitevin.

Gewerbes gelten. Hingegen ist es wohl nicht gleichgültig, daß die Einsetzung des Penis für die Ratte in der Erzählung des Hauptmannes eine Situation von Verkehr per anum ergab, die ihm in ihrer Beziehung auf Vater und Geliebte besonders widerlich erscheinen mußte. Trat diese Situation in der Zwangsandrohung wieder auf, welche sich nach der Mahnung des Hauptmannes bei ihm gestaltete, so erinnerte dies unverkennbar an gewisse bei den Südslawen gebräuchliche Flüche, deren Wortlaut man in der von F. S. Krauß herausgegebenen „Anthropophyteia" nachlesen kann. All dieses Material und noch anderes reihte sich übrigens mit dem Deckeinfall „heiraten" in das Gefüge der Rattendiskussion ein.

Daß die Erzählung von der Rattenstrafe bei unserem Patienten alle vorzeitlich unterdrückten Regungen eigensüchtiger und sexueller Grausamkeit in Aufruhr brachte, wird ja durch seine eigene Schilderung und durch seine Mimik bei der Wiedererzählung bezeugt. Doch fiel trotz all dieses reichen Materials so lange kein Licht auf die Bedeutung seiner Zwangsidee, bis eines Tages die Rattenmamsell aus Ibsens „Klein Eyolf" auftauchte und die Folgerung unabweisbar machte, in vielen Ausgestaltungen seiner Zwangsdelirien bedeuteten die Ratten auch Kinder.[1] Forschte man nach der Entstehung dieser neuen Bedeutung, so stieß man sofort auf die ältesten und bedeutsamsten Wurzeln. Bei einem Besuche am Grabe des Vaters hatte er einmal ein großes Tier, das er für eine Ratte hielt, am Grabhügel vorbeihuschen gesehen.[2] Er nahm an, sie käme aus dem Grabe des Vaters selbst und hätte soeben ihre Mahlzeit von seinem Leichnam eingenommen. Von der Vorstellung

---

[1] Ibsens Rattenmamsell ist ja sicherlich von dem sagenhaften Rattenfänger von Hameln abgeleitet, der zuerst die Ratten ins Wasser lockt und dann mit denselben Mitteln die Kinder der Stadt auf Nimmerwiederkehr verführt. Auch Klein Eyolf stürzt sich unter dem Banne der Rattenmamsell ins Wasser. Die Ratte erscheint in der Sage überhaupt nicht so sehr als ekelhaftes, sondern als unheimliches, man möchte sagen chthonisches Tier, und wird zur Darstellung der Seelen Verstorbener verwendet.

[2] Eines der auf dem Wiener Zentralfriedhofe so häufigen Erdwiesel.

der Ratte bleibt als unzertrennlich, daß sie mit scharfen Zähnen
nagt und beißt;[1] die Ratte ist aber nicht etwa ohne Strafe bissig,
gefräßig und schmutzig, sondern sie wird von den Menschen, wie
er oft mit Grausen gesehen hatte, grausam verfolgt und schonungslos erschlagen. Oft hatte er Mitleid mit solchen armen Ratten
verspürt. Nun war er selbst ein so ekelhafter, schmutziger, kleiner
Kerl gewesen, der in der Wut um sich beißen konnte und dafür
fürchterlich gezüchtigt worden war (vgl. Seite 426). Er konnte
wirklich sein ganz „natürlich Ebenbild"[2] in der Ratte finden.
Das Schicksal hatte ihm in der Erzählung des Hauptmannes sozusagen ein Komplexreizwort zugerufen, und er versäumte nicht,
mit seiner Zwangsidee darauf zu reagieren.

Ratten waren also Kinder nach seinen frühesten und folgenschwersten Erfahrungen. Und nun brachte er eine Mitteilung,
die er lange genug aus dem Zusammenhange ferngehalten hatte,
die aber jetzt das Interesse, das er für Kinder haben mußte, voll
aufklärte. Die Dame, die er durch so lange Jahre verehrte und
zu heiraten sich doch nicht entschließen konnte, war infolge
einer gynäkologischen Operation, der Entfernung beider Ovarien,
zur Kinderlosigkeit verurteilt; es war dies sogar für ihn, der
Kinder außerordentlich liebte, der Hauptgrund seines Schwankens.

Erst jetzt wurde es möglich, den unbegreiflichen Vorgang bei
der Bildung seiner Zwangsidee zu verstehen; mit Zuhilfenahme
der infantilen Sexualtheorien und der Symbolik, die man aus der
Deutung von Träumen kennt, ließ sich alles sinnreich übersetzen.
Als der Hauptmann auf der Nachmittagsrast, bei der er seinen
Zwicker einbüßte, von der Rattenstrafe erzählte, packte ihn zuerst
nur der grausam lüsterne Charakter der vorgestellten Situation.
Aber sofort stellte sich die Verbindung mit jener Kinderszene

---

[1] „Doch dieser Schwelle Zauber zu zerspalten.
    Bedarf ich eines Rattenzahns.
    — — — —
    Noch einen Biß, so ist's geschehn" — sagt Mephisto.

[2] Auerbachs Keller.

her, in der er selbst gebissen hatte; der Hauptmann, der für
solche Strafen eintreten konnte, rückte ihm an die Stelle des
Vaters und zog einen Teil der wiederkehrenden Erbitterung auf
sich, die sich damals gegen den grausamen Vater empört hatte.
Die flüchtig auftauchende Idee, es könnte einer ihm lieben Person
etwas dergleichen geschehen, wäre zu übersetzen durch die
Wunschregung: Dir sollte man so etwas tun, die sich gegen den
Erzähler, dahinter aber schon gegen den Vater richtete. Als ihm
dann $1^{1}/_{2}$ Tage später[1] der Hauptmann das mit Nachnahme an-
gelangte Paket überreicht und ihn mahnt, die 3 Kronen 80 Heller
dem Oberleutnant A. zurückzugeben, weiß er bereits, daß der
„grausame Vorgesetzte" sich irrt, und daß er niemand anderem
als dem Postfräulein verpflichtet ist. Es liegt ihm also nahe, eine
höhnische Antwort zu bilden wie: Ja freilich, was fällt dir denn
ein? oder: Ja, Schnecken, oder: Ja, einen Schmarren[2] werd' ich
ihm das Geld zurückgeben, Antworten, die er nicht hätte aussprechen müssen. Aber aus dem unterdes aufgerührten Vaterkomplex und der Erinnerung an jene Infantilszene gestaltet sich
ihm die Antwort: Ja, ich werde dem A. das Geld zurückgeben,
wenn mein Vater und meine Geliebte Kinder bekommen, oder:
So wahr mein Vater und die Dame Kinder bekommen können,
so gewiß werde ich ihm das Geld zurückgeben. Also eine höhnende
Beteuerung an eine unerfüllbare absurde Bedingung geknüpft.[3]

Aber nun war das Verbrechen begangen, die beiden ihm
teuersten Personen, Vater und Geliebte, von ihm geschmäht;
das forderte Strafe, und die Bestrafung bestand in dem Aufer-
legen eines unmöglich zu erfüllenden Eides, der den Wortlaut

---

1) Nicht am nächsten Abend, wie er zuerst erzählte. Es ist ganz unmöglich, daß
der bestellte Zwicker noch am selben Tage angelangt wäre. Er verkürzt diese
Zwischenzeit in der Erinnerung, weil in ihr die entscheidenden Gedankenverbin-
dungen sich herstellten, und weil er die in sie fallende Begegnung mit dem Offizier
verdrängt, der ihm vom freundlichen Benehmen des Postfräuleins erzählte.
2) Wienerisch.
3) Die Absurdität bedeutet also auch in der Sprache des Zwangsdenkens Hohn
sowie im Traume. Siehe Traumdeutung, 8. Aufl. S. 297.

des Gehorsams gegen die unberechtigte Mahnung des Vorgesetzten einhielt: Jetzt mußt du wirklich dem A. das Geld zurückgeben. Im krampfhaften Gehorsam verdrängte er sein besseres Wissen, daß der Hauptmann seine Mahnung auf eine irrige Voraussetzung gründe: „Ja, du mußt dem A. das Geld zurückgeben, wie der Stellvertreter des Vaters verlangt hat. Der Vater kann nicht irren." Auch die Majestät kann nicht irren, und wenn sie einen Untertan mit einem ihm nicht gebührenden Titel angesprochen hat, so trägt er fortan diesen Titel.

Von diesem Vorgange gelangt in sein Bewußtsein nur undeutliche Kunde, aber die Auflehnung gegen das Gebot des Hauptmannes und der Umschlag ins Gegenteil sind auch im Bewußtsein vertreten. (Zuerst: Nicht das Geld zurückgeben, sonst geschieht das .... [die Rattenstrafe], und dann die Verwandlung in den gegenteiligen Eidauftrag als Strafe für die Auflehnung.)

Man vergegenwärtige sich noch die Konstellation, in welche die Bildung der großen Zwangsidee fiel. Er war durch lange Abstinenz sowie durch das freundliche Entgegenkommen, auf das der junge Offizier bei den Frauen rechnen darf, libidinös geworden, war überdies in einer gewissen Entfremdung von seiner Dame zur Waffenübung eingerückt. Diese Libidosteigerung machte ihn geneigt, den uralten Kampf gegen die Autorität des Vaters wieder aufzunehmen, und er getraute sich an sexuelle Befriedigung bei anderen Frauen zu denken. Die Zweifel am Andenken des Vaters und die Bedenken gegen den Wert der Geliebten hatten sich gesteigert; in solcher Verfassung ließ er sich zur Schmähung gegen beide hinreißen, und dann bestrafte er sich dafür. Er wiederholte damit ein altes Vorbild. Wenn er dann nach Schluß der Waffenübung so lange schwankt, ob er nach Wien reisen oder bleiben und den Eid erfüllen solle, so stellt er damit in einem die beiden Konflikte dar, die ihn von jeher bewegt hatten, ob er dem Vater gehorsam und ob er der Geliebten treu bleiben solle.[1]

Noch ein Wort über die Deutung des Inhaltes der Sanktion: sonst wird an den beiden Personen die Rattenstrafe vollzogen. Sie ruht auf der Geltung zweier infantiler Sexualtheorien, über die ich an anderer Stelle Auskunft gegeben habe.[2] Die erste dieser Theorien geht dahin, daß die Kinder aus dem After herauskommen; die zweite schließt konsequent mit der Möglichkeit an, daß Männer ebensowohl Kinder kriegen können wie Frauen. Nach den technischen Regeln der Traumdeutung kann das Aus-dem-Darm-Herauskommen durch seinen Gegensatz: ein In-den-Darm-Hineinkriechen (wie bei der Rattenstrafe) dargestellt werden und umgekehrt.

Einfachere Lösungen für so schwere Zwangsideen oder Lösungen mit anderen Mitteln zu erwarten, ist man wohl nicht berechtigt. Mit der Lösung, die sich uns ergab, war das Rattendelirium beseitigt.

---

1) Es ist vielleicht interessant hervorzuheben, daß der Gehorsam gegen den Vater wiederum mit der Abwendung von der Dame zusammenfällt. Wenn er bleibt und dem A. das Geld zurückgibt, so hat er die Buße gegen den Vater erfüllt und gleichzeitig seine Dame gegen die Anziehung eines anderen Magneten verlassen. Der Sieg in diesem Konflikte verbleibt der Dame, allerdings mit Unterstützung der normalen Besinnung.

2) Vgl. „Über infantile Sexualtheorien" (Bd. VII. dieser Gesamtausgabe).

II

ZUR THEORIE

a) Einige allgemeine Charaktere der Zwangsbildungen[1]

Meine im Jahre 1896 gegebene Definition der Zwangsvorstellungen, sie seien „verwandelte, aus der Verdrängung wiederkehrende Vorwürfe, die sich immer auf eine sexuelle, mit Lust ausgeführte Aktion der Kinderjahre beziehen",[2] erscheint mir heute formell angreifbar, obwohl sie aus den besten Elementen zusammengesetzt ist. Sie strebte zu sehr nach Vereinheitlichung und nahm sich den Vorgang der Zwangskranken selbst zum Muster, welche mit der ihnen eigentümlichen Neigung zur Unbestimmtheit die verschiedenartigsten psychischen Bildungen als „Zwangsvorstellungen" zusammenwerfen.[3] Es ist in der Tat korrekter, von „Zwangsdenken" zu sprechen und hervorzuheben, daß die Zwangsgebilde den Wert der verschiedenartigsten psychischen Akte haben können. Sie lassen sich als Wünsche, Ver-

---

[1] Verschiedene der hier und im nächsten Abschnitte behandelten Punkte sind in der Literatur der Zwangsneurose bereits erwähnt worden, wie man aus dem gründlichen Hauptwerke über diese Krankheitsform, dem 1904 veröffentlichten Buch von L. Löwenfeld, „Die psychischen Zwangserscheinungen", ersehen kann.

[2] „Weitere Bemerkungen über die Abwehrneuropsychosen" (Bd. I dieser Gesamtausgabe).

[3] Dieser Mangel der Definition wird im Aufsatze selbst verbessert. Es heißt darin: „Die wiederbelebten Erinnerungen und die aus ihnen gebildeten Vorwürfe treten aber niemals unverändert ins Bewußtsein ein, sondern was als Zwangsvorstellung und Zwangsaffekt bewußt wird, die pathogene Erinnerung für das bewußte Leben substituiert, sind Kompromißbildungen zwischen den verdrängten und den verdrängenden Vorstellungen". In der Definition ist also ein besonderer Akzent auf das Wort „verwandelt" zu legen.

suchungen, Impulse, Reflexionen, Zweifel, Gebote und Verbote
bestimmen. Die Kranken haben im allgemeinen das Bestreben,
diese Bestimmtheit abzuschwächen und den seines Affektindex
beraubten Inhalt als Zwangsvorstellung zu führen. Ein Beispiel
für solche Behandlung eines Wunsches, der zur bloßen „Denkverbindung" herabgesetzt werden sollte, bot uns unser Patient in
einer der ersten Sitzungen (S. 402).

Man muß auch bald zugestehen, daß bisher nicht einmal die
Phänomenologie des Zwangsdenkens entsprechend gewürdigt werden
konnte. In dem sekundären Abwehrkampf, den der Kranke gegen
die in sein Bewußtsein eingedrungenen „Zwangsvorstellungen"
führt, kommen Bildungen zustande, die einer besonderen Benennung würdig sind. Man denke z. B. an die Gedankenreihen,
die unseren Patienten während seiner Rückfahrt von der Waffenübung beschäftigen. Es sind nicht rein vernünftige Erwägungen,
die den Zwanksgedanken entgegengesetzt werden, sondern gleichsam Mischlinge zwischen beiden Denkungsarten, sie nehmen
gewisse Voraussetzungen des Zwanges, den sie bekämpfen, in sich
auf und stellen sich (mit den Mitteln der Vernunft) auf den
Boden des krankhaften Denkens. Ich meine, solche Bildungen
verdienen den Namen von „Delirien". Ein Beispiel, das ich an
seine Stelle in der Krankengeschichte einzufügen bitte, wird die
Unterscheidung klarmachen. Als unser Patient sich eine Zeitlang
während seines Studiums dem beschriebenen tollen Treiben hingegeben hatte, bis in die späte Nacht zu arbeiten, dann für den
Geist des Vaters die Türe zu öffnen, dann seine Genitalien im
Spiegel zu beschauen (S. 425), suchte er sich mit der Mahnung
zurecht zu bringen, was wohl der Vater dazu sagen würde, wenn
er wirklich noch am Leben wäre. Aber dieses Argument hatte
keinen Erfolg, solange es in dieser vernünftigen Form vorgebracht
wurde; der Spuk hörte erst auf, nachdem er dieselbe Idee in die Form
einer deliriösen Drohung gebracht hatte: Wenn er diesen Unsinn
noch einmal übe, werde dem Vater im Jenseits ein Übel zustoßen.

Der Wert der sicherlich berechtigten Unterscheidung zwischen primärem und sekundärem Abwehrkampf wird in unerwarteter Weise durch die Erkenntnis eingeschränkt, daß die Kranken den Wortlaut ihrer eigenen Zwangsvorstellungen nicht kennen. Es klingt paradox, hat aber seinen guten Sinn. Im Verlaufe einer Psychoanalyse wächst nämlich nicht nur der Mut des Kranken, sondern gleichsam auch der seiner Krankheit; sie getraut sich deutlicherer Äußerungen. Um die bildliche Darstellung zu verlassen, es geht wohl so zu, daß der Kranke, der sich bisher erschreckt von der Wahrnehmung seiner krankhaften Produktionen abgewendet hatte, ihnen nun seine Aufmerksamkeit schenkt und sie deutlicher und ausführlicher erfährt.[1]

Eine schärfere Kenntnis der Zwangsbildungen gewinnt man überdies auf zwei besonderen Wegen. Erstens macht man die Erfahrung, daß die Träume den eigentlichen Text des Zwangsgebotes u. dgl. bringen können, der im Wachen nur verstümmelt und entstellt, wie in einer verunstalteten Depesche, bekannt worden ist. Diese Texte treten im Traume als Reden auf, entgegen der Regel, daß Reden im Traume von Reden am Tage herrühren.[2] Zweitens gewinnt man in der analytischen Verfolgung einer Krankengeschichte die Überzeugung, daß oft mehrere aufeinander folgende, aber im Wortlaute nicht identische Zwangsvorstellungen im Grunde doch eine und dieselbe sind. Die Zwangsvorstellung ist das erstemal glücklich abgewiesen worden, sie kehrt nun ein andermal in entstellter Form wieder, wird nicht erkannt und kann sich vielleicht gerade infolge ihrer Entstellung im Abwehrkampfe besser behaupten. Die ursprüngliche Form aber ist die richtige, die oft ihren Sinn ganz unverhüllt erkennen läßt. Hat man eine unverständliche Zwangsidee müh-

---

[1] Bei manchen Kranken geht die Abwendung ihrer Aufmerksamkeit so weit, daß sie den Inhalt einer Zwangsvorstellung überhaupt nicht angeben, eine Zwangshandlung, die sie unzählige Male ausgeführt, nicht beschreiben können.

[2] Vgl. „Traumdeutung", 8. Aufl. S. 285.

selig aufgeklärt, so kann man nicht selten vom Kranken hören,
daß ein Einfall, Wunsch, Versuchung wie der konstruierte, wirklich
vor der Zwangsidee einmal aufgetreten ist, aber sich nicht gehalten hat. Die Beispiele hiefür aus der Geschichte unseres
Patienten würden leider zu umständlich ausfallen.

Die offiziell so bezeichnete „Zwangsvorstellung" trägt also in
ihrer Entstellung gegen den ursprünglichen Wortlaut die Spuren
des primären Abwehrkampfes an sich. Ihre Entstellung macht sie
nun lebensfähig, denn das bewußte Denken ist genötigt, sie in
ähnlicher Weise mißzuverstehen wie den Trauminhalt, der selbst
ein Kompromiß- und Entstellungsprodukt ist und vom wachen
Denken weiter mißverstanden wird.

Das Mißverständnis des bewußten Denkens läßt sich nun nicht
nur an den Zwangsideen selbst, sondern auch an den Produkten
des sekundären Abwehrkampfes, z. B. an den Schutzformeln nachweisen. Hiefür kann ich zwei gute Beispiele bringen. Unser
Patient gebrauchte als Abwehrformel ein rasch ausgesprochenes
aber, von einer abweisenden Handbewegung begleitet. Er erzählte
dann einmal, diese Formel habe sich in letzter Zeit verändert;
er sage nicht mehr *áber*, sondern *abér*. Nach dem Grunde dieser
Fortentwicklung befragt, gab er an, das stumme *e* der zweiten
Silbe gebe ihm keine Sicherheit gegen die gefürchtete Einmengung
von etwas Fremdem und Gegensätzlichem, und darum habe er
beschlossen, das *e* zu akzentuieren. Diese Aufklärung, ganz im
Stile der Zwangsneurose gehalten, erwies sich doch als unzutreffend, sie konnte höchstens den Wert einer Rationalisierung
beanspruchen; in Wirklichkeit war das *abér* eine Angleichung an
Abwehr, welchen Terminus er aus den theoretischen Gesprächen
über die Psychoanalyse kannte. Die Kur war also in mißbräuchlicher
und deliriöser Weise zur Verstärkung einer Abwehrformel verwendet worden. Ein andermal sprach er von seinem Hauptzauberwort, das er zum Schutze gegen alle Anfechtungen aus
den Anfangsbuchstaben aller heilkräftigsten Gebete zusammen-

gesetzt und mit einem angehängten *Amen* versehen hatte. Ich kann das Wort selbst nicht hierhersetzen aus Gründen, die sich sogleich ergeben werden. Denn, als ich es erfuhr, mußte ich bemerken, daß es vielmehr ein Anagramm des Namens seiner verehrten Dame war; in diesem Namen war ein *S* enthalten, welches er ans Ende und unmittelbar vor das angehängte *Amen* gesetzt hatte. Er hatte also — wir dürfen sagen: seinen Samen mit der Geliebten zusammengebracht, d. h. mit ihrer Person in der Vorstellung onaniert. Diesen aufdringlichen Zusammenhang hatte er aber selbst nicht bemerkt; die Abwehr hatte sich vom Verdrängten narren lassen. Übrigens ein gutes Beispiel für den Satz, daß mit der Zeit das Abzuwehrende sich regelmäßig Eingang in das verschafft, wodurch es abgewehrt wird.

Wenn behauptet wird, daß die Zwangsgedanken eine Entstellung erfahren haben ähnlich wie die Traumgedanken, ehe sie zum Trauminhalte werden, so darf uns die Technik dieser Entstellung interessieren, und es stünde nichts im Wege, die verschiedenen Mittel derselben an einer Reihe von übersetzten und verstandenen Zwangsideen darzulegen. Auch hiervon kann ich aber unter den Bedingungen dieser Publikation nur einzelne Proben geben. Nicht alle Zwangsideen unseres Patienten waren so kompliziert gebaut und so schwer aufzuschließen wie die große Rattenvorstellung. Bei anderen war eine sehr einfache Technik gebraucht worden, die der Entstellung durch Auslassung — Ellipse —, die beim Witz so vorzügliche Anwendung findet, aber auch hier ihre Schuldigkeit als Schutzmittel gegen das Verständnis tat.

Eine seiner ältesten und beliebtesten Zwangsideen (vom Wert einer Mahnung oder Warnung) lautete z. B.: *Wenn ich die Dame heirate, geschieht dem Vater ein Unglück* (im Jenseits). Setzen wir die übersprungenen und aus der Analyse bekannten Zwischenglieder ein, so lautet der Gedankengang: Wenn der Vater lebte, so würde er über meinen Vorsatz, die Dame zu heiraten, ebenso wütend werden wie damals in der Kinderszene, so daß ich wiederum eine Wut gegen ihn bekäme und ihm alles Böse wünschte, was sich kraft der Allmacht[1] meiner Wünsche an ihm erfüllen müßte.

Oder ein anderer Fall von elliptischer Auflösung, gleichfalls einer Warnung oder eines asketischen Verbotes. Er hatte eine herzige kleine Nichte, die er sehr liebte. Eines Tages bekam er die Idee: *Wenn du dir einen Koitus gestattest, wird der Ella ein Unglück geschehen* (sterben). Mit Einsetzung des Ausgelassenen: Bei jedem Koitus, auch mit einer Fremden, mußt du doch daran denken, daß der Sexualverkehr in deiner Ehe nie ein Kind zur Folge haben wird (die Sterilität seiner Geliebten). Das wird dir so leid tun, daß du auf die kleine Ella neidisch werden und der Schwester das Kind nicht gönnen wirst. Diese neidischen Regungen müssen den Tod des Kindes zur Folge haben.[2]

Die elliptische Entstellungstechnik scheint für die Zwangsneurose typisch zu sein; ich bin ihr auch bei den Zwangsgedanken anderer Patienten begegnet. Besonders durchsichtig und durch eine gewisse Ähnlichkeit mit der Struktur der Rattenvorstellung interessant war ein Fall von Zweifel bei einer wesentlich an Zwangshandlungen leidenden Dame. Sie ging mit ihrem Manne in Nürnberg spazieren und ließ sich von ihm in einen Laden begleiten, in dem sie verschiedene Gegenstände für ihr Kind,

---

1) Über diese „Allmacht" siehe später.

2) An die Verwendung der Auslassungstechnik beim Witze will ich durch einige Beispiele erinnern, die ich einer Schrift von mir entnehme. [Der Witz und seine Beziehung zum Unbewußten, 1905; 4. Aufl. 1925, S. 63. Enthalten in Bd. VI dieser Gesamtausgabe.] „In Wien lebt ein geistreicher und kampflustiger Schriftsteller, der sich durch die Schärfe seiner Invektive wiederholt körperliche Mißhandlungen von seiten der Angegriffenen zugezogen hat. Als einmal eine neue Missetat eines seiner habituellen Gegner beredet wurde, äußerte ein Dritter: Wenn der X. das hört, bekommt er eine Ohrfeige.... Der Widersinn vergeht, wenn man in die Lücke einsetzt: Dann schreibt er einen so bissigen Artikel gegen den Betreffenden, daß" usw. — Dieser elliptische Witz zeigt auch inhaltliche Übereinstimmung mit dem obigen ersten Beispiel.

darunter auch einen Kamm, einkaufte. Der Mann, dem das
Wählen zu lange dauerte, gab an, er habe auf dem Wege
einige Münzen bei einem Antiquar gesehen, die er erwerben
wolle; er werde sie nach dem Kaufe aus diesem Laden abholen.
Er blieb aber nach ihrer Schätzung viel zu lange aus. Als er
wiederkam und auf die Frage, wo er sich aufgehalten, antwortete:
Eben bei jenem Antiquar, bekam sie in demselben Momente den
quälenden Zweifel, ob sie den fürs Kind gekauften Kamm nicht
vielmehr seit jeher besessen habe. Natürlich verstand sie den
simplen Zusammenhang nicht aufzudecken. Wir können gar nicht
anders als diesen Zweifel für einen verschobenen erklären und
den vollständigen unbewußten Gedanken in folgender Art konstruieren: Wenn es wahr ist, daß du nur beim Antiquar warst,
wenn ich das glauben soll, dann kann ich ebenso glauben, daß
ich diesen eben gekauften Kamm schon seit Jahren besitze. Also
eine höhnische persiflierende Gleichstellung, ähnlich wie der
Gedanke unseres Patienten: Ja, so gewiß die Beiden (Vater und
Dame) Kinder bekommen werden, so gewiß werde ich dem A.
das Geld zurückgeben. Bei der Dame hing der Zweifel an der
ihr unbewußten Eifersucht, die sie annehmen ließ, ihr Mann
habe das Intervall zu einem galanten Besuch benutzt.

Eine psychologische Würdigung des Zwangsdenkens versuche
ich diesmal nicht zu unternehmen. Sie würde außerordentlich
wertvolle Ergebnisse bringen und zur Klärung unserer Einsichten
in das Wesen des Bewußten und Unbewußten mehr leisten als
das Studium der Hysterie und der hypnotischen Erscheinungen.
Es wäre sehr wünschenswert, daß die Philosophen und Psychologen, welche vom Hörensagen her oder aus ihren konventionellen
Definitionen scharfsinnige Lehren über das Unbewußte entwickeln,
sich vorher die entscheidenden Eindrücke aus den Erscheinungen
des Zwangdenkens holten; man könnte es beinahe fordern, wenn
es nicht soviel mühseliger wäre als die ihnen sonst vertrauten
Arbeitsweisen. Ich werde hier nur noch anführen, daß bei der

Zwangsneurose gelegentlich die unbewußten seelischen Vorgänge in reinster, unentstellter Form zum Bewußten durchbrechen, daß der Durchbruch von den verschiedensten Stadien des unbewußten Denkprozesses her erfolgen kann, und daß die Zwangsvorstellungen im Momente des Durchbruches meist als längst bestehende Bildungen erkannt werden können. Daher die auffällige Erscheinung, daß der Zwangskranke, wenn man mit ihm dem ersten Auftreten einer Zwangsidee nachforscht, dieselbe im Laufe der Analyse immer weiter nach rückwärts verlegen muß, immer neue erste Veranlassungen für sie findet.

b) Einige psychische Besonderheiten der Zwangskranken — ihr Verhältnis zur Realität, zum Aberglauben und zum Tod

Ich habe hier einige seelische Charaktere der Zwangskranken zu behandeln, welche an sich nicht wichtig scheinen, aber auf dem Wege zum Verständnisse von Wichtigerem liegen. Sie waren bei meinem Patienten sehr deutlich ausgesprochen, — ich weiß aber, daß sie nicht seiner Individualität, sondern seinem Leiden zuzurechnen sind und sich in ganz typischer Weise bei anderen Zwangskranken wiederfinden.

Unser Patient war in hohem Grade abergläubisch, und dies zwar, obwohl er ein hochgebildeter, aufgeklärter Mann von bedeutendem Scharfsinn war und zuzeiten versichern konnte, daß er von all dem Plunder nichts für wahr halte. Er war also abergläubisch und war es doch nicht und unterschied sich doch deutlich von den ungebildeten Abergläubischen, die sich eins mit ihrem Glauben fühlen. Er schien zu verstehen, daß sein Aberglaube von seinem Zwangsdenken abhing, obwohl er sich zuzeiten voll zu ihm bekannte. Ein so widerspruchsvolles und schwankendes Benehmen läßt sich am ehesten unter dem Gesichtswinkel eines bestimmten Erklärungsversuches erfassen. Ich habe nicht gezögert anzunehmen, daß er betreffs dieser Dinge zwei verschiedene und

entgegengesetzte Überzeugungen hatte und nicht etwa eine noch
unfertige Meinung. Zwischen diesen beiden Meinungen oszillierte
er dann in sichtbarster Abhängigkeit von seiner sonstigen
Stellung zum Zwangsleiden. Sowie er eines Zwanges Herr geworden war, belächelte er seine Leichtgläubigkeit mit über-
legenem Verständnis, und es ereignete sich ihm nichts, was ihn
hätte erschüttern können, und sobald er wieder unter die
Herrschaft eines ungelösten Zwanges — oder was gleichwertig
ist: eines Widerstandes — gekommen war, erlebte er die sonder-
barsten Zufälle, welche der gläubigen Überzeugung zu Hilfe
kamen.

Sein Aberglaube war immerhin der eines gebildeten Mannes
und sah von Abgeschmacktheiten, wie die Angst vor dem Freitag,
vor der Zahl 13 u. dgl., ab. Er glaubte aber an Vorzeichen, an
prophetische Träume, begegnete beständig jenen Personen, mit
denen er sich unerklärlicherweise eben beschäftigt hatte, und
erhielt Briefe von Korrespondenten, die sich ihm nach den längsten
Pausen plötzlich in geistige Erinnerung gebracht hatten. Dabei
war er rechtschaffen genug oder vielmehr soweit seiner offiziellen
Überzeugung getreu, daß er Fälle nicht vergessen hatte, in denen
die intensivsten Ahnungen zu nichts gekommen waren z. B. einmal
als er sich in den Sommeraufenthalt begab, die sichere Ahnung,
er werde nicht mehr lebend nach Wien zurückkehren. Auch gab
er zu, daß die größte Mehrzahl der Vorzeichen Dinge betrafen,
die keine besondere Bedeutung für seine Person hatten, und daß,
wenn er einem Bekannten begegnete, an den er sehr lange nicht
und gerade wenige Momente vorher gedacht hatte, sich zwischen
diesem wundersam Erschauten und ihm weiter nichts zutrug.
Natürlich war er auch nicht imstande, es in Abrede zu stellen,
daß alles Bedeutsame seines Lebens sich ohne Vorzeichen zugetragen hatte, sowie er z. B. vom Tode des Vaters ahnungslos
überrascht worden war. Aber alle solche Argumente änderten
an dem Zwiespalt seiner Überzeugungen nichts und erwiesen

nur den Zwangscharakter seines Aberglaubens, der bereits aus dessen mit dem Widerstand gleichsinnigen Schwankungen zu erschließen war.

Ich war natürlich nicht in der Lage, alle seine älteren Wundergeschichten rationell aufzuklären, aber für das, was sich von ähnlichen Dingen während der Zeit der Behandlung ereignete, konnte ich ihm nachweisen, daß er selbst beständig an der Fabrikation der Wunder beteiligt sei, und welcher Mittel er sich dabei bediene. Er arbeitete mit dem indirekten Sehen und Lesen, mit Vergessen und vor allem mit Gedächtnistäuschungen. Am Ende half er mir selbst die kleinen Taschenspielerkünste aufdecken, durch welche jene Wunder gemacht wurden. Als interessante infantile Wurzel seines Glaubens an das Eintreffen von Ahnungen und von Vorhersagen ergab sich einmal die Erinnerung, daß die Mutter so oft, wenn ein Termin gewählt werden sollte, gesagt hatte: „An dem und dem Tage kann ich nicht; da werde ich liegen müssen." Und wirklich lag sie an dem angekündigten Tage jedesmal zu Bett!

Unverkennbar, daß es ihm ein Bedürfnis war, im Erleben solche Stützpunkte für seinen Aberglauben zu finden, daß er darum die bekannten unerklärlichen Zufälligkeiten des Alltags so sehr beachtete und mit dem unbewußten Tun nachhalf, wo diese nicht ausreichten. Dies Bedürfnis habe ich bei vielen anderen Zwangskranken gefunden und vermute es bei noch mehreren. Es scheint mir aus dem psychologischen Charakter der Zwangsneurose gut erklärlich. Wie ich vorhin (S. 417) auseinandergesetzt, erfolgt bei dieser Störung die Verdrängung nicht durch Amnesie, sondern durch Zerreißung von kausalen Zusammenhängen infolge von Affektentziehung. Eine gewisse mahnende Kraft — die ich an anderer Stelle mit einer endopsychischen Wahrnehmung verglichen habe[1] — scheint nun diesen verdrängten Beziehungen

---

[1] Zur Psychopathologie des Alltagslebens. (Diese Gesamtausgabe Bd. IV, S. 287.)

zu verbleiben, so daß sie auf dem Wege der Projektion in die Außenwelt eingetragen werden und dort Zeugnis ablegen für das im Psychischen Unterbliebene.

Ein anderes den Zwangskranken gemeinsames seelisches Bedürfnis, das mit dem eben erwähnten eine gewisse Verwandtschaft hat und dessen Verfolgung tief in die Trieberforschung führt, ist das nach der Unsicherheit im Leben oder nach dem Zweifel. Die Herstellung der Unsicherheit ist eine der Methoden, welche die Neurose anwendet, um den Kranken aus der Realität zu ziehen und von der Welt zu isolieren, was ja in der Tendenz jeder psychoneurotischen Störung liegt. Es ist wiederum überdeutlich, wieviel die Kranken dazutun, um einer Sicherheit auszuweichen und in einem Zweifel verharren zu können; ja, bei einigen findet diese Tendenz einen lebendigen Ausdruck in ihrer Abneigung gegen — Uhren, die wenigstens die Zeitbestimmung sichern, und in ihren unbewußt ausgeführten Kunststückchen, jedes solche den Zweifel ausschließende Instrument unschädlich zu machen. Unser Patient hatte eine besondere Geschicklichkeit in der Vermeidung von Auskünften entwickelt, welche einer Entscheidung in seinem Konflikt förderlich gewesen wären. So war er über die für die Eheschließung maßgebendsten Verhältnisse seiner Geliebten nicht aufgeklärt, wußte angeblich nicht zu sagen, wer die Operation an ihr ausgeführt, und ob sie ein- oder doppelseitig gewesen sei. Er wurde dazu verhalten, das Vergessene zu erinnern und das Vernachlässigte zu erkunden.

Die Vorliebe der Zwangskranken für die Unsicherheit und den Zweifel wird für sie zum Motiv, um ihre Gedanken vorzugsweise an jene Themen zu heften, wo die Unsicherheit eine allgemein menschliche ist, unser Wissen oder unser Urteil durch Notwendigkeit dem Zweifel ausgesetzt bleiben mußte. Solche Themen sind vor allem: Die Abstammung vom Vater, die Lebensdauer, das Leben nach dem Tode und das Gedächtnis, dem wir ja Glauben zu schenken pflegen, ohne für seine Verläßlichkeit die mindeste Gewähr zu besitzen.[1]

Der Unsicherheit des Gedächtnisses bedient sich die Zwangsneurose in ausgiebigster Weise zur Symptombildung; welche Rolle Lebensdauer und Jenseits inhaltlich im Denken der Kranken spielen, werden wir bald erfahren. Ich will als passendsten Übergang vorher noch jenen Zug des Aberglaubens bei unserem Patienten besprechen, dessen Erwähnung an einer früheren Stelle (S. 444) gewiß bei mehr als einem Leser Befremden erregt haben wird.

Ich meine die von ihm behauptete Allmacht seiner Gedanken und Gefühle, guten und bösen Wünsche. Die Versuchung, diese Idee für einen Wahn zu erklären, welcher das Maß der Zwangsneurose überschreitet, ist gewiß nicht gering; allein ich habe dieselbe Überzeugung bei einem andern Zwangskranken gefunden, der seit langem hergestellt ist und sich normal betätigt, und eigentlich benehmen sich alle Zwangsneurotiker so, als ob sie diese Überzeugung teilten. Es wird unsere Aufgabe sein, diese Überschätzung aufzuklären. Nehmen wir ohneweiters an, daß in diesem Glauben ein Stück des alten Kindergrößenwahnes ehrlich eingestanden wird, und befragen wir unseren Patienten, worauf er seine Überzeugung stützt. Er antwortet mit der Berufung auf zwei Erlebnisse. Als er zum zweitenmal in jene Wasserheilanstalt kam, in welcher er die erste und einzige Beeinflussung seines Leidens erfahren hatte, verlangte er das nämliche Zimmer wieder, welches seine Beziehungen zu einer der

---

[1] Lichtenberg: „Ob der Mond bewohnt ist, weiß der Astronom ungefähr mit der Zuverlässigkeit, mit der er weiß, wer sein Vater war, aber nicht mit der, woher er weiß, wer seine Mutter gewesen ist." — Es war ein großer Kulturfortschritt, als die Menschen sich entschlossen, den Schluß neben das Zeugnis der Sinne zu stellen und vom Mutterrecht zum Vaterrecht überzugehen. — Prähistorische Figuren, in denen eine kleinere Gestalt auf dem Kopfe einer größeren sitzt, stellen die Abstammung vom Vater dar: die mutterlose Athene entspringt aus dem Haupte des Zeus. Noch in unserer Sprache heißt der Zeuge vor Gericht, der etwas beglaubigt, nach dem männlichen Anteil am Geschäfte der Fortpflanzung, und schon in den Hieroglyphen wird der Zeuge mit dem Bilde der männlichen Genitalien geschrieben.

Pflegerinnen durch seine Lage begünstigt hatte. Er erhielt die Antwort: das Zimmer sei schon vergeben, ein alter Professor habe es bereits bezogen, und er reagiert auf diese, seine Kuraussichten sehr herabsetzende Nachricht mit den unfreundlichen Worten: Dafür soll ihn aber der Schlag treffen. Vierzehn Tage später erwachte er aus dem Schlaf, durch die Vorstellung einer Leiche gestört, und am Morgen hörte er, daß den Professor wirklich der Schlag getroffen, und daß man ihn etwa um die Zeit seines Erwachens aufs Zimmer gebracht habe. Das andere Erlebnis betraf ein älteres, sehr liebebedürftiges Mädchen, welches sich sehr entgegenkommend gegen ihn benahm und ihn einmal direkt befragte, ob er sie nicht lieb haben könne. Er gab eine ausweichende Antwort; wenige Tage nachher hörte er, daß sich das Mädchen aus dem Fenster gestürzt habe. Er machte sich nun Vorwürfe und sagte sich, es wäre in seiner Macht gelegen, sie am Leben zu erhalten, wenn er ihr seine Liebe geschenkt hätte. Auf solche Weise gewann er die Überzeugung von der Allmacht seiner Liebe und seines Hasses. Ohne die Allmacht der Liebe zu leugnen, wollen wir hervorheben, daß es sich in beiden Fällen um den Tod handelt, und werden uns der naheliegenden Erklärung anschließen, daß unser Patient wie andere Zwangskranke gezwungen ist, die Wirkung seiner feindseligen Gefühle in der Außenwelt zu überschätzen, weil seiner bewußten Kenntnis ein großes Stück der innern psychischen Wirkung derselben Gefühle entgeht. Seine Liebe — oder vielmehr sein Haß — sind wirklich übermächtig; sie schaffen gerade jene Zwangsgedanken, deren Herkunft er nicht versteht, und gegen die er sich erfolglos wehrt.[1]

Zum Thema des Todes hatte unser Patient ein ganz besonderes Verhältnis. Er nahm an allen Todesfällen warmen Anteil, be-

---

[1] [*Zusatz 1923:*] Die Allmacht der Gedanken, richtiger der Wünsche, ist seither als ein wesentliches Stück des primitiven Seelenlebens erkannt worden. (Siehe „Totem und Tabu", Bd. IX dieser Gesamtausgabe).

teiligte sich pietätvoll an den Leichenbegängnissen, so daß er von den Geschwistern spöttisch der Leichenvogel genannt werden konnte; er brachte aber auch in der Phantasie beständig Leute um, um herzliche Teilnahme mit den Hinterbliebenen zu äußern. Der Tod einer älteren Schwester, als er zwischen 3 und 4 Jahren alt war, spielte in seinen Phantasien eine große Rolle und war in die innigste Beziehung zu den kindlichen Missetaten jener Jahre gebracht worden. Wir wissen ferner, wie frühzeitig der Gedanke an den Tod des Vaters ihn beschäftigt hatte, und dürfen seine Erkrankung selbst als Reaktion auf dieses 15 Jahre vorher im Zwange gewünschte Ereignis auffassen. Nichts anderes als eine Kompensation für diese Todeswünsche gegen den Vater ist die befremdliche Erstreckung seiner Zwangsbefürchtungen auf das „Jenseits". Sie wurde eingeführt, als die Trauer um den verstorbenen Vater 1½ Jahre später eine Auffrischung erfuhr, und sollte, der Realität zum Trotze und dem Wunsche, der sich vorher in allerlei Phantasien versucht hatte, zuliebe, den Tod des Vaters wieder aufheben. Wir haben den Zusatz „im Jenseits" an mehreren Stellen (S. 440, 443) übersetzen gelernt mit den Worten: „wenn der Vater noch lebte".

Aber nicht viel anders als unser Patient benehmen sich andere Zwangskranke, denen das Schicksal nicht ein erstes Zusammentreffen mit dem Phänomen des Todes in so frühen Jahren beschieden hat. Ihre Gedanken beschäftigen sich unausgesetzt mit der Lebensdauer und der Todesmöglichkeit anderer, ihre abergläubischen Neigungen hatten zuerst keinen andern Inhalt und haben vielleicht überhaupt keine andere Herkunft. Vor allem aber bedürfen sie der Todesmöglichkeit zur Lösung der von ihnen ungelöst gelassenen Konflikte. Ihr wesentlicher Charakter ist, daß sie der Entscheidung zumal in Liebessachen unfähig sind; sie trachten jede Entscheidung hinauszuschieben und im Zweifel, für welche Person oder für welche Maßregel gegen eine Person sie die Entscheidung treffen sollen, muß das alte deutsche Reichsgericht ihr Vorbild werden, dessen Prozesse gewöhnlich durch den Tod der streitenden Parteien vor dem Richterspruch beendigt wurden. So lauern sie in jedem Lebenskonflikt auf den Tod einer für sie bedeutsamen, zumeist einer geliebten Person, sei es eines Teiles der Eltern, sei es eines Nebenbuhlers oder eines der Liebesobjekte, zwischen denen ihre Neigung schwankt. Mit dieser Würdigung des Todeskomplexes bei der Zwangsneurose streifen wir aber bereits an das Triebleben der Zwangskranken, das uns nun beschäftigen soll.

c) *Das Triebleben und die Ableitung von Zwang und Zweifel*

Wenn wir zur Kenntnis der psychischen Kräfte gelangen wollen, deren Gegenspiel diese Neurose aufgebaut hat, so müssen wir auf das zurückgreifen, was wir bei unserem Patienten über die Anlässe seiner Erkrankung im reifen Alter und in der Kindheit erfahren haben. Er erkrankte in den zwanziger Jahren, als er vor die Versuchung gestellt wurde, ein anderes Mädchen als die von ihm längst Geliebte zu heiraten, und entzog sich der Entscheidung dieses Konfliktes durch Aufschub aller für deren Vorbereitung erforderlichen Tätigkeiten, wozu ihm die Neurose die Mittel lieferte. Das Schwanken zwischen der Geliebten und der anderen läßt sich auf den Konflikt zwischen dem Einfluß des Vaters und der Liebe zur Dame reduzieren, also auf eine Konfliktwahl zwischen Vater und Sexualobjekt, wie sie den Erinnerungen und Zwangseinfällen zufolge schon in früher Kindheit bestanden hatte. Überdies ist durch sein ganzes Leben unverkennbar, daß in bezug auf seine Geliebte wie auf seinen Vater ein Widerstreit zwischen Liebe und Haß bei ihm bestand. Rachephantasien und Zwangserscheinungen wie der Verstehzwang oder die Hantierung mit dem Steine auf der Landstraße bezeugen diesen Zwiespalt in ihm, der bis zu einem gewissen Grade normal verständlich war, denn die Geliebte hatte ihm durch eine erste Abweisung und durch spätere Kühle Grund zu

feindseligen Gefühlen gegeben. Aber die gleiche Zwiespältigkeit
der Gefühle beherrschte, wie wir durch die Übersetzung seiner
Zwangsgedanken erfahren haben, sein Verhältnis zum Vater,
und auch der Vater mußte ihm in Kinderzeiten Grund zur
Feindseligkeit gegeben haben, wie wir fast mit Sicherheit feststellen konnten. Sein aus Zärtlichkeit und Feindseligkeit zusammengesetztes Verhältnis zur Geliebten fiel zum großen Teile
in seine bewußte Wahrnehmung. Er täuschte sich höchstens
über das Maß und über den Ausdruck des negativen Gefühls,
hingegen war die einst intensiv bewußt gewesene Feindseligkeit
gegen den Vater ihm längst entrückt, und konnte nur gegen
seinen heftigsten Widerstand ins Bewußtsein zurückgebracht
werden. In der Verdrängung des infantilen Hasses gegen den
Vater erblicken wir jenen Vorgang, welcher alles weitere Geschehen in den Rahmen der Neurose zwang.

Die einzeln bei unserem Patienten aufgezählten Gefühlskonflikte sind nicht unabhängig von einander, sondern paarig miteinander verlötet. Der Haß gegen die Geliebte mußte sich zur
Anhänglichkeit an den Vater summieren und umgekehrt. Aber
die zwei Konfliktströmungen, die nach dieser Vereinfachung erübrigen, der Gegensatz zwischen dem Vater und der Geliebten
und der Widerspruch von Liebe und Haß in jedem einzelnen
Verhältnisse haben inhaltlich wie genetisch nichts miteinander
zu schaffen. Der erste der beiden Konflikte entspricht dem
normalen Schwanken zwischen Mann und Weib als Objekten
der Liebeswahl, welches dem Kinde zuerst in der berühmten
Frage nahe gebracht wird: Wen hast du lieber, Papa oder
Mama? und das ihn dann durchs Leben begleitet trotz aller
Verschiedenheiten in der Ausbildung der Empfindungsintensitäten
und in der Fixierung der endgültigen Sexualziele. Nur verliert
diese Gegensätzlichkeit normalerweise bald den Charakter des
scharfen Widerspruches, des unerbittlichen Entweder — Oder:
es wird Raum für die ungleichen Ansprüche beider Teile ge-

schaffen, obwohl auch beim Normalen jederzeit die Wertschätzung des einen Geschlechtes durch die Entwertung des anderen gehoben wird.

Fremdartiger berührt uns der andere der Konflikte, der zwischen Liebe und Haß. Wir wissen, daß beginnende Verliebtheit häufig als Haß wahrgenommen wird, daß Liebe, der die Befriedigung versagt ist, sich leicht zum Teil in Haß umsetzt, und hören von den Dichtern, daß in stürmischen Stadien der Verliebtheit beide gegensätzliche Gefühle eine Zeitlang nebeneinander wie im Wettstreite bestehen können. Aber ein chronisches Nebeneinander von Liebe und Haß gegen dieselbe Person, beide Gefühle von höchster Intensität, setzt uns in Erstaunen. Wir hätten erwartet, daß die große Liebe längst den Haß überwunden hätte oder von ihm aufgezehrt worden wäre. Wirklich ist ein solcher Fortbestand der Gegensätze nur unter besonderen psychologischen Bedingungen und durch Mitwirkung des unbewußten Zustandes möglich. Die Liebe hat den Haß nicht auslöschen, sondern nur ins Unbewußte drängen können, und im Unbewußten kann er, gegen die Aufhebung durch die Bewußtseinswirkung geschützt, sich erhalten und selbst wachsen. Die bewußte Liebe pflegt unter diesen Umständen reaktionsweise zu einer besonders hohen Intensität anzuschwellen, damit sie der ihr konstant auferlegten Arbeit gewachsen sei, ihr Gegenspiel in der Verdrängung zurückzuhalten. Eine sehr frühzeitig, in den prähistorischen Kindheitsjahren erfolgte Scheidung der beiden Gegensätze mit Verdrängung des einen Anteiles, gewöhnlich des Hasses, scheint die Bedingung dieser befremdenden Konstellation des Liebeslebens zu sein.[1]

Wenn man eine Anzahl von Analysen Zwangskranker überschaut, so muß man den Eindruck gewinnen, daß ein solches Verhalten

---

[1] Vgl. Die Erörterungen hierüber in einer der ersten Sitzungen. — [Zusatz 1923:] Für diese Gefühlskonstellation ist später von Bleuler der passende Name „Ambivalenz" geschaffen worden. Vgl. übrigens die spätere Fortführung dieser Erörterungen im Aufsatze „Die Disposition zur Zwangsneurose" [Bd. VIII dieser Gesamtausgabe].

von Liebe und Haß wie bei unserem Patienten zu den häufigsten, ausgesprochensten und darum wahrscheinlich bedeutsamsten Charakteren der Zwangsneurose gehört. Aber so verlockend es wäre, das Problem der „Neurosenwahl" auf das Triebleben zu beziehen, man hat doch Gründe genug, dieser Versuchung aus dem Wege zu gehen, und muß sich sagen, daß man bei allen Neurosen die nämlichen unterdrückten Triebe als Symptomträger aufdeckt. Der von der Liebe in der Unterdrückung des Unbewußten zurückgehaltene Haß spielt doch auch eine große Rolle in der Pathogenese der Hysterie und der Paranoia. Wir kennen das Wesen der Liebe zu wenig, um hier eine bestimmte Entscheidung zu treffen; insbesondere das Verhältnis ihres **negativen Faktors**[1] zur sadistischen Komponente der Libido ist völlig ungeklärt. Es hat daher etwa den Wert einer vorläufigen Auskunft, wenn wir sagen: in den besprochenen Fällen von unbewußtem Hasse sei die sadistische Komponente der Liebe konstitutionell besonders stark entwickelt gewesen, habe darum eine vorzeitige und allzu gründliche Unterdrückung erfahren, und nun leiten sich die beobachteten Phänomene der Neurose einerseits von der durch Reaktion in die Höhe getriebenen bewußten Zärtlichkeit, anderseits von dem im Unbewußten als Haß fortwirkenden Sadismus ab.

Wie immer aber dies merkwürdige Verhalten von Liebe und Haß zu verstehen sein mag, sein Vorkommen ist durch die Beobachtung an unserem Patienten über jeden Zweifel erhaben, und es ist erfreulich zu sehen, wie leicht begreiflich nun die rätselhaften Vorgänge der Zwangsneurose durch die Beziehung auf dieses eine Moment werden. Steht einer intensiven Liebe ein fast ebenso starker Haß bindend entgegen, so muß die nächste Folge eine partielle Willenslähmung sein, eine Unfähigkeit zur

---

[1] „ja oft habe ich den Wunsch, ihn nicht mehr unter den Lebenden zu sehen. Und doch wenn das je einträfe, ich weiß, ich würde noch viel unglücklicher sein, so wehrlos, so ganz wehrlos bin ich gegen ihn," sagt Alkibiades über den Sokrates im Symposion (übersetzt von R. Kassner).

Entschließung in all den Aktionen, für welche die Liebe das treibende Motiv sein soll. Aber die Unentschlossenheit bleibt nicht lange auf eine Gruppe von Handlungen beschränkt. Denn erstens, welche Handlungen eines Liebenden träten nicht mit seinem Hauptmotiv in Beziehung? Zweitens kommt dem sexuellen Verhalten eine vorbildliche Macht zu, mit der es umformend auf die übrigen Reaktionen eines Menschen wirkt, und drittens liegt es im psychologischen Charakter der Zwangsneurose, von dem Mechanismus der Verschiebung den ausgiebigsten Gebrauch zu machen. So breitet sich die Entschlußlähmung allmählich über das gesamte Tun des Menschen aus.[1]

Damit ist die Herrschaft von Zwang und Zweifel, wie sie uns im Seelenleben der Zwangskranken entgegentreten, gegeben. Der Zweifel entspricht der innern Wahrnehmung der Unentschlossenheit, welche, infolge der Hemmung der Liebe durch den Haß, bei jeder beabsichtigten Handlung sich des Kranken bemächtigt. Er ist eigentlich ein Zweifel an der Liebe, die ja das subjektiv Sicherste sein sollte, der auf alles übrige diffundiert und sich vorzugsweise auf das indifferenteste Kleinste verschoben hat. Wer an seiner Liebe zweifelt, darf, muß doch auch an allem andern, geringeren, zweifeln?[2]

Es ist derselbe Zweifel, der bei den Schutzmaßregeln zur Unsicherheit und zur fortgesetzten Wiederholung führt, um diese Unsicherheit zu bannen, der es endlich zustande bringt, daß diese Schutzhandlungen ebenso unvollziehbar werden wie die ursprünglich gehemmte Liebesentschließung. Ich mußte anfangs meiner Erfahrungen eine andere und allgemeinere Ableitung der Unsicherheit bei den Zwangskranken annehmen, die sich näher an die Norm

---

[1] Vgl. Die Darstellung durch ein Kleinstes als Witztechnik.
[2] Hamlets Liebesverse an Ophelia:
    Doubt thou the stars are fire;
    Doubt that the sun doth move;
    Doubt truth to be a liar;
    But never doubt I love. (II, 2.)

anzuschließen schien. Wenn ich z. B. während der Abfassung eines Briefes durch Zwischenfragen einer andern Person gestört worden bin, so empfinde ich hernach eine berechtigte Unsicherheit, was ich wohl unter dem Einflusse der Störung geschrieben haben mag, und ich bin genötigt, zur Sicherheit den Brief, nachdem er fertig geworden ist, nochmals durchzulesen. So konnte ich auch meinen, daß die Unsicherheit der Zwangskranken, z. B. bei ihren Gebeten, daher rühre, daß sich ihnen unaufhörlich unbewußte Phantasien als Störer in die Tätigkeit des Betens mengten. Diese Annahme war richtig und ist doch leicht mit unserer früheren Behauptung zu versöhnen. Es trifft zu, daß die Unsicherheit, eine Schutzmaßregel vollzogen zu haben, von den störenden unbewußten Phantasien herrührt, aber diese Phantasien enthalten eben den gegenteiligen Impuls, der gerade durch das Gebet abgewehrt werden sollte. Es wird dies einmal überdeutlich bei unserem Patienten, indem die Störung nicht unbewußt bleibt, sondern sich laut vernehmen läßt. Wenn er beten will „Gott schütze sie", so stürzt plötzlich aus dem Unbewußten ein feindseliges „nicht" dazu heraus, und er hat erraten, daß es der Ansatz zu einem Fluche ist (S. 415). Bliebe dieses „nicht" stumm, so befände auch er sich im Zustande der Unsicherheit und würde sein Beten immer mehr verlängern; auf das Lautwerden hin hat er endlich das Beten aufgegeben. Ehe er das tat, versuchte er wie andere Zwangskranke allerlei Methoden, um die Einmengung des Gegensatzes hintanzuhalten, die Verkürzung der Gebete, das beschleunigte Aussprechen derselben; andere bemühen sich jede solche Schutzaktion sorgfältig von anderem zu „isolieren". Aber alle diese Techniken fruchten auf die Dauer nichts; hat der liebevolle Impuls in seiner Verschiebung auf eine geringfügige Handlung etwas durchführen können, so wird ihm der feindselige bald auch dahinfolgen und sein Werk wieder aufheben.

Wenn dann der Zwangskranke die schwache Stelle in der Sicherung unseres Seelenlebens, die Unverläßlichkeit des Gedächtnisses, entdeckt hat, so kann er mit ihrer Hilfe den Zweifel auf alles ausdehnen, auch auf bereits vollzogene Handlungen, die noch nicht in Beziehung zum Liebe-Haß-Komplex standen, und auf die ganze Vergangenheit. Ich erinnere an das Beispiel jener Frau, die eben im Laden einen Kamm für ihre kleine Tochter gekauft hatte, und nach dem Argwohn an ihrem Mann zu zweifeln begann, ob sie ihn nicht vielmehr schon längst besessen: Sagt diese Frau nicht direkt: Wenn ich an deiner Liebe zweifeln kann (und das ist nur eine Projektion ihres Zweifels an der eigenen Liebe zu ihm), so kann ich auch daran, so kann ich an allem zweifeln, und gibt so den verborgenen Sinn des neurotischen Zweifels unserem Verständnisse Preis?

Der Zwang aber ist ein Versuch zur Kompensation des Zweifels und zur Korrektur der unerträglichen Hemmungszustände, von denen der Zweifel Zeugnis ablegt. Ist es endlich mit Hilfe der Verschiebung gelungen, irgendeinen der gehemmten Vorsätze zum Entschluß zu bringen, so muß dieser ausgeführt werden; es ist freilich nicht der ursprüngliche mehr, aber die dort aufgestaute Energie wird auf die Gelegenheit, an der Ersatzhandlung ihre Abfuhr zu finden, nicht mehr verzichten. Sie äußert sich also in Geboten und Verboten, indem bald der zärtliche, bald der feindliche Impuls diesen Weg zur Abfuhr erobert. Die Spannung, wenn das Zwangsgebot nicht ausgeführt werden soll, ist eine unerträgliche und wird als höchste Angst wahrgenommen. Aber der Weg selbst zu der auf ein Kleinstes verschobenen Ersatzhandlung wird so heiß umstritten, daß diese meist nur als Schutzmaßregel im engsten Anschlusse an einen abzuwehrenden Impuls durchgesetzt werden kann.

Durch eine Art von Regression treten ferner vorbereitende Akte an die Stelle der endgültigen Entschließung, das Denken ersetzt das Handeln, und irgendeine Gedankenvorstufe der Tat setzt sich mit Zwangsgewalt durch anstatt der Ersatzhandlung. Je nachdem diese Regression vom Handeln aufs Denken mehr oder weniger ausgeprägt ist, nimmt der Fall von Zwangsneurose den Charakter des Zwangsdenkens (Zwangsvorstellung) oder des Zwangshandelns im engeren Sinne an. Diese eigentlichen Zwangshandlungen werden aber nur dadurch ermöglicht, daß in ihnen eine Art Versöhnung der beiden einander bekämpfenden Impulse in Kompromißbildungen statt hat. Die Zwangshandlungen nähern sich nämlich immer mehr, und je länger das Leiden andauert, um so deutlicher, den infantilen Sexualhandlungen nach Art der Onanie. So ist es bei dieser Form der Neurose doch zu Liebesakten gekommen, aber nur mit Zuhilfenahme einer neuen Regression, nicht mehr zu Akten, die einer Person gelten, dem Objekte von Liebe und Haß, sondern zu autoerotischen Handlungen wie in der Kindheit.

Die erstere Regression, die vom Handeln aufs Denken, wird durch einen andern an der Entstehung der Neurose beteiligten Faktor begünstigt. Ein fast regelmäßiges Vorkommnis in den Geschichten der Zwangskranken ist das frühzeitige Auftreten und die vorzeitige Verdrängung des sexuellen Schau- und Wißtriebes, der ja auch bei unserem Patienten ein Stück seiner infantilen Sexualbetätigung dirigiert.[1]

Wir haben der Bedeutung der sadistischen Komponente für die Genese der Zwangsneurose bereits gedacht; wo der Wißtrieb in der Konstitution des Zwangskranken überwiegt, da wird das Grübeln zum Hauptsymptom der Neurose. Der Denkvorgang selbst wird sexualisiert, indem die sexuelle Lust, die sich sonst auf den Inhalt des Denkens bezieht, auf den Denkakt selbst gewendet wird, und die Befriedigung beim Erreichen eines Denkergebnisses wird als sexuelle Befriedigung empfunden. Diese Beziehung des Wißtriebes zu den Denkvorgängen macht ihn besonders geeignet, in den verschiedenen Formen der Zwangsneurose, an denen er Anteil hat, die Energie, die sich vergeblich zur Handlung durchzudringen bemüht, aufs Denken zu locken, wo sich die Möglichkeit einer andern Art von Lustbefriedigung bietet. So kann sich mit Hilfe des Wißtriebes die Ersatzhandlung

---

1) Hiermit hängt wahrscheinlich auch die im Durchschnitt recht große intellektuelle Begabung der Zwangskranken zusammen.

durch vorbereitende Denkakte weiter ersetzen. Der Aufschub im Handeln findet aber bald seinen Ersatz durch das Verweilen im Denken, und der ganze Prozeß ist schließlich mit Erhaltung all seiner Eigentümlichkeiten auf ein neues Gebiet übersetzt, wie die Amerikaner ein Haus zu „*moven*" vermögen.

Ich würde mich nun getrauen, den lange gesuchten psychologischen Charakter, der den Produkten der Zwangsneurose das „Zwangsartige" verleiht, in Anlehnung an die oben stehenden Erörterungen zu bestimmen. Zwanghaft werden solche Denkvorgänge, welche (infolge der Gegensatzhemmung am motorischen Ende der Denksysteme) mit einem — qualitativ wie quantitativ — sonst nur für das Handeln bestimmten Energieaufwand unternommen werden, also Gedanken, die regressiv Taten vertreten müssen. Die Annahme wird wohl keinen Widerspruch erfahren, daß das Denken sonst aus ökonomischen Gründen mit kleineren Energieverschiebungen (wahrscheinlich auf höherem Niveau) betrieben wird als das zur Abfuhr und zur Veränderung der Außenwelt bestimmte Handeln.

Was als Zwangsgedanke überstark zum Bewußtsein durchgedrungen ist, muß nun gegen die auflösenden Bemühungen des bewußten Denkens versichert werden. Wir wissen bereits, daß dieser Schutz durch die Entstellung erreicht wird, welche der Zwangsgedanke vor seinem Bewußtwerden erfahren hat. Doch ist dies nicht das einzige Mittel. Überdies wird selten versäumt, die einzelne Zwangsidee der Situation ihrer Entstehung zu entrücken, in welcher sie trotz der Entstellung am leichtesten dem Verständnisse zugänglich wäre. In dieser Absicht wird einerseits ein Intervall zwischen die pathogene Situation und die abfolgende Zwangsidee eingeschoben, welches die Kausalerforschungen des bewußten Denkens irre führt; anderseits wird der Inhalt der Zwangsidee durch Verallgemeinerung aus seinen speziellen Beziehungen gelöst.

Ein Beispiel hiefür gibt unser Patient im „Verstehzwang" (S. 412); ein besseres vielleicht eine andere Kranke, die sich verbot, irgendwelchen Schmuck zu tragen, obwohl die Veran-

lassung auf ein einziges Schmuckstück zurückging, um welches
sie ihre Mutter beneidet hatte, und von dem sie hoffte, es würde
ihr dereinst durch Erbschaft zufallen. Endlich dient noch zum
Schutze der Zwangsidee gegen die bewußte Lösungsarbeit der
unbestimmt oder zweideutig gewählte Wortlaut, wenn man diesen
von der einheitlichen Entstellung absondern will. Dieser mißverstandene Wortlaut kann nun in die Delirien eingehen und
die weiteren Fortbildungen oder Ersetzungen des Zwanges werden
an das Mißverständnis anknüpfen anstatt an den richtigen Text.
Doch kann man beobachten, daß diese Delirien bestrebt sind,
immer wieder neue Beziehungen zu dem nicht im bewußten Denken
aufgenommenen Gehalt und Wortlaut des Zwanges zu gewinnen.

Einer einzigen Bemerkung wegen möchte ich noch zum Triebleben der Zwangsneurose zurückkehren. Unser Patient erwies
sich auch als ein Riecher, der nach seiner Behauptung in der
Kindheit wie ein Hund jeden Menschen nach dem Geruch
erkannt hatte, und dem auch heute noch Riechwahrnehmungen
mehr sagten als anderen.[1] Ich habe ähnliches auch bei anderen
Neurotikern, Zwangskranken und Hysterikern gefunden und gelernt, der Rolle einer seit der Kindheit untergegangenen Riechlust
in der Genese der Neurosen Rechnung zu tragen.[2] Ganz allgemein
möchte ich die Frage aufwerfen, ob nicht die mit der Abkehrung
des Menschen vom Erdboden unvermeidlich gewordene Ver-
kümmerung des Geruchsinnes und die so hergestellte organische
Verdrängung der Riechlust einen guten Anteil an seiner Befähigung
zu neurotischen Erkrankungen haben kann. Es ergäbe sich ein
Verständnis dafür, daß bei steigender Kultur gerade das Sexualleben
die Opfer der Verdrängung bringen muß. Wir wissen ja längst, welch
inniger Zusammenhang in der tierischen Organisation zwischen dem
Sexualtrieb und der Funktion des Riechorgans hergestellt ist.

---

[1] Ich füge hinzu, daß in seinen Kinderjahren starke koprophile Neigungen ge-
waltet hatten. Dazu die bereits betonte Analerotik (S. 432).

[2] Z. B. bei gewissen Formen des Fetischismus.

Zum Schlusse dieser Arbeit will ich die Hoffnung aussprechen, daß meine in jedem Sinne unvollständigen Mitteilungen wenigstens anderen die Anregung bringen mögen, durch weitere Vertiefung in das Studium der Zwangsneurose mehr zutage zu fördern. Das Charakteristische dieser Neurose, das, was sie von der Hysterie unterscheidet, ist meines Erachtens nicht im Triebleben, sondern in den psychologischen Verhältnissen zu suchen. Ich kann meinen Patienten nicht verlassen, ohne dem Eindrucke Worte zu leihen, daß er gleichsam in drei Persönlichkeiten zerfallen war; ich würde sagen: in eine unbewußte und zwei vorbewußte, zwischen denen sein Bewußtsein oszillieren konnte. Sein Unbewußtes umschloß die frühzeitig unterdrückten, als leidenschaftlich und böse zu bezeichnenden Regungen; in seinem Normalzustande war er gut, lebensfroh, überlegen, klug und aufgeklärt, aber in einer dritten psychischen Organisation huldigte er dem Aberglauben und der Askese, so daß er zwei Überzeugungen haben und zweierlei Weltanschauungen vertreten konnte. Diese vorbewußte Person enthielt vorwiegend die Reaktionsbildungen auf seine verdrängten Wünsche, und es war leicht vorherzusehen, daß sie bei weiterem Bestande der Krankheit die normale Person aufgezehrt hätte. Ich habe jetzt Gelegenheit, eine an schweren Zwangshandlungen leidende Dame zu studieren, die in ähnlicher Weise in eine tolerante, heitere und in eine schwer verdüsterte, asketische Persönlichkeit zerfallen ist, die erstere als ihr offizielles Ich vorschiebt, während sie von der letzteren beherrscht wird. Beide psychischen Organisationen haben Zugang zu ihrem Bewußtsein, und hinter der asketischen Person ist das ihr völlig unbekannte Unbewußte ihres Wesens aufzufinden, bestehend aus uralten, längst verdrängten Wunschregungen.[1]

---

1) [*Zusatz 1923:*] Der Patient, dem die mitgeteilte Analyse seine psychische Gesundheit wiedergegeben hatte, ist wie soviele andere wertvolle und hoffnungsvolle junge Männer im großen Krieg umgekommen.

VORREDEN

VORWORT

zu *NERVÖSE ANGSTZUSTÄNDE UND IHRE BEHANDLUNG* von
Dr. *WILHELM STEKEL, Verlag Urban & Schwarzenberg, Berlin und
Wien 1908.*

Meine seit dem Jahre 1893 fortgesetzten Untersuchungen über die Ätiologie und den psychischen Mechanismus der neurotischen Erkrankungen, die anfänglich nur geringe Beachtung bei den Fachgenossen gefunden hatten, sind endlich zur Anerkennung von seiten einer Anzahl von ärztlichen Forschern gelangt und haben auch die Aufmerksamkeit auf das psychoanalytische Untersuchungs- und Heilverfahren gelenkt, dessen Anwendung ich meine Ergebnisse verdanke. Herr Dr. W. Stekel, einer der ersten Kollegen, die ich in die Kenntnis der Psychoanalyse einführen konnte, und gegenwärtig selbst durch vieljährige Ausübung mit deren Technik vertraut, unternimmt es nun, ein Kapitel aus der Klinik dieser Neurosen auf Grund meiner Anschauungen zu bearbeiten und seine mit der psychoanalytischen Methode gewonnenen Erfahrungen für ärztliche Leser darzustellen. Wenn ich in dem eben dargelegten Sinne bereitwillig die Verantwortung für seine Arbeit übernehme, so scheint es doch billig, daß ich ausdrücklich erkläre, mein direkter Einfluß auf das vorliegende Buch über die nervösen Angstzustände sei ein sehr geringer gewesen. Die Beobachtungen und alle Einzelheiten der Auffassung und Deutung sind sein Eigentum; nur die Bezeichnung „Angsthysterie" geht auf meinen Vorschlag zurück.

Ich darf sagen, daß Dr. Stekels Werk auf reicher Erfahrung fußt, und daß es dazu bestimmt ist, andere Ärzte anzuregen, unsere Ansichten über die Ätiologie dieser Zustände durch eigene Bemühung zu bestätigen. Es eröffnet oft unerwartete Einblicke in die Wirklichkeiten des Lebens, die sich hinter den neurotischen Symptomen zu verbergen pflegen, und wird die Kollegen wohl überzeugen, daß es für ihr Verständnis wie für ihr therapeutisches Wirken nicht gleichgültig sein kann, welche Stellung sie zu den hier gegebenen Winken und Aufklärungen einnehmen wollen.

VORWORT

zu *LÉLEKELEMZÉS*, *értekezések a pszichoanalizis köréből, irta
Dr. FERENCZI SÁNDOR*, Nyugat, Budapest, 1910.

Die psychoanalytische Untersuchung der Neurosen (mannigfacher Formen von seelisch bedingter Nervosität) hat den Zusammenhang dieser Störungen mit dem Triebleben, mit den Beeinträchtigungen desselben durch die Ansprüche der Kultur, mit der Phantasie- und Traumtätigkeit des normalen Einzelwesens und mit den Schöpfungen der Volksseele in Religion, Mythus und Märchen aufzudecken erstrebt. Die auf diese Untersuchungsmethode begründete psychoanalytische Behandlung der Nervösen stellt an Arzt und Patient weit höhere Ansprüche, als die bisher gebräuchlichen mit Medikamenten, Diät, Wasserprozeduren und Suggestion, bringt aber den Kranken so viel mehr Erleichterung und anhaltende Stärkung für die Aufgaben des Lebens, daß man sich über die unaufhaltsamen Fortschritte dieser therapeutischen Methode trotz heftiger Opposition nicht zu verwundern braucht.

Der Verfasser der nachstehenden Aufsätze, mir enge befreundet und mit allen Schwierigkeiten der psychoanalytischen Probleme wie wenige vertraut, ist der erste Ungar, der es unternimmt, die Ärzte und die Gebildeten seiner Nation durch die in seiner und ihrer Muttersprache abgefaßten Arbeiten für die Psychoanalyse zu interessieren. Möge ihm dieser Versuch gelingen und den Erfolg haben, für das neue Arbeitsgebiet neue Arbeitskräfte aus der Mitte seiner Kompatrioten zu gewinnen.

BIBLIOGRAPHISCHE ANMERKUNG

TATBESTANDSDIAGNOSTIK UND PSYCHOANALYSE
Vortrag gehalten in Prof. Löfflers Seminar an der Universität Wien im Juni 1906

In deutscher Sprache:
- 1906   "Archiv für Kriminalanthropologie und Kriminalistik", von Hans Gross, Bd. 26.
- 1909   In "Sammlung kleiner Schriften zur Neurosenlehre", Zweite Folge, Verlag Franz Deuticke, Leipzig und Wien.
- 1912   Zweite Auflage im gleichen Verlag.
- 1921   Dritte Auflage im gleichen Verlag.
- 1924   In "Gesammelte Schriften", Band X, Internationaler Psychoanalytischer Verlag, Leipzig, Wien, Zürich.

In englischer Sprache:
- 1924   Übersetzt von E. B. M. Herford. In "Collected Papers", Vol. II. The International Psycho-Analytical Library, No. 8, The Hogarth Press, London.

In französischer Sprache:
- 1933   Übersetzt von Mmes Edouard Marty und Marie Bonaparte. In "Essais de Psychanalyse Appliquée", Gallimard, Paris.

ZUR SEXUELLEN AUFKLÄRUNG DER KINDER
Offener Brief an Dr. M. Fürst

- 1907   In "Soziale Medicin und Hygiene", Bd. II.
- 1909   In "Sammlung kleiner Schriften zur Neurosenlehre", Zweite Folge, Verlag Franz Deuticke, Leipzig und Wien.
- 1912   Zweite Auflage im gleichen Verlag.
- 1921   Dritte Auflage im gleichen Verlag.
- 1924   In "Gesammelte Schriften", Band V, Internationaler Psychoanalytischer Verlag, Leipzig, Wien, Zürich.
- 1931   In "Kleine Schriften zur Sexualtheorie und zur Traumlehre", Kleinoktavausgabe im gleichen Verlag.

In englischer Sprache:
1924 Übersetzt von E. B. M. Herford. In "Collected Papers", Vol. II. The International Psycho-Analytical Library, No. 8, The Hogarth Press, London.

In norwegischer Sprache:
1929 Übersetzt von Kristian Schjelderup. In "Psykolanalysen i praksis", Gyldendal Norsk Forlag.

In spanischer Sprache:
1929 Übersetzt von Luis Lopez-Ballesteros y de Torres. In Band XIII der "Obras Completas", Biblioteca Nueva, Madrid.

DER WAHN UND DIE TRÄUME IN W. JENSENS "GRADIVA".

In deutscher Sprache:
1907 Als 1. Heft der "Schriften zur angewandten Seelenkunde", Verlag Hugo Heller & Co., Wien.
1912 Zweite Auflage, Verlag Franz Deuticke, Leipzig, Wien.
1924 Dritte Auflage im gleichen Verlag.
1925 In "Gesammelte Schriften", Band IX, Internationaler Psychoanalytischer Verlag, Leipzig, Wien, Zürich.

In englischer Sprache:
1917 "Delusion and Dream", übersetzt von Helen M. Downey mit einem Vorwort von G. Stanley Hall. Verlag Moffatt, Yard & Co., New York.
1921 Im Verlag Allen & Unwin, London.

In französischer Sprache:
1931 Übersetzt von Marie Bonaparte. Gallimard, Paris.

In italienischer Sprache:
1923 Übersetzt von Dr. Gustavo de Benedicti, als No. 7 der Biblioteca Psicoanalitica Italiana.

In japanischer Sprache:
1929 Übersetzt von Takutaro Yasuda, im Verlag Logos, Tokio.

In russischer Sprache:
1912 In Odessa.

In spanischer Sprache:
1923 Übersetzt von Luis Lopez-Ballesteros y de Torres, als Band III der "Obras Completas", Biblioteca Nueva, Madrid.

ZWANGSHANDLUNGEN UND RELIGIONSÜBUNGEN

In deutscher Sprache:

1907 In "Zietschrift für Religionspsychologie" herausgegeben von Bresler und Vorbrodt, Bd. I, Heft 1.

1909 In "Sammlung kleiner Schriften zur Neurosenlehre", Zweite Folge, Verlag Franz Deuticke, Leipzig, Wien.

1912 Zweite Auflage im gleichen Verlag.

1921 Dritte Auflage im gleichen Verlag.

1924 In "Gesammelte Schriften", Band X, Internationaler Psychoanalytischer Verlag, Leipzig, Wien, Zürich.

In englischer Sprache:

1924 "Obsessive Acts and Religious Practices", übersetzt von R. C. McWalters. In "Collected Papers", Vol. II, The International Psycho-Analytical Library, No. 8, The Hogarth Press, London.

In französischer Sprache:

1932 Übersetzt von Marie Bonaparte. In "L'Avenir d'une Illusion", Denoël & Steele, Paris.

In holländischer Sprache:

1914 In "Uit Zenuw en zieleleven", IIIe Serie, No. 5, Hollandia Drukkerij.

DIE "KULTURELLE" SEXUALMORAL UND DIE MODERNE NERVOSITÄT

In deutscher Sprache:

1908 In "Sexualprobleme" der Zeitschrift "Mutterschutz", neue Folge, IV. Jahrgang.

1909 In "Sammlung kleiner Schriften zur Neurosenlehre", Zweite Folge, Verlag Franz Deuticke, Leipzig und Wien.

1912 Zweite Auflage im gleichen Verlag.

1921 Dritte Auflage im gleichen Verlag.

1924 In "Gesammelte Schriften", Band V, Internationaler Psychoanalytischer Verlag, Leipzig, Wien, Zürich.

1931 In "Kleine Schriften zur Sexualtheorie und zur Traumlehre". Kleinoktavausgabe im gleichen Verlag.

In englischer Sprache:

1924 Übersetzt von E. B. M. Herford und E. Colburn Mayne. The International Psycho-Analytical Library, No. 8, The Hogarth Press, London.

In holländischer Sprache:

1914 In "Uit Zenuw en zieleleven", IIIe Serie, No. 5. Hollandia Drukkerij.

In japanischer Sprache:

1932 Übersetzt von K. Ohtsuki. In Band IX der Shunyodo Ausgabe der "Gesammelten Schriften", Verlag Shunyodo, Tokio.

1939 3. Auflage im gleichen Verlag.

In russischer Sprache:

1912 Übersetzt von Wyrubow, Moskau.

In spanischer Sprache:

1929 Übersetzt von Luis Lopez-Ballesteros y de Torres, in "Obras Completas", Band XIII. Biblioteca Nueva, Madrid.

ÜBER INFANTILE SEXUALTHEORIEN

In deutscher Sprache:

1908 In "Sexualprobleme" der Zeitschrift "Mutterschutz", Neue Folge, IX. Jahrgang.

1909 In "Sammlung kleiner Schriften zur Neurosenlehre", Zweite Folge, Verlag Franz Deuticke, Leipzig und Wien.

1912 Zweite Auflage im gleichen Verlag.

1921 Dritte Auflage im gleichen Verlag.

1924 In "Gesammelte Schriften", Band V, Internationaler Psychoanalytischer Verlag, Leipzig, Wien, Zürich.

1931 In "Kleine Schriften zur Sexualtheorie und zur Traumlehre", Kleinoktavausgabe, im gleichen Verlag.

In englischer Sprache:

1924 Übersetzt von Douglas Bryan. In "Collected Papers", Vol. II, The International Psycho-Analytical Library, No. 8, The Hogarth Press, London.

In spanischer Sprache:

1929   Übersetzt von Luis Lopez-Ballesteros y de Torres, im Band XIII der "Obras Completas", Biblioteca Nueva, Madrid.

HYSTERISCHE PHANTASIEN UND IHRE BEZIEHUNG ZUR BISEXUALITÄT

In deutscher Sprache:

1908   In "Zeitschrift für Sexualwissenschaft" herausgegeben von M. Hirschfeld.

1909   In "Sammlung kleiner Schriften zur Neurosenlehre", Zweite Folge, Verlag Franz Deuticke, Leipzig und Wien.

1912   Zweite Auflage im gleichen Verlag.

1921   Dritte Auflage im gleichen Verlag.

1924   In "Gesammelte Schriften", Band V, Internationaler Psychoanalytischer Verlag, Leipzig, Wien, Zürich.

In englischer Sprache:

1909   In "Selected Papers on Hysteria and other Psycho-Neuroses", übersetzt von A. A. Brill, Band 4, der Nervous and Mental Disease Monograph Series, New York.

1924   Übersetzt von Douglas Bryan. In "Collected Papers", Vol. II, The International Psycho-Analytical Library, No. 8, The Hogarth Press, London.

In japanischer Sprache:

1932   Übersetzt von K. Ohtsuki. In Band IX der Shunyodo-Ausgabe, Shunyodo Verlag, Tokio.

1933   Übersetzt von Tosno Konama. In Band XII der "Ars" Ausgabe der "Gesammelten Schriften", Ars Verlag, Tokio.

1937   Zweite Auflage der Shunyodo Ausgabe.

1939   Dritte Auflage der Shunyodo Ausgabe.

In spanischer Sprache:

1929   Übersetzt von Luis Lopez-Ballesteros y de Torres. In "Obras Completas", Band XIII, Biblioteca Nueva, Madrid.

CHARAKTER UND ANALEROTIK

In deutscher Sprache:

1908   In "Psychiatrisch-Neurologische Wochenschrift", redigiert von Dr. Johannes Bresler, Lublinitz (Schlesien), IX. Jahrgang, No. 52.

1909   In "Sammlung kleiner Schriften zur Neurosenlehre", Zweite Folge, Verlag Franz Deuticke, Leipzig und Wien.

1912   Zweite Auflage im gleichen Verlag.

1921   Dritte Auflage im gleichen Verlag.

1924   In "Gesammelte Schriften", Band V, Internationaler Psychoanalytischer Verlag, Leipzig, Wien, Zürich.

1931   In "Kleine Schriften zur Sexualtheorie und zur Traumlehre", Kleinoktavausgabe, im gleichen Verlag.

In englischer Sprache:

1924   Übersetzt von R. C. McWalters. In "Collected Papers", Vol. II, The International Psycho-Analytical Library, No. 8, The Hogarth Press, London.

In japanischer Sprache:

1932   Übersetzt von K. Ohtsuki. Im Band VIII der Shunyodo-Ausgabe, Shunyodo Verlag, Tokio.

1933   Übersetzt von Tosno Konama. Im Sammelband "Analyse der Sexualpathologie", Verlag "Ars" Tokio.

1937   Zweite Auflage der Shunyodo-Ausgabe.

In russischer Sprache:

Im Sammelband "Psychoanalytische Charakterlehre", Band V der "Psychologischen und Psychoanalytischen Bibliothek", Staatsverlag, Moskau.

In spanischer Sprache:

1929   Übersetzt von Luis Lopez-Ballesteros y de Torres. In "Obras Completas", Band XIII, Biblioteca Nueva, Madrid.

DER DICHTER UND DAS PHANTASIEREN

In deutscher Sprache:

1908   In "Neue Revue", 1. Jahrgang.

1909   In "Sammlung kleiner Schriften zur Neurosenlehre", Zweite Folge, Verlag Franz Deuticke, Leipzig und Wien.

1912 Zweite Auflage im gleichen Verlag.

1921 Dritte Auflage im gleichen Verlag.

1924 In "Gesammelte Schriften", Band X, Internationaler Psychoanalytischer Verlag, Leipzig, Wien, Zürich.

In englischer Sprache:

1925 Übersetzt von J. F. Grant Duff. In "Collected Papers", Vol. IV, The International Psycho-Analytical Library, No. 10, The Hogarth Press, London.

In französischer Sprache:

1933 Übersetzt von Mmes Edouard Marty und Marie Bonaparte. In "Essais de Psychanalyse Appliquée", Gallimard, Paris.

In japanischer Sprache:

1931 Übersetzt von K. Ohtsuki. Im Band VI der Shunyodo-Ausgabe, Shunyodo Verlag, Tokio.

1937 Zweite Auflage im gleichen Verlag.

DER FAMILIENROMAN DER NEUROTIKER

In deutscher Sprache:

1909 veröffentlicht in dem Buche von Otto Rank, "Der Mythus von der Geburt des Helden. Versuch einer psychologischen Mythendeutung" in der Reihe "Schriften zur angewandten Seelenkunde" herausgegeben von Prof. Dr. Sigm. Freud. Verlag Franz Deuticke, Leipzig und Wien.

1922 Zweite Auflage im gleichen Verlag.

1924 In "Gesammelte Schriften", Band XII, Internat. Psychoanalytischer Verlag, Leipzig, Wien, Zürich.

In englischer Sprache:

1914 Übersetzt von Drs. F. Robbins und Smith E. Jelliffe in Otto Ranks "The Myth of the Birth of the Hero". Nervous and Mental Disease Monograph Series, No. 18, New York.

In italienischer Sprache:

1921 Übersetzt von M. Levi Bianchini in Otto Ranks "Il mito della nascita degli eroi", Biblioteca Psicoanalitica Italiana, Nocera Inferiore.

In japanischer Sprache:

1932 Übersetzt von K. Ohtsuki. In Band IX der Shunyodo-Ausgabe der "Gesammelten Schriften", Shunyodo Verlag, Tokio.

1939 Dritte Auflage im gleichen Verlag.

ALLGEMEINES ÜBER DEN HYSTERISCHEN ANFALL

In deutscher Sprache:

1909 In "Zeitschrift für Psychotherapie und medizinische Psychologie", herausgegeben v. A. Moll, Band I.

1909 In "Sammlung kleiner Schriften zur Neurosenlehre", Zweite Folge, Verlag Franz Deuticke, Leipzig und Wien.

1912 Zweite Auflage im gleichen Verlag.

1921 Dritte Auflage im gleichen Verlag.

1924 In "Gesammelte Schriften", Band V, Internat. Psychoanalytischer Verlag, Leipzig, Wien, Zürich.

In englischer Sprache:

1924 Übersetzt von Douglas Bryan, in "Collected Papers", Vol. II, The Int. Psycho-Analytical Library, No. 8, The Hogarth Press, London.

In japanischer Sprache:

1932 Übersetzt von K. Ohtsuki. Im Band IX der Shunyodo-Ausgabe, Shunyodo Verlag, Tokio.

1939 Dritte Auflage im gleichen Verlag.

ANALYSE DER PHOBIE EINES FÜNFJÄHRIGEN KNABEN

In deutscher Sprache:

1909 Im "Jahrbuch für psychoanalytische und psychopathologische Forschungen", Band I, Verlag Franz Deuticke, Leipzig und Wien.

1913 In "Sammlung kleiner Schriften zur Neurosenlehre", Dritte Folge, Verlag Franz Deuticke, Leipzig und Wien.

1921 Zweite Auflage im gleichen Verlag.

1924 In "Gesammelte Schriften," Band VIII, Internationaler Psychoanalytischer Verlag, Leipzig, Wien, Zürich.

1932 In "Vier psychoanalytische Krankengeschichten", Kleinoktavausgabe, im gleichen Verlag.

In englischer Sprache:

    1925   Übersetzt von Alix and James Strachey, in "Collected Papers", Vol. III, The International Psycho-Analytical Library, No. 9, The Hogarth Press, London.

    1955   In "Standard Edition", Vol. X. The Hogarth Press, London.

In französischer Sprache:

    1928   Übersetzt von Marie Bonaparte und R. Loewenstein, in "Revue Française de Psychanalyse", Tome II, No. 3.

    1935   In "Cinq Psychanalyses". Denoël & Steele, Paris.

    1954   Presses Universitaires de France, Paris.

In italienischer Sprache:

    1952   Übersetzt von Mauri Lucentini. In "Casi Clinici". Edizioni Scientifiche Einaudi, Turin.

In japanischer Sprache:

    1930   Übersetzt von Tokutaro Yasuda. Im Sammelband "Studien über Hysterie" der Ars Ausgabe. Ars-Verlag, Tokio.

In russischer Sprache:

    1912   Übersetzt von Feldmann, Moskau.

In spanischer Sprache:

    1931   Übersetzt von Luis Lopez-Ballesteros y de Torres. In Band XVI der "Obras Completas". Biblioteca Nueva, Madrid.

In tschechischer Sprache:

    1937   In Band 2 der Ausgewählten Schriften Freuds "Psychoanalytische Krankengeschichten". Übersetzt von Dr. Otto Friedmann. Verlag Julius Albert, Praha.

BEMERKUNGEN ÜBER EINEN FALL VON ZWANGSNEUROSE

In deutscher Sprache:

    1909   Im "Jahrbuch für psychoanalytische und psychopathologische Forschungen", Band I. Verlag Franz Deuticke, Leipzig und Wien.

    1913   In "Sammlung kleiner Schriften zur Neurosenlehre", Dritte Folge, Verlag Franz Deuticke, Leipzig und Wien.

1921   Zweite Auflage im gleichen Verlag.

1924   In "Gesammelte Schriften", Band VIII. Internationaler Psychoanalytischer Verlag, Leipzig, Wien, Zürich.

1932   In "Vier psychoanalytische Krankengeschichten", Kleinoktavausgabe, im gleichen Verlag.

In englischer Sprache:

1925   Übersetzt von Alix and James Strachey. In "Collected Papers", Vol. III, The International Psycho-Analytical Library, No. 9, The Hogarth Press, London.

1955   In "Standard Edition", Vol. X. The Hogarth Press, London.

In französischer Sprache:

1932   Übersetzt von Marie Bonaparte und R. Loewenstein. In "Revue Fran aise de Psychanalyse", Tome V, No. 3.

1935   In "Cinq Psychanalyses". Denoël & Steele, Paris.

1954   Presses Universitaires de France, Paris.

In italienischer Sprache:

1952   Übersetzt von Mauri Lucentini. In "Casi Clinici". Edizioni Scientifiche Einaudi, Turin.

In japanischer Sprache:

1930   Übersetzt von Kanzi Tsusima im Band IV der Shunyodo Ausgabe, Shunyodo Verlag, Tokio.

1937   Zweite Auflage im gleichen Verlag.

In spanischer Sprache:

1932   Übersetzt von Luis Lopez-Ballesteros y de Torres. In Band XVI der "Obras Completas". Biblioteca Nueva, Madrid.

In tschechischer Sprache:

1937   Übersetzt von Dr. Otto Friedmann. In Band 2 der Ausgewählten Schriften Freuds "Psychoanalytische Krankengeschichten". Verlag Julius Albert, Praha.

VORWORT ZU
"NERVÖSE ANGSTZUSTÄNDE UND IHRE BEHANDLUNG"
VON DR. WILHELM STEKEL.

In deutscher Sprache:

1908 Verlag Urban und Schwarzenberg, Berlin und Wien.

1928 In "Gesammelte Schriften", Band XI, Internationaler Psychoanalytischer Verlag, Leipzig, Wien, Zürich.

VORWORT ZU
"LELÉKELEMZÉS, ÉRTEKEZÉSEK A PSZICHOANALISIS KÖREBÖL",
IRTA DR. FERENCZI SÁNDOR.

In deutscher Sprache:

1909 Datum des Manuskripts.

1928 In "Gesammelte Schriften", Band XI, Internationaler Psychoanalytischer Verlag, Leipzig, Wien, Zürich.

In hungarischer Sprache:

1910 Verlag Nyugat, Budapest.

1914 Zweite Auflage im Verlag Manó Dick, Budapest.

1918 Dritte Auflage im gleichen Verlag.

INDEX

Aberglaube und Zwangsneurose 447f
Aberglauben und Traumdeutung 31
Ablösung von der Elternautorität 227
Abraham, K. 334
Absenzen 239
Abstinenz und Impotenz 160
 und Onanie 162
 der Pervertierten 153
 der sexuell Normalen 156, 159
Absurdität im Zwangsgedanken 436, Anm. 3
Abulien 131
Abwehrformel 442
Abwehrkampf, primärer und sekundärer 441
Abwendung vom Weib 72
Adler, Dr. Alfred 5, 6, Anm. 1, 341, 371, 371 Anm. 2, 386 Anm. 1
Aedilis 35
Affekt und Angst 270
Affektbesetzung des Komplexes 7
Aggression, perverse sexuelle 195
 -strieb (bei Adler) 371
Agoraphobie 348
"Albergo del Sole" 48, 100, 109
Alexander, F. 246 Anm. 1
Alkibiades 456 Anm. 1
Allmacht der Gedanken 450f, 451
Allwissenheit der Eltern 387
Ambivalenz in Zwangsneurose 454f, 455 Anm. 1
Amerikanische Lebensweise und Neurasthenie 147
Amnesie, hysterische 417
 in der Zwangsneurose 417

Amphigene Phase in der Entwicklung des Homosexuellen 344
Anagramm als Abwehrformel 443
Anale Geburtstheorie 181, 309 Anm. 1, 365
 Phantasie 333
Analerotik und Charakter 203–209
Anästhetische Frau, Typus der - n - 161, 164, 179
Andreas-Salome, Lou 246 Anm. 1
Angst und Affekt 270
 Bestrafungs- in der Zwangsneurose 135
 Eisenbahn- 319
 Erwartungs- 135
 vor göttlicher Strafe 137
 vor Gravidität 157
 und Libido 262
 Infektions- 433
 pathologische 262 Anm. 1
 vor Pferden 260ff
 Strassen- 319
 Todes- 167
Angst im Traum 87f, 352
 vor und um Vater beim kleinen Hans 280
 -hysterie 349, 467
 -neurose 87 Anm. 1
 -traum s. Traum, Angst
Ängstlichkeit, Lebens 167
Anomalien des Seelenlebens und Psychiatrie 70
"Antropophyteia" 434
Antisemitismus 271 Anm. 1
Anzengruber 220

Arbeitsstörung 420
Archaische Denkweise 207
Archäopterix 58, 113
Arc de Cercle 236f
Ariosto 213
Ars poetica 223
Asphodelosschaft 45, 106
Assoziationsexperimente 4, 6ff
Assoziationsregel 9
Assoziieren, freies 9, 10
Zweideutigkeiten beim 10
Ästhetische Lust 223
Attentate auf kleine Geschwister 175
Aufklärung, Ablehnung der 187f
sexuelle der Kinder 19–27, 187f
Autoerotische Betätigung und hysterischer Anfall 238
-s Sexualobjekt, Penis als 178
Autoerotismus 22, 151
Autorität, Eltern 227

Basedow'sche Patientin 99
Baudissin, Eva, Gräfin 124
Beara 147
Befürchtungen, zwangsneurotische 384 ff
Beissen im Sinnevon jucken 265 Anm. 1
Beobachtung, direkte der kindlichen Sexualvorstellungen 171
Bernheim 337
Bertgang, Richard und Zoë 55, 63
Besessenheit, hysterische 208 Anml. 1
Bestrafungsangst in der Zwangsneurose 135
Bettzeremoniell 130
Bewusstseinslücke, physiologische 239
Binet, A. 73
Binswanger 147
Bisexualität 191–199
Bisexuelle Bedeutung hysterischer Symptome 198f, 240
Bleuler 4, 5, 80 Anm. 1, 455 Anm. 1

"Blutscheu" der Nervösen 184
"Bravheit" der Kinder 25
"Brennender" Ehrgeiz 209
Breuer, J. 8, 8 Anm. 1, 81, 81 Anm. 2, 117
Brust, Entziehung der 246 Anm. 1
Busch, W. 252 Anm. 1
Busshandlungen 137

Capri 40
Cäsaren, perverse Aktionen der römischen 194
Ce que femme veut dieu veut 327 Anm. 1
Ceres 35
Charakter und Analerotik 203–209
"böser" Roman 220
"guter" Roman 220
Charcot 81
Clitoris s. Klitoris
Couvade 185

Dämonische Epidemie 208 Anm. 1
Deckphantasie von Van Houtons Kakao 206 Anm. 1
Defäkation, Lustgewinn aus der 204
Degenere 71, 72, 371f
Delirien 440
Dementia praecox 25 Anm. 1
Denken, kindliches 293 Anm. 3, 366
Denkpsychologie, Überzeugung in der 108
Denkverbot 162
loyales 162
religiöses 162
sexuelles 162
"Detektivkünste" des Psychotherapeuten 9
Determinierung im seelischen Geschehen 4f, 33
"Diableries Erotiques" 433 Anm. 1
Dichter und Neurotiker 9

Dichter und Neurotiker,
  und Phantasie 214-223
  und die Psychologie 33, 119ff
Dichtung, "Held" in der 219f
  und Psychiatrie 70
  und Spiel 214
  Träume in der 31
Diomedes, Villa des 47
"Dirt is a matter of the wrong place" 206
Doktorspiel 185 Anm. 1
Doppelsinn der Reden in Jensens "Gradiva" 111ff
Doppelte Moral 144, 158
Dreck und Geld 207
Dumas 417
"Dunkelbewusste" Vorgänge 249 Anm. 1
Dynamische Begriffe der Psychologie 74f

Eckstein, Emma 25, 26 Anm. 1
Egoistische Triebe in der Religion 139
Ehe in der kindlichen Vorstellung 184
  und Sexualität 157
Eheliche Untreue 158
Ehestreit und sadistische Koitusauffassung 183
Ehrenfels, v. 143, 144, 167
Ehrgeiz, "brennender" 209
Eifersucht 22
  Entstehung der in Jensens "Gradiva" 49f, 107
  gegen das Neugeborene 248
Eigensinn als Charaktereigentümlichkeit 203
Ekel 205, 290ff
Elliptische Entstellung von Zwangsgedanken 444
Ellis, Havelock 22, 173, 191 Anm. 1, 192 Anm. 1
Elternautorität, Ablösung von der 227

Elternbindung junger Mädchen 161
Endopsychische Wahrnehmung 78, 448
Enuretiker, Ehrgeiz der 209
Entstellung in Zwangsneurose 461
"Epilepsie", Koitus als kleine 239
Erb, W. 145
Erinnerungssymbol, hysterisches Symptom als 196
Erogene Zonen 22, 151, 205
  After als 204
Erotik, kindische 72f
Erotische Wissbegierde der Pubertät 107
Erotomanie, fetischistische 71
Erwartungsangst 135
Erziehung, Schlagen in der 206f
  und Psychoanalyse 376f
  -sdruck 172
  -reform und Religion 27
"Es kann dir nix g'schehen" 220
Exhibitionslust, verdrängte des Kindes 257
Exkretionskomplex 340
Exzentrische Romane 221

"Fackel" (Karl Kraus) 163
Familie, Neurosen in derselben 154
Familienroman 227-231
Faraglionensis 48
Fehlleistungen 5
"Feigheit" des Angsthysterikers 351
Feindseligkeit der Kinder gegen Geschwister 174
Fellatio 245
Ferenczi, S. 469
Fetischismus 73
  und Geruchssinn 462
Fetischistische Erotomanie 71
"filzig" für knauserisch 207
Fischreiher als Kinderbringer 176
Fixierung auf infantiles Sexualziel 152
Fliegen als Verkörperung des Bösen 40
Flucht in die Neurose 237

"Formalitäten" der Zwangsneurotiker 130
Fragen, Kinder 334f
Französisches Elementarbuch über die ethischen Pflichten 27
Frevel und Religion 139
Frigidität, weibliche 161, 164, 179
Fürst, Dr. M. 19

Gebet 131, 136
Geburt eines Geschwisterchens 247f
Geburtstheorie, anale s. anale Geburtstheorie
Kiste in der 303
Gedächtnisschwächung nach Auflösung des Wahnes 65
Gefühle, Wertigkeit der im Seelenleben 75
Geheimnis des Hysterikers 8
des Verbrechers 8
Geheimtuerei, sexuelle vor Kindern 22
Gehorsam, nachträglicher 271
Geisterglaube 99
Geld und Dreck 207
Geldinteresse 207
Gelehrter, Abstinenter 160
"Genialität" der infantilen Sexualtheorien 177
Geometrie, Symbolik in der 62
Geruchssinn und Verdrängung 462
Geschlechtstrieb s. Sexualtrieb
Geschlechtsunterschiede, Kinder entdecken 174, 257
Geschlechtsunterschied, Verleugnung des bei Kindern 178, 248ff
Gespensterglaube 99
Gewissenhaftigkeit gegenüber verdrängten Triebzielen 136
Gewissensangst bei Unterlassung des Rituells 131
Gmunden, Hans' Aufenthalt in 249f
Goethe 425

Gold als "Dreck der Hölle" 208 Anm. 2
Gott, Privilegien -es 139
Götter, menschliche Eigenschaft der 169
Götz-Zitat 207
Gradiva 31-125
Graviditätsveränderungen, Kinder entdecken die der Mutter 176
Gross, Hans 6
Grübeln bei der infantilen Sexualforschung 181
Grübelsucht 25
Grundregel 385

Hades 44
"Halbgehorsam" sexueller 163
Halluzination, negative 94
Hamlet 42,457 Anm. 2
Hanold, Norbert 35
Hans, kleiner 244-377
Harnabgang im hysterischen Anfall 238
Hartleben, Gisa 64
Hauser, F. 125
Hedonismus 167
"Heilig" als Bezeichnung des der Gottheit geopferten Triebverzichtes 150
"Heilige Handlung", Zwangszeremoniell als 130
Heilung durch Psychoanalyse 118
Heine, Th. Th. 363 Anm. 1
"Held" in der Dichtung 219
Held des Familienromans 230
Heldenmut 220
Heredität und Degeneration 71
und Psychoneurosen 149, 372
Schein- durch neurotische Induktion 165
Hermaphroditen der Sagenwelt 178
Hermaphroditische Missbildungen 178
Hingebung 22
Hirschfeld 236
Holzapfel (Shakespeare) 374

Homosexualität 152, 163, 178, 344
und Analerotik 208
Homosexualität,
frühkindliche 252
Homosexuelle Fixierung des kleinen
Knaben an den Vater 256
Phantasien s. Phantasien homosexuelle
-n Sublimierungsbereitschaft der 153
Humor 215
Hypnoide Zustände 239
Hysterie, Psychoanalyse über 80, 81
Angst- s. Angsthysterie
Konversions- s. Konversionhysterie
Verdrängung in der 8
Hysterischer Anfall, autoerotische Betätigung und 238
Hysterischer Anfall 192, 235-240
und antagonistische Verkehrung der Innervationen 236f
assoziativer Anlass zum 237
Bewusstseinsverlust im 239
Harnabgang im 238
mehrfache Identifizierung im 236
organischer Anlass zum 237
und Phobie 137
primäre Tendenz zum 237
sekundäre Tendenz zum 237f
Selbstbeschädigung im 239
Umkehrung der Zeitfolge im 237
Verdichtung im 236
Hysterische Besessenheit 208 Anm. 1
Ersatzbildung gegen verdrängte Klitorissexualität 179
Konversion s. Konversion, hysterische
Phantasien 191-199, 235ff
motorische Innervation bei 194, 235
Symptome, bisexuelle Bedeutung 198f, 240
und vorbewusste Phantasien 194, 196ff
-r Wahn 71 Anm. 1

Hystiker, Kindergeschichte der 238

Ibsen 434, 434 Anm. 1
Ich, seine Majestät das 220
Partial- 221
Identifizierung, mehrfache im hysterischen Anfall 236
von Vater und Geliebten 58f
Impotenz und Abstinenz 160, 164
des Mannes in der Zwangshandlung seiner Frau 133t
Incontinentia alvi, infantile 204
"Indirekte Darstellung" der Komplexinhalte 10
Infantile Fixierung auf ein vorläufiges Sexualziel 152
Sexualtheorien s. Sexualtheorien, infantile
"Ingresso" 40
Infektionsangst, s. Angst, Infektions
Infektionsgefahr, sexuelle 163
Innervation, antagonistische im hysterischen Anfall 237
Intellektuelle Begabung der Zwangsneurotiker 460 Anm. 1
Inferiorität vieler Frauen 162
Schädigung der Kinder durch sexuelle Geheimtuerei 22
Intelligenzeinschränkung in affektbetonten Situationen 98
"Invalidität" durch Neurose 165
Inversion 152
"Irrtum" im Assoziationsexperiment 7 11
Irrtümer, affektbedingte 98
Isolierungstechnik in Zwangsneurose 458

Janet, P. 81, 191 Anm. 1
Jensen, Wilhelm 34, 80, 121, 123, 124
Jensens "Der rote Schirm" 124
"Im gotischen Hause" 124

Jensens,
"Übermächte" 124
Jeremias 208 Anm. 2
Jones, Ernest 414 Anm. 1
Juden, Verachtung dem gegenüber 271 Anm. 1
Jung 4, 5, 5 Anm. 1, 6 Anm. 2, 80 Anm. 1, 173
Jupitertempel 37

Kakaofabrikant, Kindheitsphantasie vom 206 Anm. 1
Kaltwasserkur 165
"Kampf der Geschlechter" 183
Kanarienvogel im Fenster der "Gradiva" 38, 91f
Kassner, R. 456 Anm. 1
Kastration im Mythus 179
-sdrohung 245
und Onanie 179
-skomplex 246, 246 Anm. 1, 271
Kathartisches Heilverfahren 8, 117
Kausalitätsbedürfnis 174
Kernkomplex der Neurosen 428 Anm. 1
Kind als Ersatz des Sexualobjekts 158
Kinder, woher kommen die? 24, 175ff
-beobachtung als Bestätigung der psychoanalytischen Theorie 244
-fragen 334f
-spiel und poetisches Schaffen 214
Kindheitseindruck, unbewusster 73
Kindheitserinnerung und Dichtung 221f
-en Erwachsener 173, 427 Anm. 1
Kindliche Erotik 72f
Sexualität 21f
Klein 6
Klitoris 179, 249 Anm. 11
Kloakentheorie der Geburt 181, 182
Koitus als "kleine Epilsepsie" 239
sadistische Auffassung des 182
-äquivalent, hysterischer Anfall als 239f

Kompensation, Misslingen der neurotischen 166
Komplex 4, 6ff, 173
Exkretions- 340
Kern-, Sexualforschung als 176
sexueller 12f, 149
und Symptom 8
-empfindlichkeit 430
Kompromissbildung, physische 78
Konfirmation und sexualmoralische Beeinflussung 27
Konstitution und Kulturanforderung 145
Konstitutionelle Vorbedingungen des Wahnes 80
Konstitutiver Besitz eines Volkes 143f
Kontrektationstrieb 345
Konversion, hysterische 194, 196, 349
Konversionshysterie 349
Konzeptionsverhütung- und Potenzstörung 164
und Zärtlichkeit 157, 164
Koprophile Neigungen des Kindes 181
Kot und Geld 207
Krafft-Ebing, v. 147
Krankheitsbegriff 376
Krankheitsgewinn 419
Kraus, Karl 163
Krauss, F. S. 134
Kreuzigungsradierung von F. Rops 60f
Krisis des Krankheitszustandes Hanolds 96
Kulturanforderung und Konstitution 145
"Kulturelle" Sexualmoral 143-167
Kulturentwicklung und Triebverzicht 139, 149
Kulturfeindlichkeit der Neurosen 166
Künstler, abstinenter 160
Kusstheorie des Kinderkriegens 185

Lacertenjäger 48, 100

"Lascia le donne e studia le matematiche" 61
Latenter Traumgedanke 86
Latenzperiode, sexuelle 205
Lear, King 69
Lebensängstlichkeit 167
Lerneifer als Abwehrmechanismus 61
Libido, Angst als Verdrängungsprodukt aus 87, 262
Lichtenberg 450 Anm. 1
Liebe, negativer Faktor der 456
"Liebe per Distanz" 252, 252 Anm. 1
Liebeault 337
Liebesbeziehung als Spiel 163
Literaturgeschichte, Deutungen in der 120
Löffler, Prof, 3
Löwenfeld 129 Anm. 1
Löwenfeld, L. 143 Anm. 1, 439 Anm. 1
Luftschloss 215
Lügen, Kinder- 338
Lumpf 288ff
Lustspiel 214

Macbeth 42
Majestät, seine, das Ich 220
"Mamon" 208 Anm. 2
Manifester Trauminhalt s. Trauminhalt, manifester
Manische Identifizierung von Kot und Kind 182
Märchen und Dichtung 222
    infantile Sexualteorien und 173
    vom Kinderkriegen durch Essen 182
    vom Rotkäppchen 181
Marsgradivus 76
Masochistischer Traumwunsch 122
Masturbation s. Onanie
Mathematik zur Ablenkung der Sexualität 61
Meleager, Haus des 42, 100
'Melusinenhafte Abgeschiedenheit" bei Melusinenhafte, Erfüllung des Zwanges 131
Meyer, F. C. 347
Mittagsgeisterstunde 41ff, 97
Mittelglieder (zwischen Reizwort und "Reaktion") 4
Moderne Zivilisation und Nervosität 146
Moebius 162
Moll 345
Monogamie und Sexualmoral 144
"Monsieur Nicolas" 183 Anm. 1
Moral 205
    doppelte 144, 158
    gesellschaftliche Anforderung an die weibliche Sexual- 161
Motive, Unklarheit über eigene 93
Motorische Innervation bei hysterischen Phantasien 194
Multatuli 20, 20 Anm. 1
Mythen und Dichtung 222
    und infantile Sexualtheorien 173
Mythus, Kastration im 179
    und Kindheitsphantasien 228

Nachträglicher Gehorsam 271
Nachwirkung 7
Namenverwendung in Neurose 411, 411 Anm. 1
"Naturam furca expellas, semper redibit" 60
Nervengift 148
Nervosität 143–167, 350
Neurasthenie 87 Anm. 1, 147
Neurose, Flucht in die 158
    als "Negativ" der Perversion 154
    Organisiertheit einer 198
    -n 148
    in derselben Familie 154
    -nwahl 456
Neurotiker und Dichter 39
Neurotiker und Normale 172f

Nietzsche 407
Nothnagel 147 Anm. 2
Objektliebe 151, 152
Objektwahl, kindliche 251
Ödipussage 24
Onanie, allg. über 193, 423
  und Abstinenz 162, 163
  frühkindliche 263, 424
  und Kastrationsdrohung 179
  sexuelle Verwöhnung durch 163
  -entwöhnung, Rückgängigmachung der in der Symptombildung 194
  -entwöhnung 263
  -phantasie s. Phantasie, Onanie--verbot 260
Ophelia 457 Anm. 2
Ordentlichkeit als Charaktereigentümlichkeit 203
Organisiertheit einer Neurose 198

Pädagogik und Psychoanalyse 376f
"Papa-Mama" Spiel 185 Anm. 1
Paranoiker, Wahndichtungen der 191
Paranoischer Wahn 71 Anm. 1, 99
Partial-Ich, dichterische Selbstbeobachtung und 221
  -triebe 150
  im hysterischen Symptom 196
  bei sexueller Abstinenz 156
Partieller Schwachsinn in affektbetonten Situationen 98
Paternität, Zweifel an der und Couvade 185
Pater semper incertus 229
Patrizische Herkunft der Gradiva 76
"Pedestrische Untersuchungen" Hanolds 84, 94
Penis als autoerotisches Sexualobjekt 178
Kinder sprechen allen Menschen einen zu 177f

Penis,
  der Tiere 269f
  -losigkeit, Verleugnung der der Mädchen 178
  -neid 180
Perseveration 7, 11
Perverse 22, 152
  Anteile der Sexualerregung 151
Perversion und Neurose 154
Perverse Phantasien 194f
Pervertierte, Abstinenz der 153
Pferde, Angst vor 260 ff
Phallische Phase 345, 345 Anm. 1
Phantasie, anale 333
Phantasien der Dichter 213-223
  ehrgeizige 192, 217
  erotische 192, 217
  Giraffen- des kleinen Hans 272f, 354
  homosexuelle 197
  hysterische, s. hysterische Phantasien des Knaben vom Kinderbekommen 181
  männliche des Weibes 197
  Onanie- 163, 193, 198, 267f
  perverse 194
  Rache- 416
  später geborener Kinder 230
Phantasie und Traum 218f
  unbewusste in statu nascendi 193
  -n unbewusste 192ff
  als Vorstufen hysterischer Symptome 194
  Verführungs- 237
  -n und Wahn 71
  weibliche des Mannes 197
  "Zeitmarke" der 217
  Zeugungs- 360
Phantasieren, allgem. über 216f
"Phantomübungen" 3, 14
Philosophische Kritik des "Unbewusstseins" 74, 445
Phobie, allgemeines über 349

Phobie,
  Beginn der des kleinen Hans 260
  eines fünfjährigen Knaben 243-377
  Eisenbahn- 319
  und hysterischer Anfall 137
  Strassen- 319
"Physiologischer Schwachsinn der Frauen" 162
Pick, A. 191 Anm. 1
Poite von, Le, 433 Anm. 1
"Pompejanisches Phantasiestück" 34
Pompeji 34
"Pompeji geht erst zugrunde, seitdem es aufgedeckt ist" 400
Pompejis Verschüttung als Bild des Verdrängungsvorganges 77
Potenzstörungen 164
Prevost, Marcell 187
Privatreligion, Zwangsneurose als 132
Prometheus 334 Anm. 1
Projektion 108
Proskinesis 131
Prüderie, sexuelle der Erziehungspersonen 21
Psychiatrie und Dichtung 70
Psychischer Selbstverrat 7
Psychische Spaltung 176
Psychoanalytiker, Mitschreiben des 385 Anm. 1
Psychoanalytische Behandlung, erste Mitteilungen in der 386 Anm. 1
Psychoanalytisches Heilverfahren 117f, 339, 354
Psychoanalytische Technik, Verlässlichkeit ihrer Ergebnisse 172
  Theorie und Praxis 339
Psychogene Natur der Psychoneurosen 149
Psychoneurose 118, 148
Psychopathologie des Alltagslebens 5 Anm. 2
Pubertätsverliebtheit 58f

Rank 304 Anm. 2, 350 Anm. 1
Rationalisierung 414
Ratten in Zwangsneurose 381-463
Rattenfänger von Hameln 434 Anm. 1
Rattenmamsell (Ibsen) 434
Reaktionsbildung, Sauberkeit als 206
Reaktionswort 4
Reaktionszeit 7, 10
Realitätseinstellung in der Zwangsneurose 449
Rebellion gegen Autorität 25
Redeintention und Fehlleistung 5
Reformen, religiöse 138
Reformvorschläge, ärztliche 167
Regression in Zwangsneurose 459
Reise Hanolds in ihrer Beziehung zu seinem Wahn 93
Reizwort 4
  kritisches 7
Religion und Abwehr egoistischer Triebe 139
  und Frevel 139
  Gespensterglaube und 99
  in einem Falle von Zwangsneurose 394
  als universelle Zwangsneurose 139
  Verzicht in der 137
Religionsübungen und Zwangshandlungen 129-139
Religiöse Busshandlungen 137
  Einschüchterung der Kinder 25
  Erziehung als Aufklärungshindernis 27
  Reformen 138
  -n sakrilegische Einfälle der 415 Anm. 2
Reproduktionsorgane 22
Restif de la Bretonne 183 Anm. 1
Riechen und Neurose 462
Ritus, Stereotypie des 131
Rops, Felicien 60, 61
Rotkäppchen, Märchen vom 181
Rousseau, J. J. 61

Sadger, J. 198 Anm. 1, 343
Sadistische Impulse des Kindes 180, 182f
   Auffassung des Koitus 182
Sage und Dichtung 222
Säkultarträume der Menschheit 222
Sargon und Agade 304 Anm. 2
Sante de Sanctis 82 Anm. 1
Schamgefühl 205
Schaulust 388
Schauspieler 214
Schlaf, Widerstandsverringerung im 89
Schlagen in der Erziehung 206f
"Schmutzig" für knauserisch 207
Schopenhauer 418 Anm. 1
Schuldbewusstsein der Kinder 13
   ohne korrespondierende Schuld 13
   und Zwangshandlung 135
Schulunterricht und Sexualaufklärung 26, 27
"Schwachsinn, physiologischer" der Frauen 162
Schlafen, Kinder mit den Eltern 253f
Schuldbewusstsein, unbewusste Motive des 399f
Selbstbeobachtung, dichterische 221
Selbstbeschuldiger 14
Selbstgespräche der Tagesträumer 192
Selbstmordimpuls in Zwangsneurose 410f
"Selbstverrat, psychischer" 7
Sexualaufklärung und Schulunterricht 26, 27
Sexualethik 143
Sexualforschung der Kinder 23, 24, 245ff
Sexualinteresse, Auftreten des kindlichen 172, 245
Sexualität und Ehe 157
Sexualmoral 143–167
   kulturelle 143ff
   natürliche 143

Sexualmoral,
   gesellschaftliche Anforderung an die weibliche 161
Sexualobjekt, Penis als autoerotisches 178
Sexualtheorien, infantile 25, 171, 188
   infantile und Märchen 173
   infantile und Mythen 173
   Pubertäts- 186
Sexualtrieb und Fortpflanzung 151
   Intensität des perversen 153
   Intensitätsunterschiede des kindlichen 172
   der Kinder 174
   und "Sexualtriebe" 150
   Schicksal des in der Psychoneurose 118
   Verschiebbarkeit des 150f
Sexualverzicht, Folgen des 155
Sexualziel, Fixierung auf infantiles 152
Sexuelle Abstinenz s. Abstinenz
   Ätiologie der Neurasthenie 148
   Aufklärung der Kinder 19–27
   Freiheit und Einschränkung 155
Sexuelle Geheimtuerei vor Kindern 22
   Irreführung der Kinder 25
   Vorbildlichkeit, Prinzip der 163
   Wissbegierde s. Wissbegierde, sexuelle
   Wissbegierde des weibl. Geschlechtes 162
-r "Halbgehorsam" 163
-s Verhalten und Gesamtverhalten 161
Shakespeare 69, 374, 404
Sokrates 456 Anm. 1
Spange als Gegenstand des Wahns in "Gradiva" 49, 105ff
Sparsamkeit als Charaktereigentümlichkeit 203
Sphinx 24, 354f
Spiel und Dichtung 214
   Doktor- 185 Anm. 1

Spiel,
  Liebesbeziehung als 163
  "Papa-Mama"- 185 Anm. 1
  -ratte 430, 433
Spohr, W. 20 Anm. 1
"Stählen" des Charakters durch Abstinenz 159
Stärcke, A. 246 Anm. 1
Stekel, W. 349, 349 Anm. 1, 467
Stiefkind, Idee das zu sein 228
Storch, als Kinderbringer 174f, 177, 247f, 306ff
Strachey 432 Anm. 1
Strada consolare 65
Sublimierung 150f, 156, 159f, 205
  der Analerotik 205
  -sbereitschaft der Homosexuellen 153
Sudermann 406
Suggestion 337
Sündhaftigkeitsgefühl der Frommen 136
Surrogatbildung 215
Symbol, Eidechsenfang als für Männerfang 103
  hysterisches Symptom als Erinnerungs- 196
  Kaiser und Kaiserin als 231
  Kiste als 303f, 304 Anm. 1 and 2
  Ratten als 432
  rote Rosen als 103
  Sonne als für "Albergo del sole" 109f
Symbolik in der Geometrie 61f
Symbolische Bedeutung der Zwangshandlungen 132
Symptombildung 80f
  in der Zwangsneurose 137
Symptomhandlungen 5

Tagesrest im Traume Hanolds 101, 121
Tagtraum und Dichtung 219f
Tagträume 39, 191f, 215, 219, 229
  der Jugend 191
Tagträumer, Selbstgespräche der 192

Tändeln 5
Tatbestandsdiagnostik 3-15
Tempeldienst 76, 77
Teufel als Personifikation des verdrängten Trieblebens 208
Teufelsgeschenk, Gold als 207
Tiere, kindliche Sexualneugierde und die 246
Tod, Einstellung Zwangskranker zum 452f
Todesangst 167
Todeskomplex 453
Todeswünsche gegen Geschwister 302, 347f
Toxisch bedingte psychische Störungen 148
Transponierung von pathogenem Material 368
Trauerspiel 214
Traum, Absurdität im 100f, 110
  Angst- 87f
  frühkindlicher 259
  vom Apoll vom Belvedere und der kapitolinischen Venus 95
  als erfüllter Wunsch 32
  Beziehung des zur Zukunft 32
  Eidechsen- in Jensens "Gradiva" 100ff
  Giraffen- des kleinen Hans 272ff
  Glaube an die Realität des 84
  Kinder- von der Mariedl 249f
  Personenvermengung im 102
  und Phantasie 218f
  als physiologischer Wahn des Normalen 89
  Reden im 101f
  und Tagesphantasie 192
  Type auditif eines 256
  verdrängter erotischer Inhalt im 88f
  vom Mädchen mit Dreckpatzen statt Augen 421
  von Weib mit Penis 178
  als Wunscherfüllung 32, 121

Träume am Beginn von Geistesstörungen 82
in der Dichtung 31
Traumanalyse und Persönlichkeitsanalyse 67
"Traumdeutung" 11 Anm. 1, 31 Anm. 1, 32
Traumdeutung und Aberglauben 31
Traumentstellung 219
Traumgedanke, latenter 86, 121, 195 Anm. 1
Trauminhalt, Abänderungen in der Wiedergabe des manifesten 11
manifester 86, 195 Anm. 1
Traumreiz 82f
Trias analer Charaktereigenschaften 208
Triebunterdrückung und psychische Erkrankung 80, 149
Triebverschränkung 341, 359
Triebverzicht und das "Heilige" 150
und Kulturentwicklung 139, 149
Type auditif eines Traumes 256

"Übergute" Menschen 166
Überzeugung im Wahn und im Normalleben 108, 404
Umkehrung der Zeitfolge im hysterischen Anfall 237
Unbewusster Kindheitseindruck 73f
Unbewusste Motive der Zwangshandlung 135
Phantasie s. Phantasie, unbewusste
Unbewusstes 74
Unheilserwartung 135
Unlustgefühl als Verdrängungsmotiv 13
Unsicherheitsgefühl der Zwangsneurotiker 449, 458
Untreue, phantasierte der Mutter 230
Urinierwettbewerb der Kinder 180

Vagina, kindliche Unkenntnis der 181, 186

Van Hauten, Kindheitsphantasie von Kakao 206 Anm. 1
Verbote, zwangsneurotische 131
Verdichtung im hysterischen Anfall 236
im Traum 104
Verdrängtes und Unbewusstes 74
Bewusstmachen des 12, 118
Hervortreten des aus dem Verdrängenden 61
Wiederkehren des 60, 118
Verdrängung und Geruchssinn 462
in der Hysterie 8
in Jensens "Gradiva" 59f
Übergreifen der 370
und Verurteilung 375
vormals bewusster Phantasien 193
in der Zwangsneurose 136, 448
-sschub gegen die männliche Sexualitätskomponente im Weib 179
Vererbung s. Heredität
Vergleichen, intellektuelle Technik des 342
Verführungsversuche durch Kinder 255, 255 Anm. 1
Vergessen 5
des Skizzenbuchs der "Gradiva" 47
"Verheiratetsein" in der kindlichen Vorstellung 184
Verhinderungen, zwangsneurotische 131
Verlegen 5
Verleugnung der Penislosigkeit der Mädchen 178, 248ff
Verlockungsprämie 223
Verlötung verschiedener Aktionen in der Onanie 193
Verlust 223
Verschiebung bei der zwangsneurotischen Symptombildung 138, 457
Verschreiben 5
Versprechen 5
Versuchung und Zwangshandlung 135
Verwöhnung durch Onanie 163

Verzicht in der Religion 137
Verzichten, Unfähigkeit des Menschen zu 215
Vesuvausbruch 37
Virginität, gesellschaftliche Schätzung der 161
"Virile Auslese" 144
"Vitale Auslese" 144
Vorbewusstsein 375 Anm. 2
Vorbildlichkeit, Prinzip der sexuellen 163
Vornameneinfälle 5

Wahn, Aktivität des Patienten bei Aufdeckung seines 63
  von der Allwissenheit der Eltern 389
  Behandlung des in Jensens "Gradiva" 46f
  Heilung des in Jensens "Gradiva" 97, 115ff
  historische Wahrheit im 66, 109
  hysterischer 71 Anm. 1
  konstitutionelle Vorbedingungen des 80
  Krisis in Hanolds 96
  Liebe als Heilpotenz gegen den 47
  paranoischer 71 Anm, 1, 191
  und Phantasien 71
  -dichtungen der Paranoiker 191
Weib, Abwendung vom 72
  mit dem Penis als infantile Vorstellung 178, 344
Weiberfeindschaft 271 Anm. 1
Weibliche Sexualmoral, gesellschaftliche Anforderung an die 161
Weininger 271 Anm. 1
Wertheimer 6
Widerstand 9, 13, 85
Widerstandsverringerung im Schlaf 89
"Wie sag ich's meinem Kinde?" 26
Wiederkehr einer verdrängten Sexualbefriedigung im hysterischen Symptom 196

Wiederkehr
  des Verdrängten s. Verdrängtes, Wiederkehr des
Wissbegierde, sexuelle der Kinder 22, 174ff
Wissenschaftliches Interesse im Dienst der Verdrängung 76
Wisstrieb 460
Witz als zweideutiges Ausdrucksmittel 112
"Wiwimachenlassen" 256, 295
"Wiwimacher" 23, 245, 269
Wortgleichklänge im kindlichen Denken 293 Anm. 3
Wundt 4, 248 Anm. 1
Wunsch, Traum als erfüllter 32, 121
  -befriedigungsphantasien 192

Zahleneinfälle 5
Zärtlichkeit 22
  im ehelichen Sexualverkehr 157
"Zeitmarke" der Phantasien 217
Zensur 85
"Zeremoniell" 129ff
  als Abwehrhandlung 136, 442
  Bett- 130
  Ehe-, kirchliches 137
  Ess- 133
  als Schutzmassregel 136
  Sitz- 133
  Tischdecken- 133
  Wasch- 132
  als Versicherungshandlung 136
Zeugenaussagen, Verlässlichkeit von 3
Zeugungsphantasie 360
Zoë 46, 77
Zola 221
Zufall im seelischen Geschehen 5, 33, 68
Zukunft, Beziehung des Traumes zur 3
Zurücksetzung, Gefühl der bei Kindern 228
Zwang, Ess- (das Beste stehen lassen) 133

Zwang,
  die Nummer jeder Geldnote zu notieren 134
  Objektbereich des 131
  Papiergeld zu bügeln 418f
  Schutz- 412
  Sitz- (nur auf einem bestimmten Sessel sitzen können) 133
  die Tischdecke zurechtzurücken 133
  Versteh- 412, 461
  Wasch-, Fall von 132f
  Zähl- 413
  und Zweifel 457
Zwangsbefürchtung von den Ratten 392
Zwangscharakter seelischer Phänomene 129
Zwangsgedanken, Entstellung von 443
Zwangshandlung, direkte Darstellung durch die 132
  und Schuldbewusstsein 135
  symbolische Darstellung durch die 132
Zwangshandlung,
  und Versuchung 135
  -en, unbewusste Motive der 135
  und Religionsübungen 129-139
Zwangsgrübelsucht 25
Zwangsideen 409ff
Zwangsimpulse 384
Zwangslachen bei Traueranlässen 415 Anm. 2
Zwangsneurose 129, 381-463
  Einstellung in 461
  als Privatreligion 132
Zwangsneurotiker, kindliches Sexualleben der 390
  Unsicherheitsgefühl der 449
Zwangsneurotische Befürchtungen 384ff
  Verbote 384
Zwangsvorstellungen, Psychoanalyse über 80
Zweideutigkeit beim Assoziieren 10
  der Reden in Jensens "Gradiva" 111ff
  der Reden wahnhafter Patienten 113
Zweifel und Zwang 457

INHALT DES SIEBENTEN BANDES

Werke aus den Jahren 1906–1909

	Seite
Tatbestandsdiagnostik und Psychoanalyse	3
Zur sexuellen Aufklärung der Kinder	19
Der Wahn und die Träume in W. Jensens „Gradiva"	31
Zwangshandlungen und Religionsübungen	129
Die „kulturelle" Sexualmoral und die moderne Nervosität	143
Über infantile Sexualtheorien	171
Hysterische Phantasien und ihre Beziehung zur Bisexualität	191
Charakter und Analerotik	203
Der Dichter und das Phantasieren	213
Der Familienroman der Neurotiker	227
Allgemeines über den hysterischen Anfall	235
Analyse der Phobie eines fünfjährigen Knaben	243
Bemerkungen über einen Fall von Zwangsneurose	381

Vorreden

Vorwort zu „Nervöse Angstzustände und ihre Behandlung" von Dr. Wilhelm Stekel	467
Vorwort zu „Lélekelemzés, értekézesek a pszichoanalizis köreböl, irta Dr. Ferenczi Sándor"	469
Bibliographische Anmerkung	471
Index	483

INHALTSVERZEICHNIS

DER GESAMMELTEN WERKE VON SIGM. FREUD

1. BAND, (1892–1899) *mit einer Kunstbeilagen*

Inhalt: Vorwort der Herausgeber.
Ein Fall von hypnotischer Heilung, nebst Bemerkungen über die Entstehung hysterischer Symptome durch den „Gegenwillen".
Charcot.
Quelques Considérations pour une Étude Comparative des Paralysies Motrices Organiques et Hystériques.
Die Abwehr-Neuropsychosen. Versuch einer psychologischen Theorie der akquirierten Hysterie, vieler Phobien und Zwangsvorstellungen und gewisser halluzinatorischer Psychosen.
Studien über Hysterie:
    Über den psychischen Mechanismus hysterischer Phänomene.
    Krankengeschichten.
        Frau Emmy v. N. . . . . , vierzig Jahre, aus Livland.
        Miss Lucy R., dreißig Jahre.
        Katharina.
        Fräulein Elisabeth v. R. . . .
    Zur Psychotherapie der Hysterie.
Über die Berechtigung, von der Neurasthenie einen bestimmten Symptomenkomplex als „Angstneurose" abzutrennen.
    Klinische Symptomatologie der Angstneurose.
    Vorkommen und Ätiologie der Angstneurose.
    Ansätze zu einer Theorie der Angstneurose.
    Beziehungen zu anderen Neurosen.
Obsessions et Phobies. Leur Mechanisme Psychique et leur Étiologie.
Zur Kritik der „Angstneurose".
Weitere Bemerkungen über die Abwehr-Neuropsychosen.
    Die „spezifische" Ätiologie der Hysterie
    Wesen und Mechanismus der Zwangsneurose.
    Analyse eines Falles von chronischer Paranoia.
L'Hérédité et L'Etiologie des Névroses.
Zur Ätiologie der Hysterie.
Inhaltsangaben der wissenschaftlichen Arbeiten des Privatdocenten Dr. Sigm. Freud. (1877–1897).
    (a) Vor Erlangung der Docentur.
    (b) Seit Erlangung der Docentur.
Die Sexualität in der Ätiologie der Neurosen.
Über Sexualität in der Ätiologie der Neurosen.
Zum psychischen Mechanismus der Vergeßlichkeit.
Über Deckerinnerungen.
ZUSATZ ZUM VII. BANDE: Vorwort zur ersten Auflage der „Sammlung kleiner Schriften zur Neurosenlehre aus den Jahren 1893–1906".
ZUSATZ ZUM XIV. BANDE: Einige Nachträge zum Ganzen der Traumdeutung.
    (a) Die Grenzen der Deutbarkeit.
    (b) Die sittliche Verantwortung für den Inhalt der Träume.
    (c) Die okkulte Bedeutung des Traumes.

2. u. 3. Band, (1900–1901)

Inhalt: Die Traumdeutung. (Mit den Zusätzen bis 1935.)
Über den Traum.

4. Band, (1904)

Inhalt: Zur Psychopathologie des Alltagslebens.

5. Band, (1904–1905)

Inhalt: Die Freudsche psychoanalytische Methode.
Über Psychotherapie.
Drei Abhandlungen zur Sexualtheorie.
Meine Ansichten über die Rolle der Sexualität in der Ätiologie der Neurosen.
Bruchstück einer Hysterie-Analyse.
Psychische Behandlung (Seelenbehandlung).

6. Band, (1905)

Inhalt: Der Witz und seine Beziehung zum Unbewußten.

7. Band, (1906–1909)

Inhalt: Tatbestandsdiagnostik und Psychoanalyse.
Zur sexuellen Aufklärung der Kinder.
Der Wahn und die Träume in W. Jensens „Gradiva".
Zwangshandlungen und Religionsübungen.
Die „kulturelle" Sexualmoral und die moderne Nervosität.
Über infantile Sexualtheorien.
Hysterische Phantasien und ihre Beziehung zur Bisexualität.
Charakter und Analerotik.
Der Dichter und das Phantasieren.
Der Familienroman der Neurotiker.
Allgemeines über den hysterischen Anfall.
Analyse der Phobie eines fünfjährigen Knaben.
Bemerkungen über einen Fall von Zwangsneurose.
Vorwort zu „Nervöse Angstzustände und ihre Behandlung" von Dr. Wilhelm Stekel.
Vorwort zu „Lélekelemzés, értekezések a pszichoanalizis köreböl, irta Dr. Ferenczi Sándor".
Enthalten im 1. Bande: Vorwort zur ersten Auflage der „Sammlung kleiner Schriften zur Neurosenlehre aus den Jahren 1893–1906".

8. Band, (1909–1913) *mit einer Kunstbeilage*

Inhalt: Über Psychoanalyse.
Zur Einleitung der Selbstmord-Diskussion. Schlußwort.
Beiträge zur Psychologie des Liebeslebens:
    I. Über einen besonderen Typus der Objektwahl beim Manne.
    II. Über die allgemeinste Erniedrigung des Liebeslebens.
Die psychogene Sehstörung in psychoanalytischer Auffassung.
Die zukünftigen Chancen der psychoanalytischen Therapie.
Über „wilde" Psychoanalyse.
Eine Kindheitserinnerung des Leonardo da Vinci.
Über den Gegensinn der Urworte.

Brief an Dr. Friedrich S. Krauss über die „Anthropophyteia".
Beispiele des Verrats pathogener Phantasien bei Neurotikern.
Formulierungen über die zwei Prinzipien des psychischen Geschehens.
Psychoanalytische Bemerkungen über einen autobiographisch beschriebenen Fall von Paranoia (Dementia paranoides).
Über neurotische Erkrankungstypen.
Zur Einleitung der Onanie-Diskussion. Schlußwort.
Die Bedeutung der Vokalfolge.
Die Handhabung der Traumdeutung in der Psychoanalyse.
„Gross ist die Diana der Epheser."
Zur Dynamik der Übertragung.
Ratschläge für den Arzt bei der psychoanalytischen Behandlung.
Das Interesse an der Psychoanalyse.
Zwei Kinderlügen.
Einige Bemerkungen über den Begriff des Unbewußten in der Psychoanalyse.
Die Disposition zur Zwangsneurose.
Zur Einleitung der Behandlung.

9. Band, (1912)

Inhalt: Totem und Tabu.

10. Band, (1913–1917) *mit einer Kunstbeilage*

Inhalt: Märchenstoffe in Träumen.
Ein Traum als Beweismittel.
Das Motiv der Kästchenwahl.
Erfahrungen und Beispiele aus der analytischen Praxis.
Zur Geschichte der psychoanalytischen Bewegung.
Über Fausse Reconnaissance („Déjà raconté") während der psychoanalytischen Arbeit.
Erinnern, Wiederholen und Durcharbeiten.
Zur Einführung des Narzißmus.
Der Moses des Michelangelo.
Zur Psychologie des Gymnasiasten.
Triebe und Triebschicksale.
Mitteilung eines der psychoanalytischen Theorie widersprechenden Falles von Paranoia.
Die Verdrängung.
Das Unbewußte.
Bemerkungen über die Übertragungsliebe.
Zeitgemäßes über Krieg und Tod.
Vergänglichkeit.
Einige Charaktertypen aus der psychoanalytischen Arbeit.
Eine Beziehung zwischen einem Symbol und einem Symptom.
Mythologische Parallele zu einer plastischen Zwangsvorstellung.
Über Triebumsetzungen, insbesondere der Analerotik.
Metapsychologische Ergänzung zur Traumlehre.
Trauer und Melancholie
Geleitwort zu „Die psychanalytische Methode" von Dr. Oskar Pfister Zürich.
Vorwort zu „Die psychischen Störungen der männlichen Potenz" von Dr. Maxim. Steiner.

Geleitwort zu „Der Unrat in Sitte, Brauch, Glauben und Gewohnheitsrecht der Völker" von John Gregory Bourke.
Brief an Frau Dr. Hermine von Hug-Hellmuth.

11. Band, (1916–1917) mit zwei Kunstbeilagen

Inhalt: Vorlesungen zur Einführung in die Psychoanalyse
I. Die Fehlleistungen.
II. Der Traum.
III. Allgemeine Neurosenlehre.

12. Band, (1917–1920)

Inhalt: Eine Schwierigkeit der Psychoanalyse.
Eine Kindheitserinnerung aus „Dichtung und Wahrheit".
Aus der Geschichte einer infantilen Neurose.
Beiträge zur Psychologie des Liebeslebens
III. Das Tabu der Virginität.
Wege der psychoanalytischen Therapie.
„Ein Kind wird geschlagen".
Das Unheimliche.
Über die Psychogenese eines Falles von weiblicher Homosexualität.
Gedankenassoziation eines vierjährigen Kindes.
Zur Vorgeschichte der analytischen Technik.
James J. Putnam†.
Victor Tausk†.
Einleitung zu „Zur Psychoanalyse der Kriegsneurosen".
Vorrede zu „Probleme der Religionspsychologie" von Dr. Theodor Reik.
Psychoanalytischer Verlag u. Preiszuteilungen für psychoanalytische Arbeiten.

13. Band, (1920–1924)

Inhalt: Jenseits des Lustprinzips.
Massenpsychologie und Ich-Analyse.
Traum und Telepathie.
Über einige neurotische Mechanismen bei Eifersucht, Paranoia und Homosexualität.
„Psychoanalyse" und „Libidotheorie".
Das Ich und das Es.
Die infantile Genitalorganisation.
Bemerkungen zur Theorie und Praxis der Traumdeutung.
Eine Teufelsneurose im siebzehnten Jahrhundert.
Josef Popper-Lynkeus und die Theorie des Traumes.
Der Realitätsverlust bei Neurose und Psychose.
Das ökonomische Problem des Masochismus.
Neurose und Psychose.
Der Untergang des Ödipuskomplexes.
Kurzer Abriß der Psychoanalyse.
Nachschrift zur Analyse des kleinen Hans.
Dr. Anton v. Freund.
Preface to Addresses on Psycho-Analysis by J. J. Putnam.

Geleitwort zu J. Varendonck. Über das vorbewußte phantasierende Denken.
Vorwort zu Max Eitingon, Bericht über die Berliner psychoanalytische
    Poliklinik.
Brief an Luis Lopez-Ballesteros y de Torres.
Dr. Ferenczi Sandor (Zum 50. Geburtstag).
Zuschrift an die Zeitschrift, *Le Disque Vert*.

14. BAND, (1925–1931) *mit drei Kunstbeilagen*

Inhalt: Notiz über den „Wunderblock".
Die Verneinung.
Einige psychische Folgen des anatomischen Geschlechtsunterschieds
„Selbstdarstellung".
Die Widerstände gegen die Psychoanalyse.
Hemmung, Symptom und Angst.
Die Frage der Laienanalyse.
Psycho-Analysis.
Fetischismus.
Nachtrag zur Arbeit über den Moses des Michelangelo.
Die Zukunft einer Illusion.
Der Humor.
Ein religiöses Erlebnis.
Dostojewski und die Vatertötung.
Das Unbehagen in der Kultur.
Über libidinöse Typen.
Über die weibliche Sexualität.
Das Fakultätsgutachten im Prozess Halsmann.
Goethe-Preis 1930—Brief an Dr. Alfons Paquet. Ansprache im Frankfurter Goethe-Haus.
An Romain Rolland.
Ernest Jones zum 50. Geburtstag.
Brief an den Herausgeber der „Jüdischen Preßzentrale Zürich".
To the Opening of the Hebrew University.
Brief an Maxim Leroy über einen Traum des Cartesius.
Brief an den Bürgermeister der Stadt Pribor.
Josef Breuer†.
Karl Abraham†.
Geleitwort zu „Verwahrloste Jugend" von August Aichhorn.
Bemerkung zu E. Pickworth Farrow's „Eine Kindheitserinnerung aus dem 6. Lebensmonat".
Vorrede zur hebräischen Ausgabe von „Totem und Tabu".
Geleitwort zu "Medical Review of Reviews", Vol. XXXVI, 1930.
Vorwort zu „Zehn Jahre Berliner Psychoanalytisches Institut".
Geleitwort zu „Elementi di Psicoanalisi" von Edoardo Weiss.
Enthalten im I. Bande:
    Einige Nachträge zum Ganzen der Traumdeutung.
    Die grenzen der Deutbarkeit.
    Die sittliche Verantwortung für den Inhalt der Träume.
    Die okkulte Bedeutung des Traumes.

15. BAND, (1932)

Inhalt: Neue Folge der Vorlesungen zur Einführung in die Psychoanalyse.

16. Band, (1932–1939)

Inhalt: Zur Gewinnung des Feuers.
Warum Kreig?
Nachschrift zur Selbstdarstellung
Die Feinheit einer Fehlhandlung.
Konstruktionen in der Analyse.
Die endliche und die unendliche Analyse.
Der Mann Moses und die monotheistische Religion.
Thomas Mann zum 60. Geburtstag.
Brief an Romain Rolland (Eine Erinnerungsstörung auf der Akropolis).
Meine Berührung mit Josef Popper-Lynkeus.
Sandor Ferenczi†.
Lou Andreas Salomé†.
Geleitwort zu „Allgemeine Neurosenlehre auf psychoanalytischer Grundlage" von Hermann Nunberg.
Vorrede zur hebräischen Ausgabe der „Vorlesungen zur Einführung in die Psychoanalyse".
Vorwort zu „Edgar Poe, étude psychanalytique" par Marie Bonaparte.

17. Band, (Schriften aus dem Nachlass: 1892–1939)

Inhalt: Vorwort.
Brief an Josef Breuer.
Zur Theorie des hysterischen Anfalles (Gemeinsam mit Josef Breuer).
Notiz „III".
Eine erfüllte Traumahnung.
Psychoanalyse und Telepathie.
Das Medusenhaupt.
Ansprache an die Mitglieder des Vereins B'nai B'rith (1926).
Die Ichspaltung im Abwehrvorgang.
Abriss der Psychoanalyse.
Some Elementary Lessons in Psycho-Analysis.
Ergebnisse, Ideen, Probleme.

18. Band

INDEX DER BÄNDE 1–17